新编人力资源与社会保障通用教材

社会保障通论

贾玉娇　编著

中国劳动社会保障出版社

图书在版编目(CIP)数据

社会保障通论/贾玉娇编著. -- 北京：中国劳动社会保障出版社，2020
新编人力资源与社会保障通用教材
ISBN 978-7-5167-4667-7

Ⅰ.①社… Ⅱ.①贾… Ⅲ.①社会保障-中国-高等学校-教材 Ⅳ.①D632.1

中国版本图书馆 CIP 数据核字(2020)第 144314 号

中国劳动社会保障出版社出版发行

(北京市惠新东街1号 邮政编码：100029)

*

三河市潮河印业有限公司印刷装订 新华书店经销

787 毫米×1092 毫米 16 开本 23 印张 411 千字
2020 年 12 月第 1 版 2020 年 12 月第 1 次印刷
定价：58.00 元

读者服务部电话：(010) 64929211/84209101/64921644
营销中心电话：(010) 64962347
出版社网址：http://www.class.com.cn

版权专有 侵权必究

如有印装差错，请与本社联系调换：(010) 81211666
**我社将与版权执法机关配合，大力打击盗印、销售和使用盗版
图书活动，敬请广大读者协助举报，经查实将给予举报者奖励。**
举报电话：(010) 64954652

目录

第一篇　理论篇

第一章　何为社会保障/2
　　第一节　体验社会保障/2
　　第二节　社会保障观/5
　　第三节　社会保障分析框架/16

第二章　社会保障的主要理论问题及评价/23
　　第一节　由谁来提供资源/23
　　第二节　如何分配/37
　　第三节　如何破解当代西方社会保障理论悖论/43

第二篇　宏观制度篇

第三章　社会保障制度史的演进及功能/52
　　第一节　西方现代社会保障制度史/52
　　第二节　拉美社会保障发展历史/81
　　第三节　俄罗斯-东欧社会保障发展历史/91
　　第四节　中国社会保障发展历史/99
　　第五节　现代社会保障制度的功能/113

第四章 社会保障模式/121
  第一节 西方社会保障模式/121
  第二节 东亚社会保障模式/136

第五章 社会保障法制/149
  第一节 社会保障法制的基本概念/149
  第二节 社会保障法制特征/152
  第三节 中国社会保障法/154

第六章 社会保障管理/157
  第一节 社会保障管理模式/157
  第二节 中国社会保障管理体制/159
  第三节 社会保障基金管理/161

第七章 社会保障的制度架构/171
  第一节 世界社会保障制度架构/171
  第二节 中国社会保障制度架构/175

第三篇 中观制度篇

第八章 社会保险/180
  第一节 养老保险制度/180
  第二节 医疗保险制度/197
  第三节 工伤保险制度/212
  第四节 失业保险制度/229
  第五节 生育保险制度/240
  第六节 住房公积金制度/252

第九章　社会救助/265
　　　第一节　生活救助制度/265
　　　第二节　教育救助制度/277
　　　第三节　医疗救助制度/287
　　　第四节　住房救助制度/296
　　　第五节　灾害救助/307
　　　第六节　临时救助/313

第十章　社会福利/320
　　　第一节　妇女儿童社会福利/320
　　　第二节　老年人福利/331
　　　第三节　残疾人福利/339

第十一章　补充保障/346
　　　第一节　企业年金与职业年金/346
　　　第二节　慈善/354

第一篇

理论篇

第一章 何为社会保障

"社会保障"一词源于英语的 Social Security,意为社会安全。社会保障作为专用术语经过了一段发展历程。

1935年,美国国会通过《社会保障法案》,首次提到社会保障。美国的社会保障一般指由联邦政府负责的老年、遗属和残疾保险(Old-Age, Survivors, Disability Insurance,简称 OASDI),不包括州和地方政府的社会保障项目。

1941年,第二次世界大战硝烟正浓,英美两国首脑在大西洋的一艘军舰上会晤,并发表了著名的《大西洋宪章》,这个文件在论及社会问题时两次使用了社会保障概念,社会保障一词引起全世界的关注。

1944年,国际劳工组织举行第26届国际劳工大会,会议发表《费城宣言》,宣言中接受并使用了社会保障概念。

1952年,国际劳工组织在日内瓦举行第35届国际劳工大会,会议于6月28日通过著名的第102号公约,公约题为《社会保障最低标准公约》,社会保障一词开始被国际社会广泛运用。

社会保障是什么?社会保障离人们很远吗?实际上,每个人都身处社会保障构筑的保障网络之中,当人们因遭遇变故而导致生活偏离原有轨迹时,就会触碰到它。每一个人,既是社会保障故事的听众,也是故事中的人。

第一节 体验社会保障

在中国,社会保障不断得到社会各界的广泛关注。

★ 党的关注:梳理党的十五大以来报告可以发现,社会保障从隶属于"经济体制改革和经济发展战略"部分,到十七大报告中隶属于"加快推进以改善民生为重点的社会建设"部分,再到十八大报告中隶属于"在改善民生和创新管理中加强社会建设"部分;在党的十九大报告中,12次提到民生,并将社会保障等民生问题上升到与政治、经济、文化、教育相并列的地位,表明党对社会保障的重视程度不断提高。

★ 政府的关注：2007 年以来，国务院出台养老方面的专项政策文件 27 个，医疗方面的 38 个，生育方面的 17 个，呈现出数量大、密集度高的特点。各部门、各地方出台的社会保障领域的政策文件更是数量繁多。社会保障日益成为各级政府高度关注的领域之一。

★ 社会的关注：统计发现，自 2011 年以来，养老、医疗等社会保障问题连年占据两会热点社会问题排行榜前列。

★ 学界的关注：2009 年社会保障 30 人论坛成立，该研究组织集结了全国高层次社会保障研究学者。以其为前身，2015 年成立中国社会保障学会，会员 700 余人，主体为各高校社会保障及相关专业教师。该学术共同体承担了养老、医疗、工伤、反贫困等方面的国家课题，形成的研究报告和学术论文产生了重大社会反响。

一、社会保障的微观体验

在给出社会保障定义之前，我们先来构筑社会保障的微观体验，也就是说，我们将从日常生活出发，析出一个个散存于我们生活之中的社会保障情境，展现日常生活的社会保障维度，从而建构出一个社会保障的经验世界。

为便于叙述，首先假设一名 32 岁、已婚、已育的在职女性，将其作为叙述中心，剖析围绕在她周围且能够给她提供困境支持的家庭、单位、地方和国家等外部系统，从而将那些与日常生活深入融合的社会保障情境析出。

● 人物介绍

女主角小王，私企打字员，她有一个七岁的女儿，在国家全面放开二孩政策后，她积极响应国家号召，目前已怀孕 5 个月。

丈夫小关，建筑设计院的普通工作人员。

小王父母，土生土长的农民，与小王的哥哥（在当地农村打工）生活在农村。

小王公婆，城里人，公公退休前是供热公司的员工，现已退休在家，婆婆年轻时经营小卖铺，一直没有正式工作。

故事梗概

小王就职于一家小型私人企业，该企业由于经营管理不善，在小王怀孕 5 个月时倒闭，小王被迫失业。失业后，小王来到街道（镇）社区事务受理服务中心，办理失业登记，成为一名失业人口。由于小王就职的企业只为其缴纳了养老、医疗和生育社会保险，未缴纳失业保险，小王了解到她无法享受到失业保险，但是可以申请失业救助，生活来源中断的小王正在等待失业救助。

一个即将出生的孩子将增大家庭开支，好在有国家支持，可以减轻家庭压力。小王和她的丈夫都有生育保险，孩子出生过程中发生的所有费用都可以报销，基本不花一分钱就可以享受到安全、舒适的生产医疗服务。七岁的大女儿在一所公办小学上一年级，享受九年义务教育，学杂费全免。一天孩子感染为急性肺炎，需要住院治疗，治疗10天后孩子好转出院。由于孩子刚出生时办理了儿童医疗保险，出院结算时只花费了很少的钱。

由于公公眼睛不好，小王或小关每年都会领着他去进行养老金领取的身份验证，去年她给公公下载了社会保障局的App，今年他们可以足不出户地在家通过人脸识别进行身份验证。公公退休前参保了城镇职工基本医疗保险，平时买药和住院治疗只需承担一小部分。前阶段，公公做了单侧股骨头置换手术，选取了医疗保险报销目录内的器具与药品，只花了很少一部分钱，并接受了免费的白内障手术治疗，视力得到改善。同时，每隔一年，小王的公婆都会到社区接受免费体检一次，并经常到社区中听养生讲座，婆婆每次回来都会向小王、小关和孙女传授。随着婆婆身体渐渐衰老，小王和小关到所在社区给婆婆办理了城镇居民基本医疗保险。去年，婆婆因为急性支气管炎住院就刚好用上了城镇居民基本医疗保险。虽然治病的经济负担大大减轻了，但是由于要照顾一个小孩，家里人的分工紧张，一家人仍旧十分害怕生病。

小王的父母都按照国家政策要求参加了新型农村合作医疗，小王的父亲参加了新型农村社会养老保险，基本生活得到保障。入夏时，持续近一周的大到暴雨使小王老家发生了严重的洪涝灾害，她父母与哥哥家都遭了灾，当地民政与灾害风险管理和应急部门迅速采取了有效措施，及时安置了他们，发放了基本生活供给品，并帮助他们实现了灾后重建。小王父母家还接受了危房改造，建成后的房子虽然不如原来大，但是安全性、舒适度都大大提高了，老两口儿非常满意。

小王的哥哥曾在当地一家木材加工厂打工，一次工作时不小心腿部被砸伤，导致骨折，由于康复不善，落下终身残疾，无法从事原工作，生活陷入贫困状态。后来经医疗机构鉴定为三级残疾，在当地残联的帮扶下，他开了一家汽车修理店，维持基本生活。由于生意不好，哥哥一家被纳入扶贫对象，享受到了最低生活保障，同时可申请医疗救助、住房救助，哥哥家的孩子还得到了教育救助。

在上面这个中国最普通的家庭社会保障的故事里，我们或许看到了自己的影子，或许看到了周围某人或某家的影子。

下面，请大家想想，您及您的家人有哪些社会保障体验？

二、社会保障的宏观体验

目前,在全球 225 个国家和地区中,有 172 个国家和地区建立了社会保障制度。中国自 20 世纪 90 年代初起,社会保障制度进入改革与重塑阶段,并伴随着中国经济社会发展取得重大成效。截至 2019 年:

★ 全国已有 10 亿多人被基本养老保险制度覆盖,2.6 亿多老年人能够按月领取一笔数额不等的养老金,老年人群进入了人人享有养老金的时代。

★ 全民医保的目标基本实现,13 亿多人有了基本医疗保障。

★ 综合型社会救助制度实现了应保尽保。

★ 8 500 万残疾人根据实际情况享受不同程度的社会福利。重度贫困残疾人享受重残补助金或低保,重度残疾人托安养补助;就业年龄段无固定收入的残疾人享受生活补贴、办执照减免手续费;自己创业的残疾人可以申请一次性创业资金奖励;就业年龄段残疾人可以申请创业贷款贴息。

国际社会保障协会秘书长康克乐伍斯基曾指出:"如果不算中国,全世界社保覆盖面只有 50%,算上中国就达到 61%,中国对世界社会保障的贡献是巨大的,为其他国家做出了表率。"2016 年 11 月 17 日国际社会保障协会将"社会保障杰出成就奖"授予中华人民共和国政府。

第二节 社会保障观

在经历社会保障的初体验后,人们大致获得了关于社会保障的经验认知。然而,要全面深入地了解社会保障,仅此不够,还需要将社会保障的经验认知上升到学理层面。在此过程中,首先一起来看看先发展起来的知识体系是如何看待社会保障的,并随着对社会保障理解的加深,逐渐形成社会保障"眼光",以此认知我们所处的世界。

自福利国家时代以来,社会保障逐渐成为政治、经济、社会等领域讨论的中心,得到经济学、政治学、社会学、法学、公共管理学等学科学者的广泛关注,成为 20 世纪后半期以来主流社会科学关注的焦点之一。

一、多学科视域下的社会保障观

人们对社会保障达成的一个共识是,它是一门交叉学科,与经济学、政治学、社会学、法学、公共管理学等学科相关，但同时又是任何一门学科所无法全面覆盖的。基于此，立足于与其相交织的各个学科，呈现出社会保障的多维面向，形成多元社会保障观。

（一）经济学视域下的社会保障观

1. 何为社会保障？

经济学对社会保障的看法较为复杂，不同的经济学流派有不同的认识。随着资本主义经济体系日趋成熟，以及各种思潮之间的相互影响，其内部对社会保障达成了一般性的认识框架：

从生产角度，将社会保障视为实现劳动力储备可持续的制度工具，以满足资本主义经济快速发展对劳动力提出的要求，后将社会保障作为人力资源维持的基本制度安排，从而使社会保障具有促进经济生产的功能。

> 这一认识具有历史阶段性特征，即立足于劳动力储备提高对资本主义经济增长呈边际效用递增（劳动力维持方面投入越多，经济产出越多）的时期。当经济发展进入科技普遍替代劳动力的历史时期，这一观点则难以在资本主义国家立足。

从分配角度，将社会保障视为国家的福利投资，直接调节国家储蓄与投资，形成基金蓄水池，调控社会总供给和总需求，使二者趋于平衡。

从消费角度，将社会保障视为促进扩大内需，实现经济增长的第四驾马车，克服资本主义周期性经济危机。

从理财视角，社会保障是一种国家战略投资、风险管理、理财规划的制度安排。

2. 社会保障与经济的关系如何？

存在两种对立观点。

一是以凯恩斯为代表的融合观，认为社会保障内在于资本主义经济体系，二者不可分割，社会保障具有积极的经济功能，是避免资本主义经济体系陷入瘫痪、激发经济发展活力的内在推动器。在持这一观点的国家中，社会保障多扮演人力资本投资的角色，积极功能显著。但是，随着人工智能水平的提高，国家将社会保障视为人力资本投资机制的动力减弱，亦即在社会保障投资的经济效益不显著的情况下，继续进行社会保障投资会被视为低效率的。

二是新自由主义思潮所主张的对立论，事实上，主流经济学思潮始终对以国家作为责任主体的社会保障持批判和警惕态度，认为国家主导的社会保障破坏了市场经济社会发展所形成的天然秩序。在持这一观点的国家中，社会保障多扮演贫困兜底角色，易形成贫困陷阱，消极作用明显。

> 🕐 贫困陷阱：能够相对地将人锁定在贫困中，20世纪50年代有三位经济学家揭示了"贫困陷阱"的产生根源，一是纳克斯（Nurkse）于1953年提出"贫困恶性循环论（Vicious Circle of Poverty）"；二是纳尔逊（Nelson）于1956年提出"低水平均衡陷阱"理论（Low-level Equilibrium Trap）；三是缪尔达尔（Myrdel）于1957年提出"循环累积因果论"。

3. 主导逻辑

经济学源于西方，形成于资本主义的产生与发展过程，是对资本主义经济发展规律的理性表达。西方主流经济学在本质上服务于资本主义经济发展需要。对此，马克思深刻揭示了资本主义经济发展的主导逻辑——维持并巩固异化劳动，即劳动力的商品化，它是从货币到资本的秘密所在，是资本积累得以形成的源头，是资本主义的命脉所在。因此，保持劳动力的商品化状态是经济学认知社会保障的根本出发点。

> 🕐 异化劳动：指劳动者的劳动力和劳动所得产品不归本人所有。这一观点明确提出于《1844年经济学哲学手稿》《德意志意识形态》《经济学手稿（1857—1858）》和《资本论》等著作中，是马克思思想体系中的基础概念之一。马克思在对人的劳动及劳动关系进行历史审视后发现，劳动力及劳动产品不归劳动者所有是特定历史条件下的产物，并认为异化的产生和演变具有历史必然性和进步意义，马克思在《德意志意识形态》中指出，异化"是过去历史发展的主要因素之一"，并认为异化绝不是永恒存在的现象，会随着生产关系的变革而改变。

上述主导逻辑反映在前文两种具体思潮上，又表现为两种逻辑。一种是宏大经济学视野下的嵌入逻辑，即将经济与社会相互嵌入，社会既是经济发展的环境，也是经济发展的内在组成。另一种是狭隘经济学视野下的工业主义逻辑，强调经济对社会保障的单向度上的决定作用，认为经济增长是社会保障发展的物质前提，只有经济发展水平上去了，社会保障水平才能提高；反过来，认为社会保障是经济发展的负担。

> 🕐 工业主义逻辑是福利国家发展理论的第一代，在解释为什么会有社会保障

这个问题时，认为经济增长是社会保障发展的最终原因。工业革命以来，工业化、城市化、市场化等经济社会变迁催生了社会保障的发展。这一宏大历史进程对社会保障的发展影响归结为两个方面——供给与需求。我们该如何认识工业主义逻辑呢？其本质上是功能主义，按照经济决定社会保障，那么不同意识形态、制度结构的国家最终会建立相同的社会保障制度。但是，事实并非如此，各国社会保障制度存在明显差异，从而为其他理论发展提供了空间。

（二）政治学视域下的社会保障观

1. 何为社会保障？

政治学将社会保障视为限制和减少阶级冲突、平衡不对称的劳资权力、超越具有毁灭性的资本主义阶级斗争和阶级矛盾的制度安排。社会保障基本上是有关矛盾的政治目的的抉择，以及它们的厘定过程。这是因为，社会保障关注的是资源稀缺条件下，在市场机制之外通过人类组织来满足的一些人类需要，然而，哪些人的哪些需要应该在市场之外予以满足，需要通过一定的政治过程，形成政治共识，获得社会性认可。

2. 社会保障与政治的关系如何？

社会保障成为现代政治发展的内在组成部分，二者密切相关。政治要素对社会保障的影响表现在以下三方面。

★ 社会保障产生的政治结构前提是西方民主政治。在民主政治下，社会成为一支政治力量，并握有进入西方国家政治权力空间的入场券，取得与主导政治势力相博弈的身份，是资本主义国家政治进步的表现。但是，此民主为有限民主，即并非所有人都享有政治参与的真实权力，抑或西方政党作为连接国家与社会的纽带，其代表性成为西方国家公民真实享受政治权力的前提条件，然而西方国家普遍存在代表性不足的民主困境。

20世纪初，罗伯特·米歇尔斯对德国、法国、意大利等国的政党组织进行大量调查研究之后，提出了"寡头统治铁律"这一现代政治社会学领域的著名论断。"寡头统治铁律"揭示了西方政党组织尤其是政党领导人物脱离普通党员和群众的寡头化及官僚化倾向。因此，由此政治结构前提衍生出来的社会保障必然带有维护资产阶级根本利益的底色。

美国富豪主导下的民主政治。许多观察家开始意识到，巨额财富能够并且已经对美国政治进程产生了影响。时至今日，所有社会学家都理所当然地认为，现代经济中居于优势地位的参与者并非个人，而是巨型股份公司。当今美国最大的公司，不仅控制着为数巨大的财富和资源，还是"企业共同体"（大型公司相互联结起来的社会网络）的一个组成部分。在过去的20年间，社会学家所从事的各项研究，证明了这种网络的存在，抑或可以称为"连锁董事会"（Interlocking Directorate）。在这个董事会内部存在一个"核心集团"（Inner Circle）——一种核心团队或精英核心，他们对美国政治、经济、社会产生主导性影响。[1]

★ 其内容是多元政治力量彼此博弈的结果。社会保障关注的是资源稀缺条件下，在市场机制之外通过共同体来满足一些人类需要。如果说所有人都享有共同体提供某种资源的社会权利，那么社会保障需要讨论的一个问题是，哪部分人群可以使用这一社会权利，以及他们的哪些需求应该得到满足。由于现代社会分化为不同的利益群体、不同的社会阶层，社会异质化程度高，因此，对于政府应该在市场之外满足哪些人的哪些需求的共识达成必然是一个博弈过程。在这个过程中，既有提出社会保障需求的群体和阶层，也有反对的群体和阶层，反对的声音形成了对社会保障供给的约束。所谓社会保障政策的共识就是需要和约束的暂时的平衡。

社会保障共识的达成需要在一定的政治制度结构下实现，在瑞典和德国等一些欧洲大陆国家，公民对社会保障需要和约束的表达主要是通过社会合作主义的方式，即政府、雇主、工会代表三方之间正式的合作，三方定期就工资和保障问题进行谈判达成协议，又被称作"三方协商"机制。

考虑到政策制定过程中存在的反对声音会对政策目标起到消极作用，主导政策制定的利益集团会采取"隐蔽的议程"策略。所谓"隐蔽的议程"，是在正式的政策内容下所隐含的真实的政策目标，以减少政策目标达成的阻力。

★ 其水平受西方国家政治联合水平与政治联合传统决定。工业主义逻辑的贡献在于提出经济发展对社会保障水平的影响，但缺陷在于其并非是根本决定因素，因为从根本上讲，决定社会保障水平高低的因素是政治联合传统与联合水平。丹麦学者考斯塔·埃斯平-安德森提出划分社会保障模式的去商品化标准（在社会保障模式部分会有详细介绍），将西方国家社会保障划分为三种类型，他进一步研究发现，决定去商品化水平高低的因素就是一国的政治联合传统与联合水平。

---

[1] [美] 安东尼·奥罗姆. 政治学与社会（第五版）[M]. 王军，译. 北京：中国人民大学出版社，2017.

★ 选举/政党政治对社会保障的影响。美国杜克大学政治学教授赫伯特·基奇尔特认为，政党制度是福利政治学研究中一个一直被忽视的领域。作为政治组织，西方各政党之间为争取选票、上台执政而无休止地进行激烈斗争。社会保障问题就是其中一个不可回避的问题，因为社会保障几乎关系到社会所有阶层的切身利益，并与整个经济、政治和社会问题联系在一起。

在历史上，政党对社会保障影响最为深刻的是20世纪初期英国自由党的社会保障改革。20世纪初期，经济危机频繁出现，失业工人数量激增，老年人问题突出，布尔战争（具体说来是第二次布尔战争，是指1899年10月11日到1902年5月31日英国同荷兰移民后裔布尔人建立的德兰士瓦共和国和奥兰治自由邦为争夺南非领土和资源而进行的一场战争，又称南非战争）中英国士兵身体素质较差，在此背景下，自由党满足社会保障社会需求，顺应社会保障发展趋势，主张一系列的社会保障立法，得到人民支持。1906年，自由党上台执政，打败了占据执政地位20年的保守党。

3. 主导逻辑

政治学的核心概念是权力与权威，围绕于此，科学阐释权力与权威的产生、结构体系与体制机制，社会保障作为体现权力分配、实现权威的制度安排，是权力格局变动的产物。同时，社会保障能够反映出一国的社会正义观和福利意识形态。其中，社会力量的发育发展成为影响权力格局变动的重要因素。

（三）社会学视域下的社会保障观

1. 何为社会保障？

社会学的研究对象为社会。社会有广义和狭义之别，广义社会是政治、经济、社会、文化、生态等集合体，是由所有群体组成的共同体的全部维度，包罗万象；狭义社会是相对于政府与市场之外的部分，又被称作第三部门、非政府非市场组织等。在社会学看来，社会保障有如下含义。其一，保障的主体是广义上的社会，即包含政府、市场、社会、家庭。其二，保障的对象是狭义社会中的个体及家庭。其三，保障的内容是人的社会性需求。其四，保障的目标，从微观角度看，使人增强抵御风险的能力，可以独立于市场之外；从中观角度看，满足社会需求，实现风险共担，解决社会问题；从宏观角度看，协调社会关系，实现社会稳定，是人类社会得以维系的一项基本制度。

2. 社会保障与社会的关系如何？

★ 社会保障源于人类互助共济的社会本能。社会保障可追溯至人类全部历史的开端，且乃人类所共有，它是人类情感与理性即心智的共同产物。原始人类因其认识与实践能力的低下与落后，个体无法生存于自然之中，遂逐渐形成组织，依靠集体的力量渡过难关。早在两千多年前的春秋时代，荀子就看到了人所具有的通过结成群体而互助共利、趋利避害的本能，他指出，人跑得没有马快，力气也不如牛大，为何人能驱使牛马而不是相反呢？因为人能群，彼不能群也。无独有偶，古希腊人也认为互助是人类幸福的来源。基于此，进一步发展出了关于责任感的思想，强调富人帮助穷人不是可有可无的，而是一种应当无条件崇奉的宗教与公理意义上的责任。同时，履行这种责任还必须尊重穷人的尊严，绝不能以伤害穷人的尊严为代价。

★ 社会需要影响社会保障内容。人要生存发展就一定会产生需要，马克思认为"需要是人的本质属性"，人和动物的本质区别是他们的需要和需要满足方式的不同。人的需要具有社会意义，即个体需要具有社会属性。当个体的需要集合成为一种集体的、可表述的社会需要时，就具有了社会保障意义，成为社会保障亟待回应的对象，社会保障也就成为满足这一社会需要的制度手段。

养老问题成为社会问题，贫困成为社会问题，社会保障制度不断发展完善，思考还有哪些社会需要变成了社会保障议题或制度。

★ 社会结构变迁影响社会保障发展。社会结构是社会学中广泛使用的术语，是指由占有一定资源、机会的社会成员按照一定的组合方式而结成的样态，通常指社会阶层结构，是对外在于个体的外部环境的抽象表达，对个体具有客观的制约和形塑意义，通常与"能动性"对立使用。

19世纪，伴随德国工业化、城市化进程加快，社会结构开始分化为无产者和资本家，但是这一时期的无产者还是原子化的个体，尚未结成无产阶级，反抗资本家剥削的行为多零散且小规模。在马克思思想的启蒙与动员下，无产者联合起来，建立政党组织，无产者行动开始有组织、有纲领、有步骤，给资本家以重创。自此，德国社会呈现出两大社会行动主体——无产阶级和资产阶级。为解决无产阶级运动导致的国家治理危机，德国创新出了社会保险制度，由此揭开现代社会保障制度发展篇章。

★ 社会保障影响人的日常生活与行动。社会保障的各项制度会对人的生活产生重要影响，影响人们的就业、储蓄、结婚或离异的抉择。例如，在那些实施横向平衡的养老保险制度的国家，享有养老金，人们就不用在应对未来的养老风险方面做更多的储蓄，从而促进人们当下的消费；在实施纵向平衡的养老保险制度的国家，就会抑制人们当下的消费行为，增强人们的储蓄行为。再如，退休年龄作为划分人社会生命的重要时点，对人的生活方式产生重要影响。目前，一些国家纷纷延长退休年龄，老年人继续从事工作对其本身和所在家庭都将产生重要影响。

> 讲一个美国老太太和新加坡老太太的故事。
>
> 美国老太太年轻时在鼓励当下消费的制度安排下，超前、透支消费，信奉"钱只有花出去，才是自己的"的人生格言，及时行乐，过着潇洒的人生。但是，到晚年时遭遇到2008年次贷危机引发的经济危机，由于房子是贷款购买的，被银行收走，落得老无所居的下场。在绝望中，老太太拿起枪自杀了，后由于抢救及时，老太太最后幸运生还。
>
> 新加坡老太太年轻时在国家鼓励的勤俭、储蓄理念与强制性制度安排下，进行财富积累，应对未来风险。年轻时的新加坡老太太的消费力不如美国老太太，看似不如美国人潇洒，但是经过中青年时期的财富积累，晚年时的新加坡老太太生活殷实，过上了老有所养、老有所居、老有所乐的生活。
>
> 需要说明的是，美国老太太的故事是真实个案，新加坡老太太抽象于普通新加坡老年人生活。二者之所以有如此大的差异，其中一个影响因素是美国和新加坡社会保障制度不同，美国是典型的现收现付制国家，新加坡是典型的完全积累制国家（定义参见文后概念表）。

★ 社会保障是维系人类社会可持续的基础性制度。社会保障是一种社会再生产机制。人类社会要持续发展下去，一定以某种方式维系着其基本功能，如养育儿童，商品和服务的生产，消费与分配，社会保护等。现代社会以前，家庭、宗教组织、企业、市场与社会组织等发挥保障的功能；进入现代社会，随着社会风险的加剧，国家作为责任主体的社会保障制度开始出现，在实现劳动力保护、儿童保护、妇女保护、老年人保护等方面发挥出重要作用。

3. 主导逻辑

社会与个人关系构成社会学全部理论的核心议题，对二者关系的认识构成社会学知识体系发展的主要脉络之一。社会学视野下的社会保障观也充分体现出了这一逻辑特征。

一方面，社会保障制度作为外在于个体的制度安排，虽然源于由个体需求集结而成的社会需要，但是由于社会需要模糊了具有千差万别的个人需要，因此满足社会需要的社会保障制度一旦形成，会产生两个结果，一是必然无法充分回应个体需要，并对个体产生一定的结构性；二是满足个体的部分或全部社会需求，对个体具有使动性意义。另一方面，社会结构变迁、社会群体新陈代谢会影响社会保障制度安排。

（四）法学视域下的社会保障观

法学视域下的社会保障是由人权扩展的概念，是社会权的制度体现，是对国家、市场、社会与个体之间权利义务关系的制度性约定。其中社会成员是社会保障的受益主体，用人单位是社会保障的主要缴费主体，国家或政府是社会保障的责任主体、行政主体，社会保障管理和经办机构是社会保障的服务主体。上述主体之间结成的关系具有人身关系和财产关系相结合、社会连带责任关系、权利义务具有非对等性等特点。

强调国家为了保障公民的基本生活需要，需要强行规定一系列的准则，从社会保障项目的建立、社会保障资金的筹集和缴纳，到社会保障的享受人群范围，以及社会保障金的发放，都要有明确的法律规定。

> 1791年的法国宪法最早设定了不同于自然权的社会权。该宪法在《宪法所保障的基本条款》中有如下规定："应行设立或组织一个公共救济的总机构，以便养育弃儿、援助贫苦的残疾人，并能对未能获得工作的壮健的贫困人供给工作。"这一规定在1793年人权宣言中又进一步发展为"公共救济是神圣义务。社会对于不幸的公民负有维持其生活之责，或者对他们供给工作，或者对不能劳动的人供给生活资料"。作为人权的特殊主体——不幸的公民，他们有从社会（这时还未明确为国家）获得救助的权利。

（五）公共管理学视域下的社会保障观

在公共管理学视域下，社会保障的本质是以政府为责任主体且由其实施管理的公共物品，以解决私人提供公共物品普遍不足的问题。社会保障具有公共性，且产生于信息的不对称、不确定性和政府特有的稳定社会的职能。与前面的学科视域不同，公共管理学更加关注社会保障制度运行效率，解决政府公共物品提供失灵的问题，实现社会保障的社会公平目标。

🕐 公共管理学是一门旨在提高政府管理有效性和效率的科学，产生于应对政府失灵。如同市场失灵一样，政府管理也存在失灵问题，具体表现为公共决策失误，官僚机构提供公共物品的低效和浪费，寻租与腐败，内部性与政府扩张，等等。

二、本书中的社会保障观

受不同学科视域下社会保障观，以及不同国别政治、经济、社会、文化等条件不同的综合影响，社会保障定义没有一个统一的内涵和外延，可谓仁者见仁，智者见智。即便如此，不同的社会保障的定义（见附表）中往往包含着以下共同要素。

★ 政府的责任：具体表现在财政支持、立法规制、实施管理等全部或部分方面。

★ 帮助个体或家庭抵御社会风险的形式：或以实物，或以现金，或以就业能力提升，或以就业机会提供等方式进行。

★ 抵御的风险或提供的保护内容：疾病、伤残、生育、工伤、失业、年老、儿童照料、丧亲等造成的收入匮乏或中断；因贫困而造成的儿童教育、营养投入的不足，住房条件的恶劣等。

★ 社会保障基金的供需平衡：或是互助共济的当期的横向平衡，或是生命历程内的纵向平衡。

★ 基本人权的体现：有助于实现社会团结。

🕐 联合国自1945年成立以来，对社会保障的诠释主要体现在把社会保障定义为人的基本权利。1948年12月10日通过的《人权宣言》第22条和第25条表述，社会保障为基本人权。2001年国际劳工组织的专题报告《社会保障：新的共识》中提到，社会保障既是人的基本权利，也是形成社会凝聚的基本方式；2010年国际劳工组织编撰的《全球社会保障报告》提出，社会保障是人权的一种，是社会和经济的必备制度。

在本书看来，上述定义是对现代社会保障大致轮廓的勾勒，要看清社会保障还需要具有以下几个眼光。

★ 历史的眼光。我们须要跳出现代化这一具体的历史发展情境，在更为长远的人类社会的历史进程中审视社会保障，就会发现一个更具一般意义的社会保障。人类自产生以来，就具有了社会性，同时一直在发展某种外在于个体的保护机制。以中国为例，现代意义上的社会保障只是改革开放以后 20 世纪八九十年代以来的事情,在此前漫长的中国历史演变中,社会保障一直存在。从远古时期的氏族,汉代以来的家族、宗教组织,官办民营的社会组织、行会,国家救灾济困制度,到新中国成立以来的国家、单位保障等,随着社会的发展成熟,能够给个体提供一定保护的组织形式逐渐多元,从这个意义上讲,人类社会发展史也是一部社会保障资源提供组织的进化史。

用这一眼光审视社会保障,不难发现,社会保障是存在于个体之外的各类组织向个体提供某种资源,以满足个体需求,助其抵御风险,推动实现人类社会可持续发展的各类制度。因此,现代意义上以国家为主要责任主体的社会保障仅是漫长社会保障发展史上的一个片段。

用历史眼光打开社会保障分析视域的意义在于,有助于发现现代西方社会保障制度之外的社会保障实践与制度安排,发现社会保障的多样性,打破以现代社会保障这一特定时期的社会保障实践作为人类丰富的社会保障实践的狭隘观。用丰富的历史史料,讲好世界各国的社会保障故事。用历史眼光看社会保障,能够发现社会保障的历史本质亘古未变,但是问题和风险的呈现形式、制度载体与运行机制随着历史的发展而变化。

★ 发展的眼光。从社会保障与人类社会的发展关系上看,社会保障的发展是人类社会发展的结果,同时也是人类社会发展的助推机制。尤其是现代社会,社会保障的快速发展不仅及时回应、解决了现代国家发展的难题,还在制度所产生的客观结构性作用下,对现代国家发展产生重大影响,成为影响和改变人的存在方式的基本制度。

从社会保障制度发展历程上看,不同历史时期中的社会保障内涵与外延有所不同。以现代社会保障制度发展演变为例,大致呈现出以下几个发展阶段。19 世纪末期到 20 世纪初期,社会保障的主体为社会救助和社会保险;20 世纪中期以后,社会福利与社会服务的内容增加;20 世纪 70 年代后,社会保障开始收缩;21 世纪以后社会保障处于政治、经济、社会讨论的中心,虽然争议之声不断,但是社会保障在世界各国的地位没有动摇。

从社会保障供给主体的格局上看,家庭、社会组织、市场、国家等主体纷纷成熟涌现,在发展中各个主体自发调适彼此之间的边界,以共同有效、公平地解决社会问题。

★ 全球的眼光。全球化大致可分为经济全球化、政治全球化和文化全球化。其中,经济全球化是全球化深化的驱动力。社会对经济全球化与社会保障之间存在四种认识视角。第一种视角认为随着资本主义占据世界经济的统治地位,全球化导致社会保障倒退;第二种视角认为全球化作为一种外生性的力量,对各国的社会政策影响不大;第三种视角认为全球化对福利国家产生了影响,但其影响和作用却受到了各国政治形势和国家政策的制约；第四种视角认为福利国家带来了全球化，也限制了全球化的未来走向。[1]

虽然对此问题有所争议，但是全球化对社会保障的影响作用不能忽视。具体表现在经济全球化限制了民族国家的社会保障权能，迫使一些国家做出政策调整；传统局限于民族国家内部的社会保障具有了"超国家"色彩。

国际劳工组织（International Labour Organization，简称ILO）是负责全球社会标准制定的主要组织之一。在社会保障问题上，ILO的基本态度是，人人享有基本经济保障与社会救助的权利。这一理念主要通过以下三份核心文件得到体现：1944年国际劳工大会通过的《关于收入保障的建议书》（第67号建议书）、《关于医疗保障的建议书》（第69号建议书）以及1952年通过的《社会保障（最低标准）公约》（第102号公约）。《社会保障（最低标准）公约》规定了成员国应当在9个社会保障子领域内达到的最低标准以及社会保障体系覆盖率的最低标准。到目前为止，ILO的187个成员国中仅有53个批准了该公约，而且绝大部分是已经具备较为完善的社会保障体系的发达国家。另外，ILO并不要求公约成员方接受全部标准，而是允许国家选择9个子领域内的3个领域实现"达标"，只要求其中1个领域涉及长期的社会风险规避或者就业政策。有研究者指出，在社会保障领域，ILO对那些"工业化世界里福利滞后的国家"施加的影响最大。

第三节 社会保障分析框架

总的来说，社会保障是一个涉及多个领域且具有多重维度的复杂体系。为了清晰呈现社会保障的体系构成，首先对它做一个抽象化的处理，即将社会保障抽象成为社会保障资源从形成到支出的过程。

一、社会保障资源的来源

就社会保障资源来说，可以分成两类，一类是社会保障基金，另外一类可以统称其为社会保障其他资源。

第一个方面是社会保障基金。

---

[1] 关信平. 社会政策概论［M］. 北京：高等教育出版社，2009.

★ 这里涉及社会保障责任主体的分担机制问题。应当说,不同主体的责任分担对形成一个可持续的社会保障具有十分重要的意义。从世界发达国家的经验来看,一个好的社会保障制度往往拥有一个比较合理的责任分担机制。

★ 社会保障基金第二个阐释维度是如何进行筹资。社会保障领域的核心问题是财务问题,如果没有足够的社会保障基金,再完美的社会保障制度都是空中楼阁。"如何进行筹资"即回应基金的来源问题。社会保障基金来源可划分为四个部分,税收、收费、慈善捐赠、资金的转移支付。围绕着基金来源的研究,争议最大的是收税还是收费的问题,即社会保险费与社会保险税之争。

郑功成教授在《社会保障学》中对二者的异同进行了深入阐述,如表1—1所示。

表1—1　　　　　　　　社会保险费与社会保险税的基本区别

	保险费	保险税
征收方式	依法强制征收	依法强制征收
资金性质	劳动者公共后备基金	政府财政资金
适用的制度模式	部分积累或完全积累型	现收现付型
个人的权利义务	清晰对应	模糊或非对应
与财政的关系	保持适当距离或分离状态	与政府预算一体化
与个人账户的关系	兼容	不兼容
政府扮演的角色	最后出场与责任分担角色	直接出场与完全责任角色
筹集的资金	可以积累或基金制	不能积累或非基金制
征收标准	允许差别,有灵活性	必须统一平等
保险对象范围	可选择性与阶层性	普遍性或全民性

资料来源:郑功成. 社会保障学 [M]. 北京:商务印书馆,2000.

2018年8月20日,国家税务总局、人力资源社会保障部等五部委联合召开会议,提出在2018年12月10日前完成社会保险费和第一批非税收入职责划转交接工作。由税收部门统一征收社会保险费意味着征缴力度的强化,进而强化企业社会保险责任。

★ 社会保障基金第三个阐释维度——社会保障基金的计算,即社会保障精算。社会保障精算,是一个非常庞大的体系,在这个体系中,居于核心和主导地位的是社会保险精算。社会保险是目前世界上绝大多数国家所采取的一种社会保障制度实践形式。与商业保险不同,社会保险基金计算的基数更为庞大,需要考虑的因素也更为繁杂,因此,在计算的时候更具复杂性与挑战性。

★ 社会保障基金的第四个阐释维度是社会保障基金的管理。目前世界上每一个国家都建立了专业的社会保障基金管理机构。中国在2000年8月成立了全国社会保障基金理事会，受托管理社会保障基金。

★ 第五个要阐述的问题是社会保障基金的管理模式。按照筹资方式的不同，可以把社会保障基金划分为现收现付制、部分积累制和完全积累制。中国既不是现收现付制，也不是完全积累制，走的是一条中间道路，即现收现付与完全积累的有机融合。

第二个方面是社会保障的其他资源。总的来说它分成两类，一类是社会服务资源，另外一类是散存于社会中的资源。

二、社会保障资源的支出

以上我们介绍了社会保障基金的形成，下面我们来看一下，这个链条的末端，也就是社会保障资源的支出。为了清晰阐释这个问题，我们可以从以下三个方面来进行解读。

★ 第一个维度是向谁提供福利品，即获得福利资格的标准是什么。种族、年龄、性别、宗教、经济状况、户籍、教育程度、健康状况等都可以成为获得某种福利资格的标准。举个例子，现在国家出台了一项福利政策，残障人士每月可获得300元补贴。此种情况下，获得福利资格的标准即为健康状况，即凡是在健康状况维度是残障人士的，皆可获得福利资格。

普遍或者选择？

在有关福利资格的争论中，最常见的为普遍主义原则和选择性原则之争。"前者是指福利是人人可以享有的基本权利，如老年人的社会保障和年轻人的公共教育。后者是指福利应根据个人需求（通常是通过家计调查）来决定的，如公共救助和公共房屋。持这两种观点的人皆有其各自的价值观和理论考量。"[1]

选择性原则与普遍主义原则各有其优缺点。选择性原则注重成本效益，普遍主义原则侧重于社会效益。理论上，二者争议无穷。然而，当我们将视角由理论投向现实，会发现绝大多数社会保障政策实则都具有选择性。原因很简单，我们生活在一个资源中等稀缺的社会，国家财政资源有限，普遍性的社会保障所需资源甚多，难以为继。事实上，北欧的一些福利国家正是因为制定并实施

---

[1] 黄晨熹. 社会政策 [M]. 上海：华东理工大学出版社，2008.

了较多的普遍性的社会保障而将国家财政拖入泥潭。

任何一个获取福利资格标准的确定，都会引发公众疑问：为什么确定这样的标准？这就涉及何为正义的分配，在此不再展开论述。

★ 第二个维度是社会保障支出所依托的组织载体，也就是社会保障的经办机构。目前，中国已经建立了从中央到地方的社会化的社会保障经办机构。

★ 第三个维度，来看一下社会保障支出的结构。以中国的情况为例，中国社会保障制度分成以下几个部分：社会保险、社会救助、社会福利、慈善，还有针对特殊人群的社会保障制度。其中社会保险在社会保障体系中居于主体地位。

★ 第四个需要考察的维度是社会保障的支出形式。就社会保障的支出形式来看，可以分成两种类型。第一种类型是社会服务支出，第二种类型是货币或物品等物质资源的支出。

供给物品与货币之争

福利品的基本形式为现金和实物，围绕着两种基本福利品形式，学者展开了激烈的争论。

支持实物的学者认为，实物形式优于现金形式，原因有二。其一，实物比现金的针对性更强，效率高。其二，"实物分配有利于形成规模效应。也就是说，如果产品或服务在批量生产和分配时可能效率较高，那么政府部门可以提供低成本的鞋子、衣服或类似产品。而如果直接用补助的现金来购买私人产品，那么价格会比它昂贵得多。"① 支持现金的学者认为，现金补贴可以让福利获得者享有充分的选择权。

举个例子，通过家计调查发现，某村落贫困者最为缺乏的是御寒衣物。此时，政府有两种选择，向该村落贫困者提供现金500元，让贫困者自己去买御寒衣物，或者提供价值500元羽绒服。问题是，究竟应该选择现金补贴，还是直接提供羽绒服？我们逐一分析。

第一种情况，提供现金500元。优点是，贫困者获得了选择权，他可以选择买500元的羽绒服，也可以选择买300元的，如果选择了后者，还可以将剩余的200元补贴家用。缺点是容易出现道德风险，如果受助者是瘾君子怎么办？政府刚把500元现金给他，他隔天就拿钱去吸毒。如果受助者家里有个不孝的儿子怎

---

① 黄晨熹. 社会政策 [M]. 上海：华东理工大学出版社，2008.

么办？政府刚把500元给受助者，他的儿子便将钱据为己有，受助者依然饥寒交迫。

第二种情况，直接提供羽绒服。优点是针对性强，还可以有效防止受助者的道德风险。缺点是受助者丧失了选择权，更为关键的是，获得受助者真实需求的成本过大。家计调查需要审查贫困者的健康状况、生活需求，如果全村贫困者需求不一致怎么办？如果全村仅有一户需要御寒衣物，其他贫困者需求形形色色，如果针对每个贫困者都提供其所需品，势必会花费大量的人力成本与制度成本。

以上就是社会保障体系的内容。为了保证社会保障体系的稳定、有序运行，我们需要有一个法制基础作为保障。

通过上面的介绍，我们对社会保障的体系有了初步的了解，实际上，我们仅仅介绍了社会保障这座大厦露在地面以上的部分，而这座大厦的地基，或者说深层次的决定因素到底是什么呢？下面来看一下决定社会保障体系建成的根本因素都有哪些。

三、社会保障体系的决定性因素

为了对这个问题进行一个清晰的阐述，我们还是进行如下的抽象化处理，将深层次的决定因素，以一国为界，划分为一国之内和一国之外两个部分。

（一）一国之内的影响因素

一国之内的影响因素包括以下六个方面：文化、政治、经济、社会、人口、家庭。下面让我们分别来看一下。

★ 就文化因素来看，通过对东西方社会保障的比较研究发现，与西方强调个人责任不同，东方国家更加注重的是国家责任。

★ 就政治因素而言，政治共识的达成，对形塑社会保障制度与决定社会保障的发展速度具有十分重要的意义。

★ 就经济因素而言，经济发展能力和经济发展水平会对社会保障的结构与发展水平产生十分重要的影响。

★ 就社会因素而言，社会权利的发展水平也同样会对社会保障的发展水平产生重要影响。

★ 就人口因素而言，传统的社会保障制度是建立在以中青年人口为主体的人口结构基础之上的，而现代社会老年人口成为人口结构的主要组成部分。这就要求社会保障制度必须随之进行调整，从而适应人口结构变化所带来的巨大挑战。

★ 从家庭结构来看，中国有着非常深厚的家庭保障传统，在此传统之上形成了具有中国特色的社会保障体系。但是随着家庭结构的断裂与家庭规模的小型化，中国的社会保障制度也在发生着新的变化。

（二）一国之外的影响因素

一国之外的影响划分为两种力量，一种力量来自全球化，另外一种力量则来源于现代化。

★ 在全球化的背景下，劳动力和资本实现了全球的自由流动，而劳动力的自由流动使各国都不同程度地面临着外来劳工的问题，这给传统的社会保障制度带来了极大的挑战。

★ 作为现代化表现形式的现代科技的快速发展，在推动社会保障制度发展的同时，也给社会保障制度带来了严峻的挑战。

由社会保障结构图（见图1-1）可以看到，社会保障根基的变化必然会使社会保障这座大厦发生变化，从而与之相适应。

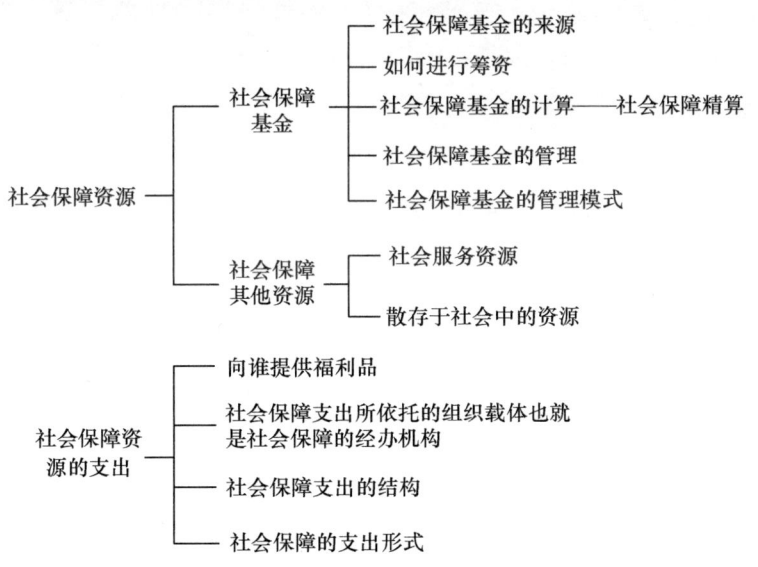

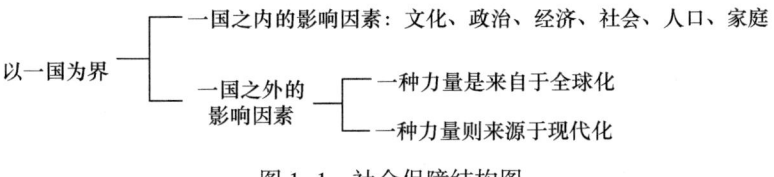

图1-1 社会保障结构图

基于以上分析可将社会保障定义为，一国在本国经济、政治、社会与文化传统的基础之上，基于现实国情，按照一定的责任分担机制，为增强公民抵御风险能力而建立起来的公民生活保障资源的收缴与支出的全过程，具有维护社会稳定、促进经济发展与政治整合的功能。

第二章　社会保障的主要理论问题及评价

第一节　由谁来提供资源

由谁来提供社会保障资源，亦即社会保障主体是谁是一个充满争议的基本问题。随着整体社会的分化水平提高，多元主体发育趋于成熟，社会保障主体逐渐由非此即彼的一元主导向协同共治的多元共担方向转型。其中，市场与政府作为两大老牌资源提供主体，究竟由谁来主导且该如何实现责任共担，是市场主导的社会达尔文主义公平还是政府主导的基于公民权利的做法公平？政府和市场与社会、家庭、个体的责任边界如何确定可以形成一个积极有效的社会保障资源供给体系？对此，持不同价值立场的国家给出了不同的答案。

自19世纪晚期现代社会保障制度诞生以来，关于国家、市场和社会的边界问题得到不同思想流派的关注，并将对资本主义与福利这一经典议题的讨论引向深入。在这一时期以后的一百多年时间里，国家的边界发生重大变化，究其实质是国家基础权力的增长，表现为社会保障制度扩张，国家边界逐渐扩大至家庭、社会，以及市场领域。在这幅以福利供给为内容的多元主体责任边界的动态变化图中，在20世纪以前，国家自主性普遍有限且不稳定，国家边界狭小；直至20世纪40年代以后，国家权力不断增长，国家边界迅速扩张；20世纪70年代后，国家边界开始萎缩，市场化浪潮复兴；20世纪90年代以后，西方掀起"找回国家"思潮，重塑复杂社会基础上的国家、市场与社会边界，成为这一时期的热点问题。

一、由市场来提供资源

市场机制自产生以来就被视为实现资源优化配置、提高资源利用效率、保持宏观社会发展活力的最佳机制。市场机制的科学——经济学成为一门影响世界知识体系的重要显学，市场机制的精神内核——自由主义及其演进形态成为影响世界发展的重要思潮。那么，市场如何进行社会保障资源配置？

纵观市场机制思想发展的200余年历程，可以清晰呈现出强势兴起-扩张-跌下神坛-强势复归-重陷困境的有如钟摆一样的变迁轨迹。我们将市场强势兴起时期的思潮称为古典自由主义，将强势复归时期的崇尚市场思潮称为新自由主义。

(一)古典自由主义的代表思想

古典自由主义的代表人物有亚当·斯密（Adam Smith）、边沁（Jeremy Bentham）、詹姆斯·穆勒（James Mill）、大卫·李嘉图（David Ricardo）。

★ 其中，对市场进行科学性建构与表述，且产生深远影响的第一人是亚当·斯密。1776年，经济学巨著《国富论》（原名《国民财富的性质和原因的研究》）出版，标志着经济学的诞生，其作者亚当·斯密也因此获得"现代经济学之父"的美誉。《国富论》批判了传统的重农学派与重商主义，提出"追求私利可促进公益"的著名论断，为市场经济的发展扫清了理论障碍，为自由市场经济奠定了扎实的理论基础。此后，现代意义上的市场经济形成。市场也成为独立于政府、家庭之外的新型资源配置方式。

亚当·斯密的这一理论虽然在后世的解读与扭曲中被发展或批判，但是在当时的历史条件下，该思想的诞生如同资本主义条件下马克思主义的诞生，对社会产生重大影响，成为掀起社会转型的思想驱动力。下面，让我们来看看亚当·斯密对"看不见的手"即市场机制的具体阐述。

受市场指引，可以实现个体利益与社会利益的共赢。亚当·斯密认为，"看不见的手"可以协调社会经济生活中的私人利益与公共利益，进而形成和谐美好的社会。协调公共利益是社会保障的主要目标，因此，在亚当·斯密看来，靠市场来提供社会福利可以造就和谐社会。"在这场合，像在其他许多场合一样，他受着一只看不见的手的指导，去尽力达到一个并非他本意想要达到的目的。也并不因为事非出于本意，就对社会有害。他追求自己的利益，往往使他能比在真正出于本意的情况下更有效地促进社会利益。"[①]

受市场指引，个体以不损害他人利益为前提而追求自己的利益。"一只看不见的手引导他们对生活必需品做出几乎同土地在平均分配给全体居民的情况下所能做出的一样的分配，从而不知不觉地增进了社会利益，并为不断增多的人口提供生活资料。"[②]

★ 1817年，大卫·李嘉图发表了《政治经济学及赋税原理》，提出了奠定自由贸易基石的原理——比较优势原理，为市场经济扩展至全球提供了扎实的理论根基。此后，市场经济蓬勃发展，日渐壮大。作为紧承亚当·斯密的宗师巨匠，李嘉图反对社会保障，反对对弱势群体进行救助。在《防止滥用济贫税议案》中，他指出应当予以纠正的两大弊害为：

---

① [英]亚当·斯密. 国民财富的性质和原因的研究（下卷）[M]. 郭大力等，译. 北京：商务印书馆，1974.
② [英]亚当·斯密. 道德情操论[M]. 蒋自强等，译. 北京：商务印书馆，1997.

> "人口过剩的趋势和对劳动阶级提供工资的不够充足。他担心这里所建议的措施未必能防止这些弊害的持续存在。他认为情况正相反,如果为贫民所有的子女提供帮助,只会使弊害变本加厉,因为,如果做父母的满有把握他们的子女准会得到仁慈、温暖的待遇,那时人口的增长将漫无止境,这种现象在劳动阶级是极容易发生的。"

李嘉图认为帮助贫困者会产生两大弊端,其一,人口过剩;其二,劳动阶级不能获得足够的薪资。简言之,对贫困者,政府不应出手援助,应当靠市场机制自动调节。

★ 英国哲学家和经济学家边沁认为,个人理性会使人们趋利避害,福利即"最大多数人的最大幸福",因此,国家不应干预私人经济活动,应该实行自由放任政策。

★ 英国经济学家詹姆斯·穆勒认为,在资本主义私有制下个人和公众都可以得到幸福。

自亚当·斯密创立古典经济学体系以来,到奥地利学派、新奥地利学派及芝加哥学派,经济自由主义延续至今。他们相信市场机制的作用,反对政府过度干预,反对社会保障制度。

(二)新自由主义

新自由主义主要包括供给学派、哈耶克自由主义、货币主义,以1976年经济滞涨与危机发生为背景,有向古典自由主义经济学复归的特征,针对凯恩斯主义(见后文介绍),指出国家干预直接否定或损害个人自由,坚信"看不见的手"的铁律,反对国家干预,批判福利主义,主张削减社会保障水平。他们认为政府干预会引发连锁效应,导致资源配置错误,影响经济的平稳运行,最终产生"政府失灵",在此指导下,英美等国再次回到"小政府"的国家,市场经济重新焕发生机。

新自由主义认为,国家干预是造成经济不稳定的主要根源,不仅不能消除经济发展的不利因素,而且会限制市场经济的自发完善和自我调节,指出国家的责任仅仅在于运用一切为市场经济所允许的手段,为市场经济的顺利运行创造必要的条件。

理论依据主要有两个方面:一是自然秩序与经济规律,经济活动是有规律的,表现为市场机制对经济调节的自发作用,并符合"自然秩序",能够实现经济活动的高效率;二是个人自由是自由市场制度存在的基础,也是经济自由的基本出发点,因此,新自由主义反对公有制和计划经济,强调私有经济的内在稳定性,私有制是有效市场竞争的前提。

★ 供给学派是20世纪70年代中期以后兴起的新自由主义理论的分支，反对凯恩斯主义，认为刺激、发展供给是达成经济新均衡的路径，由此产生供给决定需求的发展范式，从强调需求转向供需结合，从提倡政府干预转向关注市场机制，从赞成收入均等转向讲究经济效率，是20世纪80年代里根政府社会保障改革的主要理论依据。

供给学派未建立自身的理论和政策体系，仅对资本主义经济体系提出了政策主张。供给学派提出，降低税率，刺激供给，促进收入均等化；削减政府支出，包括福利支出，减少保险津贴和福利救济金，严格限制受领条件，除老年贫困和赤贫救济外，停办其他福利等政策建议。

★ 哈耶克的自由主义。1945年，哈耶克在《美国经济评论》上发表了《知识在社会中的运用》，为其论点奠定了扎实的理论根基。哈耶克在重温了边际平衡的概念之后，指出经济体系首要解决的问题并非是边际平衡问题，而是应对变化的问题，即发生了新的变化我们该如何应对的问题。与变化相关的知识[①]是分散的，并且是属地的，难以集中，因此，靠计划者调配资源难以实现。哈耶克指出，"如果假设所有知识可以集中于一种思想，这无疑就是对真实世界里每一个事物都具有重要意义的漠视。"[②]

那么，如何解决以上问题呢？哈耶克给出的答案是——价格体系。他认为价格体系可以最有效地传递关于稀缺的数据与信息。比如某地西瓜涨价了，这说明当地西瓜供小于求，卖瓜者得知此信息后，便会逐利而往，当地的西瓜供应便会随之增多。简言之，哈耶克将市场经济视为自我调节的有机体。

★ 以弗里德曼为代表的货币主义。芝加哥学派创始人弗里德曼在其名著《自由选择》中指出，相比政府而言，市场机制能更有效地提升国民福利。

二、由政府来提供资源

政府作为掌握公共权力的主体，具有资源供给的天然禀赋，因此一直以来，以政府有限性为前提，人们对政府都有不同程度的供给期待。

阿维纳什·迪克西特（Avinash Dixit）在其著作《经济政策的制定：交易成本政治学的视角》指出，政府并不能捕捉到市场上的所有信息，因此并非全知；政府资源有限，不能如其所愿地达成所有目标，因此并非全能；官员不是天使，

[①] 哈耶克所指的"知识"并非日常概念，而是指局部信息。
[②] [美] 史库森. 朋友还是对手：奥地利学派与芝加哥学派之争 [M]. 杨培雷, 译. 上海：上海人民出版社, 2006.

也有私心，也会追求自身利益最大化，腐败现象时有发生，因此政府并非仁慈。①

根据不同价值立场，可将政府供给角色划分为以下几种。

（一）扮演守夜人——公共安全保障的政府

★ 以亚当·斯密为代表的古典经济学认为，国家（政府）的基本职责是维护社会秩序，保卫国家安全，经办私人经营无利但社会需要的公共事业和公共设施，原则上不干预经济，所谓"管得最好的政府就是管得最少的政府"。

在《国富论》的最后一篇"论君主或国王的收入"中，斯密对政府机制进行了研究，指出了政府应承担的三个义务。其一，保护本国社会的安全，使之不受其他独立社会的暴行与侵略，为此，要建立国防。其二，"保护人民，不使社会中任何人受其他人的欺侮或压迫"，换言之，就是设立一个严正的司法机构。其三，建立并维持某些公共机构和公共工程，包括教育在内。②

政府要履行以上义务需要收入，收入从何而来呢？税收。为此，斯密在《国富论》中又提出了著名的赋税四原则。

第一，平等。"一国国民，都必须在可能范围内，按照各自能力的比例，即按照各自在国家保护下享有的收入比例，缴纳国赋，维持政府。"不论贵贱，都要纳税，免税特权应该废除，原因在于过去的贵族阶级是不纳税的。

第二，确定。"各国民应当完纳的赋税必须是确定的，不能随意变更。完纳的日期、完纳的方法、完纳的数额，都应当让一切纳税者及其他人了解得十分清楚明白。"

第三，便利。"各种赋税完纳的日期及完纳的方法，须予纳税者以最大便利。"纳税的环节、方式要考虑到纳税人的方便，不要捣乱。

第四，节省。"一切赋税的征收须设法使人民所付出的尽可能等于国家所收入的。"③

★ 约翰·穆勒（Jone Stuart Mill，1806—1873），面对宪章运动、工会运动和社会主义思想的挑战，接受了改良主义文化，主张国家采取某些干预政策来缓和劳资矛盾，直接或间接促进社会福利和改善民生责任。

★ 英国经济学家和改良主义者霍布森（Jone Atkinson Hobson）认为，在资本主义生产中存在"非生产性剩余"，由于各生产要素所有者的议价能力不同，非生产性剩余往往

---

① 何帆. 大局观：真实世界中的经济学思维［M］. 北京：民主与建设出版社，2018.
②③ 王福重. 写给中国人的经济学［M］. 北京：机械工业出版社，2010.

被强者占有，因此，政府应通过税收或国有化的方式将剩余收回政府所有并用于社会福利，由国家用来维持和发展公共事业。

（二）扮演超越——协调者的政府

★ **德国历史学派**。在反对英法古典自由主义拒斥倾向中产生，主张历史研究方法，国家应在经济发展中发挥主导作用。反对自由放任，主张国家干预经济，反对工人运动和马克思主义学说，赞成淡化阶级斗争和发展社会改良等。

1843年，威廉·罗雪尔（Wilhelm Roscher）在柏林大学发表了"用历史学方法论论述国民经济"的讲座，该派获得了历史学派的别称。

★ **新历史学派**。19世纪70年代以后，新历史学派主张对外抵制英法等发达国家的经济自由主义，对内缓解工人运动。新历史学派的代表人物有古斯塔夫·施穆勒、阿道夫·瓦格纳、路约·布伦坦诺、威尔那·桑巴特等，其中，瓦格纳的国家社会主义理论十分具有代表性。

该学派强调经济学中的历史方法和经济理论的相对性，实际上是强调市场经济及源自亚当·斯密的经济学自由主义立场的相对性，以突出国家在经济生活中的主体地位与作用，因此该学派又被称为国家主义学派，又由于宣扬者们利用大学讲坛进行宣传，也被称为"讲坛社会主义者"。

1873年，施穆勒发起"社会政策协会"，提出一系列社会改良主义主张，如工厂立法、劳动保险、劳动纠纷仲裁、某些行业国家化、城市土地私有权限制，以及财政赋税改革。俾斯麦部分地接受了德国新历史学派的主张，承袭原普鲁士王国的济贫政策、雇主责任制和保险，于1883年开始推行工人社会保险政策。

新历史学派的主张有以下几个方面。

1. 强调伦理道德在经济发展和劳资关系协调中的作用，主张用非社会革命的方式解决纠纷。可以通过对劳资双方进行教育，改善其心理和影响其伦理道德观，以此为基础，协调二者利益，化解劳资矛盾。

2. 国家是超阶级的，至上的，国家是集体或社会经济的最高形式，国家应当且有权直接干预社会经济生活，进行宏观经济管理。国家在不断进步的文明社会中，应不断扩大、增强其公共职能。凡个人力不能及的且有利于社会的目标,均应由国家去实现。因此,国家必须通过法制途径,实行社会保障、孤寡救济等一系列社会性经济政策,并推进劳资合作,使帝国摆脱因内在对抗而导致的危机。可以直接干预社会经济,承担提供福利的职责,国家应通过立法,实现包括社会保险、孤寡救济、劳资合作以及工厂监督在内的一系列社会措施,自上而下地实行经济和社会改革。

(三)充当经济调控器的政府

1929—1933年的经济危机使资本主义经济转入萧条,令古典自由经济理论陷入困境。古典自由经济理论无法解释生产过剩、持续大规模失业现象。在此背景下,政府机制支持论兴起。支持政府机制的学者认为,单纯地依靠市场机制会导致市场失灵。为了保证自由市场良好运行,政府需要维护竞争规则。面对市场经济中的不利者,政府有义务为其提供社会保障,确保每个人都能有尊严地生活。

★1936年出版的《就业、利息和货币通论》标志着以减少失业为核心,主张"政府适度干预经济"的凯恩斯主义应运而生,掀起了新一轮思想大变革。凯恩斯主义成为1940年以后,各国制定经济政策和完善社会保障制度的主要理论依据。《贝弗里奇报告》就是凯恩斯主义逻辑的产物。

凯恩斯认为,经济危机原因在于有效需求不足,而有效需求不足的根源是动物精神,即人们的非理性冲动。这导致市场机制陷入危机,无法恢复,政府应动用行政力量干预经济,以减少灾难的损失。需要澄清的是,许多人将凯恩斯主义简单理解为政府干预,这是对凯恩斯最大的误读,凯恩斯主张危急时刻需要政府干预,和平时期无须过多干预。简言之,凯恩斯支持自由市场,不过市场失灵时,需要政府干预。

★20世纪60年代以来,瑞典学派既不同于传统的资本主义思想,也不同于社会主义思想,而是一种"自由社会民主主义"思想。由此,瑞典学派的两大战略思想得以强化。一是必须依靠政府干预来平抑宏观经济周期的波动,以稳定经济、发展经济。这是政府所供给的公共服务的重要职能。二是实行累进税,进行财富转移支付,实现社会各群体、各阶层收入的均等化。

三、社会作为资源提供主体

社会主要指民间社团、慈善组织、非营利组织、互助会等团体。一直以来,社会组织是不同于国家与市场的又一社会保障资源供给主体,现代社会由于政府社会保障资源供给能力有限,社会保障需求繁杂,为提高社会保障供需精准度,社会组织被凸显出来。

各国都意识到了社会团体在社会保障中的作用，纷纷在政策上扶持社会团体。

> 社会团体指为实现团体内成员的共同意愿，公民经相关部门批准自愿组成的民间组织。社会团体（以下简称社团）主要涵盖学会、基金会、联谊会、商会、协会等组织，其主要特点如下。
> （1）自愿性：社团入会退会自由，但对于有些需要缴纳会费的社团如果在一定时期内不缴会费，会被社团理事会勒令退会。
> （2）民间性：社会团体最初都由有成立社团意向的人组织成立，并非政府行为。
> （3）由一定数量的自然人或法人组成。
> （4）在一定时期内活动，为持续性组合。
> （5）为着一定的宗旨和目标。
> （6）不以营利为目的：社团不能进行营利活动，如果有收入，如捐赠、政府资助等，资金必须用于社团的日常运作，而不能作为员工福利进行发放。
> （7）依法登记：一般社团都需要依法登记。在我国，也存在一些不需要登记的社团。①

★ 宗教组织。从历史上看，宗教是最早提供保障资源的社会组织之一，无论是基督教还是佛教，皆蕴含着互助、慈善的思想，在实践中也的确发挥着社会保障的功能。

★ 行会。现代社会保障制度诞生之前，行会（如自发形成的手工业行会、商业行会等）是最早的劳动者之间的互助组织。在行会中劳动者之间互助共生，抵御风险。

★ 工会。自工业革命始，社会风险增加，工人间的互助组织蓬勃发展，如工会，形成了政府与市场之外的保障机制。

★ 第二次世界大战后，社会市场经济理论主张大力发展各类专业性社会组织来监管市场经济，维护其竞争秩序，推进社会保障事业。通过这些社会组织，市场经济的效率指向公平。如通过消费组织监控物价，通过工人参与管理的组织监督企业等。在此期间，政府也大力扶持社会组织，为其宣传、减税等。可以说，政府机制与社会机制相互促进、共同发展，为人们构筑起一道安全网，成为政府行为的社会保障方式以外的丰富多彩和卓有成效的非官方保障方式。②

---

① 胡务. 社会福利概论 [M]. 成都：西南财经大学出版社，2008.
② 刘燕生. 社会保障的起源、发展和道路选择 [M]. 北京：法律出版社，2000.

★ 社会组织在社会保障中发挥着重要功能。当前，我国与社会保障相关的社团主要有中国扶贫基金会、中华慈善总会与中国青少年发展基金会。

中国扶贫基金会成立于1989年，该基金会由国务院扶贫办主管，是我国扶贫公益领域规模最大的公益组织之一。其宗旨为帮助贫困者或贫困群体摆脱贫困，提升其自我发展能力。当前，中国扶贫基金会主要涵盖四大领域：健康与卫生、社区与生计、教育与成长、灾害救援。

中华慈善总会成立于1994年，在民政部备案注册，由热心慈善事业的公民、法人及其他社会组织志愿参加的全国性非营利公益社会团体。其主要工作方向为扶贫济困、安老助孤，以此为指导，开展了夕阳红工程、孤儿康复项目、支持社区项目等。

共青团中央、全国学联、全国青联与全国少工委联合创办的中国青少年发展基金会成立于1989年，该基金会以改善青少年成长环境、提高青少年能力为使命，实施了希望工程等社会公益事业，成为我国公益事业中浓墨重彩的一笔。

★ 社会组织发展现状。20世纪80年代，世界掀起了一股"社团革命"，各种形式的社会组织在世界范围内蓬勃发展，在小至社区，大至国家、国际和全球的各种社会事务中日益发挥重要作用，作为弥补市场失灵、政府失灵的第三大资源供给机制登上历史舞台。

党的十九大报告将社会组织纳入中国特色社会主义事业"五位一体"总体布局，社会组织成为新时代全方位参与国家建设的重要力量。2017年实施的《中华人民共和国民法总则》将三大类型社会组织与事业单位一起归入非营利法人类别，对于中国社会组织来说具有里程碑意义，社会组织由此从法律层面被纳入治理体系，法律身份和治理主体地位得到法治保障。党的十九届三中全会把社会组织作为党和国家机构改革的一部分，社会组织第一次被纳入国家最高层面的机构改革进行设计，成为党和国家机构改革统筹谋划的一部分，社会组织成为党总揽全局、协调各方中的一支重要力量主体。

据统计，2012年，我国社会组织孵化器的数量仅有不到50个，到2018年年底，全国已建成1 600余家社会组织孵化器，其中绝大多数是近三年来建立的。此外，我国的社会组织孵化器每年还在以15%以上的速度增长。

四、家庭作为资源提供主体

家庭，人类社会的基本细胞。回溯几千年人类文明史，家庭既是福利的提供者，又是福利的组织者和实施者。家庭是老弱病残孕等社会弱者的最原初的保护单位。直至今日，家庭依然是社会保障中至关重要的主体，难以替代。

1. 家庭保障具有广泛性与重要性

纵览全球，即便是个人主义盛行的美国，时至今日，家庭仍旧是个人养老的主要责任主体。以上观点似乎令人大跌眼镜，美国的养老模式不是费孝通所言的"接力模式"吗，即父母有养育子女的责任，但成年子女不承担赡养父母的义务吗？葛兰娜·斯皮茨等人通过扎实的考证对以上观点进行了反驳，指出其夸大了现代社会家庭淡化（Family Decline）的意识形态。①"在家庭结构受到冲击最严重的美国，经历了六七十年代的家庭危机后，家庭也正在日益回归。今天在美国最响亮的字眼是：承担义务、亲密关系和培养感情。"②

将目光转向东亚，家庭养老在东方具有深厚的文化根基。在传统中国，家庭与家族作为个人与国家之间强大的中间层，与强大的国家不仅不矛盾，反而相辅相成，构成了家国保障体系③。这种超稳定的家国保障体系，对我国封建制度的延续起到十分重要的作用。④在这种结构下，我国传统家庭保障较为完备，受制度的路径依赖影响，至今依旧存有深厚的家庭保障传统。

> 种种迹象表明，"无论是西方的经验，还是我们身边的实践，都告诉我们一个无法否认的事实：养老院、托老所一类的社会性机构只是一种必要的补充，而绝不是解决老龄服务的唯一灵丹妙药。"⑤

2. 家庭保障的独特性

范斌在《福利社会学》中指出了家庭保障的两种独特作用。

（1）成本低。家庭赡养的实质是在人的生命周期中权利和义务的实现。家庭成员在未成年期有受抚养的权利，在劳动年龄期有赡养老人及抚养子女的义务，进入老年后一般又有接受子女赡养的权利。这个过程是靠家庭成员之间长期共同生活形成的感情维系

---

① 葛兰娜·斯皮茨，罗素·沃德，边燕杰. 谈谈美国的家庭养老：兼与中国社会学同仁商榷 [J]. 社会学研究，1989（4）.
②⑤ 刘燕生. 社会保障的起源、发展和道路选择 [M]. 北京：法律出版社，2000.
③④ 金观涛，刘青峰. 兴盛与危机：论中国社会超稳定结构 [M]. 北京：法律出版社，2010.

的，大都不需要外力干预，故具有成本低而效率高的特点。

（2）更能满足受助人或受益人的需求。家庭提供福利的意义不仅在于满足成员衣食住行、日常生活照顾等生理需求，还可以满足相互之间的交往、情感慰藉以及教育等方面的需求。这是其他社会组织无法替代的。①

3. 大转型进程中家庭保障功能的式微

工业革命后，市场经济蓬勃发展，工业化、城市化进程加快，社会空间流动加剧，社会风险急剧增加，养老、医疗、失业等风险已逐步由家庭走向社会，演变为社会问题。现代化进程致使社会发生两项变化："一是人口预期寿命延长，形成一个老龄人口阶层，并日益成为突出的社会问题，因而需要社会从整体社会发展政策来考虑。二是社会生产方式和劳动组织方式的突出变化，这种变化导致社会劳动者，尤其是城市化后的城镇劳动者，主要靠工薪维持生计，当劳动者因年老体弱、疾病、生育、工伤事故或失业时，就失去了收入保障。"②

在此背景下，家庭保障日渐式微，给国家保障制度发展挪出空间。正如加里·贝克尔（Garys Becker）所言："在现代社会中，血缘关系远不如在传统社会中显得那样重要，原因是社会保险代替家庭保险，家庭成员们各自分散去寻找他们最好的机会，人们越来越依靠社会取得资源。"③ 家庭保障功能日趋衰落表现在以下四点。

（1）家庭结构小型化　工业革命以来，市场经济迅速崛起，工业化与城市化如火如荼地开展。农村剩余劳动力逐步向城市转移，致使人口的空间流动加剧，对家庭结构造成巨大冲击。家庭结构逐渐呈现出小型化、"四二一"结构的核心家庭普遍化、家庭空巢化，这对家庭保障功能构成严峻挑战，对家庭养老挑战尤为显著。

（2）家庭权利关系的翻转　著名人类学家玛格丽特·米德（Margaret Mead）在其名著《文化与传承——有关代沟问题的研究》中，将人类文化传递归类为三：其一，晚辈向长辈学习，为前喻文化；其二，长辈向晚辈学习，为后喻文化；其三，长辈和晚辈的学习都发生在同辈人之间，为并喻文化。农业文明以前喻文化为主，知识多靠经验获得，年纪越大知识越丰富，子女高度依附老年人，家庭养老保障易于实现。工业革命后，进入后喻文化阶段，父权削弱，子女对父母的依附关系降低，子代与父代的家庭权力关系逆转，导致传统家庭赡养更多地依靠子女的个人觉悟与经济水平，对家庭养老保障功能构成巨大挑战。

---

① 范斌. 福利社会学［M］. 北京：社会科学文献出版社，2006.
② 刘燕生. 社会保障的起源、发展和道路选择［M］. 北京：法律出版社，2000.
③ ［美］加里·S·贝克尔. 家庭经济分析［M］. 彭松建，译. 北京：华夏出版社，1987.

(3) 子代与父代居住空间断裂　工业化与城市化的扩展使人口迁移加剧，子代与父代居住空间发生断裂，对家庭保障产生重要影响。应该指出的是，这种影响是双重的，一方面，居住空间的断裂确实缩减了家庭内部的人力资源，致使家庭精神慰藉、照料功能弱化。另一方面，子代远离家庭去大城市谋求发展，可能会增强家庭的经济支持力。尽管人口流动对家庭保障的影响是双重的，但不可否认，子代与父代居住空间的隔离削减了家庭在照料、精神慰藉方面的功能。

(4) 现代福利国家政府责任边界扩大与家庭责任边界缩小　在这幅以福利供给为内容的多元主体责任边界的动态变化图中，在20世纪以前，国家自主性普遍有限且不稳定，国家边界狭小；直至20世纪40年代以后，国家权力不断增长，国家边界迅速扩张；20世纪70年代后，国家边界开始萎缩，市场化浪潮复兴；90年代以后，西方掀起"找回国家"思潮，重塑复杂社会基础上的国家，市场与社会边界成为这一时期的热点问题。虽然国家的边界有所变动，但在总体上呈现出无法逆转的扩张之势。学者们纷纷指出，这一时期的国家比历史上任何一个时期的国家都更多地渗透到人们的日常生活中，提供了原本由家庭、社会与市场提供的福利，而20世纪以前的国家从未拥有这样的权力。家庭保障的责任逐渐"由家庭转向公共系统，弱化了代际之间的相关性，慷慨的社会福利系统削弱了代际之间的亲密关系"①。

当政府责任的扩张遇到家庭的道德风险时，就会对家庭责任产生合法的挤出效用。例如，小A的父母陷入贫困，如果小A不帮父母，其父母生活水平将跌到贫困线之下，政府将施以援手；如果小A帮助父母，其父母将享受不到政府补贴。在此种情况下，小A很可能放弃帮助父母，这就是政府责任扩张对家庭保障的挤出效应。

五、探讨多元主体的责任边界

（一）从历史上看中西方社会保障责任主体边界

由于中西方历史渊源、文化结构、社会结构显著不同，社会保障责任结构差异显著。具体如表2-1所示。

---

① 王树新. 社会变革与代际关系研究 [M]. 北京：首都经济贸易大学出版社，2004.

表 2-1　　　　　　　　　　　中西方社会保障责任结构比较

社会保障供给主体	中国社会保障体系所承担的功能及特点	西方社会保障体系所承担的功能及特点
家庭	功能： 1. 教育和文化功能； 2. 子女抚养及老人赡养功能； 3. 家庭成员互助功能	功能： 1. 教育和文化功能； 2. 子女抚养功能，但老人赡养功能外移； 3. 家庭互助功能
	特点：传统供给体制发展完善	特点：功能单一，正在进行功能扩展
市场	功能： 1. 优化资源配置，在初次分配中使能者多得福利； 2. 通过商业保险提供补充保障，帮助民众抵抗风险	功能： 1. 优化资源配置，在初次分配中使能者多得福利； 2. 通过商业保险提供补充保障，帮助民众抵抗风险
	特点：当前商业保险发展水平较低，内容单一，公众认可度不高	特点：市场化程度较高，内容丰富，居民参与感强
社会（非营利组织）	功能： 目前注重于提供扶贫、环境保护服务	功能： 跨社区之间提供各类公益服务、社会辅导、公民维权，开展环境保护、和平促进活动等
	特点：发展不完善，立法不明确	特点：发展程度高，分工体系完善，立法明确
国家	功能： 1. 财政资助； 2. 监督立法	功能： 制度与政策设计；监管；财政兜底；公共财政体系；向 NPO（非营利组织）购买服务
	特点：与其他主体的功能边界模糊，分工不明确	特点：与其他组织的功能边界比较清楚，分工明确，发展比较完善

资料来源：范斌. 福利社会学 [M]. 北京：社会科学文献出版社，2006.

（二）当代多元主体责任边界探讨

2008 年，资本主义内部矛盾再次被点燃，金融危机爆发，自由市场经济再次遭遇寒冬。市场、政府、社会、家庭的关系再次成为热议问题，各国社会保障实践也更为多元、复杂。

针对福利国家，出现了种类繁多的替代性概念，如新福利国家、新混合福利经济、志愿福利国家、新工业福利国家、助人自助国家、福利国家私有化、公私部门合作、组合主义的福利国家；形成了许多新的思潮，如福利多元主义、福利三角理论和第三条道路等。

★ 福利多元主义是继古典自由主义、凯恩斯-贝弗里奇范式后，20世纪80年代新兴的，对西方国家、市场与社会关系重塑产生重要影响的理论范式，强调社会福利来源的多元化，福利的规则、筹资和提供由不同的部门负责，国家只是其中之一。

★ 福利三角理论认为，人民获得的福利是由家庭、市场与国家提供的总和，家庭和市场是个人福利的首要提供者，它们提供福利的状况是国家介入边界形成的前提和条件。福利三角理论指出，应对福利实行总量控制，三大福利部门之间应是此消彼长的关系。埃斯平-安德森指出，美国和瑞典两国的福利开支总量相同，但支出结构有所不同，美国偏重家庭、市场，瑞典偏重国家部门。

★ 第三条道路是自凯恩斯主义之后的又一次中间道路创新，既不同于自由主义，又不同于社会民主主义，倡导建立能动性政治，用以解决政府与市场、社会之间的不协调关系。

> 英国新工党于1995年推出了"第三条道路的抉择"，重新认识国家干预和市场自由的作用。吉登斯认为，第三条道路既反对福利国家提供的消极保障，也反对新自由主义把人们完全推向市场；既关注财富分配，也关注财富创造；要以人力资本投资代替直接经济资助，增加教育和培训的机会，提高人们参与竞争的能力，从而将传统福利国家改造成为"社会投资型"福利社会。

由上述思潮可知，福利国家危机解决方案的重点在于重塑国家边界，扭转福利国家时期国家边界过分扩展的态势。

然而，上述思潮或意识形态具有潜在的危险和社会不平等，隐含着摆脱政府责任的价值偏好，以及抑制福利总体水平增长的嫌疑。在一些自由化程度高的国家，虽然并没有对公共社会开支总量做出大规模缩减，但是随着国家福利供给边界的缩小与供给角色的变化，削减了缺乏政治力量的社会弱势群体的利益，制造出了有工作的穷人这一新型贫困人群，他们处于市场化福利供给与国家福利供给边界的夹缝中，进而产生新的社会不公平问题。

同时，人口老龄化、家庭危机、结构性失业问题持续加重，以及物质文明带来的社会期望不断提升等给国家持续施压。从20世纪70年代以来的国家边界缩减进程中，国家的边界并未呈现出有如自由主义者抑或社会民主主义者所宣言的状态。学者们将其表述为"呈现出不以任何一方主观意志为转移的客观变动状态"与"福利国家体系的路径依赖"。

第二节 如何分配

如何分配才能实现社会公平，同时还具有效率，亦即如何实现分配正义，是社会保障的基础理论问题。分配正义理论回应的核心问题是"谁应该得到什么？"这涉及社会保障领域的两个基本议题：为什么如此分配？分配给谁？现将学者们的观点整理如下。

★ 相对获得正义论。持这一观点的学派是边际效用学派，主要创立者是英国学者威廉·杰文斯（William Jevons）、奥地利学派的门格尔和洛桑学派的里昂·瓦尔拉斯（Léon Walras）。他们反对德国历史学派，主张抽象演绎法，逐渐形成以门格尔为代表的心理分析学派和瓦拉尔斯、帕累托为代表的数学分析派。他们认为政治经济学的研究对象应从人与人的生产关系变为人与物的关系，即个人对消费品的主观评价。价值是人类对效用的主观心理评价，价值量取决于物品满足人的最后亦最小欲望的单位效用，即边际效用。换言之，分配是否正义，是人的一种心理感知。

> 🕐 我每个月领取养老金1 800元，本来挺满足的。从央视解读事业单位养老保险改革节目中知道，国家机关和事业单位的养老金有4 000元，怎么那么不公平呢！——参见杨燕绥著，《社会保障》，清华大学出版社，第20页所引用的个案。

杜森贝里（James Stemble Duesenberry）认为，相对获得感来源于相对收入水平的提高，个人福利估价不一样，政府用再分配手段把某些人部分收入给予另一些人，不一定能增加获得者的福利。换言之，个人福利或消费效用不仅取决于他的绝对收入水平，也取决于相对收入水平。

庞古（Arthur Cecil Pigou）指出，收入转移使穷人的相对获得感更强，更有利于形成分配正义。个人实际收入增加，会使满足增大，转移富人的部分货币收入给穷人，会使穷人满足更大。在边际效用递减规律的作用下，等量货币即一个单位的增量货币给予富人的满足程度远低于给予穷人的满足程度。因此，国家需要在两个方面努力：一是为增加经济福利必须增加国民收入总量；二是政府应当通过税收机制，将富人收入的一部分转移给穷人，经济福利乃至社会福利会因此更大。为此，庞古强调，福利政策应当以不损害资本增值和资本积累为前提。否则将减少国民收入。同时要防止懒惰与浪费。因为劳动的减少与浪费的增加同样会直接减少国民收入总量，从而减少经济福利与社会福利。

瑞典学派的维克塞尔（Knut Wicksell）依据边际效用递减的规律，即等量货币对穷人产生的效用远大于富人的推断，直接形成收入财富分配均等化的政策主张，促进瑞典累进税制度建立。

★ 整体福利增长正义论。持这一观点的主要代表学者是帕累托，提出了著名的帕累托最优（Pareto Optimum）原理：不需要重新配置资源，在其他人的效用水平至少不下降的情况下，使任何人的效用水平有所提高。

其后，卡尔多（Nicholas Kaldor）和希克斯（John R. Hicks）等人在20世纪30年代末期提出"假想的补偿原理"，即一些社会成员经济状况的改善不会造成其他社会成员状况的恶化，或者补偿了生活状况恶化的社会成员，社会福利就会增加。因此，福利政策和立法使一些人得利而另一些人受损时，如果得利总额超过损失总额，政府可以向得利人征税以补偿受损者，其结果是对任何人都没有不利而对一些人有利。

希克斯提出"长期自然补偿法"，认为判断社会福利的标准应该从长期来观察，只要一项经济政策能提高社会生产率，尽管在短期内某些人会受损，在较长时间内所有人都会"自然而然地"获得补偿。

★ 经济增长正义论。以新剑桥学派为代表，其基本立场是古典主义的，内核是自由主义的——市场趋向于一般均衡，以效率优先为宗旨。认为只要通过宏观经济政策支持，鼓励国民经济增长，提高国民收入水平，资本、土地、劳动力将获得各自的边际收入，足以消灭贫困。换言之，只要做大经济增长的蛋糕，穷人所得也必然增加。

★ 适度分配正义论。适度分配原则存在于社会市场经济理论中，代表人物是米勒·阿尔马克和艾哈德。内容包括保证每个社会成员具有起码的生活水平，鼓励自我负责的精神，每个具有劳动能力的人应通过自己的劳动（必然时在国家和社会的帮助下）获取生存、发展的基础。

★ 大多数人幸福正义论。霍布森主张政府干预经济，实行社会改良，通过税收实现更平等和更有益的社会财富分配，实现免费医疗、老年抚恤金、比较充分的失业救济等社会政策，以促进"最大多数人的最大幸福"。

★ 社会融合正义论。美国迈克尔·谢若登提出穷人缺乏积累资产的同等机会，提出资产建设与社会发展并举的个人发展账户理论。阿马蒂亚·森（Amartya Kumar Sen）提出"可行能力理论"。何谓可行能力呢？阿马蒂亚·森指出，"一个人的'可行能力'指的是此人有可能实现的、各种可能的功能性活动组合。可行能力因此是一种自由，是实现各种可能的功能性活动组合的实质自由（或者用日常语言说，就是实现各种不同的生活方式的自由)。"① 简言之,"可行能力就体现为每个人根据自己的能力,在各种功能组合中按照自己的意愿进行选择和组合,使自己的生活能够达到最佳水平的能力"。② 阿马蒂亚·森承接亚当·斯密、约翰·密尔、马克思等人的传统,秉承致力于消除现实的不正义,促进正义的"比较进路",必将对社会保障的实践产生重要影响。

★ 公有共有正义论。此观点源于《理想国》,后经空想社会主义和科学社会主义理论发展,最终实践于社会主义国家。同时,在中国古代社会,儒家经籍《礼记·礼运篇》最先描绘了中国人民心中的大同社会,"大道之行也,天下为公,选贤与能,讲信修睦"。提倡公共权力,反对私有,主张公有、共享,消除贫富对立。

★ 应得正义论。以罗尔斯(John Rawls,美国政治哲学家)的正义论为代表。探讨分配正义,罗尔斯是绕不过去的丰碑式人物。自罗尔斯之后,几乎所有的政治哲学家都以罗尔斯为标杆,要么赞成他,要么批评他,借此展开自己的逻辑推演,政治哲学进入后罗尔斯时代。

正义究竟是什么?本节不想对"正义"一词进行知识考古学式的推演,因为作为超级概念,正义一词众说纷纭。本节将正义定义为:给某人以应得的东西。如果所得少于或多余应得,可以说这是不正义的。这里的问题是,究竟什么是应得?应得该由谁来判定?如何证明应得?

罗尔斯正义理论的出发点。在面对运气的摆布时,应该束手就擒,听天由命吗?这确实是一种选择,但除了听天由命之外,还可以借助理性的力量,通过合理的政治制度的设计来消减各种偶然性的影响。

> 运气可划分为三:自然的偶然性、社会的偶然性与幸运的偶然性。每个人都无法摆脱偶然性的影响。玛莎·纳斯保姆在《善的脆弱性》中指出:"人类繁荣很容易受到运气的影响,这是后亚里士多德古希腊哲学从未怀疑过的一个核心主题。"

罗尔斯正义二原则。第一个原则是每个人对与其他人所拥有的最广泛的基本自由体系相容的类似自由体系都应有一种平等的权利。第二个原则是社会和经济的不平等应该这样安排,使它们被合理地期望适合于每一个人利益,并且依系于地位和职务向所有人开放。③ 第一个正义原则被称为平等的自由原则;第二个正义原则划分为二,依次为差别

---

① [印度] 阿马蒂亚·森. 以自由看待发展 [M]. 任赜等,译. 北京:中国人民大学出版社,2002.
② 郭小东. 社会保障:理论与实践 [M]. 广州:广东经济出版社,2014.
③ [美] 约翰·罗尔斯. 正义论 [M]. 何怀宏等,译. 北京:中国社会科学出版社,1988.

原则、公平的机会平等原则。按照罗尔斯所言，整个正义原则优先于效率原则，即当经济效率与正义原则发生冲突时，正义原则优先。正义原则内部依据词典式排序，即当正义原则彼此发生冲突时，第一个正义原则优先于第二个正义原则，在第二个正义原则内部，公平的机会平等原则优于差别原则。

🕐 差别原则即只有收入与财富的不平等分配有利于最不利者时，这种不平等才能被接受。罗尔斯对差别原则的论证分为两部分，其一为肯定部分，它包含两个理由——人们皆从社会合作中受益，自然天赋是人们共同的财富；其二为否定部分，说明社会和经济的不平等源自人们自然天赋和社会文化条件方面的差异，由于这种差异是偶然的，所以应该而且必须加以纠正。①

正义原则的证明

罗尔斯设计出正义二原则，并将其运用于社会基本结构中，使人们公平地获取社会基本善，来消解各种偶然性对人的摆布。那么，罗尔斯是如何推导出正义原则的呢？

罗尔斯继承了霍布斯、洛克、卢梭等先贤的社会契约论传统，将传统的社会契约上升为一个更为抽象的程度，来论证出正义二原则。为此，罗尔斯设计了平等的原初状态中的假想契约。

罗尔斯设想了一种"原初状态"，在原初状态中，有一层"无知之幕"遮蔽了立约者的阶级、地位、天赋及各自的人生观。与此同时，立约者对其所处的社会环境（譬如政治、经济、文化等）也概不知情。但立约者有社会运行的常识。

为何设置无知之幕呢？罗尔斯给出了答案："如果允许有特殊知识，那么结果就由于任意的偶然性而有所偏袒……如果原初状态是为了产生公正的契约，那么，契约各方就必须处于平等的境况，并被当作有道德的人而同等地对待。必须通过调节最初契约状态的环境，而纠正这个社会的任意性。"② 为确保思想实验的达成，罗尔斯还将嫉妒排除在外，把立约者设计成理性的自立人——对他人冷漠，仅理性地计算自己的利益。

在原初状态中，立约者会达成正义第一原则——即平等的自由原则。问题

---

① 姚大志. 罗尔斯 [M]. 长春：长春出版社，2011.
② [美] 迈克尔·桑德尔. 公正：该如何做是好？[M]. 朱慧玲，译. 北京：中信出版社，2012.

是，自由仅是社会基本善之一，为什么平等的自由原则要优先于第二原则呢？针对这一疑问，罗尔斯用"人作为自主的道德主体"进行了论证。罗尔斯指出，自由人有两种道德能力——理性调整人生追求与独立追求人生目标。正义二原则要确保立约者在离开原初状态时，基本自由得到充分保障，因此平等的自由原则优先于第二原则。

那么，原初状态下，立约者为何要赞同第二原则呢？在原初状态下，立约者开始可能想均分所有社会基本善。但揭开无知之幕，进入现实生活中，社会基本善并不是被均分的。为了避免自己沦为最不利者而使生活了无希望，作为理性的自立人会采取审慎态度，保证自己即便沦为最不利者，也能获得社会合作的成果。而这，就是差别原则——只有在对最不利者最为有利的情况下，不平等分配才被接受。

什么标准来测量分配是否正义？罗尔斯给出的答案是，以社会基本善为标准衡量分配是否正义。社会基本善包括自由和机会、收入与财富，以及自尊的基础。罗尔斯假设基本善是"每一个理性的人都会向往的东西……无论一个人的合理生活计划是什么，这些善通常都是有用的"。[①]

罗尔斯正义论的批评与回应。自1971年《正义论》问世以来，学界引发了一场旷日持久的大辩论，《正义论》成为众矢之的。

自由主义内部的批评。率先对《正义论》进行批判的学者来自自由主义内部，主要以诺齐克（Robert Nozick）为代表。罗尔斯与诺齐克皆为自由主义者，既然身处同一阵营，诺齐克为何批评罗尔斯的正义理论呢？这源于当代自由主义内部已分裂为无数派别——极端自由主义、权力主义的自由主义、至善主义的自由主义、平等的自由主义等，各派观点针锋相对。诺齐克属于极端自由主义，而罗尔斯属于平等的自由主义，二者分别位于当代自由主义的两端，其他自由主义派别游离于二者之间，所以二者冲突如此之激烈。

诺齐克主要对《正义论》的差别原则进行了批评。诺齐克认为，社会经济的不平等并非仅仅源自人们自然天赋与社会文化条件的差异。譬如，小A身心健康，本科学历，能找到工作但他不去，天天在海边吹海风，最终沦为了最不利者，请问，将社会财富的一部分分配给小A正义吗？这样的不正义也需要加以纠正吗？

不得不承认，诺齐克对罗尔斯的这种批评是正确的——罗尔斯忽略了个人责任对个人所获财富与地位的影响。

---

① 姚大志. 罗尔斯 [M]. 长春：长春出版社，2011.

简言之，极端自由主义者（也称自由意志主义者）强调个人责任，相信市场机制的自我调节力量，反对政府干预，反对社会保障制度。这不免令人心生疑虑：假如小 A 天生自然天赋很差，家徒四壁，三天只吃一顿饭，政府需不需要帮助他呢？针对小 A 的处境，诺齐克会如此回应："小 A 很不幸，值得同情。"

阿马蒂亚·森对罗尔斯的批评主要有两个维度。罗尔斯的正义理论属于资源论，即主张对资源进行分配。阿马蒂亚·森指出，资源论犯了一个普遍的错误，忽视了个体的异质性与多样性。举个例子，小 B 为残障人士（不能正常行走），小 C 身体健康，两人要从甲地去往乙地，政府补贴交通费用，如果给予两人每人 1 000 块钱的交通补贴，合理吗？罗尔斯认为合理。阿马蒂亚·森指出，罗尔斯忽视了人的差异性，同样从甲地到达乙地，小 B 需要的更多，他还需要轮椅、护工等才能像小 C 一样到达乙地。

罗尔斯主张平均分配的是"基本善"。阿马蒂亚·森同样认为，"如果人们基本上是非常相似的，那么基本善的指标也许就是一个非常恰当的判断优势的方法。但事实上，在健康、长寿、气候条件、地理位置、工作条件甚至身体的高矮和胖瘦影响着食物和着装的需求方面，人们似乎有着截然不同的需求"① 问题的关键在于，个体不仅需要资源，还需要将资源转化成生活中的各种状态，由于个体存在差异性，致使"转化机制"有所差别。罗尔斯理论的问题在于忽视了个体的"转换机制"，为弥补这一缺憾，将个体的异质性纳入分配正义理论之中，阿马蒂亚·森提出了极富影响力的"可行能力理论"。

★ 自在自由正义论。这一观点以马克思主义为代表。尽管马克思与罗尔斯存在诸多相似之处，譬如对社会中不利者深切的同情、对现实生活中不正义的批判，对自由与平等的追求等，但二者依然有显著差别。最大的差别在于罗尔斯的理论是内在的——不要求改变现有制度，而是在现有制度框架内依据正义二原则构建起正义社会。相比之下，马克思的理论是超越的——要彻底解决冲突，就必须消灭阶级差别，消灭私有制，推翻现有社会，建立无阶级差别的共产主义社会，实现人的全面自由发展。

马克思主义者米勒对罗尔斯的差别原则展开了批评，他并非批评差别原则内在的错误，而是认为差别原则在资本主义社会中无法实现。依据马克思主义的观点，除了原初状态，迄今为止西方所有的社会皆具有以下特征。第一，任何上层阶级可接受的社会安排对于下层阶级都是不可接受的。第二，上层阶级就是统治阶级，主要的政治机构和意识形态机构是为其利益服务的。第三，上层阶级之典型成员对财富和权力的需要比其他阶级之典型成员要强烈得多。米勒试图证明，如果某种社会具有以上三个特征，那么差

---

① ［印度］阿马蒂亚·森. 什么样的平等？[J]. 闲云，译. 世界哲学，2002（2）.

别原则就不会成为罗尔斯的原初状态中的立约者的选择，因此差别原则在现实社会中也失去了理论根基。①

简言之，马克思主义者认为，罗尔斯的差别原则仅仅是资本主义的粉饰，资本主义内部的社会保障制度，仅仅是资产阶级为了缓和阶级矛盾而采用的权宜之计，是维护资产阶级统治的工具。只有推翻资产阶级统治，建立无产阶级专政，才能真正实现人的解放。

小结

罗尔斯的正义理论使平等成为政治哲学的核心议题，但忽视了个体责任与个体的异质性；

自由意志主义者批判了罗尔斯对个人责任的忽视，但走向了自由的极端；

社群主义批判罗尔斯正义理论对共同体的戕害，认为好的分配制度应该"培养一种更深厚的共享公民身份感"②，然而，当问及何种分配制度可以达成社群主义目标时，社群主者义闪烁其词，并未给出可操作的建议。

阿马蒂亚·森通过批判以罗尔斯为首的"资源论"，建构了"可行能力理论"，将个体的异质性纳入分配正义理论，持"比较进路"，将消除现实的不正义作为首要任务。然而，"个体将会如何行动，关键要看社会的现实逻辑在鼓励什么样的行动，而社会的现实逻辑到底是什么，归根结底要回到正义制度的建设上来"③，森忽视了这一点。

诚然，本节并未穷尽所有的分配正义理论，但已将主流分配正义理论大致梳理出来。

第三节 如何破解当代西方社会保障理论悖论

一、不同历史时期社会保障的主导思想

从西方近现代社会保障制度发展历程来看，每一个时期都有一个主导的社会思潮。

★ 前现代社会保障制度时期，即19世纪末期德国三部社会保险法颁布前，主导西方社会保障实践的是古典自由主义思潮；

★ 19世纪中后期至20世纪初期，主导西方社会保障实践的是古典自由主义居于主导地位且与国家干预思想混合的思潮；

---

① 姚大志. 罗尔斯 [M]. 长春：长春出版社，2011.
② [美] 迈克尔·桑德尔. 民主的不满 [M]. 曾纪茂，译. 南京：江苏人民出版社，2008.
③ 周濂. 正义的可能 [M]. 北京：中国文史出版社，2015.

★ 20世纪中期至20世纪六七十年代，主导西方社会保障实践的是凯恩斯主义；

★ 20世纪六七十年代至20世纪末期，主导西方社会保障实践的是新自由主义；

★ 20世纪末期至21世纪初期，主导西方社会保障实践的是多元主体合作共治的思潮。

二、思想家们产生分歧的原因是什么

虽然马克斯·韦伯（Max Weber）提倡价值中立，以去除研究者主观因素对研究过程的影响，但这种理想或研究者极端自律的情况在理论研究中是不存在的。理论的形成与理论缔造者的生命及其对世界的体悟密不可分，割舍到这一因素不仅是不现实的，而且还将使其理论所绽放出来的绚丽色彩褪去。下面探讨不同理论分歧产生的原因。

★ 科学判断的不同。导致科学判断产生差异的原因可概括为两个方面。一是已接受的学术训练和形成的知识体系不同。学术训练和接受的知识体系对研究者科学思维的形成产生重要的形塑作用。二是概念工具与研究方法不同。语言是思维的枷锁。在理论建构中，概念作为基础构成，学者们对概念的掌握、使用和挖掘能力直接影响理论建构。

★ 价值观的不同。导致价值观不同的影响因素包括两点。其一是早年的人生体悟。中国有句俗语叫"三岁看老"，是说一个人幼年时的行为举止能反映出其未来的发展前景。马克思，一位对世界产生重大影响的思想家、革命家，在其儿童时期就曾许下"为人类而工作"的宏愿，并贯穿其人生始终，直到去世前还在孜孜不倦地工作着，一生一贫如洗，但却对西方社会产生深远影响，改变了人类社会主导逻辑。其二是考虑问题的出发点和格局不同。有的学者从站在维护特定阶级或群体利益的出发点考虑问题，有的学者是基于对人类社会特定发展时期的讨论，有的学者是站在全人类发展的立场纵观人类社会变迁宏伟历程而展开讨论。

★ 感觉和现实的体悟能力不同。学者们均具有不同程度的对事物或人类情感的体悟、感知、同情共感、反思等能力，但并不是所有学者在这方面都显示出同等水平。能力越强者所形成的理论所具有的时空超越能力越强。

三、马克思主义的回应

围绕供给主体与分配，西方国家虽然发展出了形形色色的社会保障基础理论，但是仍旧未能充分阐释清楚与有效解决社会保障现实问题。在当代，社会保障问题成为社会各界的敏感神经，新挑战、新矛盾不断，而社会保障理论似乎没能真正触及问题的本质。本部分将运用马克思的理论观点做出阐释。

（一）合理的社会保障责任主体结构是什么？

随着近现代以来的社会变迁与发展，社会各个主体逐渐分化形成，且保障功能不断趋向成熟。在经历市场失灵、政府失灵与社会失灵后，多元主体合作共治成为必然趋势。但是，问题是由谁来主导多元主体格局呢？

1. 西方的探索

20世纪六七十年代后，西方针对福利国家出现了种类繁多的替代性概念，如新福利国家、新混合福利经济、志愿福利国家、新工业福利国家、助人自助国家、福利国家私有化、公私部门合作、组合主义的福利国家，形成了许多新的思潮，如福利多元主义、福利三角理论和第三条道路等。

福利多元主义是继古典自由主义、凯恩斯-贝弗里奇范式后，20世纪80年代新兴的，对西方国家、市场与社会关系重塑产生重要影响的理论范式，强调社会福利来源的多元化，福利的规则、筹资和提供由不同的部门负责，国家只是其中之一。

福利三角理论认为人民获得的福利是由家庭、市场与国家提供的总和，家庭和市场是个人福利的首要提供者，它们提供福利的状况是国家介入边界形成的前提和条件。福利三角理论指出应对福利实行总量控制，三大福利部门之间应是此消彼长的关系。埃斯平-安德森指出，美国和瑞典两国的福利开支总量相同，但支出结构有所不同，美国偏重家庭、市场，瑞典偏重国家部门；第三条道路是自凯恩斯主义之后的又一次中间道路创新，既不同于自由主义，又不同于社会民主主义，倡导建立能动性政治，用以解决政府与市场、社会之间的不协调关系。

2. 对西方做法的评价

上述思潮或意识形态具有潜在的危险和社会不平等，隐含着摆脱政府责任的价值偏好，以及抑制福利总体水平增长的嫌疑。在一些自由化程度高的国家中，虽然并没有对公共社会开支总量做出大规模缩减，但是随着国家福利供给边界的缩小与供给角色的变化，削减了缺乏政治力量的社会弱势群体的利益，制造出了有工作的穷人这一新型贫困人群，他们处于市场化福利供给与国家福利供给边界的夹缝中，产生新的社会不公平问题。同时，人口老龄化、家庭危机、结构性失业问题持续加重，以及物质文明带来的社会期望不断提升等给国家持续施压。

有意思的是，从20世纪70年代以来的多元主体边界重塑进程中，国家的边界并未呈现出有如自由主义者抑或社会民主主义者所宣言的状态。学者们将其表述为"呈现出不以任何一方主观意志为转移的客观变动状态"与"福利国家体系的路径依赖"。

3. 如何重塑社会保障责任主体的关系格局

在这个多元主体构成的关系格局中,究竟哪个主体及其逻辑居于中轴地位?对于这个问题,不同的国家给出了不同的答案。历史告诉我们,由市场主导会导致社会保障结果具有很大的片面性,市场效率公平观下的社会失衡问题严峻;由已经分化为不同利益群体的社会主导会导致社会保障制度制定成本过高,社会短视、非理性、狭隘等弊端会反映在制度中。国家虽然不是万能的,且也存在失灵问题,却是作为主导主体的最佳选项。

在马克思思想中没有对国家做出系统论述,但是正如法国著名的马克思主义政治理论家亨利·列菲弗尔(Henri Lefebvre)所说,"如果有人想在马克思的著作中寻找一种国家理论,也就是想寻找一种连贯和完全的国家学说体系,我可以毫不犹豫地告诉他,这种学说体系是不存在的;反之,如果有人认为马克思忽视了国家,我们也可以告诉他,国家问题是马克思经常关注的问题"。那么,零散存在于马克思思想中的国家理论聚合后是什么样呢?对此,英国新马克思主义者鲍勃·杰索普(Bob Jessop)提炼出以下理论支点,以"经济基础—上层建筑"为模式,把国家视为经济基础的反映;国家是统治阶级的工具;国家是黏合要素;国家是制度整体。因此,国家具有社会控制、整合与动员的优势禀赋,以及着眼于国家整体、长远利益做出制度选择的强烈动机。同时,在与现代市场和社会的相互作用中,大大增强了国家的协同共治能力。此外,在共产主义未达成,全世界自由人联合体未形成时,国家的存在具有历史必要性。

> 列宁指出,"在从资本主义向共产主义过渡的时候镇压还是必要的……实行镇压的特殊机构、特殊机器,即国家,还是必要的,但这已经是过渡性质的国家,已经不是原来意义上的国家。"

那么,国家应当发挥出何种作用,亦即多元主体的关系如何?总的说来,国家应发挥两方面的作用。其一是直接提供社会保障资源,其二是引导与形塑其他主体积极参与社会保障资源供给。换言之,以国家为主导,并不是用国家支配的总体性逻辑挤占市场和社会空间,而是在多元治理主体形成的基础上,建立起一种国家间接支配的总体性逻辑,即国家不是取代市场与社会,而是引导、规训市场与社会,使其整合、统一到国家整体及长远利益之下,合理划分多元主体责任边界,实现个人、社会、市场与国家的共赢，避免陷入失衡、无法持续、各方利益受损的恶性循环中，甚至社会解体的总体性危机。

具体说来，在国家直接提供保障资源的同时，进行制度体系调整，通过制度重塑家庭保障功能，引导个人自我保障与责任意识形成，强化社会共同体意识和国家意识。进一步加强对社会组织的规范化管理，形成健全的评价、监督与考核机制，确保政府购买的公共产品与服务惠及人民。同时，将规训现代企业作为政府治理的主要目标之一，具有社会责任担当的企业是现代企业形成的基本标志，是市场经济趋向成熟的重要表现。对此，规制企业承担相应的保障责任，促进社会企业发展。

（二）我们选择何种分配正义

应基于保障人的劳动权的分配正义。

1. 劳动是人存在的必要需要

马克思理论的一条主线是社会改造与解放人——推动人的存在形态由低级向高级演进的社会——一个个体双向互动过程，其根本着眼点在于人，而人的存在形态的具体载体为劳动。

劳动是人本质形成的充分条件。马克思主义认为，人在自然界的长期发展中，只有经过劳动才能从动物中分化出来，并在劳动和社会活动的基础上才出现了语言，逐渐形成和完成了人的意识和理性，从而创造了人本身。

劳动是人的生命活动。马克思分析指出了劳动具有与人的内在合一性，是人与外部世界互动的过程。在此过程中，人一方面改造了自然，另一方面发展了蕴含于自身之中的自然力和创造力。

> 马克思指出，"人和自然之间的过程……人自身作为一种自然力与自然物质相对立。当他通过这种运动作用于他身外的自然并改变自然时，也就同时改变他自身的自然。他使自身的自然中蕴藏着的潜力发挥出来，并且使这种力的活动受他自己控制"①，即人在改变外部自然的同时发展自身。

劳动构成人的类本质。马克思透过人类演变表象，洞悉出劳动是使人成为人的社会基因。在《1844年经济学哲学手稿》中，马克思开始用费尔巴哈的人的类本质思想来阐述劳动形态变迁，这是马克思、恩格斯民生思想飞跃发展的标志。

---

① [德] 马克思. 资本论（第1卷）[M]. 北京：人民出版社，2004.

2. 现代社会实现人的劳动所面临的挑战

马克思将资本主义条件下人的劳动商品化及围绕于此形成的各种关系称为"异化",具体体现在以下四个方面。

一是生命与生命活动的异化。马克思指出,"劳动者在强制性和剥削性的劳动活动中,不能自由支配他的活动,从而使他的生命与其活动相对立"①,生活本身成为生活的手段。

二是人与类本质的异化。资本主义社会将人的类本质——自由自觉的活动——贬低为维持人肉体生存的手段,导致人的类本质对象化,使得人与类本质相对立。工人降低为商品,而且降低为最贱的商品。

三是生产与生产关系的异化。马克思指出,"工人生产出一个对劳动生疏的、站在劳动之外的人对这个劳动的关系。工人对劳动的关系,生产出资本家……对这个劳动的关系"②。

四是劳动与劳动产品的对立。在资本主义社会中,人民虽然生产出了"劳动的产品",但是"劳动的产品作为一种异己的存在物,同劳动相对立……工人对自己的劳动产品的关系就是对一个异己的对象的关系"③。

> 马克思"从当前的经济事实出发",看到在资本主义社会中,工人劳动生产的财富越多,工人的生活就越贫困,属于工人的东西就越少。
>
> 马克思曾说:"劳动为富人生产了奇迹般的东西,但是为工人生产了赤贫。劳动生产了宫殿,但是给工人生产了棚舍。劳动生产了美,但是使工人变成畸形。劳动用机器替代了手工劳动,但是使一部分工人回到野蛮的劳动,并使另一部分工人变成机器。劳动生产了智慧,但是给工人生产了愚钝和痴呆。"④

然而,异化"是过去历史发展的主要因素之一"⑤,异化劳动的自我扬弃成为推动未来人类历史发展的主要因素之一。马克思发现当异化劳动达到极限时,亦即当劳动与资本的对立达到极限时,资本主义私有制"就必然成为全部私有财产关系的顶点、最高阶段和灭亡"⑥。人类社会将迎来共产主义社会阶段。

劳动力商品化需要形成一个劳动力的交易场所——劳动力市场,自劳动力市场形成以来,区隔、排斥与分层始终存在。大体经历了身体、劳动技能、教育水平、年龄、性别与生产贡献率的区分历程。在当代,伴随技术发展与经济结构变化的加快,劳动力市场的区隔化特征鲜明,极大地挑战了建立在就业岗位高度同质化基础之上的传统福利国

---

①④⑥ 马克思恩格斯全集(第42卷)[M]. 北京:人民出版社,1979.
②③ 马克思恩格斯选集(第1卷)[M]. 北京:人民出版社,1995.
⑤ 马克思恩格斯全集(第3卷)[M]. 北京:人民出版社,1960.

家体制。

掌握核心劳动技能的高薪职业人员与掌握需求性劳动技能的中等收入从业人员，处于传统的福利大厦之中，那些新出现的、劳动形式具有"弹性特征"的低工资从业人员，则处在低工资与基于家计和资产调查的社会援助的夹缝之间，成为最大利益受损者。从发展趋势上看，以英美为代表的西方国家不断削减失业和残疾人津贴，以及采取将养老保险待遇与积极工作相挂钩的严苛措施，诱使贫困者对低工资工作感兴趣，从而使低收入职业从业人员规模持续扩大。

那么低收入工作的人群是否可以经过再培训上升到高收入区域呢？这显然是一个悖论，因为现代经济增长和就业率的提高是南辕北辙的，换言之，技术进步以替代和消除劳动力来衡量。从这个意义上来说，英美对接受救济者的谴责，并将贫困完全归因于内在原因是矛盾且荒谬的。

掌握核心与需求性劳动技能的劳工阶层在社会生活中担当一种角色，对社会做出了有用的贡献，因而也期待得到相应的补偿；下层阶层的人们处于流动状态，每个位置都是暂时的，原则是服从与变更。他们站在或被置于发展阶梯的底部，期待着向上攀爬；底层阶层，这一阶层中的人们处于劳动力市场之外，没有机会也没有需要被重新认可，人们没有角色，对其他人的生活没有什么有用的贡献。这明显降低了对"去商品化"劳动力维持制度继续发展的需求，即当劳动力不再是财富的唯一来源时，企业对劳动力的需求降低，从而大大降低发展"去商品化"劳动力维持制度的积极性，甚至认为不断扩大的社会福利破坏了社会公平。因此，对生产/资本积累贡献率低人群遭到了权力排斥。力图维持"工作伦理"的低工资策略非但不能解决问题，还会加剧社会分裂。这是资本主义根本矛盾的体现，再次彰显了马克思主义的思想生命力。

3. 如何保障人的劳动权

将社会保障与个体积极向上相结合，将社会保障与实现美好生活相结合。习近平总书记在十九大报告中指出，从十九大到二十大，是"两个一百年"奋斗目标的历史交汇期。我们既要全面建成小康社会、实现第一个百年奋斗目标，又要乘势而上开启全面建设社会主义现代化国家新征程，向第二个百年奋斗目标进军。这一时期中人的问题集中反映在两个方面，保障人和发展人，即人在外部制度的支持下不仅享有社会发展成果，还具有发展的能力，积极融入伟大的中国梦的实践进程中。

在消除绝对贫困中，给予贫困者以能保持其有尊严生活的资源，同时避免产生就业替代效应与负向激励，即诱使那些处于贫困线以下或刚刚超过贫困线之上的个体产生努力工作不如领取国家救济金的主观认知，从而导致贫困固化，破坏社会发展动力的情形。

应当理清哪些绝对贫困需要长期扶持和救助，哪些绝对贫困应当给予短期救助，从而适当避免绝对贫困发生风险。换言之，促使那些机体健全的贫困者保持陷入绝对贫困的危机感和紧张感，从而更加努力地配合社会支持系统调试，形成摆脱贫困的内在自觉。

　　形成积极推动贫困者融入劳动力市场的价值立场。按照马克思对社会主义实现路径的科学阐释，建立与完善劳动力市场是社会主义国家的一项基础性社会建设，最大化的劳动力市场成为最大限度地实现人的独立性的结构性前提。换言之，在由资本主义向共产主义过渡的过程中，人对物的依赖是人具有独立性的意义基础。社会中的个体只有进入到市场中，获得并依赖工资或其他货币收入，完成对物的依赖后的独立性才具有真正的意义。因此，反贫困应当具有激励和增强受助者就业意愿和能力的制度功能。事后补救式的反贫困做法虽然兜住了处于绝对贫困状态的社会成员，使其生活在贫困线之上，但是却无法起到控制或缩小可能遭遇或已遭遇绝对贫困风险的脆弱人群的规模。

第二篇

宏观制度篇

第三章　社会保障制度史的演进及功能

第一节　西方现代社会保障制度史

一、现代社会保障制度史的分析框架与逻辑线索

（一）现代社会保障史的分析框架

运用系统-结构视角对社会保障制度史进行审视，具体说来，分为社会保障制度内部考察和外部考察。

★ 考察社会保障制度内在结构变迁。社会保障制度并非是单一制度，而是一组制度所构成的体系（本章后面章节有专门阐述）。其制度结构并非一成不变，而是伴随社会的发展而变化。

★ 考察现代社会保障制度所处的系统。将特定社会保障制度事件嵌入特定的历史情景中，将社会保障制度及其所在社会视为一个有机整体，而不是在丰富的近现代社会发展史中，将与社会保障制度有关的事件抠出来摆在那里。

★ 考察的目的一方面较为全面地展现现代社会保障制度发展的前因后果，另一方面揭示国家整体发展角度下的社会保障制度变迁规律，从而预判未来走向。

（二）现代社会保障史的逻辑线索

沿着西方资本主义的发展脉络来分析现代社会保障制度的发展进程会发现，它不是一种偶然的制度设计，它的产生与发展具有历史必然性。这个制度产生之后，已经和资本主义融为一体，不能分割，成为 20 世纪以来推动西方国家发展的两股力量之一。其中一股力量是资本驱动下对人的商品化的要求，另一股力量就是在社会主义逻辑下，社会保障制度对于人的去商品化状态的维持。

1. 争夺人

自十四五世纪资本主义开始在佛罗伦萨、威尼斯和尼德兰等地萌发，这个欧洲文明所孕生出的力量迅速掀起了一场波及整个欧洲，乃至西方世界的国家重构运动。在这个历史时期中，从十四五世纪到 19 世纪中期资本主义统治地位正式全面确立，间隔四五百

年。在此过程中，资本主义要做的一个很重大的工程，就是和封建主义争夺人。

★ 封建主义通过两种机制实现对人的控制，一是土地，另一个是宗教。前者控制人的生活，后者控制人的思想，从而使人紧紧吸附在封建主义体制之上。因此，要将人从封建主义控制体系中解放出来，资本主义做了如下工作。

（1）打断人与土地的联系，具体历史事件为圈地运动。圈地运动早在 12 世纪的时候就已经开始了，到 19 世纪中期达到高潮。这一过程的实质是通过圈地将人和土地的关系割裂开来，使人从封建领主经济体系中脱离出来，成为"自由人"，从而改变人的存在方式。脱离于封建主义体系的个体数量伴随圈地运动扩张，不断扩大。这些脱离于封建经济体系的"自由人"，即拥有自身劳动力所有权的个体来到城市工厂，将自身劳动力售卖出去，成为雇佣工人，即与资本家相对立的无产者。

（2）打断人与宗教的联系，具体历史事件为启蒙运动。在进行圈地运动的同时，资本力量又进行了另外一项很重大的工程，这就是启蒙运动。如果说圈地运动是把人和土地的关系割裂开，让人变成了没有生产资料可使用的无产者，那么启蒙运动是要打破基于神权对人的控制所形成的秩序，打破人与封建神学之间的精神依附关系，将人和人性从宗教的束缚中解放出来，肯定人的主观能动性，塑造理性人形象，用大写的"人"取代神对世俗世界进行统治[①]。

（3）资本主义新教和知识体系开始形成。资本在与封建主义争夺人的过程中，采用"一破一立"的策略，在打碎一项封建主义控制机制的同时，又建立起新的控制机制。在打破封建主义宗教信仰的同时，进行新教改革，崇尚慈善，强调社会个体的劳动价值[②]，建构资本主义的精神内核。同时，一些社会哲学家为资本主义国家权威的合法性进行了论证[③]。以亚当·斯密、大卫·李嘉图和马尔萨斯（Thomas Robert Malthus）为代表的古典经济学开始成为资本主义意识形态的主流，自由竞争、优胜劣汰式的社会达尔文主义成为至高无上的社会重构法则。

★ 封建主义势力的反抗。在资本力量的驱动下，欧洲封建社会内部逐渐发生变化，并随着量变的积蓄，质变即将到来。一开始只是封建体系内少数人变成了无产者，到资本主义的资产阶级的工厂中做工，但是后来封建主义发现了越来越多的人在圈地运动的作用下和在思想启蒙的作用下脱离封建体系了，开始主动进入工厂里面，使得封建主

---

① 夏东民. 现代化原点结构：冲突与转型［M］. 北京：中国社会科学出版社，2008.

② MORRIS R, 1988. Testing the Limits of Social Welfare: International Perspectives on Policy Changes in 9 Countries［M］. University Press of New England.

③ 英国哲学家洛克（John Locke, 1632—1704）和法国哲学家卢梭（Jean Jacques Rousseau, 1712—1778）及其他哲学家所主张的"社会契约论"阐述了资本主义国家权力的来源与合法性基础。

势力产生强烈的统治危机感，作为对资本争夺人的反击，斯品汉姆兰法令问世。

> 1795 年出台的斯品汉姆兰法令正是传统支配方式对自由市场扩展做出的最后抵抗，它极大地阻碍了英国劳动力市场在工业革命最活跃的时期，也就是在 1795 年到 1834 年间的发展。根据该法令，无论穷人实际劳动收入是多少，都可以接受最低收入保障。此种普惠式的社会救济在阻碍劳动力商品化进程的同时，导致劳动效率大大降低，在短短数年内，劳动生产率就下降至赤贫劳工的生产率水平①，与此同时，产生了极其严重的救济依赖后果，最终导致大众的赤贫化，完全背离了该法令的设计初衷。

从表面上看，该法令问世是为了保护劳动者，其实质是封建主义反击资本争夺人的产物，是为打击资本而出台的一个法令。所以，从这个意义上讲，我们并没有把它列成社会保障发展过程中的标志性事件。

2. 建构人

通过系列社会变革，使人"从里到外"都符合资本主义的需求，其中建构与发展"理性人"成为推进这场社会变革向纵深发展的力量。

理性人假说是，人是有主观能动性的，但是受到了神的束缚，只有打破这种枷锁，把人的主观能动性释放出来，人才能成为理性人。什么是理性呢？理性是指人可以在各种方案之间权衡利弊，做出一种最佳的选择和判断，并能够积极地动用自己的智慧和行动力来解决问题。这个概念是顺应资本发展而形成的。

亚当·斯密的《国富论》所描绘社会的基础是理性人，亚当·斯密的理论成为最早的关于理性人的系统论述。虽然亚当·斯密的理性人观点在后来的发展中遭到片面解读和过度阐释，遭到了其他学科的批判，但是在这个时期，亚当·斯密的思想具有重大的历史意义，相当于资本主义确立统治地位后马克思主义诞生所具有的意义。

3. 控制人

资本主义在推翻封建主义过程中，提出自由、平等、博爱的社会动员口号，把人的主体性、人的理性发掘出来并且传播开来，在当时具有进步意义，但是在资本主义统治地位全面确立后，人们发现资本主义实现的仅是一部分人的自由、平等、博爱，大多数人受到了新的控制。为此，马克思提出实现全人类的自由平等。

★ 劳动力商品化。对于资本主义来说，要维护其统治地位需要形成新的人身依附制

---

① 《大转型：我们时代的政治与经济起源》一书中，波兰尼以此解释早期资本主义人与社会退化的原因。

度,即劳动力商品化。资本要形成,要获得自身持续发展,需要三大要素,分别是货币、土地和劳动力。其中,劳动力商品化具有关键意义。

首先来看资本。资本是一堆货币吗?不全是,它是一堆有生命、能够自我繁殖的货币。那么,这一神奇的过程是如何发生的?答案就是资本家找到了一个特殊的商品——劳动力。这个商品的神奇之处是能使货币增值,就如同一个催化剂使货币产生神奇变化。马克思科学阐释了其中的奥秘。在马克思的论述中,可以发现两种机制,一是降低个别劳动时间,二是延长工作日。

在资本原始积累时期,劳动力市场的扩大是提升资本积累上限的主要方式,同时,技术创新促使个别劳动时间低于社会必要劳动时间,从而获得更大收益。社会必要劳动时间越大,单位产品中蕴含的劳动力越大,商品的价值量越大,从而价格越高。当企业采用新技术,技术进步促使劳动生产率提高,个别企业的必要劳动越少,价值量越低,从而在市场中获得竞争优势,进而在宏观上拉低了社会必要劳动时间,由此进行新一轮的技术革新。

工作日小于自然日。在资本主义原始积累时期,工作日很长,有的长达16小时,工人甚至几天不眠不休地工作。八小时工作制是后来的产物。工作日期间,劳动者的全部劳动力归资本家所有。然而,工作日的延长却不能带来工资的上涨。资本家往往采取按日付工钱的方式,因此压缩自然日中的休息时间,即延长工作日成为资本家压榨工人劳动价值的主要手段。

从工人身上压榨出来的价值转变为剩余价值,流入资本家腰包。应当说,在马克思之前,没有人会把富人的富和穷人的穷联系起来,社会普遍认为一个人穷是因为他先天不足,基因不好,宣扬宿命论的论调;一个人富就是因为他勤劳节俭,信仰新教,禁欲。但是,马克思看到了这一过程的本质,并把它用科学的理论体系阐释出来。

★ 劳动力商品化下人的存在形态——人依附于物。资本主义之前人是处在封建体系之中的,依附于封建领主。马克思把这一时期人的存在状态称为"人依附于人"。随着资本主义统治地位的确立,封建体系被击碎了,越来越多的人变成了所说的自由人,不再依附于封建领主了,但是他们很快又进入了一个新的控制体系——劳动力商品化。那么,其本质是什么呢?

假设在劳动力商品化的情况下,如果一个人有一天不去工厂里做工,他就没有生活来源,他就要面临饥饿的威胁。他怎么会挨饿呢?他没有储蓄吗?没有社会救助吗?当时的情况是西方资本主义国家没有任何社会保障制度,有宗教慈善,但是覆盖范围有限,难以解决普遍的贫困问题。因此,一旦一个人脱离了劳动力市场,不能去工厂里做工,就不能获得收入，就不能到商品市场中购买维持生命所需的生活资料，进而面临生命维持危机。换言之，人离开钱就活不了。马克思把资本主义下人的这种存在状态称为人依附于物。

★ 劳动力过度商品化的后果。

经济危机：在资本主义追求剩余价值最大化的过程中，形成一种内在悖论。人的劳动力被过度商品化，导致社会成员普遍贫困，而当社会成员极大贫困时，社会购买力不足，劳动力储备不足，导致资本主义陷入自我瘫痪状态。自1825年西方资本主义国家第一次爆发经济危机后，资本主义的自我瘫痪情况频繁发生。按照马克思的观点，资本主义经济危机的本质是资本无节制地追求剩余价值最大化所导致的经济社会系统严重失衡的后果。

社会危机：贫困人口大量产生。在劳动力商品化体系下，一个人的劳动力能够售卖出去，他就可以获得维持生存所需的最低资料。但是，如果这个人的劳动力受损了，或者说达不到资本购买的要求时，那么劳动力就将一文不值，这个人将处于生无所依的境地。所以，当一个人年老、生病、遭遇工伤、生孩子、幼年的时候，都将被排除在劳动力市场之外，因而也就无法获得任何收入来源。

在那个时期，存在大量使用童工的现象。儿童六岁以后就开始从事繁重的工作，以换取微薄的收入。当然，现在也存在童工，资本主义虽然经历了一百多年的发展，但是其本质并未发生变化。在名为《资本的限度》一书中，作者通过对一系列事件进行跟踪报道，发现大量使用童工和压榨女工的现象，和马克思那个时代是一样的。

在那个时期，资本宁可维护机器，也不会维护劳动力。因为，在资本看来会有源源不断的劳动者可以替代之前使用报废掉了的劳动者。所以那时贫困成为一种普遍现象，并上升为一个社会问题。

什么是社会问题？

当某一种问题上升到社会层面，具有社会意义，而不仅仅是个体和局部的问题时，可以把它称为社会问题。以贫困为例，少数人贫困算不上社会问题，只有达到一定数量规模的人口陷入贫困状态，且对宏观社会产生重要影响时，贫困才成为社会问题。

政治危机：随着陷入贫困状态的无产者数量增多，同时在马克思思想的启蒙与动员下，无产阶级开始形成，具体表现为无产者抗争活动开始有了自己的组织、行动纲领，甚至建设政党，有了统一的认识与策略，这对资本家控制下的国家产生强烈冲击。工人运动此起彼伏，资本主义国家权威的社会认同危机愈演愈烈，资本主义国家陷入空前的政治危机中。要维护国家权威，需要夯实社会基础，需要国家权力通过一定的制度来进行社会认同建构。

国家安全危机：国民长期贫困，长期处于生活资料难以满足最低生理需要的状态下，导致国民健康素质普遍降低。以老牌资本主义国家英国为例，根据马克思截取的当年新闻报道可知，当时英国人的健康的程度要远比这之前的那些年差。这并没有一个很精准的统计数据，而是一位医生通过和病人打交道以及社会观察所得出来的结论。结合前面的分析可知，如果一个社会里面的儿童被过度使用，导致健康透支，当这一代人步入青年甚至中年的时候，整个社会的劳动力储备将严重不足，或使得整个国家陷入人口素质危机中，进而威胁国家安全。1899—1902年的英布战争充分暴露了这一点。根据当时的征兵总监报告，在1899年10月到1900年7月，曼彻斯特地区有11 000人报名服役，但是有8 000人无法扛枪，受不了严格的军队生活。在其余的3 000人中，只有1 200人的肌肉发育和内脏功能符合军队的要求。[①]

★ 现代社会保障制度是一项实现劳动力去商品化的制度。

在资本主义劳动力过度商品化所导致的综合性危机下，现代社会保障制度应运而生，成为现代国家开启的标志性制度安排，是资本主义在发展过程中的一项重大的制度创新。作为对劳动力的一种保护，有学者把社会保障制度当成一种劳动力的去商品化机制，那么什么是劳动力去商品化？

这一概念由丹麦学者考斯塔·艾斯平-安德森（Gosta Esping-Andersen）提出，其内涵是劳动者在劳动力中断的情况下，可以从市场之外的国家处获得维持其生活与发展所需的资源，以保持其劳动力的可持续发展。如养老保险保障的是脱离劳动力市场的老年人的生活，医疗保险保障的是因生病而导致劳动力商品化供给中断的人的生活，工伤保险保障的是因工伤治疗及康复而导致的劳动力商品化供给中断的人的生活等。

★ 现代社会保障制度产生的结构性前提——无产阶级进入的国家。

当原子化的无产者结成密切联结，即他们有共同的信仰，有共同的行动纲领，有共同的组织体系时，无产阶级形成了。所以看19世纪中后期欧洲社会的结构会发现，伴随

---

① 王云龙，陈界，胡鹏. 福利国家：欧洲再现代化的经历与经验［M］. 北京：北京大学出版社，2010.

资产阶级统治地位的确立，无产阶级的力量也在孕育和发展。随着这两个阶级力量的不断壮大，欧洲国家开始发生变化。

虽然都是资本主义国家，但是在无产阶级没有形成政治影响力之前，国家是资产阶级的傀儡和工具，国家完全依附于资产阶级，它要按照资产阶级的意愿来做出决策。但是，随着工人阶级力量的壮大，工人运动的蓬勃兴起，以及资本主义内在矛盾的逐渐显现，资本主义国家虽然根本价值立场没变，仍旧是资产阶级利益的代言人，但是它要考虑国家的长远利益和整体利益。因此，资本主义国家一定要和资产阶级做出一定的分离，并吸纳无产阶级的部分利益诉求，从而形成促使现代社会保障制度产生的国家空间。

★ 现代社会保障制度发展的直接推动因素——人民。

在解读现代社会保障制度发展史时存在明显的精英视角，即将一些重大的社会保障制度问世归因于政治、经济与社会精英的作用，忽视了人民群众的历史推动作用。

马克思认为，人民是社会和历史的实践主体，系统揭示了人民群众的主体地位，打破了唯心史观把人民群众视为什么也不创造的"精神空虚"的谬论[1]，颠覆了传统社会中关于人民的种种错误观点。在此之前，西方主流文化对人民群众无比漠视，将人民群众归结为群氓一类。布鲁诺·鲍威尔等黑格尔派的英雄史观大行其道。马克思通过对社会发展史进行深刻剖析，毫不留情地批判了被整个社会普遍信仰的英雄史观[2]，指出"历史活动是群众的事业，随着历史活动的深入，必将是群众队伍的扩大"，决定历史发展的是"行动着的群众"[3]，人民群众是一切历史的创造者，是社会变革的决定性力量。这标志着人民成为审视人类社会历史演变的又一视角。

二、前现代社会保障制度时代的社会保障实践

（一）《济贫法》之前的社会救助

★ 背景：英国从14世纪起，社会开始发生重要变化。其中，黑死病与英国的圈地运动[4]这两大历史事件对英国社会保障实践起到重要推动作用。

14世纪的黑死病（俗称鼠疫）是困扰中世纪欧洲大陆最大的问题之一。这场瘟疫席卷了整个欧洲，至少持续影响了欧洲大陆300年之久，给欧洲人民带来前所未有的灾难。

---

[1] 马克思恩格斯选集（第1卷）[M]. 北京：人民出版社，1995.
[2] 王文卓. 马克思主义人民群众观的理论实质[J]. 人民论坛，2017（10）.
[3] 马克思恩格斯全集（第2卷）[M]. 北京：人民出版社，1957.
[4] 丁建定. 英国社会保障制度史[M]. 北京：人民出版社，2015.

据不完全统计，仅仅在1348—1350年，欧洲就有3 000万人因黑死病而失去生命，在黑死病持续蔓延期间，欧洲有将近2亿~3亿人丧生于黑死病，接近于欧洲总人口的二分之一，危害程度远远高于第二次世界大战所带来的人员伤亡。

圈地运动愈演愈烈。当时英国纺织业发展迅速，需要增加畜牧业来提供原材料。另外，从利润角度，单位面积的耕地与牧场相对所需人力资本的消耗更多，而减少农业用地转化为牧场养羊，产出的羊毛的价格也略高于粮食的价格。有人说，"一个人如果将10英亩土地用于养羊，收益比20亩耕地还要高"；还有人说，"牧场的收益是同等面积耕地收益的2~3倍"①。在这样的背景下，圈地运动登上历史舞台，造成了大量农民失去土地，失地农民的贫困问题与流民的问题日益严重。

> 莫尔在《乌托邦》中批评圈地运动为"用欺诈和暴力的手段剥夺了佃农的所有，让这些不幸的人无家可归，找不到安身之处"②。

在这一时期，英国陷入了发展困局，资本主义的发展需要通过圈地运动等方式获得工业生产所需的原材料与劳动力，但失地农民、贫困人口与流民的不断壮大加剧了社会矛盾，产生的诸多社会问题制约着社会良性运行。

★ 社会保障实践。

个人慈善救济兴起。早在16世纪初，个人慈善救济就已经开始出现。据统计，1480—1540年，大商人对穷人的捐助在其慈善捐助中占23.31%，小商人对贫民的捐助占其慈善捐助的23.35%；1541—1560年，大商人为穷人的捐助占其慈善捐助的42.9%，小商人对贫民的损助占其慈善捐助的49.09%；1561—1600年，大商人对穷人的捐助占其慈善捐助的31.85%，小商人对贫民的损助占其慈善捐助的51.09%③。

教会慈善救济发展迅速。中世纪早期，英国教会就已经开始组织有序的慈善救济活动，按照教会法规定，教区教士有义务将收入的1/4或1/3施舍给穷人。具体负责教区慈善事务的是教堂的监护人④。除了教区，中世纪英国的修道院也具有重要的救济功能，具体执行机构是隶属于修道院的施舍所，这种施舍所是英国乃至欧洲最古老的慈善救济机构之一。

---

① 张峰. 浅议英国都铎时期的感化院 [J]. 经济社会史评论，2017（4）.
② 莫尔. 乌托邦 [M]. 北京：商务印书馆，1982.
③ 丁建定. 英国社会保障制度史 [M]. 北京：人民出版社，2015.
④ 王学增. 中世纪和近代早起英国的社会救济问题 [D]. 天津：天津师范大学，2007.

🕒 英国沃切斯特天主教堂的施舍所便是一个典型。该施舍所由一个修士经管，1345—1346 年，其现金预算为 64 英镑，1521—1522 年，其现金预算为 89 英镑。对穷人的施舍包括日常救济面包以及宗教节日的特别救济等，所施舍的各种物品的价值 1521—1522 年为 23 英镑，占该修道院收入的 2%。格罗斯特大教堂在 1327 年规定，每年分配 249 夸脱的小麦、豌豆和大豆用于救济穷人，这些粮食足够 150 人食用，那里的 30 个穷人会收到足够的羊毛衣料做一件衣服。①

虽然宗教救济活动与慈善行为并未形成有效的社会政策或救济系统，救济的水平与效果也十分有限，但还是为后来政府的济贫尝试与救济立法的探索做出了贡献，发挥了重要作用。

★ 政府救济实践摸索。

在 16 世纪初，英国并未设立明确的救助制度与办法，但一些英国地方政府在面对贫困问题与大量流民时开始采取措施，对流民提供一定程度上的救济。

1547 年，伦敦市议会决定停止市民自愿募捐的形式，而用市民缴纳救济税的方式来筹集救济所需的资金，当时伦敦市政府要求每位公民缴纳相当于 1/15 税的一半的救济税用于救济贫民②。在筹措救济资金的同时，英国开始恢复和建立专属的救济机构，恢复之前被解散的慈善院，建立感化院。

🕒 所谓感化院是英国特定历史时期的特殊产物，是为了解决英国日益严重的贫富差距与贫困流民问题而建立的官办救济机构。之前英国所实行的政府性救济活动多带有惩罚惩戒性措施，如流民不主动寻求工作会被关押 3 天 3 夜，更严重者将会受罚做 2 年奴隶，甚至第二次被捕将遭受鞭刑并割去半只耳朵，而如果第三次被捕，就要被当作重罪犯和社会的敌人被处死。③

设立感化院的目的就是通过改变对流民的救济方式，来引导流民重新投入生产劳动之中。感化院在英国并未起到积极作用。感化院试图通过对流民的普查与识别，强制对其分类进行劳动改造，但实际还是具有惩戒性的。

🕒 感化院管理极为严格，同时具备监禁的功能，配有脚镣、手铐、枷锁等刑

---

①② 丁建定. 英国社会保障制度史 [M]. 北京：人民出版社，2015.
③ 马克思. 资本论（第 1 卷）[M]. 北京：人民出版社，2004.

具；感化院对流民要求极其严格，在流民进入感化院时，每一个强壮和顽固的乞丐要被剥光上衣，鞭打 12 下，并戴上锁链、项圈或手铐，之前随身携带的钱要被取走暂存，直到释放时返还。被关进感化院的男人和女人需分开居住和工作，在夏季他们要在凌晨 4 点起来工作，除了吃饭外一直工作到下午 7 点。冬季是早上 5 点起来工作。在早晨起床和晚上停工后还必须共同祈祷。此外，饮食相当低劣，当某人拒绝工作时则减少他的面包和啤酒，对任何坚持咒骂、粗俗演讲的人进行鞭打。①

如此苛刻的感化院甚至不近人情的管理方式更加疏远了流民的脚步，使感化院丧失了辅助救济的作用。

★ 社会保障制度初尝试。

纵观 14—16 世纪，在资本主义萌芽发展的大背景下，欧洲国家在社会发展的要求与社会变迁的推动下，初步尝试社会保障制度实践，为后来的现代社会保障制度诞生奠定了基础。

英国《亨利济贫法》。1531 年，英国议会开始颁布一系列法令，采取一系列措施迫使流浪者和流动人口接受雇佣，旨在将身体健康但不愿找寻工作者和那些的确没有工作能力但品行端正者加以区分，允许后者进行乞讨，甚至划出专门地段提供给他们进行乞讨，而对前一类人的乞讨行为予以重惩②，为《亨利济贫法》做好了铺垫，凸显了政府在济贫工作上的干预，救济活动也开始逐渐转化为政府行为。1536 年《亨利济贫法》颁布，标志着英国政府将解决社会贫困问题纳入政府责任，也拉开了政府主导救济行为、建立救助制度的开端。1536 年的法令已经不仅仅是一项对贫民的惩罚性法令，同时也是一项救济性法令，是一项从纯粹的惩罚性法令向惩罚性与救济性相结合的法令的转变。③

这一法令的颁布也是著名的《伊丽莎白济贫法》的开始，也是人类历史上从传统分散救济向现代社会救助制度发展迈开的第一步。其影响并非仅限于国内，苏格兰在 1579 年也颁布了类似的济贫法案，其中一些措施也有着《亨利济贫法》的影子。

（二）《济贫法》中的社会保障实践

★ 背景。自十四五世纪资本主义开始在佛罗伦萨、威尼斯和尼德兰等地萌发，这个

---

① 张峰. 浅议英国都铎时期的感化院 [J]. 经济社会史评论，2017（4）.
②③ 丁建定. 英国社会保障制度史 [M]. 北京：人民出版社，2015.

欧洲文明所孕生出的力量迅速掀起了一场波及整个欧洲，乃至西方世界的国家重构运动。传统的国家权威与社会秩序被打破，资本主义国家权威与治理秩序开始形成。在资本积累的驱动下，工业化和城市化进程加快。然而，城市并未成为文明的象征，贫困、疾病、犯罪、饥饿等问题日益泛滥。社会环境的日趋恶劣开始反作用于资本发展，引起统治阶层的关注。此外，国民政府（National Government）思想的提出为福利制度雏形的形成提供依据[①]。在此背景下，1601年《伊丽莎白济贫法》（Elizabethan Poor Law of 1601）应运而生。

★ 内容。《伊丽莎白济贫法》又被学界称为旧济贫法，主要内容是规定地方政府负责办理救济贫民工作，为失业者提供就业机会，对贫穷家庭的孩子施行就业培训，对老年人、患病者和孤儿进行收容，用严酷手段惩罚"不值得帮助"的穷人。[②]

★ 意义。此举开创了使用公共资金的先河。这部法律创立了在行政区（地方政府）层面上进行管理国民社会福利的标准制度。根据本法律，英国政府可以通过征收土地税来为福利服务提供资金。《伊丽莎白济贫法》是第一部表明政府承担公民福利责任的正式法律；《伊丽莎白济贫法》是近代欧洲第一次以社会性保障立法的方式来解决社会问题，缓解贫困人口的增加以及贫富分化问题。

★ 局限性。该法存在较为严重的管理和道德问题，使其在后来的发展中被多次修订。虽然统治阶层尝试着化解早期资本积累过程中显现出来的社会矛盾，但是没能取得显著成效。相反，英国的社会矛盾愈演愈烈。

★ 为何该法不是现代社会保障制度的标志？该法本质上是封建国家在与资本斗争过程中所做出的反应，具有封建主义色彩，将救助视为封建主对贫苦人群的恩赐。

这一时期受古典自由主义的影响，强调院内救济（强制要求受救济者必须进入官办的济贫院内接受救济），倡导穷人之间自助互助的价值观。古典自由主义强调个人财产的至高无上，将个人财产的所有权视为个人自由最重要的部分。因此，早期社会保障实践始终以社会救助模式为主。

（三）《新济贫法》中的社会保障实践

★ 背景。社会贫富差距过大。从19世纪上半叶的英国经济社会发展水平来看，贫富差距与财富增长同比拉大。时任英国保守党领袖迪斯雷利（Benjamin Disraeli）承认，"英

---

① SCHMITTER P C, 1974. Still the Century of Corporatism? [J]. The Review of Politics, 36 (1).
② 王亚平. 修道院的变迁 [M]. 北京：东方出版社，1998.

国可以分成两个民族——穷人和富人，他们之间有一条巨大的鸿沟"[①]。

社会冲突不断。马克思主义的诞生与广泛传播，向人们深刻展现了工人饥寒交迫的生活与资产所有者赚有大量财富之间的因果关系，科学、系统地揭示了碎片化社会冲突表象下的矛盾本源，从而使得矛盾主体的边界逐渐清晰化，社会结构由此被划分为对立的两极——无产阶级和资产阶级。在马克思思想的武装下，工人阶级政党开始形成，西方出现了"社会战争"，西方国家权威的合法性出现严重危机。为此，英国政府在1774—1824年先后通过了一系列的劳工协议法案。

★ 内容。1834年还重新修正了济贫法，通过了著名的《济贫法修正案》（即新济贫法）。

★ 意义。新济贫法旨在将之前混乱的救济行为规范化，将分散的济贫行为集中化，以防止地方济贫管理的混乱、不称职、不作为与腐败行为。

★ 局限性。这依然无法扭转底层人民与社会发展之间的巨大裂痕。虽然新济贫法强调救济不该是消极行为，而是公民的合法权利，纠正了旧济贫法救助行为的惩戒性，但新济贫法规定了极为苛刻的条件，导致大部分贫困群众无法得到实质性的帮助；从整体角度说，新济贫法缓解了济贫活动导致的财政压力问题，但救济的效率却在一定程度上受到了影响。

综上所述，前现代社会保障制度时期的社会保障实践虽然为日后社会保障制度化发展打下了基础，但其缺陷明显，保障的目的仅仅是为了加强统治者的权威，巩固统治地位；缺乏社会保障核心的互济性，性质上也反映了统治者与被统治者之间的不平等地位；保障的水平相对较低，保障的范围也相对有限。

三、现代社会保障制度时代的实践

自19世纪晚期起，现代社会保障制度在世界范围内开始显现，形成一幅世界社会保障发展的时空图景，并呈现出以下几个特点：一是社会保障制度实践从由国家驱动到由国际组织推动；二是从时间上看，现代社会保障制度呈现非匀速的发展特征；三是从空间上看，呈现出从西方转向拉美，继而到东方的发展轨迹，最终呈现出百花齐放的态势。

[①] 从1801—1850年，英国国民收入增长125.6%，1801年，占英国总人口比例仅1.1%的最富有的人占国民总收入的25%；1848年，1.2%的最富有的人占国民总收入的40%。参见：王云龙，陈界，胡鹏. 福利国家：欧洲再现代化的经历与经验［M］. 北京：北京大学出版社，2010.

（一）德国三部社会保险法的颁布

★ 背景。

人民的力量。这一时期的德国，在工业革命的带动下资本主义迅速发展，社会日益分化为资本家与无产者两大利益群体。在马克思思想的作用下，无产阶级形成，工人运动蓬勃发展。① 其中，最著名的就是发生于1844年6月的西里西亚纺织工人起义。

> 纺织业当时在西里西亚是较为发达的，但从事纺织业生产的工人与家庭手工业者受到了工场主、包买商以及地主的残酷剥削，最终导致这场工人运动愈演愈烈，人数一度达到了3 000人。

虽然工人运动最终被俾斯麦政府无情镇压，却也为俾斯麦政府敲响了警钟。工人运动和社会主义运动使当时的俾斯麦政府如坐针毡②。德意志政府被迫开始思忖如何调节当下尖锐的社会矛盾，缓解人民日益加剧的不满情绪。

思潮的启发。有一部分资产阶级知识分子如古斯塔夫·施穆勒、阿道夫·瓦格纳等结成讲坛社会主义，在吸纳马克思思想的基础上，认为国家应具有超阶级性，能够有效调节阶级矛盾。在维护资本主义制度的基础上，利用国家至高无上的权力，通过社会政策、立法来解决当下的社会问题。

权力控制的策略。俾斯麦政府意识到，一味地残酷镇压工人运动与社会主义运动，并不能取得很好的效果，反而让工人更加团结，因此需要采取积极的措施改善与工人的关系，改变工人所处的环境，以"胡萝卜加大棒"的方式来巩固政权。

> 一方面执行《非常法》（即《反对社会民主党企图危害社会治安法令》，于1878年10月9日在帝国议会通过），对社会民主党进行镇压；另一方面采取温和手段，实行"糖果政策"，即进行社会保险立法，建立社会保障制度，以笼络安抚备受压迫的工人。③

★ 过程。

1881年俾斯麦向帝国议会宣读由他起草的《皇帝诏书》，提出工人因患病、事故、伤残和年老而出现经济困难时有权得到救济，并公布了疾病与事故保险以及养老金保险的

---

①③ 姚玲珍. 德国社会保障制度［M］. 上海：上海人民出版社，2011.
② 马克思恩格斯全集（第18卷）［M］. 北京：人民出版社，1958.

实施计划,后人称之为德国社会保险大宪章,标志着以社会保险立法为基础的社会保障制度形成。①

1884年,德国政府又颁布了《疾病保险法》,这也是德国第一部保险立法,该法强制性要求工业工人以及低收入人员参与保险并缴纳保险费用,其中一部分由雇主承担。1885—1886年间,德国议会多次对《疾病保险法》进行修正,也将受保范围扩大到运输业、农业和林业工人。

同年德国议会通过了《工伤事故保险法》,来保证从事危险职业的公民受到意外伤害时,由雇主来承担全部的保险费用;为事故不幸死亡者提供安葬费并提供家属抚恤金;如丧失劳动力,支付工资损失与医药费等。

最为波折的是《老年和残障社会保险法》。1881年,《老年和残障社会保险法》已经在《皇帝诏书》中宣布,但却遭到了各方反对,最终流产。1888年11月22日,威廉二世再次提出草案,依然未能通过。1889年,德国鲁尔矿工大罢工,这次第一次世界大战之前最大规模的罢工给予德国资产阶级极大震动,并于同年5月通过了《老年和残障社会保险法》,该法律规定只要工作年限内缴纳满20年养老保险金的60岁以上雇员即可享受养老金待遇,保险金由国家、雇主与雇员三方承担。德国三大社会保险的立法也标志着德国社会保障制度的正式建立,德国也成为第一个建立完整现代社会保障制度的国家。

★ 意义。

三部社会保险法的确立标志着现代社会保障制度的诞生,是无产阶级社会权利在国家层面的体现,虽然不具有实质性意义,但所具有的符号意义也是非常重要的。德国建立了现代社会保障制度之后,其他欧洲国家纷纷效仿,现代社会保障制度在欧洲大陆普遍建立起来,各国都把这一制度当成有效的国家治理策略。

★ 局限性。

三部社会保险法的颁布并不代表着欧洲人民的生活由此发生了翻天覆地的变化,那时候的普通劳工只享受到了名义上的权利,并没有获得真正意义上的权利,社会保险的待遇水平还非常低。

(二)美国社会保障法的颁布

★ 美国的特殊之处。

1860年,美国工业产值在世界范围内仅能排到第4位,而1894年已跃居世

---

① 姚玲珍. 德国社会保障制度 [M]. 上海:上海人民出版社,2011.

界第一位，到了1913年，其工业产品已占世界工业总产品的三分之一，比英、法、德、日四国的工业产品总量还多。

在美国短暂的发展历程中浓缩的是丰富而精彩的人类社会实践活动，它创造了若干个世界之最。这不禁吸引众多学者纷纷聚焦美国，审视并探究它所具有的特殊性。从1893年美国历史学家特纳（Frederick Jackson Turner）提出自由土地使美国极大地区别于欧洲，开"美国例外论"（American Exceptionalism）之先河，到德国社会学家桑巴特（Werner Sombart）提出美国为什么没有社会主义，再到李普塞（Seymour Martin Lipset）重拾"例外说"，提出为什么美国没有绿党这一新世纪的桑巴特之谜，美国处处向世人显示着它是个资本主义国家中的"例外"。

正如桑巴特所言，"美国是资本主义的黄金国度。资本主义充分、纯粹地发展所需要的一切条件首先在这里得到了满足。任何别的国家、别的民族都没有这样优越的条件，能使资本主义发展到最发达的状态。"

在欧洲，经济自由主义自提出到持续贯彻花了近一个世纪的时间，而美国几乎没费多少时间就确立了经济自由主义的支配地位，并使其成为基本的社会组织原则。尽管在产生之初，自由主义只是一种对非官僚主义方法的偏爱，但后来渐渐演化为一种真正的信仰，认为人可以通过自我调节的市场实现世俗性的拯救。自亚当·斯密"看不见的手"的理论问世以来，市场这一能够不断产生自生自发秩序的人类社会内的陀螺仪，其神圣性得到西方自由主义者的极大宣扬与推崇。

在他们看来，足够发达的市场机制不仅可以有效配置资源，还可以生成社会秩序，同时还会带来公平的社会结果。尤其在自由主义传统深厚的美国，自由放任的市场理念已经渗透到美国人的灵魂深处。当人们习惯于以货币价值作为衡量事物与人的标准，当人们对竞争有着强烈的心理需求时，一个人成功的首要标准就是致富，而在市场这一领域中自然使他们最容易达到目标。按照桑巴特的说法，在美国，最优秀和精力最充沛的人投入金融职业，而在欧洲他们则投入政治领域。从这个意义上讲，这种独特的美利坚民族性格成为造就充分、纯粹的美国式资本主义的原因之一。正因为美国的特殊之处，当欧洲大陆开始纷纷建立现代社会保障制度的时候，美国南部种植园甚至还在实行奴隶制。

★ 背景。

1929年，美国爆发了前所未有的经济危机。在这场经济危机过后，美国由高度繁荣的巅峰跌入极度萧条的谷底,因此人们习惯将那次经济危机及此后的一段时期称为"大萧条时代"。它有力地回击了一直以来被大肆宣扬的两种关于市场经济的论调。

一种是自由市场是创造社会财富的最好机制,政府应尽可能少地对其进行干预。20世纪20年代见证了经济自由主义声望的巅峰。人们尝到了通货膨胀灾难的滋味,所有的社会阶级,甚至整个国家都被剥夺一空。经历了危机最初到来的恐慌后,保守主义者开始用乐观的态度引导民众,他们试图让美国民众相信市场将会自动调整,而政府的唯一责任仍旧是平衡联邦预算。他们坚持认为,一旦实行低价格水平和低利率,手里仍然持有资金和信贷的人必然会进行新的投资,他们的行为将会为经济注入活力,进而促成经济的回升。不仅如此,一部分保守主义者甚至坚信,经济法是上帝赐予而非人为制定的,而经济萧条是经济法运转的结果,因此人们不能对此进行干预。

> 1929年经济危机给了绝大多数美国人以当头棒喝,无论像马瑞纳·伊寇斯(Marriner Eccles)这样最有影响力的经济领袖,还是如富兰克林·罗斯福这样杰出的政界精英,抑或是普通的美国市民,都开始重新审视那个被奉为神的意旨的自由放任原则。如狄克逊·韦克特(Dixon Wecter)所言,这个时代把质疑深深地带进了美国人的生活,比内战以来其他任何时期都要深。思想的条条框框,传统的陈词滥调,长辈的古老智慧,全都在书籍、杂志和私人谈话中受到了挑战。

另一种是自由市场会自动带来财富的公平分配,即成熟的市场经济有利于中产阶级的形成。然而使保守主义者的幻想最终破灭的正是他们所迷信的自由市场本身,即财富大部分集中到了少数富人的手中,而数以百万计的普通美国民众却没有购买力。正如美国总统胡佛所承认的那样,当充分了解20年代的美国经济史时,我们将发现,终结了一个繁荣时期的那场崩溃,其主要原因在于工业没能把它的进步传递给消费者。因此,指望以投资拉动经济回升成为泡影。实际上,在经济危机爆发前夕,美国人的购买力就已经显示出了严重的失衡,对此卡莱尔用"丰裕中的贫困"来描述这一反常状况。

> 由于几乎所有美国人都承担了大萧条毁灭性的后果,这才迫使各个群体达成妥协,让美国对"富豪政治"有了进行必要改革的意愿。换言之,在全民族共同的深重危机面前,美国的社会凝聚力达到了空前绝后的程度,而正是在这一背景下,罗斯福新政应运而生,并带来影响深远的社会结构的"大压缩"。

★ 过程。

罗斯福于1932年当选总统。为缓解社会矛盾,罗斯福采取了诸多紧急措施,如拨款向各个州提供救济,此外还设立许多机构来提供就业,减缓失业率的不断提升,在高压下推出了历史学家称作的"第二次新政"。新政有三个主要目标:第一,政府运用凯恩斯经济学刺激经济,并希望产生适度的经济循环;第二,希望通过帮助工商企业促使经济复苏;第三,帮助许多由于经济大萧条而生活贫困的人。

1935年,美国国会通过了《社会保障法》,试图以建立现代的社会保障制度来稳定社会不安情绪,积极干预经济发展,协调社会经济的发展。

罗斯福提出的议案被国会通过并成为1935年的《社会保障法》,该法案为失业者制订了救济计划。《社会保障法》有五大条款:第一条,给各州拨款帮助老年人;第二条,建立社会保障制度;第三条,向各州拨款统一管理失业津贴;第四条,建立"未成年儿童补助"项目;第五条,给各州拨款帮助盲人和残疾人。

1935年《社会保障法》立法初期,美国社会保障制度的覆盖范围非常有限,而包括农业工人、国内服务业和政府雇员在内约900万人被排除在社会保障制度外,他们享受独立的社会保障,类似美国铁路职工的老年退休制度。[①] 1939年,美国对《社会保障法》进行了进一步的修正,使其更加完善。[②]

★ 意义。

《社会保障法》的颁布使联邦政府扮演了一个新的,在当时来说是激进的角色,标志着美国成为世界主要几个发达国家中最后一个建立全国性社会保障制度的国家;稳定了大萧条以来动荡的社会局面,立法提供公民基本的生活保障,给予民众信心;建立再分配制度,通过代际转移的方式,即年轻一代人缴费来承担老年一代人退休之后的生活费用,在一定程度上降低了贫富差距继续拉大。

★ 局限性。

《社会保障法》不包含医疗保险。截至1935年,大多数其他西方工业国家已经拥有了医疗保险项目。罗斯福曾考虑在《社会保障法》中包含医疗保险,但由于美国医疗协会和南部一些州议院的强烈反对最终未被通过。

---

① 黄敏. 中国财政支持养老保险支出的风险及对策研究 [D]. 保定:河北大学,2013.
② 李超民. 美国社会保障制度 [M]. 上海:上海人民出版社,2009.

第二次世界大战之后，美国社会保障制度快速发展，社会保障水平随着战后经济腾飞而提高，迎来短暂的社会黄金时代。

四、福利国家时代的实践

（一）福利国家建立的背景

★ 工人阶级政党日渐增强的政治压力。在率先建立起现代社会保障制度的德国，社会主义工人党发展迅猛，政治影响力逐渐增强。在 1880 年的德国大选中，社会民主党在国会中占有 24 个席位，1890 年占有 35 个席位，成为国会大党之一。与此同时，英、法等国的工人阶级政党也取得了相近的成功。19 世纪末 20 世纪初，社会民主党成为西欧国家议会大党，组阁开始屡见不鲜。针对这一时期工人阶级斗争形式的新变化，恩格斯指出，以激烈冲突为表现形式的阶级斗争已不再是无产阶级斗争的主要方式，议会斗争等合法形式成为更加有效的斗争方式。而且，此举将选举权这一具有欺骗性的工具转变为实现工人阶级解放的工具。随着西欧社会民主党势力的不断壮大，资本主义国家面临的政治压力不断增大。

★ 法西斯主义兴起。熊彼特（Joseph Alois Schumpeter）指出，创新与扩张成为资本主义保持生命力的两个主要途径①。因此，西方国家之间对殖民地与海外市场的争夺非常激烈，导致资本主义体系内部摩擦、冲突时常发生。19 世纪末 20 世纪初期，世界经济与政治格局尚处于变动中，各主要资本主义国家对欧洲大陆霸主地位的争夺非常激烈。其中，德国作为新兴的经济强国，急于打破由英法等老牌资本主义国家所主导的欧洲大陆利益格局，最终导致第一次世界大战的爆发。虽然第一次世界大战以德国的战败告终，并且形成了以力压德国为目的的《凡尔赛和约》作为胜利果实，但是这也为日后埋下了隐患，导致法西斯主义盛行于德国。

法西斯主义之所以在这一时期产生重要影响绝非偶然。它是西方资本主义在内忧外患的重重压力下、在德国民族复仇情绪的作用下，为寻求资本主义发展出路而形成的狭隘民族主义和极端集体主义，对外侵略，对内镇压，独裁专制。在当时，它与民主自由主义和社会主义并立为世界三大意识形态。法西斯主义猖獗是 20 世纪 40 年代西方福利国家发展的一个重要推动因素。

从词源上看，福利国家最初是相对于法西斯国家而提出的，强调自由、民

---

① ［美］约瑟夫·熊彼特. 资本主义、社会主义和民主［M］. 杨中秋，译. 北京：电子工业出版社，2013.

主、博爱。

★ 自由主义信仰危机。自19世纪资本主义在西方全面确立统治地位以来，经济危机始终不断。乐观派认为，这是经济周期所产生的正常现象，无须政府干预。然而，1929—1933年经济危机的全面爆发彻底击垮了资本主义经济具有内在稳定性的论调，动摇了自由市场内生社会秩序，并自发带来社会公平的神话。这场经济危机肇始于社会保障基础十分薄弱的美国，并随即波及整个资本主义世界，其波及范围之广、影响程度之深、持续时间之长史上空前。这次经济危机给资本主义经济以重创，使得资本主义整体发展水平倒退30年。骤然爆发的大萧条使资本主义世界陷入大恐慌之中，可见这次经济危机的影响不仅是物质层面的，更是心理和精神层面上的，人民陷入对主导价值体系的社会认同危机之中。美国学者狄克逊·韦克特指出，这一时期把质疑深深带进了人们的生活[①]。就连将自由市场视为信仰的美国，在这一时期也开始出现国家干预未必是一件坏事的思潮。随着"市场神话"还原为"市场失灵"，支撑资本主义的思想圣殿开始瓦解，转而信仰社会主义[②]的人数不断增多，这更加剧了西方国家的恐慌。

> 当资本主义面临危机的时候，社会主义的势力正在蓬勃向上发展，1917年11月7日，列宁和托洛茨基领导的布尔什维克武装力量向资产阶级临时政府所在地圣彼得堡冬宫发起总攻，推翻了临时政府，建立了苏维埃政权。

由此可见，这一时期的资本主义不仅内患重重，还腹背受敌。换言之，西方资本主义在遭遇"失灵"的自由主义和"毁灭性"的社会主义的同时，还必须面对同样具有"自毁性"的法西斯主义。

★ 第二次世界大战给社会带来的破坏性。吉登斯指出，在分析第二次世界大战后西方国家的剧烈变化时人们往往忽视了战争因素。第二次世界大战后，欧洲大陆满目疮痍，残疾人、鳏寡孤独人群数量激增，亟须扩大社会保障制度予以供养。

★ 凯恩斯主义，一盏资本主义的指路明灯。20世纪30年代左右的西方资本主义世界陷入一场空前的危机之中，人们看不到希望。这个时候给资本主义国家带来黑暗中一盏明灯的人物是凯恩斯。

几乎在德国法西斯政权建立的同时，一本对后来资本主义发展起到重要影响的经济学著作问世了，这就是凯恩斯的《就业、利息和货币通论》。在这本书中，凯恩斯提出有

[①][②] [美] 狄克逊·韦克特. 大萧条时代 1929—1941 [M]. 秦传安, 译. 北京：新世界出版社，2008.

效需求理论，建构了总需求管理模型，指出为打破经济危机期间投入与产出之间的恶性循环，政府应当加大公共支出，创造有效需求，激活经济，将市场这架跑偏的马车重新带回通往繁荣的道路上来。①

凯恩斯关于国家与市场关系的论述，对于当时的资本主义世界而言，就如同亚当·斯密提出国富论、马克思揭示利润本质一样具有革命性。凯恩斯思想的重大价值在于破解了困扰资本主义发展的难题，即在亚当·斯密和马克思之间走出了第三条道路。它如同一盏明灯，为处于黑暗中的资本主义照亮了前行的方向。在取得反法西斯战争的胜利后，面对满目疮痍的西方社会，如何实现国家的有效治理，夯实国家权威的合法性基础，成为亟须予以回应的重要议题。一场国家重构运动应运而生。

★《贝弗里奇报告》的影响。1941年6月，英国政府宣布成立社会保险合作问题委员会，即"社会保险与相关服务委员会"，由贝弗里奇担任主席，任务是对英国现行的社会保障制度进行调查，并提出一份战后改革的详细方案。② 委员会成立后，社会各界对委员会给予了极大的期许，希望能通过这次调查，对英国社会保障制度进行一次彻底的调查，并就战后重建社会保障计划进行构思设计，提出具体方案和建议。尽管在调查中，委员会内部存在着诸多分歧，但就在第二年，委员会还是顺利地提交了工作成果，即著名的《贝弗里奇报告》。

《贝弗里奇报告》首先指出，英国社会保障制度存在诸多缺陷，社会保障制度在处理每种社会问题时都是单独进行，效果较为单一且不考虑或甚少考虑其他因素；社会保障制度出台的法规与措施，存在重复、碎片化或在某种功能上留有空白的问题；社会保障现行规定上存在不同程度的差异性。

报告阐述了英国社会保障制度改革的三项首要原则：一是有关社会保障制度未来改革与发展的建议，不应该仅局限于局部利益的考虑；二是英国社会保险组织作为一种综合性的社会发展政策的一部分；三是社会保障必须通过国家与个人之间的合作来实现。③

报告着重阐述了社会保障的三个方面：一是保障基本需要而实施的社会保险，二是为保障特殊需要而实施的国民救济，三是为满足基本需要意外的需求上的津贴。还强调了社会保险制度应该包括六个基本原则：一是社会保险制度统一津贴标准原则，二是社会保险制度统一缴费标准原则，三是社会保险制度

---

① ［美］马克·斯考森. 现代经济学的历程［M］. 马春文等，译. 长春：长春出版社，2006.
②③ 丁建定. 英国社会保障制度史［M］. 北京：人民出版社，2015.

统一管理原则,四是社会保险津贴发放时间与数量应该合理的原则,五是社会保险制度综合性原则,六是社会保险制度分类原则。① 虽然《贝弗里奇报告》研究的主要对象是20世纪的英国,但对其他国家来讲,这也是更好理解社会保障制度的视角,总结起来可归纳为扩大覆盖对象范围、扩大覆盖风险范围、提高待遇标准②,将社会保障制度作为保障基本生活需求、消除贫困的社会政策。

1948年,英国首相艾德礼宣布英国第一个建成了福利国家。贝弗里奇也因此获得了"福利国家之父"的称号。迄今为止,报告仍被认为"是社会保障发展史上具有划时代意义的著作,也是现代从事社会保障研究和教学工作者的必读书,它对英国、欧洲乃至整个世界的社会保障制度建设和发展进程产生过重要影响。"③

(二)福利国家的兴起

20世纪50年代左右,瑞典、芬兰、挪威、法国、意大利等国也纷纷效仿英国,致力于建设福利国家,福利制度在西方世界被争相推崇。英国是第一个宣布建成福利国家的发达国家,在建成初期,英国大力发展社会保险,1952年出台了《家庭补贴与国民保险法》,这部法律将国民保险津贴提高了25%以上。1958年又颁布实施了《国民保险法》,再一次提高了英国国民保险津贴的水平。

在社会保障制度的刺激下,英国经济也焕发出了活力,失业率持续走低,人民消费水平不断提升。随着1964年英国工党的上台,又针对社会贫困人口制定了相关措施,并在1966年颁布了《社会保障管理法》《贫民救助税法》,建立补充救助金代替国民救助制度下的附带家庭收入状况调查的国民救助金,对那些因不能全天工作而收入较低者发放补充救助金,使其收入达到正常生活水平。④

相较于英国社会保障制度的飞速发展,老牌资本主义国家法国也不甘人后。第二次世界大战后到20世纪70年代初,法国逐渐建立起完整的社会福利制度。法国的社会保障体系非常复杂,种类繁多。1945年以来,它的保险对象包含了以下群体:受薪者、作家、艺术家、学生、寡妇、战争孤儿和神父等。

法国社会保障模式汲取了英国模式与德国模式的优点,故可称之为中庸模式。具体而言法国模式的基础是普及型社会保险,财政来源包括国家税收和雇主与受薪者缴纳的分摊金。法国的社会保险在国家的资助与控制下,由各地机构分散管理,根据社会最低

---

①④ 丁建定. 英国社会保障制度史[M]. 北京:人民出版社,2015.
②③ [英]威廉·贝弗里奇. 贝弗里奇报告:社会保险和相关服务[M]. 华迎放等,译. 北京:中国劳动社会保障出版社,2004.

标准和所缴分摊金比例来确定个人收益比例[①]。

与英国、法国都有所不同的是北欧国家，以瑞典为例。1944年，瑞典社会民主党就提出了《工人运动战后纲领》。1946年，瑞典通过了一项新的养老金法案，目的是在瑞典建立起全国统一的基本养老金制度，而这种养老金制度不与退休前的收入水平相联系，所有参加该养老金制度的67岁以上老人都可以领取基本养老金[②]。1960年，瑞典开始实行强制性的与收入相联系的补充养老金制度。

（三）福利国家的意义

在严峻的危机面前，国家利益超越于各个利益集团的狭隘利益。在凯恩斯主义和社会民主主义的直接倡导下，福利国家体制在西方世界普遍建立起来。这标志着资本与福利的关系从福利外在于资本向资本嵌入福利的阶段转变。福利国家的产生是资本主义自产生以来所取得的一系列文明——它囊括了物质文明、精神文明和制度文明——的集中体现和综合作用的结晶；是西方各利益集团为应对自20世纪30年代以来不断加深的资本主义国家危机而达成利益妥协或结盟的结果。

福利国家体制成为战后西方民主国家的主要和平原则，并作为社会矛盾的解决方式受到广泛赞誉，并成为资本主义战后"黄金时代"的内在组成部分。在这一时期，资本与福利构成了一个复杂的联合体，其法律特征和组织特征系统地交织在一起。因为福利国家体制具有多种功能，能够同时服务于诸多彼此冲突的目标和战略，所以这一体制产生了强大的吸引力。到20世纪60年代，福利制度成为经济、政治与社会生活的主导原则。

（四）福利国家的局限性

在如火如荼的福利国家建设之后，审视福利国家在弥合社会分化与不平等鸿沟起到的作用可发现，福利国家在减少或加剧社会不平等与分化上具有矛盾性，其已将阶层、性别、种族分化与不平等制度化[③]。福利国家自身具有一定的局限性。

★ 福利国家与阶层分化。

如艾斯平-安德森所言，"福利国家是阶级和社会等级形成过程中的重要制度，它的

---

① 白澎，叶正欣，王硕. 法国社会保障制度［M］. 上海：上海人民出版社，2012.
② 粟芳，魏陆等. 瑞典社会保障制度［M］. 上海：上海人民出版社，2010.
③ ［英］诺尔曼·金斯伯格. 福利分化：比较社会政策批判导论［M］. 姚俊，张丽，译. 杭州：浙江大学出版社，2010.

组织特征决定着社会共同责任、阶级分化和身份差别的连接方式。"① 虽从制度内容上看，福利国家为人们提供了一套从摇篮到坟墓的保障，但就具体制度设计而言却将阶层分化与不平等引向制度化。

> 瑞典。最初在社会民主主义理念的指导下，改善了阶级的不平等，但20世纪90年代以来，福利遭到削减。福利国家有差别地使专业技术和经理群体获益，并且工人阶级可能在税收上对福利国家的贡献和福利国家的成本不成比例②。
>
> 德国。在保守主义理念指导下，实行严格的等级制度，建立大量定位于不同阶层的社会保险计划已经形成传统③。

20世纪70年代以来，伴随着外界石油危机愈演愈烈以及内部财政赤字危机的到来，福利国家陷入发展窘境。经济社会的剧烈变迁使各社会阶层在囿于福利国家发展的困境中逐渐走向利益分化。相对富裕的中产阶级以及有能力的劳动阶级在一定程度上挤占了少数弱能力劳动阶级、弱势群体等的福利份额。④

★ 福利国家与性别分化。

在工业社会下，最初女性依附于男性，男性在外工作以获得供养整个家庭的"家庭薪水"。而在社会保险制度建立之后，社会保险替代"家庭薪水"使其免于接受救济。但由于资金数额较少，无法支撑整个家庭，工人阶层的妇女开始走出家庭，寻找有薪工作。此后，为应对母亲特别是单身母亲在劳动力市场中遭受的不公平待遇，女权运动轰轰烈烈地展开，女性权益获得重视。由此，形成了福利国家发展时期的女性就业者增多与单身母亲数量上升的图景。这一时期，女性不再依赖于男性而生活，在一定程度上较之前获得更大的自由。需要认识到的是，这一转变带来了女性角色的增加。女性要扮演劳动力市场上的工作者与家庭中的照顾者的双重角色，在其工作期间，需要更多地依赖于国家提供的服务。⑤此种逻辑下，妇女进入国家这一更大的依赖网络之中，福利国家的政策选择影响着性别关系与妇女地位，"新男权制"出现。

★ 福利国家与种族分化。

当前福利国家对种族不平等的影响不一，但不可否认的是，在所有福利国家的发展

---

① ③ [丹麦] 考斯塔·艾斯平-安德森. 福利资本主义的三个世界 [M]. 郑秉文，译. 北京：法律出版社，2003.

② ④ ⑤ [英] 诺尔曼·金斯伯格. 福利分化：比较社会政策批判导论 [M]. 姚俊，张丽，译. 杭州：浙江大学出版社，2010.

进程中，社会福利在消除种族不平等和制度种族主义的同时又强化了它们。①

🕐 美国。20世纪60年代中期，黑人权利运动出现，确保了二次再造能够在改革过的福利国家政治中彻底解放黑人，在一定程度上缩小了黑人与白人间的种族不平等。但20世纪70年代经济衰退以来，里根政府对福利国家进行攻击，种族不平等进一步扩大②。

甚至在一些福利国家中，对少数族裔抑或是被歧视的种族，对其社会福利的关注较少，在很大程度上进一步推进了社会不平等的深化。不同种族间的社会福利由于生物学上的先天性因素以及社会或政治学上的后天性因素走向了分化与不平等，揭示了福利国家所存在的局限性。

五、后福利国家时代的实践

（一）福利国家逆转的背景

🕐 自20世纪六七十年代起，在社会科学中广泛流传着一种假设，即无论是作为一个经济体系，还是作为一种文明，产业资本主义都处于一种深刻的、不可逆转的危机之中，即"福利国家危机"。

★ 石油危机。1973年10月，第四次中东战争爆发。战争初期，埃及和叙利亚组成了阿拉伯联盟企图夺回失去的土地，并在与以色列的交锋中处于上风，但随着美国的介入援助以色列，战局随即逆转。以阿拉伯国家为主的石油输出国组织（OPEC）中的部分国家宣布中断向美国出口石油。

🕐 阿拉伯世界宣布提高全球油价并收回原油标价权，将基准原油价格从每桶3.011美元提高到10.651美元。阿拉伯世界为打击以色列及其支持发动的石油战争，震撼了世界，对此后的世界经济造成了深远的影响。

美国等发达国家皆受到了此次石油危机的影响，面对石油价格的迅猛攀升，国内的工业不得不大面积停产，航运交通都受到了不同程度的影响，社会经济发展陷入了危机，

---

①② ［英］诺尔曼·金斯伯格. 福利分化：比较社会政策批判导论［M］. 姚俊, 张丽, 译. 杭州：浙江大学出版社, 2010.

失业率大幅攀升，财政赤字居高不下，这种外在的因素猛烈冲击着福利国家。

★ 刚性增长的社会保障支出增加了政府的财政负担。以瑞典为例，瑞典在第二次世界大战中保持中立，没有受到战争波及，在第二次世界大战前后，保持了较高的经济增长水平。在 1944 年瑞典《工人运动战后纲领》的设计下，瑞典建成了以充分就业、公平分配、经济民主、提高经济效益、改善社会福利基调的社会福利国家①。社会福利国家的建成，让瑞典国民普遍享受到社会保障制度带来的幸福感，但由于社会福利的刚性发展，对瑞典的财政情况提出了更高的要求。到了 20 世纪 80 年代中期，瑞典的债务率已经占当年国民生产总值的 23%，可见社会福利国家在这一时期都陷入了发展的泥潭。

20 世纪 70 年代到 90 年代，受石油危机影响，社会福利国家遭遇到严峻挑战，经济发展缓慢甚至滞胀，第二次世界大战后的婴儿潮形成的人口老龄化、导致政府财政支出大增，经济不稳定导致的失业率居高不下，劳动力市场出现弹性化特征。

★ 新自由主义思潮回归。20 世纪后，以哈耶克为首的新自由主义流派将自由主义重新带回历史舞台。20 世纪 30 年代以来，社会福利国家在凯恩斯主义与庇古的福利经济学理论框架下，推动了经济繁荣、社会稳定发展，但面对福利国家危机，新自由主义学派认为，既要国家干预，又需要那双"看不见的手"——自由市场。他们认为个人财产是人基本的权利，而福利国家恰恰侵害的就是个人的自由，与其说福利国家模式是一条"从摇篮到坟墓"的道路，还不如说是一条"通往奴役之路"。

哈耶克在《通往奴役之路》指出，"离开了经济事务中的自由，就绝不会存在……那种个人的和政治的自由"，而且"没有经济自由的政治自由是没有意义的"②。

（二）福利国家逆转的过程及后果

在这一时期，西方国家纷纷告别凯恩斯主义，一致地转向了自由市场主义。以英国和美国为代表的西方国家齐心协力地促使国家撤退，控制福利支出，同时推出一种新的社会文化，即福利体制被批判为压在企业家身上的沉重负担，企业家才是该体制中真正的财富创造者。此后，这一在第二次世界大战后的欧洲社会几乎得到普遍接受的、用来创造和平与和谐的原则，却成为怀疑的目标、批判的对象，成为新的矛盾和政治分裂的

---

① 周缘园. "福利多元主义"的兴起：福利国家到福利社会的转变 [J]. 理论界，2013（6）.
② [美] 汤姆·戈·帕尔默. 福利国家之后 [M]. 熊越等，译. 海口：海南出版社，2017.

根源①。

★ 西方国家的治理方案。作为对自20世纪70年代全面复兴的新自由主义的回应，西方国家大体形成两种具有代表性的国家治理方案，一种方案由新保守主义提出，即福利收缩（Retrenching）战略和政策；另一种方案由社会民主合作主义提出，即维持（Maintaining）福利国家的战略和政策。

后者是在新的历史发展条件下对社会民主主义的发展，它通过在国家、企业及工人之间达成合作，形成共识，以使问题得到有效解决。由于这种方案是在不牺牲社会保障的前提下保持经济竞争力，所以在欧洲及其他地方得到普及。以这两种方案为钟摆所能达到的两个端点，在这两个端点之间，我们这个时代的大多数福利国家可根据其目标和政策，被置于这个钟摆运动轨迹之中的不同位置。

★ 激进的福利改革所导致的后果。其中，在利益联盟基础薄弱的美国，新自由主义迅速占据主导地位，它再次覆盖政治、经济、新闻媒体以及学术等领域。在上述文化再生产机制的作用下，新自由主义不断生产着与其建构的社会相合意的社会产品。

> 保罗·克鲁格曼（Paul R. Krugman）指出，人们开始慢慢遗忘罗斯福新政所创造出来的社会"大压缩"，再次将自由市场体制下的社会失衡视为理所应当的事情。

直到2008年金融危机爆发前，美国社会的贫富差距程度达到与19世纪末20世纪初时的相近水平。绝大多数社会成员不具备维系经济繁荣的购买力，同时在政府金融监管体制存在漏洞的背景下，这一时期金融衍生品花样繁多，换言之，支撑起这一时期"美国梦"的不是坚实的社会基础，而是虚拟的金融泡沫。因此，经济危机的根源在于社会危机。

（三）关于福利国家逆转的争论

虽然从20世纪70年代起，主张福利削减的观点逐渐占据话语权，但是由前文分析可知，资本与福利之间的抗衡与博弈成为主导西方国家治理行为的客观力量。然而，随着新保守主义势力日渐增强，以及在新的社会变迁背景下，福利国家面临的政治、经济和福利制度本身的挑战日益严峻。因此，辨析福利国家危机的真正根源成为本部分关注的议题。

---

① [美] 罗伯特·海尔布隆纳. 资本主义的本质与逻辑 [M]. 马林梅，译. 北京：东方出版社，2013.

诚然，一个已经达成共识的问题是几乎所有福利国家都陷入了困境，但是对危机产生的外生源和内生源，以及在理清可能产生困难的因素、明确这些因素对福利制度造成压力的具体过程或确定它们的相对重要性等方面的认识一直进展有限。

★ 西方自由主义者所持的观点。从对福利国家危机的一般解释来看，工业主义逻辑所主张的观点日益深入人心，即认为经济发展是社会保障制度建设的基础，而忽视社会保障制度对经济发展的作用。在这一解释框架下，人们通常用来诟病福利国家的两个工具是"全球化"与"老龄化"。这是因为由这两个因素推导出来的解释逻辑——全球化所产生的资本大量外流与老龄化所产生的养老金支出压力增大，导致福利国家陷入入不敷出的财政危机——看似顺理成章。

此外，这也使得福利制度失灵的观点变得更加有说服力。因为在许多国家，社会保障这座大厦被冻结在一个不再存在的、过时的社会经济秩序中，致使它不可能充分地回应那些新的风险和需要。然而，正如皮尔逊（Paul Pierson）所指出的，在面对福利制度削减的种种压力时，应该分别考量压力到底有多大，又从何而来，只有对上述问题形成清晰的认识，才能形成对各项政治改革和政策调整是否可信的准确判断。

★ 对上述观点的回应。为在诸多压力中探究福利国家危机的真正根源，需要对上述两种常见观点予以辨析。在分析全球化与福利国家危机之间的关系时，艾弗森（Iverson）和赫尔曼·施瓦茨（Herman Schwartz）挑战了形形色色的全球化观点，指出人们对全球化影响的理解通常有误。他们缜密地区分了国际经济变化和福利制度困境之间可能存在的种种因果关系，发现在许多情况下，这些因果关系的路径并没有什么根据。他们甚至连能支持全球化对福利制度有最起码影响的证据也没有找到。然而，施瓦茨认为全球化对福利国家危机的影响在于，由美国政治经济变革所掀起的解除管制浪潮，在全球化的作用下迅速波及其他国家，导致这些国家中的保护性就业体系纷纷瓦解。

艾弗森和皮尔逊认为福利国家面临的主要压力不是来自外部，而是来源于内部。那么，导致福利国家危机的罪魁祸首会是由于欧洲日益严重的老龄化而不断加深的财政危机吗？事实上，当代福利国家面临的财政压力问题并不是一个新鲜的问题，自福利国家诞生以来，财政压力就始终存在。

以英国为例，虽然在1940年英国男性的预期寿命只有59.4岁，远远低于当代英国男性预期寿命，但是不能以此作为判断当时财政压力不大，甚至没有的依据。因为这一时期的西方国家刚刚经历过一系列重大危机的冲击，整体经济发展水平倒退30年。而如此薄弱的经济基础却支撑起福利国家这座大厦，其财政困难程度可想而知。

那么,福利国家危机的内部根源是什么呢?拨开财政危机的表象,越来越多的学者认识到这是一场阶级妥协机制或利益共识的瓦解。弗兰茨-克萨韦尔·考夫曼(Franz-Xaver Kaufmann)描述的一幅20世纪晚期德国的福利情景形象地指出了这个谜底。

> 一场普遍的分配斗争打响了,这是德意志联邦共和国自成立以来从未经历过的事。现在的问题不再是对增长进行分配,而是在停滞甚至缩减的公共预算的范围内对紧缩进行分配。令人困惑的是,与此同时,股市生意兴隆,自营业者的收入过度膨胀,而政府的政策却在竭力降低最高税率。一些人在谈论"来自上层的阶级斗争",而另一些人则在谈论"社会妒忌"和"投入必须得到回报"。——《福利制度面临的挑战》

事实上,在20世纪70年代自由主义回潮之前,右翼人士就已经开始在整个社会中培育对福利制度的幻灭感。随着这股声音的不断扩大,西方国家自第二次世界大战以来达成的利益共识开始瓦解,从而导致福利国家这座大厦出现动摇。

★ 福利国家危机的根本原因是利益共识的瓦解。导致利益共识瓦解的因素包括两方面。

一方面,政治权力结构决定福利国家改革的路经与速度。值得一提的是,这场利益共识的瓦解最先起于美国,英国直到20世纪70年代中期甚至更晚才出现可与美国相比的普遍的右翼观念。

如果考察这一时期整个西方国家的福利改革动向,会发现各国福利体制改革的速度和方向不尽相同。这是因为每一个福利国家都是围绕其自身特殊的组织结构、社会分层和社会融合的逻辑而组织发展起来的。不同的政治性阶级联盟的历史与现状决定了福利国家的类型与走向。在社会基础坚实、合作水平较高的国家中,强大的社会力量成为促使利益共识达成的结构基础。如法团主义国家的福利水平均比较高,并且福利共识保存得较为完好,而在自由主义福利国家中,福利共识则更容易遭到遗弃。

另一方面,资本属性决定共识必然最终走向分裂。资本主义越是发展,内部矛盾就越紧张。矛盾产生的根源在于资本追求剩余价值最大化与社会利益诉求不断增强的紧张关系的加剧。对此,可以从以下两点展开分析。

一是商品化与去商品化之间的矛盾难以调和。在卡尔·波兰尼（Karl Polanyi）、米歇尔·于松（Michel Husson）等人的论述中，均揭示了资本主义这一发展悖论，即资本主义越是发展，其去商品化或社会化的水平就会越高，而这是资本所难以容忍的。当去商品化的程度超出资本所能容忍的底线时，资本与福利之间的契约关系自然瓦解。

二是社会力量的发展壮大给资本扩展不断设置新的再分配界限。因为福利国家体制中隐含的契约关系，亦即合法性基础为资本必须给予社会权利的发展以尊重，在促进社会发展中实现资本利益的可持续化和最大化。然而，随着以中产阶层为代表的社会力量的壮大，资本主义关系扩展受到越来越强烈的制约。因此，资本主义越来越缺少动力继续把满足社会日益增长的需求纳入其发展的逻辑之中，甚至急于改革这一局面，由此陷入摒弃福利制度的主观愿望与强制性现实结构的矛盾之中。

（四）福利国家发展的规律

福利国家实践呈现出不以意识形态为转移的客观性，亦即强制的结构性。米什拉（Ramesh Mishra）在考察这一时期西方国家的政治主张和实践后发现，无论是以里根政府和撒切尔政府为代表的新保守主义，还是像瑞典、奥地利这样的社会合作主义，在各个政府举起的不同意识形态旗帜下，社会福利实践的现实几乎是一样的。

在新保守主义国家，"对废除福利国家战略和让他人节衣缩食的普遍热情基本上未被转化成实际结果"。

不同理论派别的社会科学家一致认为，尽管右翼喧嚣一时，但福利国家已不可逆转。对此，有学者指出，在面临有史以来最严重的意识形态攻击之际，福利国家还能证明自己"具有如此非凡的弹性和耐力"。与不得志的右派相似，左派也无法完全实现其政治主张，因为这意味着在资本主义范畴之外寻找解决的办法。

（五）福利国家发展的出路

在后福利国家时期，一些国家倡导超越左与右，那么主导国家治理行为超越左与右的力量是什么呢？对此，米什拉指出，这股力量就是代表各个利益集团之共同利益的"国家利益"。

那么，又是什么力量引导着国家利益呢？这一力量源自福利国家所塑造出来的资本与福利之间的复杂关系。

一方面，经过近30年的福利国家体制建设，社会力量得到不断壮大，一旦政党采取福利削减措施,势必会招致社会自我保护力的反作用。

另一方面,资本对福利的态度具有复杂性。奥菲(Offe)曾精辟地指出,继续推行福利,对资本主义国家来说是破坏性的,然而没有福利对资本主义国家来说是毁灭性的。这是因为缺少福利制度调节的资本主义会陷入其累进性的"自我瘫痪"之中无法自拔,深刻揭示了二者之间既共生又充满张力的关系。

换言之,在由资本与福利构成的当代资本主义矛盾体内,既存在传统意义上的阶级对立或排斥,又存在"跨阶级联盟"。因此,西方国家在进行福利制度改革时,雇主的态度将比我们普遍设想得更加复杂。

第二节 拉美社会保障发展历史

从历史上看,拉美地区是整个西半球中较早建立起社会保障制度的地区之一。一般将拉美国家的社会保障发展分为两个历史阶段:第一个阶段是从20世纪初期至20世纪80年代以前,在此期间的大部分拉美国家受到欧洲大陆国家社会福利体制的影响,逐渐形成了具有"保守主义"模式[①]特征的福利体制;第二个阶段是20世纪80年代以来的改革时期,在智利养老金私有化改革的影响下,大部分拉美国家走向了自由化、市场化的福利体制改革道路。

一、20世纪初期到20世纪80年代前的福利体制

按照建立福利体制的时间先后顺序,早期拉美国家的社会保障制度的发展可以分为三个组别。

(一)第一组别的福利探索

第一组包括智利、乌拉圭、阿根廷和巴西四个国家。这些国家在拉美国家当中最早建立起福利制度,它们的福利保障水平也是比较高的。

---

① 考斯塔·艾斯平-安德森在《福利资本主义的三个世界》中将福利国家的体制分为三种类型,第一种是"自由主义"福利国家体制,也被称为"盎格鲁-撒克逊模式"。在这种类型的福利国家中占据支配地位的是家计调查式的社会救助,主要代表国家是英国和美国。第二种是"保守主义"福利国家体制,也被称为"欧洲大陆传统模式"。其前提是就业和贡献相关联的公共社会保险计划,保障资格与劳动就业相关联,主要代表国家是德国。第三种是"社会民主主义"制度,也被称为"斯堪的纳维亚制度"。在实行这种福利制度的国家当中,福利待遇的享受只与公民资格有关,对家庭的依赖相对来说最少,主要代表国家是瑞典。

20世纪初,受到欧美西方国家的影响,拉美国家开始出现了一批近代企业。与此同时,工人阶级也不断壮大,出现了劳资矛盾等问题。为了解决这些问题,拉美国家仿照西方国家也开始建立社会保障制度。

★ 模式。20世纪20年代和30年代,这四个国家先后推出了社会保险法案,建立起社会保障制度。这四个国家亦是拉美最早走上工业化道路的国家[①]。由于受到德国社会保险模式的影响比较大,它们在福利体制的划分上属于"保守主义"模式。

★ 特点。这种模式的特点是社会保障的享受资格与就业和贡献相挂钩,权利和义务的关系比较明确,大部分福利的提供要由家庭本身来承担,具体说来包括两点:一是每个国家都有不同的社会保险子计划,这些子计划数量众多且十分分散,不利于管理;二是提供的保险待遇和福利服务差异性很大,从而导致社会福利出现分层问题,其中一小部分特权阶级处于社会权力的核心位置,从而享有最优厚的福利待遇,普通民众却处于社会底层,保障权益很差。[②]

(二)第二组别的福利探索

第二组主要指的是第二次世界大战后开始建立社会保障制度的部分国家,包括哥伦比亚、墨西哥、秘鲁和委内瑞拉等。在社会保障发展史上,第二次世界大战是一个重要的转折点。

★ 模式。受英国贝弗里奇的《贝弗里奇报告》的影响,大部分欧美国家开始建立社会民主主义的福利体制。同时,受社会民主主义福利体制发展趋势的影响,这部分拉美国家也走上了建立这种福利体制的道路。

★ 特点。这种体制的特征是强调"普惠型"的保障发展目标,以普遍性和平均性为供给原则,能否享受福利待遇只和公民身份相关。但是,这些拉美国家建立的社会保障制度的覆盖面却十分有限。

例如,早期的保障主要面向首都以及大城市等发达地区的人口。在随后的发展过程中,由于政府不断为国家公务人员等群体建立单独的保障计划,使得福利分层问题愈发严重,反而激化了社会矛盾。

---

① 刘沅. 拉美社会保障制度的发展及其问题 [J]. 拉丁美洲研究,1995 (5).
② CARMELO M, 1994. Changing Social Security in Latin America [M]. Lynne Rienner, Boulder and London.

★ 发展。到了20世纪50年代和60年代，这两组国家的福利体制出现了新的发展状况，开始呈现出不断融合发展的趋势。同时，第一组国家不断扩大社会保障的覆盖面，到了20世纪70年代已经覆盖到就业人口的70%左右，并有继续扩大的趋势。

★ 问题。社会保障的分层化问题非但没有解决，且越发突出。第二组国家在发展过程中，一方面为社会各阶层提供兜底保障；另一方面为了配合国家经济的发展，也在不断为经济发展过程中的相关优势部门建立起相应的保障制度。对广大非正式就业人口（包括农民）来说，不论哪组国家都将他们排除在外，只能依靠家庭保障。

（三）第三组别的福利探索

第三组国家是中美洲国家，它们建立社会保障制度都比较晚，大部分都是从20世纪50年代和60年代才开始建立社会保障制度。古巴的加勒比海地区建立社会保障制度的时间更晚，大约是在20世纪60年代和70年代才开始建立社会保障制度。

★ 模式。从20世纪初期至20世纪70年代，拉美国家的福利体制大体上呈现出与欧洲大陆国家的"普救型"模式相似的福利体制，但是却表现出支离破碎的福利模式，被称为"非正式的保守主义"[①]或者有限的或不完整的福利体制，其自身的演变模式受到拉美国家独特的政治、经济和社会文化等方面的影响。

★ 特征。

第一，社会保障体制的先天不足。保守主义福利体制的前提是就业和贡献相关联的公共社会保险计划，福利待遇的享受与就业相联系。受到这种福利体制的影响，拉美地区采用了现收现付模式的社会保险制度[②]。拉美地区早期的福利制度建立和发展就是以社会保险为核心，因此这种体制一开始就将大量的劳动力市场以外的社会群体排除在外。

> 在20世纪80年代以前，拉美地区未被社会保险覆盖的人口约占当地总人口的39%，而占总人口33%的贫困线以下的穷人（一般指的是失业者、半失业者、季节工以及临时工）只能从政府的援助计划或者福利机构那里得到人道主义式的救助。

---

① BARRIENTOS A，2007. Labour Markets and the (Hyphenated) Welfare Regime in Latin America [M]. IDS, University of Sussex.
② 房连泉. 增强社会凝聚力：拉美社会保障制度的改革与完善 [J]. 拉丁美洲研究，2009，31（S1）.

第二，社会保障体制的碎片化分布。在拉美，不同的社会阶层、不同行业和不同部门之间的福利制度的分割现象十分严重，比欧洲大陆更加突出。

> 以智利为例，20世纪70年代，智利全国的社会保障基金就有约160个，包括养老、伤残、生育以及其他社会福利项目，还有数量繁多的家庭津贴和失业赔偿管理体系。①

在拉美国家中，建立社会保障制度越早的国家碎片化问题就越严重。第一组中的智利、巴西等国建立社会保障制度的时间最早，问题暴露得最早，也就成为最早改革的拉美国家。第二组中的墨西哥等国家的碎片化问题要轻一些，而在第三组国家中基本上没有出现碎片化的问题。

第三，社会保障体制的分层问题。大部分拉美国家的社会保险计划的建立都是从军人、公务员开始的，然后开始逐渐覆盖到中产阶级以及工人阶级中对经济发展具有重要作用的部门，包括新闻工作者、教师、铁路和港口工人等。此后，才开始发展到其他部门的工人阶级中，例如矿业、公共服务业等的工人。最后才推广到非正式工作人员。由于农村下层阶级缺乏政治权利，他们加入社会保障体系的时间是最晚的，覆盖的人口也是最少的。② 在社会保障经费来源紧缺的情况下，对正规部门劳动者、对政府部门雇员的保障程度远高于对非正规部门就业人员和无业者的保障，这就使社会保障体系失去了基本功能，反而在某种程度上加剧了社会不公平的程度。③

大致来说，拉美国家的社会保障体系是一种类似于金字塔的发展结构，越处于金字塔顶端的阶层享受社会保障的时间越早，享受保障待遇的质量就越好。反之，亦然。

第四，社会保障体制的发展战略问题。许多学者对早期拉美国家福利制度发展史进行分析，认为拉美国家社会保障制度的发展过程是畸形的。出现这个问题其中一个重要原因就是一部分拉美国家在人均GDP没有达到应有水平的条件下，就比较超前地建立起普及性的社会保障福利体制，使得现行的福利体制与国民经济发展水平严重不符，出现了所谓的"福利赶超"现象。

有的学者把这种现象和拉美国家的民粹主义联系在一起。④ 发达国家和一些迅速发展

---

① CARMELO M, 1980. Social Security in Latin America—Pressure Groups, Stratification and Inequality [M]. University of Pittsburgh Press.
② [丹麦] 考斯塔·艾斯平-安德森. 转变中的福利国家 [M]. 周晓亮，译. 重庆：重庆出版社，2003.
③ 全毅，张旭华. 社会公平与经济增长：东亚和拉美地区的比较分析 [J]. 经济评论，2008（4）.
④ 樊纲，张晓晶. "福利赶超"与"增长陷阱"：拉美的教训 [J]. 管理世界，2008（9）.

的发展中国家则是在人均 GDP 达到较高水平的基础上才逐渐过渡到普及性的社会保障福利体制的。拉美国家虽然比较早地建立了普及性的福利体制,但是受益较大的是社会中上阶层。这种保障体制表现出的巨大的差异性与不公平性,值得人们深思。

> 民粹主义(populism),也被称为平民主义、大众主义和平民论。最初出现于 19 世纪下半叶,几乎在北美和东欧同时兴起。它将"人民"置于至高无上的地位,认为人民拥有共同的身份,是同质的、良善的。它反对精英主义,在民粹主义者看来,精英和一群"其他人"结合成一个联盟,联合起来反对人民,人民必须抱在一起取暖,结成共同体以争取自己的利益。但在实践中,高举人民利益大旗的民粹主义,成为部分政治家获取选票的筹码,其观点并未能体现普通人民真正的利益,反而在维护"人民"利益上走向了极端。
>
> 民粹主义一词的本义是"迎合大众情感的政治主张",历史渊源是俄国 19 世纪 60—70 年代和美国 19 世纪末一些政党的政治主张,比如通过收入再分配来满足社会上一些人的要求。后来,这个词泛指那些为了拉选票而不顾国家的长远利益,简单迎合一些人经济、社会、政治方面短期利益的政治行为和政策主张。在现代政治经济学意义上,主要指的就是牺牲经济长期发展,在短期内过度实行收入再分配和社会福利制度(以及诸如民族主义)的一系列政策主张。
>
> 拉美民粹主义的"流行"是有各种历史与现实原因的。首先与其自身的殖民地历史有关,与历史上长期存在的收入差距过大、大批民众生活在贫困状态的现实情况有关。拉美长期以来是欧洲的殖民地,由此形成的外资主导、贫富差距等问题非常严重。这些无疑成为主张国有化与再分配的民粹主义的土壤。其次,20 世纪初拉美快速的城市化和民主化进程也催生了民粹主义。随着大量劳动力转移到城市,形成了市民阶层。他们越来越强的政治诉求,使得对于这个阶层的关注变成拉美民粹主义的重要特点,民主带有盲目性。也正是在这个意义上,民粹主义在早期被看作是城市民粹主义,体现出对于农村的忽视。这一特点在后来很长一段时间都没有改变。另外,拉美民粹主义的出现,还有个重要的历史背景。即经历了第一次世界大战、大萧条、第二次世界大战这些社会动荡、经济波动以及凯恩斯革命与罗斯福新政等,使得福利社会、政府干预等深入人心,从而奉行此类主张的民粹主义大受欢迎。
>
> 民粹主义政策的核心内容之一就是福利赶超,会导致财政赤字、债务危机、

增长停滞等一系列不良后果，使国家跌入中等收入陷阱。

二、20世纪80年代以来拉美国家社会保障制度的改革历程

（一）改革背景

★ 20世纪下半叶开始，拉美传统社会保障体系的各种弊端开始显现出来，财政问题、收入分配的平等性问题以及管理体制的效率等问题日渐突出。

★ 20世纪80年代，拉美国家又遭遇了仅次于20世纪30年代大萧条的严重经济危机，也被外界称之为"失去的10年"。

> 失去的10年：一般是用来形容一个国家或地区经济不景气，这种不景气的状态持续时间长达10年左右才开始逐渐好转。例如，1945—1955年的英国、20世纪80年代拉美国家的长期低迷以及1991年至21世纪初期的日本都属于这种情况。

★ 在经济全球化、人口老龄化等因素的影响下，世界上许多国家的社会保障体制也出现了各种各样的问题，削减传统保障体制下沉重的财政支出成为各国改革要考虑的问题。

面对沉重的债务负担和严重的财务危机问题，大部分拉美国家政府开始转变国家发展策略，将新自由主义政策作为其国家发展的政策，进行一系列包括经济和社会体制方面的改革。

（二）改革进程

★ 智利模式。20世纪80年代初智利的养老金制度改革是世界社会保障改革的一次创举，在此之前，没有任何国家的经验可以借鉴。[①] 在国内和国外等各种综合因素影响下，智利在1981年开始了养老金私有化改革的进程，这也成为了拉美国家福利体制自由化、市场化的改革开端。从20世纪80年代开始，社会政策改革在拉美国家开始兴起，主要表现为政府部门、私营部门以及社会保障目标的重新定位等。在此基础上，到了20世纪90年代，智利成功改革所形成的"智利模式"成为许多国家学习的典型。

---

① 房连泉. 智利养老金制度研究［M］. 北京：中国社会科学出版社，2015.

🕐 智利模式：1981年智利的皮诺切特政府将本国原先现收现付制的社会保障模式转变为个人账户基础上的由私营养老金公司运营的保障模式，被称为"智利模式"。智利的改革比较成功，风靡一时，受到了世界银行的推崇。

许多国家开始以此为契机走上了私有化、市场化和个人资本化社会保障制度定型的发展道路。下面将从养老、医疗最有代表性也是最重要的两个领域及其改革的发展趋势来介绍拉美国家20世纪80年代以来的社会保障制度的改革发展历程。

养老保障改革。在改革之前，拉美国家的养老保障制度实行的是政府管理体制下的现收现付制。但是由于人口老龄化、财政压力、管理效率等原因，传统养老保障制度出现了问题。1980年，在阿根廷、巴西和智利，养老金项目中出现一些难题，已经威胁到财政的稳定。① 面对传统公共养老金制度的危机和问题，拉美国家开始采取解决方法，陆续颁布了一些改革措施。

智利1981年的养老金制度改革是一次比较激进的变革方式。在皮诺切特政府和一批具有自由主义思想的"芝加哥经济学派"的经济学家指导和推动下，1981年5月开始正式实施私有化的养老金制度改革。

★ 智利改革的基本内容。一是为每一个雇员建立养老金个人账户，将雇员工资的10%全部存入这个个人账户；二是专门成立只经营和管理养老金的基金管理公司（AFP），并由其负责养老金的收缴、账户的管理以及基金的投资运作和保值增值等；三是由雇员自己自由选择基金管理公司，雇员退休时养老金的给付是将账户中所积累的资产转化成年金或者按照计划来领取基金；四是成立养老金监管局（SAFP），负责对基金管理公司进行监管，同时，由政府负责兜底即提供最低养老金保障；五是允许养老基金投资资本市场，但是政府采取数量监管模式进行严格的监管，从而防范出现大的投资风险以及避免基金出现大的亏空。

★ 智利解决历史遗留问题的方案。针对养老体制转轨所遗留的历史债务问题②，政府承担了两方面的财政支出负担。一是对于继续选择以前养老体制的参保成员，由国家财政来解决他们退休金的发放问题；二是由旧制度转向新制度的参保成员，他们以前缴费所形成的养老金权益由政府通过发行认购债券来保障他们的权益。

★ 改革的扩展。进入20世纪90年代以来，受到智利改革的影响，其他拉美国家也

---

① ［丹麦］考斯塔·艾斯平-安德森. 转型中的福利国家［M］. 杨刚，译. 北京：商务印书馆，2010.
② 法律规定，自1982年1月1日参加工作的所有正式部门雇员（军队除外）都要加入新的制度，而自雇者和非正式部门的从业人员则可以自愿加入，改革前原体制的老雇员可以自由选择转入。

纷纷效仿开启了新一轮的养老制度的改革浪潮。各国在借鉴其他国家改革政策和本国发展的实际基础上，形成了各自的发展模式。总体上，这些国家的改革模式大致上可以划分为三种类型：替代模式、并行模式和混合模式。①

实行替代模式的国家包括玻利维亚（1997 年②）、墨西哥（1997 年）、萨尔瓦多（1998 年）、多米尼加共和国（2003 年）以及尼加拉瓜（2004 年）。这是最为激进、改革最为彻底的方式，智利也属于这种模式。这种模式的特点就是在一段过渡期之后全面停止原先现收现付的制度安排，改革后的所有新就业参保人员都要加入新的私营积累制度安排。

实行并行模式的国家包括秘鲁（1993 年）和哥伦比亚（1994 年）。在这种模式下，原先的现收现付制和新的私营积累制度并存，这两种制度相互竞争，新参保的社会成员可以在两者之间进行自由选择。

实行混合模式的国家包括阿根廷（1994 年）、乌拉圭（1996 年）、哥斯达黎加（2000 年）以及厄瓜多尔（2004 年）。这种制度模式将原先现收现付的制度作为第一支柱，提供基础养老金。同时，将私营积累制度作为第二支柱，提供辅助性养老津贴。与并行模式不同的是，第二支柱的养老津贴计划是强制性的。但是，阿根廷在改革中规定，在第一和第二支柱中，参保人员可以在两者之间进行选择。这种方式和并行模式相似，它的第二支柱是并行式的。

此外，在经济转型过程中，拉美国家普遍存在二元分割的劳动力市场，这导致大量的非正规就业人员无法被缴费型养老金制度覆盖。同时，拉美国家的老年贫困和脆弱性问题也比较突出。基于此，拉美国家在养老金制度的建立和发展过程中，参考一些国家的先行经验，纷纷建立了养老金制度的另一支柱即非缴费型养老金制度。

医疗保障改革。受"保守主义"模式的社会保障制度安排普惠性原则的影响，拉美国家的医疗保障在改革前都是以国家提供的公共保障计划为主要的制度安排。但是，随着经济和社会等因素的不断变化和发展，20 世纪 80 年代以来大部分拉美国家的医疗保障面临着一系列的问题和挑战，医疗支出费用不断上升、财政用于医疗保障服务的支出面临巨大压力，以及医疗服务资源的分配不公平等问题十分棘手。在这些因素的影响下，拉美国家医疗保障改革的压力越来越大，也越来越迫切。

★ 拉美国家的医疗保障项目主要包括以下几个方面。

---

① 韩大伟，厉放，吴家亨. 养老金体制：国际比较、改革思路、发展对策 [M]. 北京：中国经济科学出版社，2000.

② 括号中的年份指的是开始改革的时间。

一是社会救助计划，主要资金来源是国家财政，面向的人群是收入水平比较低、依靠国家财政救助才能享受医疗服务。

二是社会保障计划，面向的是有工作的人群，主要资金来源是雇主和雇员。在特定情况下，国家财政也给予相应补贴。另外，这种保障计划又分为传统社会保障计划和个人保障计划。传统社会保障计划的资金来源于参保人员缴费，为参保人员及其家庭成员提供医疗保障，提供部门一般为传统的行业（团体）机构、社会保障基金会或者是社会福利组织等。个人保障计划由社会成员自己自由选择官办或者私营的社会保险机构来购买相关医疗保险，保费随着投保风险的变化而调整，通常属于待遇确定型。

三是普享型的保障计划，其享受资格只和公民身份有关。在一部分国家这类计划与第二种社会保障计划是并存的，在另外一些国家它作为社会保障计划的补充来覆盖其未保障的社会群体。

由于不同的国家有着不同的问题和考量，所以不同拉美国家之间的医疗保障改革的特征也不尽相同。但是改革的目标和想要达到的目的基本上是有着共通点的：一方面，改革旧制度覆盖面窄、服务质量低下以及公平和效率不足的问题；另一方面，引进私营社会保险项目，给予个人更多自由选择的权利，从而提高医疗保障制度发展的可持续性和激发制度发展的活力。

★ 改革措施主要包括以下几个方面。

一是引进私营的社会保险项目。自由化、市场化改革的重要表现形式之一就是通过引进私营的社会保险项目，提高医疗保障的服务效率和减少医疗保障费用的支出。例如，智利就在1982年引进了私营医疗保险体系（ISAPRES），允许私营公司参与强制性医疗保险缴费和建立自己的设施或者与私人提供者签订合同[①]，并于1986年开始正式运转；1993年哥伦比亚也开始改革，一年后其私营保险服务机构（EPS）迅速发展，出现了逐渐替代公共社会保障项目的发展趋势。

二是进一步提高医疗保险制度的覆盖面。由于拉美地区贫富差距不断拉大，各国出现大量的贫困人口，导致许多社会问题，社会矛盾激化。基于此，在这次改革过程中，许多国家开始将处于底层的贫困人口纳入国家保健体系或者是社会医疗保障计划之中。同时，进一步采取措施遏制医疗保障体系中逃避缴费现象的发生。此外，采取了包括改进医疗服务的质量以及加强参保者医疗权益的保障在内的政策来吸引人们参保，扩大覆盖面。

---

① [丹麦] 考斯塔·艾斯平-安德森. 转型中的福利国家 [M]. 杨刚, 译. 北京：商务印书馆, 2010.

三是不断降低医疗服务的成本。医疗保障涉及医疗服务的提供方（医疗机构）、医疗服务的需求方（参保人员）和医疗保险机构这三个行为主体。拉美国家选择了通过调控医疗服务的提供方来降低医疗服务成本的方案，主要采取的措施包括：第一，制定最高预算费用数额来限制医院的支出成本；第二，对新增和昂贵的医疗设备进行数量上的限制；第三，对预算费用的标准进一步明确和细化，同时实行医疗费用定额制。

拉美国家改革的发展趋势。经过多年的私有化改革，拉美国家的社会保障制度取得一定效果，但是也出现了一些新的问题，如社会分化加剧、社会贫困问题突出、分配不均等。进入21世纪以后，拉美国家开始逐渐认识到这些问题，从而展开了新一轮的改革和调整。

一是调整私有化改革的速度。对社会保障制度进行私有化改革的优点是可以减轻财政负担、提高效率等，同时也面临着在统筹互助、管理成本、替代率等方面问题突出。在此基础上，拉美国家开始调整社会保障制度私有化改革的速度，开始将私有化速度放缓。2000年以来，拉美地区仅有哥斯达黎加和多米尼加共和国两个国家建立个人养老保障计划；2007年厄瓜多尔开始推行个人养老保险的破产计划；2008年阿根廷也开始实施私营养老金制度的国有化。

二是扩大社会保障的支出，加大对弱势群体等下层民众的保护。由于左派力量在拉美政坛中的地位和作用越来越重要，因此新上台的左派政权开始强调社会政策的重要作用，并将施政重心集中于社会领域的改革。① 一方面，通过立法将更多的社会群体纳入社会保障计划，不断扩大社会保障的覆盖面。例如，部分国家通过强制参保和补助性政策将大量非正式人群纳入社会保障体系。另一方面，加强社会救助，实施反贫困计划。为了加强社会救助，实施了形式多样的救助计划，包括直接的现金转移支付、儿童津贴、养老救济金、教育培训补贴等。在反贫困计划方面，阿根廷的户主计划、墨西哥的机会计划、智利的团结计划、巴西的家庭补贴计划，以及厄瓜多尔的人力发展补助计划等，都是为了减轻本国的贫困程度。

三是对社会保障制度进行结构性调整。经过这么多年的实践和发展，几乎所有实行社会保障制度的国家都将社会保障制度建设成一个包括依靠缴费的社会保险、以国家财政为主的社会救助以及依靠家庭或者集体的保障的多层次保障体系。在20世纪80年代以来的私有化改革中，拉美国家过多依赖单一的私营保险支柱，忽略了国家保障这一重要支柱的建设。作为改革先锋的智利在2008年出台了养老金改革方案，主要内容就是在

---

① 杨建民. 拉美政治中的"左""右"现象研究：拉美政治发展的周期与政策调整［J］. 拉丁美洲研究，2018（1）.

私营养老金计划的基础上增加一个社会互济养老金项目,资金来源于一般财政的转移支付。以私有化改革风靡一时的"智利模式"的变化也反映出了拉美国家改革方向的转变。

四是社会保障体制内的参量式改革。面对日益严峻的诸如财政压力、人口老龄化等问题,许多拉美国家开始对传统的保障体制进行了参量式的改革。改革主要包括延迟退休年龄、加强缴费义务和待遇权利之间的横向联系,以及削减福利待遇水平等。另外,近年来,部分拉美国家开始对公共部门社会保障制度进行改革,重点集中在公务员社保计划上,目的在于减轻政府的财政负担,缩小公私部门之间的社会保障差距。①

第三节 俄罗斯-东欧社会保障发展历史

俄罗斯-东欧社会保障在历史上曾是典型的社会主义国家社会保障,随着经济社会的发展,俄罗斯-东欧各国立足本土国情,逐渐形成经本国立法、政府与工会三方审议的社会保障体系。梳理俄罗斯-东欧社会保障发展历史,俄罗斯对东欧各国的社会保障具有较大影响力,俄罗斯与东欧各国的社会保障制度有着共同的地方,但也因各国历史底蕴、人口结构、经济发展等多种因素不同,形成各具特点的社会保障制度。

一、俄罗斯-东欧社会保障发展理念溯源

(一)早期西方社会主义社会保障思想

早期西方社会主义社会保障思想主要指空想社会主义及马克思与恩格斯思想。

★ 空想社会主义。空想社会主义对如何构建社会保障、实现大众幸福,提出了比较完整的蓝图,这种思想中包含了大量的社会保障思想,但在当时不具有现实性和可行性。②早期空想社会主义的代表家是托马斯·莫尔以及康帕内拉,著作《乌托邦》《太阳城》中虽然没有明确提出社会保障制度的完整论述,但是其涉及了年轻人应该赡养老人并为老人提供令其满意的服务、抚养儿童并将身体健康看作最重要的一个方面、重视母婴福利并为母婴营造最佳养育环境等。

19世纪空想社会主义代表家有傅立叶与圣西门,傅立叶提出社会保障的具体观点,

---

① 房连泉. 增强社会凝聚力:拉美社会保障制度的改革与完善 [J]. 拉丁美洲研究, 2009, 31 (S1).
② 钟仁耀. 社会保障概论(第四版) [M]. 大连:东北财经大学出版社, 2013.

认为社会保障应分为低收入阶层以及中高收入阶层生存和福利的社会保障①；圣西门提出只有通过社会改革才能达到人们物质福利与精神福利的高目标。

★ 马克思与恩格斯思想。马克思与恩格斯并没有系统论述社会主义社会如何建立和完善具体的社会保障制度，但从本质上提出社会保障是资本主义存在和发展的基础，在资本主义状态下，必须通过社会给予劳动者相应的社会保障，为资本积累提供扩大再生产的劳动力，并在劳动者党的纲领等文献中要求实施某些社会保障项目，同时在纲领中提出社会保障制度的几项基本内容。

社会保障的责任主体是国家；其资金来源是劳动人民创造的社会财富；其保障对象是全体劳动者和社会弱势群体；其功能在于"分摊风险"与"补偿损失"；其最高目标是实现人的自由与全面发展。②

> 马克思指出了造成工人阶级贫困的根源："一切生产剩余价值的方法同时就是资本积累的方法，而资本积累的每一次扩大又反过来成为发展这些方法的手段。由此可见，不管工人的报酬高低情况如何，工人的状况必然随着资本的积累而日趋恶化。"③

马克思、恩格斯指出，社会总产品应该通过社会分配与再分配保证社会发展的延续性，"社会总产品中应该扣除：①用来补偿消费掉的生产资料部分；②用来扩大再生产的追加部分；③用来应付不幸事故、自然灾害等的后备基金或者保险基金。在以上三项扣除后剩下的总产品中的其他部分是用来作为消费资料的，在把这部分进行个人分配前，还得从里面扣除：①与生产没有关系的一般管理费用；②用来满足共同需要的部分，如学校、保健设施等；③为丧失劳动能力的人等设立的基金"④。满足两次有效扣除学说之后，才对劳动者进行生产资料的按劳分配。

（二）列宁社会主义社会保障思想

★ 提出国家社会保险。早在十月革命以前，列宁就对国家社会保障问题密切关注，他提出实行国家社会保险。1903年俄国社会民主工党第二次代表大会通过的党纲充分体现国家全权负责社会保障事业的设想，为之后社会主义国家建立与发展社会主义社会保

---

① 钟仁耀. 社会保障概论（第四版）[M]. 大连：东北财经大学出版社，2013.
② 刘强. 马克思的社会保障思想及其当代意义研究 [D]. 上海：上海师范大学，2016.
③ 马克思恩格斯全集 [M]. 北京：人民出版社，1961.
④ 马克思恩格斯选集 [M]. 北京：人民出版社，1972.

障制度做出基本的思想指引。

★ 社会保障原则。列宁最早系统阐释了社会保障制度的相关理论，并全面分析了社会主义国家社会保障制度的执行原则。执行原则指明，社会保障制度的覆盖面为所有劳动者，与性别、宗教、人口、年龄无关，所有人都无差别地享受医疗、养老、生育等社会保障待遇，在此过程中所产生的社会保障费用主要由国家和雇主承担，最终完全改为由国家承担，且社会保障待遇水平将随国家经济水平的发展而逐步提高。由国家管理机构和社会组织以及劳动者等国民自己来实施社会保障，工会管理社会保险，劳动者等国民以各种方式参与国家的社会保障管理。①

基于马克思"两次有效扣除学说"和列宁"国家保险学说"，以社会主义平等、互助和集体至上的价值追求为基础，俄罗斯-东欧国家形成独特的集体主义福利观。② 这种集体主义福利观主要表现在国家负责统一领导、低工资高福利、公费医疗、家庭多子女补贴、伤残补助、个人不负担任何保障费用等，以此达到俄罗斯-东欧国家追求的首要目标——公平与公正。

从总体上讲，俄罗斯-东欧社会主义国家的福利观，重视国家和集体对社会福利和社会保障的责任，忽视个人和家庭的自我责任，属于集体主义的福利观。③ 虽然后来俄罗斯-东欧社会主义实践以失败告终，但是，其对于社会保障制度的实践经验具有重要价值。

二、苏联-东欧社会保障的建立与发展

可将苏联-东欧社会保障的发展按时间脉络梳理如下。

（一）苏联建立前的社会保障实践

★ 1884年波兰出现最早的社会保险立法——工伤立法，旨在维护工人的社会保护利益，防止大规模暴动。

★ 捷克斯洛伐克于1888—1889年引进社会保险制度，但因此阶段缺乏相应的理论指导与实践先导，捷克斯洛伐克并没有正式确立任何社会保障项目。

★ 1891年，匈牙利开展疾病保险立法，是匈牙利最早的社会保险立法。

★ 1900年，匈牙利设立基于农业的工伤保险。

---

① 钟仁耀. 社会保障概论（第四版）[M]. 大连：东北财经大学出版社，2013.
② 陈良瑾. 社会主义社会保障的基本理论 [M]. 北京：知识出版社，1990.
③ 钱宁. 现代社会福利思想 [M]. 北京：高等教育出版社，2006.

★ 1904 年，捷克初步建立养老保险制度，规定劳动者年老后根据其职业的不同享受有差别的养老金待遇。

★ 1912 年，罗马尼亚初步探索社会保障立法，但尚未形成系统规范的社会保险体系，只是出现零星的立法尝试，在当时并没有产生广泛的影响作用。

1917 年，十月革命胜利，世界上第一个社会主义国家——苏维埃俄国（1922 年 10 月 30 日苏联成立）建立起来。第二次世界大战后其他社会主义国家纷纷出现，社会主义阵营真正形成，保障全体国民生活利益成为社会主义各国立国的基本目标，社会保障制度开始在社会主义国家中发展，并逐渐扩大其在世界范围内的影响。

（二）苏联建立前后的社会保障实践

★ 1917 年，十月革命成功后的第六天，苏维埃俄国就发表了《关于社会保险的政府通告》，通告指出，"俄国无产阶级在自己的旗帜上写上了对雇佣工人以及城乡贫民实行完全的社会保险……依靠工农兵代表苏维埃的工农政府通告俄国工人阶级，以及城乡贫民，它将立即着手颁布建立在工人保险口号基础上的完全的社会保险的法令"。

这个通知主要包括以下几个内容：第一，对所有工资劳动者以及城乡贫困人员实行完善的社会保险；第二，当发生丧失劳动能力的一切情况，即疾病、伤害、残疾、老年、生育、寡妇、孤儿、失业时，实行保险；第三，所有的保险费用主要由单位负担；第四，当劳动者丧失劳动能力和失业时，全额补偿其劳动收入；第五，社会保险的管理方式完全实行受保人自治。①

★ 1917 年 12 月，苏维埃俄国设立失业保险与疾病保险，所有单位的劳动者（除工资是平均工资三倍及以上者）均可参与免费医疗，且失业保险的待遇标准与当地平均工资持平。

★ 1918 年 10 月底，苏维埃通过《劳动者社会保障条例》。这也是社会主义国家第一次使用"社会保障"一词，是社会主义国家第一部社会保障法律。该条例系统提出建立包括养老、伤残、失业、疾病、生育等在内的社会保障项目，并规定最初由国家、国营企业、私营企业共同按照一定的比例进行缴纳，国家经济好转之后，完全由国家负担，个人完全不需要承担任何费用。同年，国家将社会保障管理机构国家保护人民委员部更改为社会保障人民委员部。保加利亚出台《疾病与工伤事故保险法》，但制度运行效果不佳，缺乏系统的顶层设计，实施过程中遇到的许多问题，都削弱了制度最

---

① 钟仁耀. 社会保障概论（第四版）[M]. 大连：东北财经大学出版社，2013.

初的设立目的。

★ 1920年，苏维埃俄国第一次实行特定残恤金，保障对象为在社会主义建设事业中，为国家做出过特殊贡献或特殊功勋的残障战士及其家属，以及赡养人死亡后无劳动能力的家属，确保其正常的生活水平。同年，波兰开始实施疾病与生育保险。

★ 1921年11月15日，苏维埃俄国发布《共和国社会保险决议》，协议规定社会保险金负担工人及职员的社会保障费用，国家负担退伍的伤残军人及其他类别国民所产生的社会保障费用。

12月，通过《失去赡养人条件的劳动者和军人家庭成员的社会保障》与《残疾人员的社会保障》协议规定，对因工伤、职业病和其他原因致残的职工和军人发放残疾养老金。对于年老（50岁以上）的劳动者，在其失去劳动能力时，按老年残疾者论，但须有8年以上的工龄才能享受残疾金。[①]

★ 1922年，颁布《劳动法典》《社会保险法》。

★ 1924年，苏联政府先后以科学工作者、工农速成中学教员和1925年教师、图书管理员等为保障对象实行服务一定年限的养老金制度[②]。1925年，捷克斯洛伐克以65岁及以上年龄的老人为保障对象，建立由基础部分和按收入比例部分构成的，包括体力劳动者在内的养老保险制度。[③] 波兰开始注重劳动力就业问题，政府颁布相关文件开始实施失业保险。保加利亚将社会保障范围扩大到了疾病、年老和死亡、生育、职业病、工伤事故等项。

★ 1924年，波兰设立失业保险。1925年，保加利亚增加失业救济保障。1957年，保加利亚首次设立失业保险制度。

★ 1928年1月5日，苏联社会保障人民委员部通过了第一个养老金法案，该法案仅适用于纺织工人。

★ 1929年2月15日起，苏联政府将享受退休待遇的范围扩大到了冶金业、采掘业、铁路和水路运输业的工人。1930年，范围进一步扩大到印刷、化学、烟草、玻璃陶瓷及其他许多工业部门的工人。[④] 同时，对在有害健康环境下工作的工人以及从事繁重劳动和井下工作的工人，规定优惠的养老金待遇。

---

① 朱传一，沈佩容. 苏联东欧社会保障制度［M］. 北京：华夏出版社，1991.
② 服务一定年限的养老金制度是指在某些部门中服务一定年限，并有一定专业工龄的情况下所规定的养老金，它不取决于实际年龄和劳动能力状况。
③ 穆怀中. 国际社会保障制度教程［M］. 北京：中国人民大学出版社，2009.
④ 张桂琳，彭润金. 七国社会保障制度研究：兼论我国社会保障制度建设［M］. 北京：中国政法大学出版社，2005.

★ 1930 年,苏联基本消灭了失业现象,失业保险制度从此以后就不再存在。①

★ 1932 年,苏联社会保障人民委员部通过《关于改进残疾、抚恤、养老金的协议》,协议规定扩大养老金范围至国民经济所有部门的工人和工程技术人员。

★ 1933 年,波兰扩大养老保险、疾病与生育保险的保障范围,全国社会各阶层劳动者均能享受国家的社会保障福利待遇。

★ 在苏联第二个五年计划(1933—1937 年)中,苏联进一步改进了国民社会保障制度体系。1936 年,苏联颁布新《宪法》,第十章第 120 条明确规定,公民在年老以及患病和丧失劳动能力时享有国家保证的物质保障权。自此,公民的社会保障权利以宪法的形式固定下来,国民社会保障权利与义务受到法律明文的严格保护。

★ 1938 年,匈牙利对经济困难的家庭实施家庭津贴。1944 年,罗马尼亚首次进行家庭津贴立法。1947 年,波兰对经济拮据的家庭提供家庭津贴,直至 1994 年才对家庭津贴实行立法。1975 年,匈牙利在立法中明确规定建立家庭津贴制度。

★ 第二次世界大战之后,随着国民经济的迅速恢复,苏联强化对劳动者的各种社会保护,极大推进了社会保障发展。1956 年,最高苏维埃颁布《苏维埃社会主义共和国联盟国家老残恤金法》,该法的颁布改变了过去各行业按单行法执行,此后全国无论何种行业都统一按照老残恤金法执行,加强社会保障制度的全国统筹。

★ 1964 年,苏联最高苏维埃通过《集体农庄庄园养老金和补助费法》,规定农庄庄主同其他职业职工一样可享有国家社会保障权利,为建立全国统一的老残金抚恤待遇奠定制度基础。

★ 1975—1982 年间,捷克斯洛伐克在不到 7 年的时间里,联邦和两个共和国的议会颁布大大小小的社会保障法规达 35 项之多,可见其对社会保障制度的重视程度。

★ 1977 年,罗马尼亚颁布第一部较为完整的社会保险法规——《罗马尼亚国家社会保险退休金和社会救济法》。

★ 1978 年,苏联颁布《进一步改善集体农庄庄员老残恤待遇法》,意在通过制度层面缩小农民与工人在社会保障待遇方面的差距。这样,到 20 世纪 80 年代,苏联基本形成全国统一的社会保障制度体系。东欧各国逐渐实施各种社会保障项目,逐渐扩大保障范围,提高待遇水平,但是并未形成系统的社会保障制度体系。

---

① 钟仁耀. 社会保障概论(第四版)[M]. 大连:东北财经大学出版社,2013.

三、俄罗斯-东欧社会保障改革与完善阶段

20世纪90年代初,俄罗斯-东欧国家相继进入经济转轨期,一系列经济与政治问题相继出现,俄罗斯-东欧其他国家各执政党纷纷加强社会保障制度设计,主要是建立失业保险与社会救助,并根据当时经济水平,适时调整社会保障各项目的福利待遇水平,缓解政府转移性支出的财政赤字压力。20世纪90年代中期之后,俄罗斯-东欧其他国家的社会保障制度改革进入深化阶段,主要改革目标是改变传统的国家保障模式,建立充分体现国家、企业和个人三方责任的多支柱及多层次的社会保障制度。进入21世纪之后,俄罗斯的社会保障改革整体趋于缓和,主要是提高退休金和最低生活标准,东欧其他国家的社会保障制度改革依然是各国的社会保障改革热点。[①]

★ 1991年,俄罗斯颁布《养老金法》,建立独立于国家预算的养老金财政专户。通过《俄罗斯联邦公民医疗保险法》,两年后,正式实施强制医疗保险制度。

★ 1992年,匈牙利引入养老金指数化工资调整机制,增加制度灵活性。

★ 1994年,捷克斯洛伐克在养老金制度中引入私人补充养老保障。保加利亚发布社会保障制度改革白皮书,提高法定退休年龄,降低生育保障及疾病保障的保险替代率,建立失业保险、社会救济以及与收入相关联的收入补助等。

★ 1995年,俄罗斯提出建立多层次俄罗斯联邦养老保险金制度,包含最低生活水平的基础养老金、与收入水平挂钩的保险型养老金、自愿加入的补充性养老金。匈牙利建立自愿补充养老保障共同基金。

★ 1996年,匈牙利开始阶段性提高退休年龄,以缓解财政压力。

★ 1997—1998年,匈牙利分别通过两组社会保障改革法案,旨在实现养老金制度由现收现付制向多支柱养老保险的转变。哈萨克斯坦于1997年颁布《哈萨克斯坦共和国养老金给付法》,1998年引进完全积累的养老保险法。

★ 1999年,波兰引进完全积累的养老保险法。

★ 2001年12月,俄罗斯连续出台了四个养老金法案,《俄罗斯联邦国家养老保障》《俄罗斯联邦强制养老保险》《俄罗斯联邦劳动保险》《俄罗斯联邦税法及关于税收和保险缴纳金规定的增补与修正》,改变了原来只是对养老金制度进行体制内修修补补的做法,对养老金制度进行根本性变革。捷克斯洛伐克对提前退休制度进一步严格规定。

★ 从刚进入21世纪到2008年经济危机爆发,大多数俄罗斯-东欧国家对各国养老保

---

① 丁建定.社会保障概论新编[M].北京:中国人民大学出版社,2016.

险制度进行结构性调整，建立起世界银行、欧盟等国际推荐的"三支柱"养老保险模式。这段时期中，拉脱维亚、爱沙尼亚（2002年）、斯洛伐克和立陶宛（2004年）各自建立起强制性私有养老保险基金。2008年经济危机后，捷克开始引入第二支柱——强制性私有养老保险制度。①

★ 2011年2月，制定《俄罗斯联邦2020年前医疗保健构想》，成为俄罗斯提供医疗服务的目标性文件，政府通过增加各医疗保健环节的资金投入，逐步实现公共卫生服务的建设目标。

★ 2013年，俄罗斯联邦退休基金的亏损达到860亿卢布，为此，除了调整制度模式并增加个人选择权以外，如何增加养老保险金收入和逐步延迟退休年龄也是俄罗斯必须考虑的问题。②

• 1991年，俄罗斯颁布《养老金法》，建立养老金财政专户；同年，通过《俄罗斯联邦公民医疗保险法》。

• 1992年，匈牙利引入养老金指数化工资调整机制。

• 1993年，俄罗斯正式实施强制医疗保险制度。

• 1994年，捷克斯洛伐克引入私人补充养老保障；保加利亚发布《社会保障制度改革白皮书》。

• 1995年，俄罗斯建立多层次俄罗斯联邦养老保险金制度；匈牙利建立自愿补充养老保障共同基金。

• 1996年，匈牙利开始阶段性提高退休年龄。

• 1997年，哈萨克斯坦颁布《哈萨克斯坦共和国养老金给付法》。

• 1998年，哈萨克斯坦引进完全积累的养老保险法。

• 1997—1998年，匈牙利养老金制度由现收现付制向多支柱养老保险转变。

• 1999年，波兰引进完全积累的养老保险法。

• 2001年，俄罗斯连续出台4个养老金法案，包括《俄罗斯联邦国家养老保障》《俄罗斯联邦强制养老保险》《俄罗斯联邦劳动保险》《俄罗斯联邦税法及关于税收和保险缴纳金规定的增补与修正》，对养老金制度进行根本性变革。

• 2001年，捷克斯洛伐克对提前退休制度进一步严格规定。

• 2002年，拉脱维亚、爱沙尼亚建立起强制性私有养老保险基金。

• 2004年，斯洛伐克和立陶宛建立起强制性私有养老保险基金。

---

① 张水辉. 转型以来中东欧国家养老保险制度改革研究［J］. 俄罗斯研究，2015（6）.
② 中国社会保障学会. 2014年国际社会保障大事件.

- 2008 年，捷克开始引入第二支柱——强制性私有养老保险制度。
- 2011 年，俄罗斯制定《俄罗斯联邦 2020 年前医疗保健构想》。

第四节 中国社会保障发展历史

一、中国古代社会保障制度

传统中国是一种"家-国"保障体制。从形态上看，"家-国"保障体制的格局样态如同树之年轮、水之波纹。以己"身"为圆心，"家结构"由近及远、由内到外逐层向外推演，小可至核心家庭，大可至整个国家，形成层层嵌套、伦央重生、引远及近、缩放自如的差序庇护格局。

（一）"家"保障

"家"在中国是一种深刻、稳定的存在。从"家"的本义上看，具有明显的保障功能。其字上半部分表意为给家内成员以安全保护，下半部分意为供养"家"的产业形式。由此可知，"家"首先是一个社会组织，其次还是一个经济组织。从"家"的组织形态上看，它是由一系列按照一定组织原理连接而成的"家庭"聚合体，即为"家族"。《白虎通义·宗族篇》中有云："族者，凑也，聚也，谓恩爱相流凑也，生相亲爱，死相哀痛，有会聚之道故谓之族。"① 从"家"的产生源头上看，这一社会组织单元脱胎于氏族，后逐渐演变为"家族""宗族"。从"家"的覆盖范围上看，所有一切组织均以家庭为中心，所有一切人与人的关系，都须套在家的关系中。②

就家族庇护而言，家族或宗族是经济、社会、政治与文化的多元复合体。

★ 经济意义上的家族庇护功能。梁漱溟指出，家族在经济上皆彼此顾恤，互相负责，有不然者，群指目以为不义。具体说来，家族经济含三种财产顾恤之义。一曰共财之义，家族财产不可分；二曰通财之义，亲戚朋友邻里之间，彼此有无互通；三曰分财之义，由于伦理感情自然有亲疏等差，日常生活实以分居为方便，故财不能终共，于是弟兄之间，或近支亲族间出现分财。③

★ 社会意义上的家族庇护功能。家是中国人的初级保障组织，同时也是给予个体保

---

① 姚中秋. 重新发现儒家 [M]. 长沙：湖南人民出版社，2012.
② 张荫麟. 中国史纲 [M]. 上海：上海古籍出版社，1999.
③ 梁漱溟. 中国文化要义 [M]. 上海：上海人民出版社，2003.

障的主要组织。卢作孚先生指出，人的衣食住都供给于家庭当中。你病了，家庭便是医院，家人便是看护。人是家庭培育大的，人老了，只有家庭养你，人死了，只有家庭替你办丧事。家族赋有保障幼有所长所学、壮有所娶所劳、老有所养所终的职责。利用宗族、乡党间共有财产发展出了祭田、义庄、义学、社仓、义仓、学田等，以作为救济孤寡贫乏和补助教育之用。至北宋时，宗族救助活动开始趋于制度化。

★ 政治文化意义上的家族庇护功能。家族对成员负有教化职责。《白虎通义》曰："父者，矩也，以法度教子也。"① 家长负有以"法度"教育子女的职责，即把社会普遍而客观的伦理、规范、规则传递给年轻者，为其未来从事社会实践养成合宜的惯习。

（二）"国"保障

《国语·楚语下》有云："夫从政者，以庇民也。"具体说来，国家保障的主要措施包括救济、生息、安养三个方面。

★ 救济。早在周朝时期中国就已经出现了较为完备的救济、生息、安养政策，名曰十二荒政和保息六养。战国时期，梁国通过"移民就粟"和"调粟振民"之法来避灾保民；齐国晏子借筑路台之机，以工代赈，三年台成而民振，民足乎食。

到汉朝时，救济开始制度化，正式确立了常平仓制度，用来调节粮价、积谷备荒；进行专项救助，赐予年高者、鳏寡孤独者及笃癃、无家属贫不能自存者"帛""米"或"粟"。唐宋时期救助政策趋于成熟。唐朝时施行仓储制以防灾荒。唐太宗曰："既为百姓，先做储贮，官为举掌，以备凶年"。②

唐代仓储形式繁多，有正仓、转运仓、太仓、军仓、常平仓、义仓等。到元明时期，仓储制度更加完善。

元朝"立义仓于乡社，又置常平于路府，使饥不损民，丰不伤农，粟直不低昂，而民无菜色，可谓善法汉、唐者矣"③

至清朝，将常平仓和社仓（义仓）建设成为一种日常制度。生息、安养政策早在战国时期，孟子就曾劝诫梁惠王，不要只在灾后才进行社会救助，平日就应当实行仁政，使人民拥有基本的生产和生活资料，不违农时，使八口之家免除衣食之忧。

★ 安养。贾谊也主张"轻赋少事，不夺民时"。西汉经典著作《淮南子》曰，"为治

---

① 梁漱溟. 中国文化要义 [M]. 上海：上海人民出版社，2003.
② 丁建定. 唐代社会保障：思想、实践及其评价 [J]. 中国人民大学学报，2014，28（1）.
③ 宋濂. 元史 [M]. 北京：中华书局，1976.

之本，务在于安民"①。

武则天时期出现由寺院创办的慈善救助机构——"悲田养病坊"，专门供养贫困老人、病人、残疾人及孤儿。

到宋朝时，安养机构迅速发展。最早出现的安养机构是北宋时期建立的福田院，采取政府和寺院合力管理模式，后宋徽宗崇宁年间，设立居养院，此外，还针对患病的贫民建立了安济坊。

南宋初年，出现了具有医养结合性质的养济院，兼顾居养院和安济坊功能。

由以上分析可知，国家庇民角色的出场情景分为两种，一为自然不可抗力引发的灾害发生后，二为面向鳏寡孤独这四类"无告"人群。在中国传统社会，这四类人群因无直系的血缘宗亲而处境最苦。

二、延安时期的社会保障制度与实践

延安时期指的是中共中央在陕北的 13 年，具体指 1935 年 10 月 19 日，中共中央随中央红军长征到达陕北吴起镇落户陕北起，到 1948 年 3 月 23 日毛泽东、周恩来、任弼时在陕北吴堡县东渡黄河的这一时期。

（一）总体特点

在中国共产党的"保护劳动者权益"的政策主张之下，延安时期的社会保障制度与实践，延续了中国共产党在瑞金中央苏区时期形成的对社会保险的认识，社会保险既是工人运动必要的斗争手段和工具，也是充分调动工人群众的革命积极性，巩固红色政权，发展经济的一个重要方面。

★ 旨在保护劳动者权益、争取劳动群众的政治支持

中国共产党自成立之日起，就将代表工人阶级和劳动人民的利益作为政治纲领。为切实保障劳动者权益，社会保险制度在这一时期作为一个纲领性目标被明确提出。②

★ 与战时经济发展水平、各根据地各边区实际情况相适应

这一时期制度与实践，内嵌于社会经济政策之中，水平受限于战时各根据地、各边区的实际情况。

---

① 陈柱. 诸子概论 [M]. 桂林：广西师范大学出版社，2010.
② 周弘，张浚. 走向人人享有保障的社会：当代中国社会保障的制度变迁 [M]. 北京：中国社会科学出版社，2015.

中央红军经过长征到达陕北后，先后颁布了《边区战时工厂集体合同暂行准则》（1940年）、《边区劳工保护暂行条例》（1941年）。各根据地、各边区亦依据自身情况，为发展战时生产、提供劳动保护制定不同标准的政策。但受限于战时经济，这一时期职工待遇与水平较低[①]。

（二）具体制度安排

★ 养老。

1942年2月2日颁布的《冀中区总工会、农村合作社冀中总社关于各级社工厂职工待遇之共同决定》规定，"厂方在工资以外，按工资十分之一存贮作劳动退休金，于工人脱离工厂时发给之"。

1944年7月，由苏中行政公署公布的《苏中区改善农业雇工生活暂行条例草案》第十七条规定，"在一个雇主家做了十五年以上的长工，解雇时如体力未衰老的，应当给他个人三年生活费；已衰老的，应给他养老费。但雇主经济确系困难者，得由工抗会斟酌双方实际情况评定之"。

第十八条则详细规定了农业雇工养老的几种情形。"在一个雇主家做了十五年以上的长工，年龄在五十岁以上而体质衰老的，其养老办法应照下列规定。一、老长工没家的或是家里无法生活的，雇主应供给他生活到老死为止，死后衣棺埋葬的费用均归雇主负担。二、长工在雇主家养老时，雇主应给以必要之零用费，数目大小应经工抗会同意。三、在雇主家养老的长工，如不妨碍他健康时，尽可能帮相雇主照料家务或做些轻微工作。四、老长工自愿回家养老的，除发给他三年养老费外，在死时衣棺费亦由雇主负担，在解雇时应提出保证或提交工抗会保管。五、雇主应付给雇工的养老费、衣棺费如一次付不出，可以分期付给。"

★ 医疗与生育。

1938年，时任全总西北执行局局长的毛齐华在总结陕甘宁边区职工运动时，提出"工人在疾病时，医药费全由厂方供给或雇主供给。疾病期间的第一星期内工资全部照给，第二星期内给工资三分之二，第三星期内给工资三分之一，厂方或雇主不得因工人

---

① 周弘，张浚. 走向人人享有保障的社会：当代中国社会保障的制度变迁［M］. 北京：中国社会科学出版社，2015.

生病取消工人的工作位置。工人如因工作病故或受伤害死亡，厂方或雇主须依不同的情况予以抚恤。女工产前产后给假八星期，工资照给，并按产妇身体给以休养费"。

1940年4月颁布的《陕甘宁边区劳动保护条例草案》第十八条明确规定，"女工生产前后，给假二个月，工资照发"；第十九条规定，"哺乳妇女在工作时间内，普通停工休息时间以外，每隔三小时应有二十分钟哺乳时间，此项休息时间，计入工作时间"；第三十条规定，"工人因公得病或受伤，医药费由雇主供给，休假期间工资照发，并保留其原有工作岗位"。

1942年5月颁布的《陕甘宁边区战时公营工厂集体合同准则》规定，"女工分娩前后，共给假两个月，工资照发。但工作不满半年者，工资只发一半。因分娩而致病或小产者，以病假论。女工在厂分娩及小孩之津贴，按政府之规定发给。女工有六岁以下的三个小孩者，得脱离生产，专门抚育小孩，由厂方供给其衣、食、住，不发零用费。工人子女在七岁以上而不送进学校读书者，厂方不予以任何帮助。婴儿哺乳时间，每三小时一次，每次不得超过半小时。此项哺乳时间，计入工作时间内。工人学徒因病医治或住医院者，医药及伙食费，概由医院或厂方负责。在此期间，停发工资。但病假在十天以上者，由厂方酌量给予津贴"。

从以上规定看出，延安时期党在保护工人患病保障方面，确立了雇主责任为主的原则。

★ 工伤。

1943年9月29日修补颁布的《晋冀鲁豫边区劳工保护暂行条例》第二十二条规定，"工人因工作致伤，除工资照发外，其治疗费应全部由资方负担"。

《陕甘宁边区劳动保护条例草案》第三十条规定，"工人因公得病或受伤，医药费由雇主供给，休假期间工资照发，并保留其原有工作岗位"。

郑秉文在总结延安时期党的社会保障政策时讲道："边区实施社会保障的实践，继承和发展了中央苏区的社会保障实践，走出了一条符合中国社会实际的社会保障路子，不仅为当时中共中央制定有关政策、领导各抗日根据地实施社会保障提供了借鉴和根据，而且为新中国建立后社会保障政策的制定打下了基础。边区社会保障实践的许多基本原则和基本经验，至今仍显示着它的生命力。"

三、计划经济时期的中国社会保障制度

新中国成立之初，为恢复国民经济，稳定社会秩序，巩固革命胜利的成果，国家主导建设并管理社会保障事务。在计划经济模式与单位制组织管理的大环境中，国家在企

事业单位等基层单位的配合下，实施社会保障制度。这一阶段，社会保障逐步走向制度化，形成了国家-单位保障制的格局。总的来看，我国计划经济时期的社会保障制度发展可分为以下几个阶段。

（一）制度的创建阶段（1949—1956年）

早在新中国诞生之前，1949年9月通过的《中国人民政治协商会议共同纲领》（以下简称《共同纲领》）第三十二条中，就已提出了要逐步建设实行劳动保险制度，这为新中国社会保障奠定了最初的法律依据[①]。新中国成立后，1949年11月，中央人民政府成立内务部、劳动部、卫生部，三部门受政务院（国务院前身）领导，主管社会保障相关事务，国家主导并管理社会保障事务的格局开始形成。此后，结合新中国成立初期的国家社会环境，新中国的社会保障制度开始逐步探索建立。

1951年2月26日，政务院颁布《中华人民共和国劳动保险条例》（以下简称《劳动保险条例》），针对雇用工人与职员人数在一百人以上及铁路、航运、邮电等行业企业，制定劳动保险办法，为企业职工提供涵盖养老、工伤、生育、疾病等多方面的物质保障。《劳动保险条例》对劳动保险金的征集与保管、各项劳动保险待遇、享受优异劳动保险待遇、劳动保险金的支配、劳动保险事业的执行与监督等内容做出规定[②]，确立了以企业单方付费制为基础的现收现付筹资机制[③]，是新中国成立后正式颁布的第一部劳动保险法，标志着新中国社会保障制度建设的开端。此后，又于1953年、1956年对该条例进行两次修订，扩大了保险的覆盖范围，将除城镇机关、事业单位之外的所有企业和职工覆盖在内，并调整相关待遇水平，全面确立了适用于中国城镇职工的劳动保险制度。

在建设企业职工劳动保险的同时，机关事业单位的社会保险也在逐步建立。1952年6月27日，政务院颁布了《关于全国各级人民政府、党派、团体及所属事业单位的国家工作人员实行公费医疗预防的指示》，公费医疗制度第一次以法规的形式正式确立。同年8月24日政务院批准卫生部制定的《国家工作人员公费医疗预防实施办法》，对适用范围、管理体制、经费收支进行详细规定，使得公费医疗制度在实施过程中更具可操作性。

1955年4月26日，国务院发布《关于女工作人员生产假期的通知》，首次对女性工作人员生育产假的期限、待遇做出规定，女性劳动者的保障制度初步建立。同年12月29日，国务院发布《国家机关工作人员退休处理暂行办法》《国家机关工作人员退职处理暂

[①] 潘锦棠. 社会保障学（第二版）[M]. 大连：东北财经大学出版社，2015.
[②] 中华人民共和国劳动保险条例.
[③] 童星. 社会保障理论与制度 [M]. 南京：江苏教育出版社，2008.

行办法》《关于处理国家机关工作人员退职、退休时计算工作年限的暂行规定》《国家机关工作人员病假期间生活待遇试行办法》等法规，对国家机关工作人员的退休、退职、工作年限、病假等问题做出明确规定。至此，机关事业单位的养老、医疗、生育等社会保险项目已逐步建立起来。

而在农村，社会保障项目主要是依托农村人民公社集体经济这一体制展开。1956年6月30日，第一届全国人民代表大会第三次会议通过了《高级农业合作社示范章程》，使得覆盖老弱孤寡残的中国农村"五保"制度得以确立。同时，该章程亦规定，合作社对因公负伤或因公致伤的社员要负责医疗，并要酌量以劳动日作为补助，从而首次赋予集体介入农村社会成员疾病医疗的职责。随后，许多地方开始出现以集体经济为基础，以集体与个人相结合、互助互济的集体保健医疗站、合作医疗站或统筹医疗站①。

1949—1956年间，社会优抚、社会福利、社会救济等制度也得到发展，国家针对新中国成立后军人及其家属保障的问题、贫困问题、职工福利等发布一系列的法规文件，截至1956年，新中国计划经济时期的社会保障制度的框架已初步建成，初步建立了以国家（通过中央政府）为主要责任主体、城乡单位担负共同责任并一起组织实施的较为完整的社会保障制度，是一种典型的国家-单位保障制②（见图3-1）。

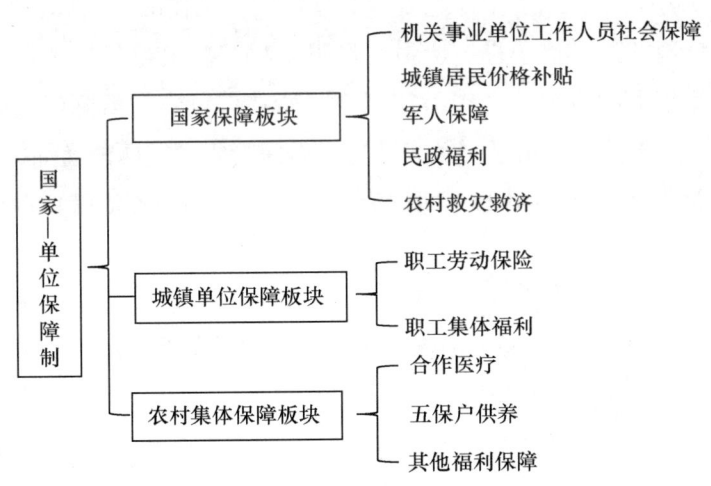

图 3-1　国家—单位保障制体系结构图

资料来源：郑功成. 从企业保障到社会保障：中国社会保障制度变迁与发展 [M]. 北京：中国劳动社会保障出版社，2009.

---

① 郑功成. 中国社会保障论 [M]. 北京：中国劳动社会保障出版社，2009.
② 郑功成. 社会保障学 [M]. 北京：中国劳动社会保障出版社，2005.

（二）制度的调整阶段（1957—1968年）

1957—1968年间，为有效应对国家社会主义经济建设进程中出现的新变化与新形势，解决制度建立后实际运行中存在的问题，已初步确立的国家—单位保障制进入调整阶段。1957年10月，中共八届三中全会提出了要统筹兼顾、适当安排人民的生活，这为传统社会保障制度的"微调"奠定了基调。自此，对社会保障制度的调整拉开帷幕。

1958年2月，国务院颁布了《关于工人、职员退休处理的暂行规定》，同年3月，全国人大常委会批准了《关于工人、职员退职处理的暂行规定》，这两项规定将原有的分开运行的企业职工与国家机关工作人员的社会保险制度合并为一，并对退职退休条件、待遇标准进行适当修正。

1962年6月，为配合中共中央彻底实行精兵简政，妥善安置被精减的职工，国务院发布《关于精减职工安置办法的若干规定》，将精减下来的职工主要安置到农村去，其中的老、弱、病、残职工凡是符合退休条件的按照国务院1958年2月公布实施的《关于工人、职员退休处理暂行规定》作退休处理；不符合退休条件的则作为退职处理。此后，内务部又制定了若干具体规定，对上述职工中的困难者进行救济。

1965年，中共中央批转了卫生部党委《关于把卫生工作的重点放到农村的报告》，政府对农村合作医疗制度正式给予肯定，强调加强农村基层卫生保健工作，极大地推动了农村合作医疗保障事业的发展，合作医疗制度开始在广大农村得到确立。同时，在该项报告的指导下，有关部门又发出了《关于改进公费医疗管理问题的通知》《关于改进企业职工劳保医疗制度几个问题的通知》，对原有制度进行整顿，整治医疗过程中存在的浪费现象。

> 1965年6月26日，毛泽东针对农村医疗卫生的落后面貌指示卫生部"把医疗卫生工作的重点放到农村去"，为广大农民服务，解决长期以来农村一无医二无药的困境，保证人民群众的健康。因为这一指示是6月26日发出的，因此又被称为"六二六"指示。该指示对我国的医疗卫生事业，尤其是对农村医疗卫生工作产生了重要影响。

这一时期，国家对社会福利、社会救济与社会优抚也进行了相应的调整，政府颁布加强福利事业的政策法规，保护和扶持社会福利生产[①]，明确规定了抚恤救济费的使用原

---

① 童星. 社会保障理论与制度［M］. 南京：江苏教育出版社，2008.

则和使用范围,确定社会救济的主要对象,军人的退休制度亦得到确立。

(三)制度的停滞与恢复阶段(1968—1985年)

★"文革"时期的中断。1966年8月,"文化大革命"开始,中国社会保障制度发展停滞。1968年12月,主管社会保障事务的内务部被撤销,管理层面的缺失导致政策的执行与落实出现问题。1969年2月,财政部发布《关于国营企业财务工作中几项制度的改革意见(草案)》,规定国营企业一律停止提取劳动保险金,原在劳动保险金开支的劳保费用,改在企业营业外列支。这一文件的颁布改变了劳动保险的社会统筹形式,使其变为企业保险。在这种情况下,社会保险丧失了统筹调剂的功能,社会保险基金停止积累,社会保障在很大程度上走向自我封闭的单位化。

★"文革"后开始恢复。"文化大革命"结束后,社会保障制度进入恢复阶段。总结来看,这一时期(1977—1985年)中国社会保障制度变迁主要表现为两项:一是恢复正常局面,解决"文化大革命"中的各种遗留问题;二是静观经济体制改革,酝酿重建一个适合新经济体制的社会保障制度。[①]

1978年2月,国家决定重新设置民政部,管理全国社会保障事务的中央职能部门重新设立,为社会保障事业的发展提供了组织保证。同年6月2日,国务院颁布《关于安置老弱病残干部的暂行办法》和《关于工人退休、退职的暂行办法》,对1958年的退休办法进行全面修订,放宽了离职休养条件,适当提高了退休待遇标准和退职生活费标准,规定了退休退职人员的最低保证数及易地安家补助费,标志着社会保障制度开始进入恢复与重建阶段。

此后,国家针对公费医疗、抚恤救济、劳动保险等方面出台一系列管理办法与通知,规范当时的制度实践。1980年3月14日,国家劳动总局、中华全国总工会发布《关于整顿与加强劳动保险工作的通知》,用以改善劳动保险工作现状,使其适应国家建设的需要。同年10月,国务院颁发《关于老干部离职休养的暂行规定》,为长期参加革命并达到一定行政级别的老干部建立离休制度。与此同时,农村的合作医疗也在恢复,同时为配合20世纪80年代推行的家庭联产承包责任制,传统的统一规范化的农村合作医疗模式开始因地制宜,呈现出不同的模式。

1984年10月20日,中共中央第十二届三中全会通过了《关于经济体制改革的决定》,城镇继农村承包责任制改革后正式步入经济体制改革时期。随着我国开始实行经济

[①] 潘锦棠. 社会保障学(第二版)[M]. 大连:东北财经大学出版社,2015.

体制改革，原有的国家-单位保障制受到动摇，此后，为适应经济体制改革，社会保障事业开始进行一些局部改革试点，但这一时期仍是维持原有的国家-单位保障制。

四、改革开放以来的中国社会保障制度变革

随着中国改革开放以及经济社会转型的推进，计划经济时期国家-单位保障制赖以生存的经济、政治、社会等因素发生变化，制度基础受到动摇，社会保障制度进入变革时代。这一时期，由于国际上并没有完整的制度建设经验可供借鉴，中国的社会保障制度改革只能"摸着石头过河"[①]，历经了为国有企业改革配套、为市场经济改革配套的摸索过程，最终明确了社会保障制度的准确定位——作为一项基本的社会制度而存在，国家-社会保障制替代国家-单位保障制。

（一）为国有企业改革配套：社会保障制度改革的初步探索阶段（1986—1993年）

1986年是中国社会保障体制转型的重要时间节点，原有计划经济时期的国家-单位保障制从这一时点开始进行制度的重构，逐渐向国家-社会保障制转变。

1986年4月12日，第六届全国人大四次会议通过《中华人民共和国国民经济和社会发展第七个五年计划》，首次提出社会保障的概念，并单独设章论述了社会保障的改革与社会化问题，为社会保障事业的进一步发展设计了大致的框架。

这一时期，为配套国有企业改革，国务院出台一系列规定，对社会保障制度进行社会化改革。1986年7月12日，国务院颁布《国营企业实行劳动合同制暂行规定》，明确指出国家对劳动合同制工人退休养老实行社会统筹制度，退休基金由企业和劳动合同制工人缴纳，这标志着单位养老制度走向终点，"社会保险"开始引入。同日，为解决劳动合同制将会带来的失业问题，国务院颁布《国营企业职工待业保险暂行规定》，用"待业"来表示失业，对待业保险的适用范围，待业保险金的筹集和管理、使用，以及管理机构的责任等进行规定，至此我国开始着手建立失业保险制度。

1991年，国务院发布《关于企业职工养老保险制度改革的决定》，明确指出改变养老保险完全由国家及企业负责的方式，提出养老保险实行社会统筹，养老金费用由国家、企业与个人三方共同负担，并确定在我国建立社会基本养老保险、企业补充养老保险和个人储蓄性养老相结合的多层次的养老保险制度。

1993年4月12日，国务院颁布《国有企业职工待业保险规定》，废止1986年的暂行

---

① 郑功成. 从企业保障到社会保障：中国社会保障制度变迁与发展[M]. 北京：中国劳动社会保障出版社，2009.

规定，对失业保险制度的覆盖范围、筹资等方面进行完善。

与此同时，医疗保险的改革也开始进行探索。1988年，经国务院批准，多部门参加的国家医疗制度改革研讨小组成立，并提出医疗保险制度改革的方向是，逐步建立适合中国国情，费用由国家、单位、个人合理负担，社会化程度较高的多形式、多层次职工医疗保险制度。①

1992年9月7日，劳动部印发《关于试行职工大病医疗费用社会统筹的意见的通知》，至此医疗保险步入大病医疗费用社会统筹试点阶段。同时，农村社会养老保险也在探索建立。1991年，民政部在有条件的地区开展农村社会养老保险制度试点。1992年，在总结试点经验的基础上，印发《县级农村社会养老保险基本方案》，规定资金筹集坚持以个人交纳为主，集体补助为辅，国家给予政策扶持的原则。但这种主要依靠个人缴费筹资的制度缺乏激励，制度推行遇到巨大阻碍②。此外，这一时期社会救助开始走向科学化，即开始研究并制定实行社会救助的科学依据——居民最低生活标准线。

（二）为市场经济体系配套：社会保障制度改革的经济体制配套阶段（1993—1997年）

1993年11月14日，党的十四届三中全会通过的《中共中央关于建立社会主义市场经济体制若干问题的决定》，明确指出要建立多层次的社会保障体系，包括社会保险、社会救济、社会福利、优抚安置和社会互助、个人储蓄积累保障。这一时期，社会保障制度作为社会主义市场经济体系的五大支柱之一而存在。

在养老保险方面，1993年，国务院颁布《关于企业职工养老保险统筹问题的批复》，确定一些部门养老保险可以实行行业统筹。社会统筹和行业统筹的提出是企业保险向社会保险开始转型的标志③。

1995年3月，为使企业职工养老保险制度适配于建立社会主义市场经济体制的要求，国务院发布《关于深化企业职工养老保险制度改革的通知》，明确指出实行社会统筹与个人账户相结合的养老保险制度模式，强调社会互济与自我保障相结合、公平与效率相结合等。

1997年，国务院发布《关于建立统一的企业职工基本养老保险制度的决定》，针对各地在建立统账结合模式的养老金制度遇到的制度模式差别大、标准不统一等问题，以文件的方式，对缴费比例、待遇标准等做出统一规定，至此，各地不同的社会统筹与个

---

① 丁建定. 社会保障概论新编［M］. 北京：中国人民大学出版社，2016.
② 许琳. 社会保障学（第二版）［M］. 北京：清华大学出版社，2012.
③ 丁建定等. 中国社会保障制度体系完善研究［M］. 北京：人民出版社，2013.

账户相结合的制度模式走向统一。这在中国社会保障史上是具有里程碑意义的一步，它正式宣告了中国社会保障模式转换完成。中国社会保障制度从原来的"国家保险型"模式转变成为"社会保险型"模式，"社会统筹与个人账户相结合"的养老保险模式还是一个创新①。

在医疗保险方面，1993年以后，中国医疗保险制度改革也进入建立社会统筹和个人账户相结合的新型医疗保险制度阶段②。1994年年初，国务院选择江苏省镇江市和江西省九江市进行医疗保险统账结合改革试点，并于1996年扩大社会医疗保险制度改革的试点，医疗保险开始取代国家–单位保障制中的公费医疗与劳保医疗，医疗保险改革进一步深化。

与此同时，随着改革的不断深入，在经济结构调整和企业转换经营机制的过程中，各地出现了由于失业、下岗而导致的新的贫困群体。针对这一问题，国务院于1997年9月颁布了《关于建立城市居民最低生活保障制度的通知》，城镇贫困救济走向制度化。

（三）作为一项基本的社会制度：社会保障制度改革的全面建设阶段（1998—2009年）

1998年是中国社会保障改革进程中的重要时间节点，自1998年始，中国社会保障制度进入了全面建设阶段，社会保障逐渐发展成为一项基本的社会制度，而不仅仅是为配套企业改革、拉动经济增长，民生日益得到重视，国家–社会保障制度的框架基本形成，社会保障制度朝向更加公平、可持续的道路发展。

1998年，国家首先在政府内部基本理顺了社会保障管理体制，在保留民政部并调整其职能使之成为真正管理全国社会救助、社会福利等事务的政府部门的同时，组建劳动和社会保障部负责统一管理全国社会保险等事务③，转变了原有的社会保险"多龙治水"的局面，形成了社会保险的统一管理体制，为提高管理效率和管理水平创造了条件。

1998年5月，党中央、国务院召开国有企业下岗职工基本生活保障和再就业工作会议，对"两个确保"进行部署安排。同时，组织下岗职工参加职业指导和再就业培训，引导和帮助他们实现再就业，并提出与之相衔接的"三条保障线"政策，民生问题被提高到全党全国头等大事的重要位置。

两个确保：一是确保国有企业下岗职工的基本生活，在国有企业普遍建立

---

① 潘锦棠. 社会保障学（第二版）[M]. 大连：东北财经大学出版社，2015.
② 丁建定. 社会保障概论新编 [M]. 北京：中国人民大学出版社，2016.
③ 郑功成. 从企业保障到社会保障：中国社会保障制度变迁与发展 [M]. 北京：中国劳动社会保障出版社，2009.

下岗职工再就业服务中心，由再就业服务中心为下岗职工发放基本生活费，并为他们缴纳社会保险费，所需资金由政府财政、企业和社会（主要是失业保险基金）三方面共同筹集。二是确保离退休人员的基本生活，保证按时足额发放基本养老金。

三条保障线：指国有企业下岗职工的基本生活保障、失业保障、城市居民最低生活保障。

1998年8月，国务院发布《关于实行企业职工基本养老保险省级统筹和行业统筹移交地方管理有关问题的通知》，基本养老保险的行业统筹被取消，省级统筹、属地管理的格局拉开帷幕。12月，在总结各地医疗保险改革的试点经验的基础上，国务院颁布《关于建立城镇职工基本医疗保险的决定》，要求自1999年起，在全国范围内建立城镇职工基本医疗保险制度，所有用人单位及其职工均需参加，并实行属地管理；基本医疗保险费用由用人单位、职工双方共同负担；基金实行社会统筹和个人账户相结合。自此，我国城镇职工基本医疗保险制度的模式和改革方向已经明确。

1999年1月，国务院颁布了《失业保险条例》，失业保险制度最终得到确立。同年，《城市居民最低生活保障条例》颁行，它首次从法规层次上确立了困难居民的生活救助权。

2000年，国务院发出《关于印发完善城镇社会保障体系试点方案的通知》，同时附有《完善城镇社会保障体系试点方案》，明确了完善社会保障体系的总体目标和基本原则，继续统账结合的基本养老保险制度，做实个人账户，并决定在辽宁省进行下岗职工基本生活保障、失业保险制度和城镇居民最低生活保障制度的并轨工作，社会保障由单项改革向综合改革推进的大幕由此拉开。

2003年，国务院颁布《工伤保险条例》。同时结合新时期的卫生工作方针，国务院转发卫生部等部门《关于建立新型农村合作医疗制度的意见》，指出从2003年开始进行新型农村合作医疗制度的试点，农村的社会保障制度开始着手探索建立，农村的社会保障制度建设逐步受到政府的重视。2006年国务院修订并颁布《农村五保供养工作条例》，确定五保供养资金在政府预算中列支，五保制度得到进一步规范。

2007年，党的十七大报告提出要"加快发展社会事业，全面改善人民生活"。"人人享有基本医疗卫生服务""建设覆盖城乡居民的社会保障体系""人人享有基本生活保障"① 成为下阶段社会保障制度改革的重点。

以此为指导，2007年国务院发布《关于开展城镇居民基本医疗保险试点的指导意见》，采用家庭缴费与政府补贴相结合的方式，对未被城镇职工基本医疗保险覆盖的人群进行医疗费用补偿，居民可自愿参保。自此，城镇居民基本医疗保险制度开始建立。

同时，根据党的十七大和十七届三中全会精神，2009年国务院颁布《关于开展新型农村社会养老保险试点的指导意见》，确定从2009年起开展新型农村社会养老保险试点，探索建立个人缴费、集体补助、政府补贴相结合的新型农村社会养老保险制度，实行社会统筹与个人账户相结合，与家庭养老、土地保障、社会救助等其他社会保障政策措施相配套，保障农村居民老年基本生活。

（四）走向成熟与定型：社会保障制度的顶层设计阶段（2010年以来）

近几年来，中国新型社会保障体系开始进入定型、稳定、持续发展新阶段②。2010年10月28日，《中华人民共和国社会保险法》在第十一届全国人大常委会第十七次会议上通过，社会保障制度开始真正受到法律保护，社会保障法制化建设向前推进，为中国社会保障制度发展历史添上浓墨重彩的一笔。

2011年，《关于开展城镇居民社会养老保险试点的指导意见》颁布，确定2011年7月1日开始城镇居民社会养老保险制度的试点，2012年基本实现城镇居民社会养老保险制度全覆盖，中国在制度上实现了"全民保险"。

2014年，按照党的十八大精神和十八届三中全会关于整合城乡居民基本养老保险制度的要求，在总结新型农村社会养老保险和城镇居民社会养老保险试点经验的基础上，国务院发布《关于建立统一的城乡居民基本养老保险制度的意见》，居民养老保险率先实现了城乡一体化，制度的整合拉开帷幕。

2016年，针对城镇居民医疗保险与新型农村合作医疗制度实施过程中的资源浪费、重复参保、城乡分割等问题，国务院印发《关于整合城乡居民基本医疗保险制度的意见》，整合城镇居民基本医疗保险制度与新型农村合作医疗制度，城乡居民能够公平地享有基本医疗保险权益，制度整合取得实质性进展。

2017年，《生育保险和职工基本医疗保险合并实施试点方案》发布，生育保险与基本医疗保险合并进程启动。

---

① 胡锦涛. 高举中国特色社会主义伟大旗帜 为夺取全面建设小康社会新胜利而奋斗——在中国共产党第十七次全国代表大会上的报告.

② 郑功成，［日］武川正吾，［韩］金渊明. 东亚地区社会保障论［M］. 北京：人民出版社，2014.

2018年，党的十九大报告总结指出，目前我国覆盖城乡居民的社会保障体系基本建立，今后一个时期社会保障体系建设的总目标是按照兜底线、织密网、建机制的要求，全面建成覆盖全民、城乡统筹、权责清晰、保障适度、可持续的多层次社会保障体系①。

在改革开放的40年间，社会保障制度经历了从自下而上到自上而下、从单项突破到整体推进、从局部试点到统一建制的过程，总体上实现了从计划经济体制下的传统社会保障制度，到适应市场经济体制的新型保障制度的转型。② 中国的社会保障制度，从无到有，从少数人享有到人人享有，改革与完善，一直在路上。

第五节 现代社会保障制度的功能

一、从现代国家发展的角度审视

在西方社会创造的现代文明中，社会保障制度堪称瑰宝。凭借这一制度，西方国家有效抑制了资本主义内在固有的"自我瘫痪"倾向，并在一定程度上实现了社会公平。然而，在工业主义逻辑的长期支配下，经济增长决定社会保障制度发展的供给思维形成定式。受此单线思维影响，社会保障制度功能往往被狭隘地限定在社会稳定器、社会安全阀方面，并被视为社会负担，在国家治理体系中处于边缘地位。此种观点与做法在美国颇为盛行，后在"新政时期"及其后的"福利国家"时代受到抑制。然而，随着新自由主义思潮回归，供给主义借助全球化的能量迅速产生广泛影响。

（一）现代社会保障制度与欧洲国家社会治理有效性提升

1. 有效化解"断裂-两极"社会实体结构下的解体危机

为治理断裂社会结构下的社会解体危机，西方国家发展并创新了社会保障。19世纪末，德国率先颁布了三部社会保险法。此后，其他欧洲国家纷纷效仿。社会保障在资本主义发展逻辑框架内实现了制度飞跃，表明西方现代国家治理体系开始形成，极大地提升了西方社会治理能力。具体说来，社会保障制度的重要意义表现在以下三个方面：一是有效弥合了"铁腕"镇压工人运动而产生的社会裂痕，并在一定程度上瓦解了大规模工人运动爆发的社会意志凝聚，从而促进社会稳定；二是通过一定水平的社会保护，促进了社会发育，推动欧洲社会公平水平不断提高，并逐渐形塑出新的阶级联盟传统，为

---

① 习近平. 决胜全面建成小康社会 夺取新时代中国特色社会主义伟大胜利.
② 华建敏. 社会保障如何改变"不平衡不充分的现状".

后来的福利体制形成奠定结构基础；三是这一时期的底线保障制度开启了资本分享的制度化进程，标志着无产者等社会底层被纳入资本主义国家权力体系，有力促进了社会整合。

2. 有效避免了"刚性–两极"社会实体结构下的矛盾爆发

随着福利制度化进程在欧洲全面开启，现代社会保障制度已然发挥出了设计初衷被赋予的功能。然而，仅仅保持住了社会稳定张力底线的社会保障制度，在避免"断裂–两极"社会解体，保护无产阶级的同时，也在一定程度上促使社会结构定型为无产阶级和资产阶级两大利益集团。在此结构中，无产阶级以资产阶级为参照群体而反观自身，会形成强烈的被剥夺感。

同时，在马克思主义的影响下，工人组织继续发展壮大，工人的利益诉求不断增强，这导致劳资双方利益冲突频发，罢工等抗议运动不断。资本主义社会结构呈现"刚性–两极化"特征。随着福利国家体制建立，社会福利水平大幅提升，社会结构开始向中间压缩，形成了一定规模的中间结构，作为资产阶级与无产阶级之间矛盾的缓冲带，从而模糊了阶级利益分野，对实现战后西方国家社会稳定具有十分重大的意义。

（二）现代社会保障制度与欧洲国家政治治理有效性提升

根据马克斯·韦伯提出的权威分析范式，周雪光提炼出了一个研究国家治理的逻辑框架，即"权威类型–支配方式–合法性基础"①。

每种国家权威都需要有与之相合意的支配方式，并通过有效支配以实现其合法性基础的稳固。纵观西欧国家治理变迁史，资本主义国家权威的确立过程，既是自由市场颠覆封建主义支配方式的上位历程，也是一个经济与政治相剥离的过程，即一场"脱嵌"与"反脱嵌"的历史双向运动，自由市场与政治治理的互搏史也随之揭开，从而为政治治理研究提供了一幅充满矛盾运动的分析图景。其间，现代社会保障制度的产生与发展极大地促进了西方国家政治治理有效性的提升。具体说来，以20世纪30年代为分水岭，大致可分为以下两个历史阶段。

1. 早期西方社会福利实践及政治治理效应

俾斯麦于1878年解散了工会和社会民主党，将其思想观点吸收进国家政治治理理念，并于1883年和纪尧姆二世开创性地颁布了一系列社会保险法（1883—1889年），标志资本主义福利制度诞生，初步实现了资本积累与社会保护的结合，由此大大增强了德国政

---

① 周雪光. 国家治理逻辑与中国官僚体制：一个韦伯理论视角[J]. 开放时代，2013（3）.

治治理能力。俾斯麦曾说，"有了社会保险制度，工会就只能拉拉小提琴了"，认为建立由国家领导并由国家出资的"社会保险制度"是使工人离开社会主义革命的最好办法。此后，社会保障制度迅速覆盖欧洲大陆，成为西方国家干预的合法化形式。

2. 福利国家体制建立及其政治治理效应

作为西方文明的集中体现，资本主义福利体制的建立标志着西方政治治理进入到一个成熟阶段，同时表明资本主义体系越发趋于完善、成熟。从1945年至1967年间，福利国家在增强西方国家政治治理能力方面受到广泛赞誉。

福利国家以现代官僚制为组织载体，充分运用了现代官僚制所具有的理性、有效的治理功能，从而为集体权力动员与凝聚提供必要的组织保障。福利国家的主导意识形态是凯恩斯主义，主张将国家干预与自由市场相结合，将社会保障等公共投资作为促进社会有效需求的手段，从而激活经济增长动力，实现充分就业。它为处于黑夜中的资本主义点亮明灯，引领资本主义走出传统自由市场支配和社会主义国家全盘支配的两难选择困境，开辟出了一条中间道路。

在这一时期中，工资和社会福利水平大幅提升，工人劳动条件和社会成员生活得到持续改善。大大增强了社会成员对国家权力的认同，有效遏制了社会恐慌的蔓延。与此同时，随着工会力量的发展壮大，形成了欧洲政治治理的新的结构基础，社会主义政党在欧洲获得合法席位，并产生重要影响力，使得福利制度在其后的发展中呈现出了明显的强制性。

（三）现代社会保障制度与欧洲国家经济治理有效性提升

穿越资本主义生产方式的历史长河，我们看到资本主义国家在社会政策上取得重大突破的时刻，恰恰都是资本主义迫切需要摆脱漫长金币危机的时刻。

1. 19世纪末至20世纪初的社会保障制度及经济治理效应

到18世纪末，庞大劳动力市场的形成标志着西方资本主义进入到自由竞争阶段。此后，自由放任逐渐成为国家发展的主旨学说。持续扩大的劳动力市场表明劳动力商品化水平不断提高，增强了资本循环系统进行资本积累的能力，并加速该体系的运转。为追求剩余价值的最大化，资本家肆意压榨"活劳动"。这不仅导致工人生活困难，社会贫困问题加重，还对资本主义发展构成严重威胁。

一方面，严重威胁到了资本主义国家权力社会认同基础的稳固。这虽然为资本主义国家敲响警钟,但是并未引起高度重视①,导致工人运动日益高涨。

另一方面的重要影响在于,大大加重了资本积累-贬值系统的结构性矛盾,而且资本主义越来越无力解决这一矛盾,由此爆发了1873年经济危机,资本主义深陷于发展的悖论之中。在此情况下,资本主义体制转变势在必行。

德国颁布了一系列社会保险法,即通过重新认可工人的某些请求,并部分承认"活劳动"的再生产需求,恢复并逐步提高劳动生产率,降低价格与成本,保证德国产品具有更好的国际竞争力,从而战胜英、法帝国,争得海外市场。事实证明,德国的体制改革取得了预期效果。

> 这一创举离不开社会主义思潮所产生的开化效应。马克思深刻揭示了劳动力对资本积累的重要意义。正是因为人具有劳动力,才能在特定的生产方式和机制下产出价值,从而为剩余价值提供必要条件。因此,作为劳动力价格的工资与社会福利等在满足工人生活需求的同时,也保障了劳动力的再生产,从而对生产产生重要影响。社会主义思潮得以产生开化作用的现实背景是资本主义工业发展水平大大提升,工业生产规模不断扩大,生产的专业化和技术化程度不断提高。

因此,为适应资本主义工业化发展的新形势,劳动力的维持机制得以重塑。此外,社会保障制度在一定程度上增强了社会成员的消费能力,从而避免因资本过度积累所导致的体系瘫痪。

2. 20世纪中期的社会保障制度及经济治理效应

> 凯恩斯指出,社会福利不是附加在经济发展体系之外的负担,而是成为资本主义经济发展的内在推动器,成为第二次世界大战后资本主义"黄金时代"的内核。

在福利国家危机前,欧洲各国持续增加用于人的支出,同时大力发展社会保障机构,形成完善的劳动力再生产的非商品化机制,有效弥补了工资无法全面满足劳动者社会需求(如医疗、老年工人的退休、家庭维持、儿童教育等)的不足,在一定程度上临时消

---

① 这阶段西方过做出了一些保护劳工的努力,但在实际应用时大打折扣,此外,一些慈善企业,建立起了疾病和老年互助救济基金,工人们也组织起来,成立互助救济会,在此努力下,工人在医疗保健、养老等方面取得有限的权利。

解了资本过度节约"活劳动"所产生的潜在危害。尤其在福利国家时代前期,为补偿以往的劳动力维持成本债务,社会投资的额度更大。

总的说来,在福利国家体制下,社会保障制度发挥出了积极且重要的经济功能。按照马克思的生产关系理论,可将生产过程中集合起来的社会关系划分为生产、分配、交换与消费。其中,社会保障制度在生产、分配与消费方面产生显著效应。

就生产而言,劳动力生产的非商品化极大地满足了第二次世界大战后因新技术的发展,劳动强度的加剧,以及产业结构变迁所产生的风险管理诉求。通过使劳动者恢复劳动的活力与热情,大大增强了资本生产能力,形成利润率下降的逆势。换言之,劳动力的非商品化投资虽未直接参与资本增值,但却增强了创造剩余价值的能力。

就分配而言,社会保障制度是一种最重要的再分配机制,对调整收入差距具有重要意义。

就消费而言,重视收入维持的社会保障制度增强了社会成员的当期消费能力,促进国内市场发展,刺激生产投资,从而拉动就业。由此可见,福利国家体制下形成的是一种新型的劳动生产率的进步模式,该模式的核心做法是发展用于劳动者和全体国民的新型支出,而不像以往那样,将大量投资放置在扩充实物资本和金融资本。

3. 20世纪后期以来的社会保障制度及经济治理效应

在这一时期中,绝大多数发达国家的产业结构发生了显著的变化,第三产业即服务业的占比不断升高。与工业生产部门相比,服务业的劳动生产率提升空间有限。伴随新一轮技术革命的持续发展,科技创新日新月异,主要社会劳动向高精尖转向。社会上层群体则更有可能成为掌握专业知识和技术的优越职业群体,而福利对这一群体的收入增加影响较小;此外,许多发展中国家为资本积累提供廉价劳动力,在种种新形势下,资本共享或贬值的动力大大降低。

然而,即便如此,社会保障制度对这一时期经济发展的意义仍旧不容小觑。一方面,持续增加的社会保障支出有效缓解了1973年的经济危机,但是数额庞大的支出主要用于补偿经济危机造成的社会代价,失业补助金、社会救济金和养老保障金支出占比偏高[①],而用来促进"活劳动"发展的支出减少。这不仅为持续升温的福利危机提供有力佐证,同时也逐步加剧了资本循环系统内部失衡。

---

① 1975年占社会支出总额的近2%,1985年升至10%。面对持续了50余年之久的不断上升的失业率,增加的那部分社会支出被拿去支付提前退休金了。此外,面对危机,增加的那部分社会支出还被拿去应付困难的局面了,比如解决孤独、社会排斥和贫困等问题,由"全国家庭补助基金"支付的"收入调查型家庭补助"不断增加。从1978年起,最低养老保障金或给最贫困的养老补助也开始增加。

另一方面，为保持低劳动生产率的服务业收入增长，主流经济学继续运用稀缺制造术，发明出了一套新的知识-意义系统，即将消费赋予某种文化或象征符号的意义。在这个新的意义系统里，消费不再完全基于人的需求，而开始出于满足人的欲望。当欲望与需求相融合，庞大的购买需求就被制造了出来。由此可见，收入维持式的社会保障支出策略顺应了消费社会的发展要求。通过增强人们当期的社会购买力，来促进经济繁荣。因此，这成为资本共享的重要激励机制，即通过转移支付的形式把钱放进社会成员的腰包，但潜移默化的消费刺激会在短时间内将这部分转移支付金再次卷入资本积累系统。

二、从人的发展的角度审视

★ 马克思关于人的存在三形态论。马克思在《1857—1858年经济学手稿》中，以人的发展为主线，将人的存在形态由低到高划分为"自然发生的人的依赖关系，以物的依赖性为基础的人的独立性，以及人的自由和全面发展"[①] 三种级别。其中，"以物的依赖性为基础的人的独立性"存在于资本主义社会和社会主义社会[②]。

★ 阐释社会主义。社会主义思想起源于西方15世纪的人本主义和理性主义精神，直接产生于对标榜"自由、平等、博爱"的资产阶级政治与资本主义社会残酷现实之间巨大落差的反思与批判，是对未来社会做出的超越资本主义的、全面消除贫困的社会想象。然而，这种想象转变为现实社会变迁是在马克思主义诞生之后。在马克思的理论体系中，虽然并未对社会主义做出明确的具体阐述，但是在其思想中反映出社会主义即为实践的过程。

与之相适应，实践中的人的存在状态也充满了矛盾运动的张力。虽然实践观在马克思的理论中居于基础性地位，但是马克思并未对其做出定义。从该概念的使用上看，可将实践含义总结为以下两点：一是人通过借助生产手段改变外部世界，并同时改变人自身的双向过程；二是人的思维是否具有客观真理性的验证过程，亦即人的思维的现实作用力。[③]

根据马克思理论可知，社会主义实践发生的动力来源于对人类劳动自由状态的自由追寻，即在实现劳动自由状态的目的指引下，打破诸种覆盖于劳动之上的制度与结构桎

---

①② 马克思恩格斯文集 [M]. 北京：人民出版社，2009.
③ 李文阁. 马克思实践观的一个"矛盾" [J]. 哲学研究，2005（5）.

梏。① 社会主义实践得以施展的历史空间存在于资本主义和共产主义社会之间的劳动自由状态的渐变历史过程。马克思将劳动和劳动的组织形式"生产"定义为人类活动，并以此作为解读人类社会变迁历史的钥匙，揭示人类社会演进规律。在这条人类劳动状态的演进脉络中，劳动的最高存在形态是自在劳动，即消解一切附加于劳动之上的社会必需意义和外在目的性规定。② 与之相对应，由自由劳动组织形成的生产具有自发地、合理地调节劳动者与自然之间物质变换的能力，并在保持人的主体性前提下，实现资源的最优配置。这种劳动和生产的自由状态存在于自由人的联合体——共产主义社会中。③

在对共产主义与资本主义关系的讨论上，马克思既批判了资本主义对劳动的桎梏，同时还指出共产主义社会只有建立在资本主义社会的基础上才能繁荣起来，从而明确了主导社会主义实践的主要矛盾的两个方面，揭示了社会主义实践的历史使命，对人的存在形态变革具有指示意义。由此可见，社会主义实践即为带有目的性地改造客观存在的体制障碍，将社会发展真理转变为现实实在的过程，具体表现为社会发展呈现出社会转型的运动特征，制度创新不断。

★ 资本主义和社会主义的两大基本制度。资本主义与社会主义的共同之处在于以下两个方面。一是人的存在均以物的依赖性为基础。在这种形态下，形成普遍的社会物质交换，全面的关系，多方面的需求，以及全面的能力的体系。市场经济作为高度发达的商品经济，成为该形态的运行机制。④ 由此可以推知，将实现人对物的依赖性的市场经济，非但没有构成资本主义与社会主义之间的本质区别，相反成为二者的基本制度。二是不同程度地实现以物的依赖为基础的人的独立性。现代社会保障制度作为一种劳动力去商品化的制度，已经发展成为实现人独立性的保障，并在社会保障制度结构客观性的作用下，不断实现人的独立性。因此，现代社会保障制度成为资本主义与社会主义的另一项基本制度安排。

★ 资本主义与社会主义在实现人的独立性方面的比较。资本主义与社会主义的本质区别体现在，在市场经济基础之上所实现的人的独立性的程度，而这取决于资本主义和社会主义的主导逻辑的不同。

对于资本主义而言，其统治地位的确立过程就是货币、土地与劳动力的商品化与资本化的过程。市场脱嵌于社会，人高度依附于物，具体表现为人的商品化和资本化，导致人的异化。⑤ 虽然在 20 世纪中期，资本主义国家开启了部分实现人的独立性的福利国

---

① ② ③ 马克思恩格斯文集 [M]. 北京：人民出版社，2009.
④ 马克思恩格斯全集（第 30 卷）[M]. 北京：人民出版社，1995.
⑤ [英] 波兰尼. 大转型：我们时代的政治与经济起源 [M]. 冯钢，刘阳，译. 杭州：浙江人民出版社，2007.

家时代，但是在人的商品化逻辑主导下，对人进行工作训诫，抵制劳动者去商品化水平提升。自 20 世纪 70 年代中后期以来，愈演愈烈的福利国家危机所暴露出来的根本问题正是劳动力商品化与去商品化之间的矛盾冲突。虽然许多西方资本主义国家中的政党已将提升社会福利作为换取政治合法性的筹码，但是此种福利制度具有资本主义性质，服务于资本主义国家政权。当剩余价值向社会扩散的水平不断达至资本积累能够容忍的界限时，就会激起资本主义体系内资本逻辑的抑制和反扑。

与之不同，社会主义将实现人的独立性作为主导价值。马克思指出社会主义将劳动者作为社会生产力发展的出发点和归宿点[①]。由此可知，社会主义社会中人的存在状态是一个内部蕴含"对物的依赖性和独立性"，抑或表述为"商品化与去商品化"逆向逻辑的矛盾体，是在依赖于物的基础上，不断追求人的独立性，并逐步消解对物的依赖性的动态过程。由马克思对人的主体性的历史分析可知，社会主义社会中人的主体性是一种辩证存在。与共产主义社会相比，社会主义社会中人的独立状态是不充分的，其存在需要一个基础性前提，即人对物的依赖，而在现代社会中人依赖于物的过程也就是人的商品化过程。因此，在社会主义社会中，个体只有完成商品化过程，进入劳动力市场，才能进入社会主流系统，享受该系统所赋予的保障性资源。

---

① ［奥］路德维希·冯·米瑟斯. 社会主义：经济与社会学的分析［M］. 王建民等，译. 北京：中国社会科学出版社，2014.

第四章　社会保障模式

> 本部分主要介绍了西方社会保障模式的研究进程以及代表性观点。在社会保障模式的研究进程中，越来越多的学者依据不同的分类标准划分出了迥异的社会保障模式。随着时间的推进和研究的深入，越来越多的学者发现，在同一模式下不同国家存在不同的体制特征，因而是否存在着无数的福利模式逐渐成为越来越多学者争论研究的焦点话题。
>
> 然而，不可否认的是，艾斯平-安德森所划分的福利资本主义的三个世界在社会保障模式的研究进程中是具有里程碑意义的，其几乎成为了后世研究的唯一参考系。

第一节　西方社会保障模式

一、西方社会保障模式的研究起源

在社会保障模式的研究中，艾斯平-安德森运用非商品化这一工具将福利国家体制划分为三种模式或三个世界，具有广泛影响且被普遍接受。虽然艾斯平-安德森首次提出了"福利体制"的概念并加以使用，但有关社会保障模式的研究最早可追溯至1944年谬尔达尔（Karl Gunnar Myrdal）的一本重要的著作，在这本书中，谬尔达尔对国家的研究中多处涉及模式问题[①]。此后，1958年维纶斯基（Wilensky）和勒博（Lebeaux）出版了《工业社会与社会福利》，对福利制度进行了比较研究。

（一）二分法

1. 蒂特马斯和维纶斯基、勒博二分法

西方社会保障模式的"二分法"最为经典的划分有两个，其一为维纶斯基和勒博在《工业社会与社会福利》一书中所提出的补救型福利和制度型福利这两种模式，其二为1958年蒂特马斯（Richard Titmuss）在《福利国家文论》中提出的补缺式与制度式福利

---

① [丹麦] 考斯塔·艾斯平-安德森. 福利资本主义的三个世界 [M]. 郑秉文, 译. 北京：法律出版社, 2003.

国家的经典分辨。

维伦斯基和勒博的《工业社会与社会福利》开启了西方社会保障模式"二分法"的研究先河。两位学者提出了四种划分福利服务模式的方法，一是根据接受服务的人群的种类，例如老年人、退伍军人和残疾人等；二是根据资金来源的渠道，例如公共税收或私人部门等；三是根据管理的层次，例如联邦、州和地方政府的不同层级来管理的服务；四是根据服务的性质，例如医疗保健、教育和失业等社会服务项目。

在这四种分类条件的基础上，他们提出了补救型福利和制度型福利这两种模式①。补救型福利的代表国家是美国。在这个推崇自由主义，强调市场经济的西方国家，福利或是保障的获取往往依靠于市场及家庭。个人有意愿且有能力在市场中获得保障，往往会获得这种补救式福利的青睐。在这一保障体系中，国家需要通过经济调查，准确识别出市场中的失败者，并为其提供底线式的基本保障。由于这一福利体系覆盖的人群较少，因而它可以将有限的资源，最大限度地应用在社会中最需要帮助的成员身上。

制度型福利的代表国家是瑞典。这种福利模式强调的是提供普救式的福利服务，将福利事业制度化。国家作为福利制度的建构者，福利服务的主动提供者，在这一福利模式中扮演着核心的角色。这一福利体系覆盖了众多的社会成员，也满足了不同阶级差异化的需求。福利的满足在扩张社会成员的社会权利的同时，也在一定程度上维系了社会的公平。

蒂特马斯的《福利国家文论》中，通过使用结构性方法，将福利国家划分为两种类型，即制度型福利国家（Institutional Welfare State）和补缺型福利国家（Residual Welfare State）。在《福利国家文论》中，蒂特马斯所划分的两种福利国家类型与维伦斯基和勒博的"二分法"基本相同②。

2. 蒂特马斯二分法

蒂特马斯采用概念方法，对补缺型与制度型福利国家进行了经典分辨。他指出，在前一个模式中，国家只有在家庭或市场失败时才会承担责任，试图将承诺限于处于边缘且值得帮助的社会团体；而后一个模式则针对整个人口，是普遍性的，而且包含着制度化的福利承诺。原则上，它会将福利承诺扩大到所有对社会福利影响重大的分配领域。蒂特马斯所划分的福利体制与维伦斯基和勒博划分的结果大致相同。

---

①② ［丹麦］考斯塔·艾斯平-安德森. 福利资本主义的三个世界［M］. 郑秉文，译. 北京：法律出版社，2003.

（二）三分法

1. 蒂特马斯三分法

1974年蒂特马斯出版了名著《社会政策》。这本书在沿袭他上一部著作《福利国家文论》思想的同时，对福利国家的模式进行了深入的思索，成功建构起三个对照性的社会政策模型或机能。

第一种是社会政策的剩余福利模型，亦即福利国家的剩余福利模型；第二种是社会政策的工作能力—成绩模型，亦即福利国家的"工业成就型"福利模型；第三种则是社会政策的制度性再分配模型，亦即福利国家的制度性再分配模型。蒂特马斯的方法促成了福利国家比较研究领域的诸多新进展。这种理论促使研究者不再局限于福利支出的相关研究，而是开始关注福利国家的内容[①]。

蒂特马斯在《社会政策》一书中，从社会政策模型或机能的角度，对福利国家模式进行了研究。他梳理了社会政策这一术语的定义，指出社会政策被视作行善的、再分配的和关切经济及非经济目标的。此后，为了整理经济和社会生活的某些领域里的零散和混乱的事实、系统和选择，蒂特马斯划分了以下三个对照性的社会政策模型。A模型：社会政策的剩余福利模型（The Residual Welfare Mocel of Social Policy）；B模型：社会政策的工作能力-成绩模型（The Industrial Achievement-Performance Model of Social Policy）；C模型：社会政策的制度性再分配模型（The Institutional Redistributive Model of Social Policy）。

2. 弗尼斯和蒂尔顿的三分法

继蒂特马斯对福利国家模式所划分的"三分法"后，弗尼斯（Furniss）和蒂尔顿（Tilton）1977年出版的一本著作中，也将福利国家划分为三种模式。弗尼斯和蒂尔顿划分的三种模式与蒂特马斯所划分的三种模式基本要义大致相同，但两位学者为这三种模式赋予了新的名称，即绝对国家模式（Positive State）、社会保障国家模式（Social Security State）、社会福利国家模式（Social Welfare state）[②]。

此后，米什拉（Mishra, R）1981年也出版了有关福利国家研究的专著。随

---

① ［丹麦］考斯塔·艾斯平-安德森. 福利资本主义的三个世界［M］. 郑秉文，译. 北京：法律出版社，2003.
② FURNISS N, TILTON T, 1977. The Case for the Welfare State［M］. Bloomington：Indiana University Press.

后 1990 年其出版的专著，现译著为《资本主义社会的福利国家》中讨论了发达资本主义社会在福利国家问题上存在的一些差异，但米什拉仅谈论了不同国家的差异，并未对福利国家间的模式进行具体的划分。

二、西方社会保障模式研究的里程碑

（一）艾斯平-安德森三分法的提出

继蒂特马斯、弗尼斯和蒂尔顿的三分法后，1990 年，艾斯平-安德森在其专著《福利资本主义的三个世界》中对福利国家的模式进行了深入的思索。其受卡尔·波兰尼（Kael Polanyi）的启发①，以社会权利为出发点，依据去商品化程度的差异，将西方福利国家划分为三种福利国家体制——三种不同类型下的国家群。

（二）艾斯平-安德森三分法提出的意义

艾斯平-安德森所划分的三种福利体制确立了他的学术地位，可以视为社会保障模式研究中的一个里程碑。随后，1999 年艾斯平-安德森出版了《后工业经济的社会基础》，与《福利资本主义的三个世界》相比，安德森在分层化分析的基础上又延伸至了社会风险分析，测度方法也从非商品化程度延伸至了非家庭化的测度，进而愈加完善了福利国家体制的三个世界分析框架。

艾斯平-安德森所划分的三个世界在学术界产生了广泛的影响，不同学科的学者都对福利体制产生了浓厚的兴趣并开展了一系列研究。对于艾斯平-安德森三个世界的观点，部分学者提出了质疑，认为其三个世界的划分存在缺陷，无法准确描述多元化、差异化的福利体制。

艾斯平-安德森采用广义的研究方法，主要兴趣集中于国家在管理和组织经济方面的重要角色，旨在进行全景式的推断②。虽然不得不承认的是，没有哪个国家纯粹地属于某一个簇群。但是如果能够通过划定相应的评定标准对不同的国家加以归类，那么显然能够在世界范围内划分出不同的簇群。

（三）艾斯平-安德森三分法的内容

下文介绍艾斯平-安德森所提出的这一对后世影响深远的三个福利体制。

---

①② ［丹麦］考斯塔·艾斯平-安德森. 福利资本主义的三个世界 [M]. 苗正民，滕玉英，译. 北京：商务印书馆，2010.

1. 总括

艾斯平-安德森在调查社会权与福利国家分层的国际变体时，发现了国家、市场与家庭之间制度安排的性质有所不同。他发现，福利国家的各种变体并不是线性分布的，而是依体制类型而成簇分布的[①]。在此基础上，艾斯平-安德森以去商品化为测量工具，根据1980年以综合的去商品化为标准的福利国家排序，结合这些国家簇群与平均值的相对关系，区分出三类国家。

盎格鲁-撒克逊的"新型"国家都汇聚在指数的底部，斯堪的纳维亚国家则居于顶部，在这两极中间的是欧陆国家，有些（特别是比利时和荷兰）更接近于北欧国家。表3-1为18个国家的去商品化总分。

表3-1　　　　以综合的去商品化为标准的福利国家排序（1980年）

国家	去商品化评分
澳大利亚	13.0
美国	13.8
新西兰	17.1
加拿大	22.0
爱尔兰	23.3
英国	23.4
意大利	24.1
日本	27.1
法国	27.5
德国	27.7
芬兰	29.2
瑞士	29.8
奥地利	31.1
比利时	32.4
荷兰	32.4
丹麦	38.1

---

① ［丹麦］考斯塔·艾斯平-安德森. 福利资本主义的三个世界［M］. 苗正民，滕玉英，译. 北京：商务印书馆，2010.

续表

国家	去商品化评分
挪威	38.3
瑞典	39.1
平均值	27.2
标准差	7.7

资料来源：[丹麦] 考斯塔·艾斯平-安德森. 福利资本主义的三个世界 [M]. 苗正民, 滕玉英, 译. 北京：商务印书馆, 2010.

艾斯平-安德森所发现的一个簇群是"自由的"福利国家，以美国、加拿大与澳大利亚等国家为代表。这种福利国家模式的保障对象主要为低收入群体，即无法通过自身努力抵御社会风险的社会群体，通常为工人阶级。该福利模式的主要保障内容包括了资格审查式的救助、有限的普遍性转移或有限的社会保险计划。

第二种体制类型簇群中是一个"保守主义"的国家，以奥地利、法国、德国和意大利等国家为代表。这一福利国家模型的成立是为了维护资本主义事业的可持续发展，因而其更加注重维护地位差异而忽略再分配的效果。在这一福利模式中，首先依赖的是传统的家庭关系提供的保障，其后是国家依据经济贡献提供的福利资源分配，最后才是私人保险与职业附加福利。

第三种也是规模最小的体制簇群，常常被称为"社会民主主义"模式，主要代表国家有以瑞典为代表的北欧国家。在这一模式中，国家作为福利资源分配的主体，依据平等的原则为国家中的公民分配福利资源。社会民主主义模式所倡导的是追求最高水平的平等，并不允许国家与市场之间以及工人阶级与中产阶级之间的二元分化[①]。

2. 三种福利体制的不同历史渊源

自由主义所倡导的是社会成员能够通过自身的努力，在不加干预的市场中自由地发展，通过市场的自律机制就业，从而保障自身的福利。不可否认的是，由于每个人的天资、所付出的努力以及机遇不同，所处的社会阶层就会有所差异，原则上会出现贫困与无助的现象。但是，这不是体制的错，而只是个人缺乏远见且不能节俭的结果[②]。放任的自由主义发展不可避免地衍生了一系列的社会问题，催生了众多被自由市场排斥而陷入贫困的社会成员。与此同时，自由主义陷入劳动力商品化的窘境中，无法妥协。为此，

[①②] [丹麦] 考斯塔·艾斯平-安德森. 福利资本主义的三个世界 [M]. 苗正民, 滕玉英, 译. 北京：商务印书馆, 2010.

自由主义找到两个可以接受的答案。一个是将旧济贫法中的"较低享受资格"(Less Eligibility)原则加以修正，并转换成资格审查式社会救助的框架。通过这种方式，避免了无条件社会权的扩张，并且将政府的救济限制在能够证明确实需要的人身上，并不致诱使工人选择福利来取代工作。第二个则是从未拒绝过慈善或保险。但慈善或任何种类的保险都出于自愿，并且保险是契约式的且符合精算原则。因为不存在免费的午餐，权利与救济金必须反映缴费状况。① 可见，在自由主义福利体制历史发展的过程中，自由放任的经济思潮占据了主导，而衰弱的专制主义以及不太发达的工会组织则处于弱势地位。

保守主义意识形态的一个标志性的观点认为，个人的商品化在道德上是堕落的。个人之间并不要去竞争或斗争，而是将自我的利益附属于公认的权威与流行的制度。在保守主义福利体制中，通常采用封建模式、法团主义模式、国家本位主义模式来处理商品化问题。② 而在这其中，法团主义模式主要受保守统治阶层的喜爱。他们把它当作一种在资本主义经济日渐明朗的过程中，对传统社会加以维护的方法。③ 可见，在保守主义福利体制历史发展中，法团主义占据主导，而这种将自我利益附属于公认的权威的国家本位主义也在一定程度上形塑了"论功行赏"且服务于经济的保守主义福利体制。

直到第一次世界大战之后，几乎所有的国家都是由保守派或自由派势力所控制，而社会主义除了反对他们认为是有害的社会绥靖措施，则没有多少选择。社会主义如同福利设施一般，既能够支持并拯救资本主义体系，缓解自由市场发展衍生的一系列社会问题，同时也对资本主义的发展产生了一定的阻碍。因而，社会权、社会福利权的扩大被视为获得更大目标的工具，而非最终要达到的成果。④ 正是从这个角度，社会民主变成了福利国家主义的同义词。可见，在社会民主主义福利体制历史发展中，权利更多地被制度化了，在一定程度上反映了这一体制的普惠主义色彩。

3. 福利体制的政治阶级联盟

不同于部分学者认为福利国家的出现主要是源于战争因素，艾斯平-安德森认为福利国家的建设主要依赖于政治联盟的形成。不同的政治阶级联盟既推动了福利体制的建立，也在一定程度上分化了福利体制。因而探讨不同的政治阶级联盟在福利国家的形成与发展过程中的功能演变具有十分重要的意义。

在农业社会、工业社会的早期，农民或农民阶层在社会上更有号召力，农民阶层通

---

①②③④ [丹麦]考斯塔·艾斯平-安德森. 福利资本主义的三个世界[M]. 苗正民，滕玉英，译. 北京：商务印书馆，2010.

常是民选中最大的单一群体。因此，农民在联盟形成与福利国家发展中的角色是显而易见的。

🕐 在北欧诸国，以农业价格补贴来换取福利国家的充分就业，是达成广泛的红-绿联盟的必要条件。在以瑞典-挪威为代表的"社会民主主义模式"中，农业具有高度不稳定性，因而需要依靠国家的救济。可见在这一模式中，农民阶级是依赖于国家的，国家也自觉承担起了救济农民的责任。而在以美国为代表的自由主义福利体制中，以劳动力密集为主的南方各州阻止真正意义上的普遍性社会保障体系的形成，并且进一步反对福利国家的发展，这在一定基础上阻碍了美国福利体系的建立。相比之下，欧洲大陆的农村经济则对红-绿联盟十分冷淡，在以德国与意大利为代表的保守主义模式中，农业很大一部分是劳动密集型的。但欧洲大陆的保守势力已经成功地将农民吸纳到"反动的"联盟中，从而有助于巩固劳工在政治上的孤立地位。

可见，在保守主义福利体制中，国家仍是为了巩固政治统治，并未真正关注劳动的福利。

第二次世界大战后，福利国家的巩固从根本上依赖于新中产阶级的政治联盟。在社会民主主义福利体制中，斯堪的纳维亚模式几乎完全依赖于社会民主将新中产阶级纳入新型福利国家中的能力，各种福利迎合中产阶级的品位与期望。"高税收、高福利"模式的建立不仅满足了一般工人阶级的福利需求，更是满足了新中产阶级更高层次的福利需求。这在笼络中产阶级的同时，极大促进了社会民主的发展。"慷慨的福利"使得社会民主主义福利体制满足了社会中多数成员的福利需求，维系了社会稳定，促进了社会团结。

🕐 在自由主义福利体制中，在由市场转换至国家提供社会保障的浪潮中，新中产阶级的福利需求并未获得特殊的关照。这与盎格鲁-撒克逊国家追求"自由放任"是密不可分的。新中产阶级更加倾向于私人市场所提供的商业保险以及职业附加福利，而一般工人阶级以及穷人则只能依赖于国家提供的趋于底线的保障。而国家为了追求大众忠诚，在满足新中产阶级追求自由的偏好后，又为生活无以为继的穷人提供生活保障，这充分体现了自由主义福利体制完美地延续补缺型福利国家模式的特点。

社会民主福利体制也受到了新中产阶级的影响。为了抵御社会主义的扩张，保守的政治势力追逐按职业发展的社会保险方案。这使得工人阶级能够各司其职，并在一定程度上分化了工人阶级的力量，使其无法聚集在一起。这种"身份化"区分等级的社会保险满足了新中产阶级的需求，进一步巩固了法团主义体制的延续。

4. 福利体制中的去商品化程度

受卡尔·波兰尼的启发，艾斯平-安德森把社会权利从其对"去商品化"的能力角度进行审视①。经历过前商品化阶段、商品化阶段，福利国家迎来了去商品化阶段。当服务被视为一种权利，并且一个人不必依赖市场就能维持生活时，就出现了去商品化。②艾斯平-安德森并没有局限于经验主义的跨时间、跨国家的分析方法，也没有局限于社会支出水平的分析，他采用了三组量纲对去商品化、对实际福利计划的规则和标准加以分析。

在综合分析了"资格标准和资格限制""收入替代""资格授权的范围"这三个量纲后，艾斯平-安德森进一步探索了福利国家的三个福利体制，并对这三个福利体制的去商品化程度进行了细致的分析。③可见，在探索社会保障模式研究的今天，研究去商品化，这一作为艾斯平-安德森划分三个福利体制的测量工具，具有非常重要的意义。

在自由主义福利体制中，非商品化效应最低，能够有力地抑制社会权利的扩张，建立起社会分层化秩序。这一体制中，给付数额极为有限，且资格条件十分严苛，未能给予弱势群体应有的尊严。国家运用消极的和积极的手段促使市场机制发挥作用，消极手段只是保证最低限度的给付，积极手段则是对私人部门福利计划予以补贴。④可见，无论是依赖于私人市场的中产阶级，抑或是求助于国家底线保障的一般工人阶级、穷人，都反映了自由主义福利体制所追逐的"自由放任"的福利信条。市场的自由扩张，国家保障的缺席，更是增强了这一体制的商品化程度，有效抑制了非商品化及社会权利的发展。

在保守主义福利体制中，劳动力中度非商品化。主要奉行强制性的国家保险，并有相当严格的享受条件。但这并不能自动保证实质性的去商品化，因为要由享受资格与福利规则的设计来决定。德国是最早建立现代社会保险制度的国家，但近一个世纪的经验很难证明德国利用社会保险方案在去商品化方面取得了很大的成就。社会成员所享受福利资源的多少取决于其工作的表现和为市场经济发展贡献的多少。换言之，这不单单是社会权存在与否的问题，也关系到相应的规则与前提条件。这些规则与条件决定了福利

---

①②③④ ［丹麦］考斯塔·艾斯平-安德森. 福利资本主义的三个世界［M］. 苗正民，滕玉英，译. 北京：商务印书馆，2010.

方案能真正替代市场依赖的程度。① 在这种制度中，总的来说，其社会权利是根据不同国家所能提供的非商品化程度和不同的保险精算程度而产生变化的，即取决于一个人的工作和参保年限、过去的表现与现在的给付之间的关联程度。② 可见，在保守主义福利体制中，劳动力的非商品化程度更多取决于社会成员的经济贡献多少，经济贡献多，受到的保障及获得的社会权利就多，非商品化程度就高；而经济贡献少，受到的保障及获得社会权利就少，非商品化程度就低。

在社会民主主义福利体制中，斯堪的纳维亚福利国家最倾向于去商品化，但不一定就是去商品化的，因为这类方案很少能使福利金达到让领取者真心选择工作的标准。这种依据平等公正原则，依据公民身份为社会成员提供福利资源的模式可能确实更具有团结性，但不一定是去商品化的。③社会民主主义福利体制最突出的特征是融合了福利与工作。它一度真诚地承诺保证充分就业，而且完全依赖于这个目标的实现。④在这一福利体制中，高福利，高税收的出现使得人们既依赖于市场提供的工作，又享受着政府提供的高水平的社会福利服务。艾斯平-安德森定义的去商品化是指一个人不必依赖市场就能维持生活，因而正如其在文中所言，这种福利模式可能确实更具有团结性，但不一定是去商品化的，但却是最倾向于去商品化的。

在社会民主主义福利体制中，斯堪的纳维亚国家去商品化程度最高。这种福利模式在给付上最慷慨，能够满足一般工人阶级及中产阶级多层次的需求。这种高福利的模式，使得社会成员能够依据个人意愿在脱离市场时，获得相应的保障。这种仅以公民身份为资格条件，提供普遍性福利的保障体制，无疑为社会上绝大多数社会成员提供了极大的社会权利。在这一福利体制中，社会成员在享受高福利的同时，不必担心在激烈竞争的市场中被淘汰，这种不必被捆绑在市场上的自由使得社会民主主义福利体制中的国家去商品化程度普遍偏高。

5. 福利体制中的国家、市场与家庭的关系

就福利国家本身而言，自由主义福利体制的主要社会凝聚方式是个人的，既个人在市场中得到福利与服务。⑤ 在以美国为代表的盎格鲁-撒克逊模式中，市场扮演着重要的角色，更提倡个人自愿且有能力在市场中获得保障。市场为中产阶级提供私人保险及职业福利服务，为其日常生活带来保障。但对于那些市场中的失败者而言，国家则会承担

---

①③④ ［丹麦］考斯塔·艾斯平-安德森. 福利资本主义的三个世界 [M]. 苗正民，滕玉英，译. 北京：商务印书馆，2010.
② 郑秉文. "福利模式"比较研究与福利改革实证分析：政治经济学的角度 [J]. 学术界，2005（3）.
⑤ 童星. 社会保障理论与制度 [M]. 南京：江苏教育出版社，2008.

起兜底的责任，为其提供经济调查式的社会救助和少量的补救式转移支付。可见，在以美国为代表的自由主义福利体制中，市场扮演着核心角色，政府扮演着兜底角色，家庭则扮演着边际角色。

在保守主义福利体制中，依赖家庭主义与国家主义而形成社会凝聚。在这些保守主义和强烈"合作主义"的福利国家中，崇尚市场效率和商品化的自由主义成见从未占过上风。① 在保守主义福利体制中，国家依赖并极大化家庭主义（Familism）所供给的福利与资源。只有当家庭服务能力匮乏时，国家才提供辅助性的服务与福利资源。国家还希望通过提供基础公共年金，以及以社会保险方式提供职业附加给付等方式取代市场，成为除家庭外的主要福利资源供给者。② 可见，在以德国为代表的法团主义模式中，家庭扮演着核心的角色，政府扮演着辅助的角色，市场则扮演着边际的角色。

在社会民主主义福利体制中，通过政府提供普遍的社会福利服务而形成社会凝聚。政府提供了合乎不同阶级预期的福利保障，体力劳动者逐渐享受到与领薪的白领雇员或公务员同等的权利，所有阶层都被纳入一个普救式的保险体系中，但是给付水平根据通常收入分有等级。这一模式将市场排除在外，因而建立起一种支持福利国家的、真正普遍而广泛的共同责任。此外，社会民主的解放性政策预先将家庭成本社会化，最大限度地增强个人的独立性。可见，在社会民主主义福利体制中，政府扮演着核心的角色，而市场及社会则扮演着边际的角色。

蒂特马斯与艾斯平-安德森两位学者的研究成果时至今日仍有非常重要的意义。虽然二者所划分的三种福利体制或模式在地理位置、国家等方面都大致相同，但仍存在着一些不同之处。蒂特马斯更侧重于福利国家传统目标的研究，如保护收入损失、防止贫困和限制社会不平等，而艾斯平-安德森研究的焦点则在于福利国家的社会政治关系和劳动力市场政策（见表3-2）。③

表3-2　　　　　蒂特马斯与艾斯平-安德森福利体制三分法的对比

蒂特马斯的划分方法	工业成就型	补救型	制度再分配型
艾斯平-安德森的方法	保守合作主义型	自由主义型	社会民主主义型
地理位置	欧洲大陆	盎格鲁-撒克逊	斯堪的纳维亚
思想与历史渊源	俾斯麦	贝弗里奇	贝弗里奇
社会目标	工人的收入扶持政策	贫困与失业的救助	所有人平等与公平的再分配

①③ ［丹麦］考斯塔·艾斯平-安德森. 福利资本主义的三个世界［M］. 郑秉文，译. 北京：法律出版社，2003.
② 童星. 社会保障理论与制度［M］. 南京：江苏教育出版社，2008.

续表

蒂特马斯的划分方法	工业成就型	补救型	制度再分配型
给付的基本原则	缴费型的原则	选择型的原则	普享型的原则
给付的技术原则	社会保险型的原则	目标定位型的原则	再分配型的原则
给付结构	部分给付型（缴费关联与收入关联的）	家计调查型	统一费率
可及性的方式	社会地位与工作环境	需求与贫困程度	公民地位与居住资格
融资机制	就业关联型的缴费	税收	税收
管理与控制决策	社会伙伴合作制	中央政府控制	国家与地方政府控制

资料来源：［丹麦］考斯塔·艾斯平-安德森. 福利资本主义的三个世界［M］. 郑秉文，译. 北京：法律出版社，2003.

三、西方社会保障模式研究的争议

自艾斯平-安德森在《福利资本主义的三个世界》中将社会保障模式划分为三个福利体制后，学术界掀起了对福利国家和福利制度模式研究的热潮。部分学者对艾斯平-安德森的三分法持支持的态度，部分学者持改良主义的态度，也有部分学者持反对的态度。

（一）福利体制四分法：卡斯尔斯和米切尔四分法

★ 1993 年，卡斯尔斯（Castles）和米切尔（Mitchell）在《福利资本主义世界是三个还是四个?》中提出"四个福利资本主义体制"分类法[1]。两位学者选择了 18 个 OECD 样板国家，并大幅调整参数，将转移支付和津贴给付的平等程度作为重要参数予以交叉列表，从而将福利国家分为四类。

第一类是"转移支出低/津贴给付平等"类型的国家，对应自由主义模式；

第二类是"转移支付高/津贴给付平等程度低"类型的国家，对应保守主义模式；

第三类是"转移支付高/津贴给付平等"类型的国家，对应社会民主主义模式；

第四类是"转移支付低/给付平等程度高"类型的国家，称为大洋洲国家福利体制类型。[2]

---

[1] CASTLES F, MITCHELL D, 1991. Three Worlds of Welfare Capitalism or Four? [R]. Luxembourg Income Study Working Paper Series. Working Paper No. 63.

[2] ［丹麦］考斯塔·艾斯平-安德森. 福利资本主义的三个世界［M］. 郑秉文，译. 北京：法律出版社，2003.

对于第四个福利世界,卡斯尔斯和米切尔将其描述为:"这是一个激进的世界,在这个世界中,改善贫穷和收入平等的福利目标是通过再分配手段而不是通过高支出水平来实现的。"①

1998年卡斯尔斯出版了《公共政策比较》,对其之前提出的"四分法"进行了补充及扩展。他将南欧的一些国家划入第四种类型。卡斯尔斯自己坦诚地说,他的四分法与艾斯平-安德森的三分法非常类似,只是附加了一个南欧。②

★ 还有学者认为应该根据不同的劳动力市场政策的性质将欧洲分为四种福利模式,因为南欧国家与北欧国家的发展情况存在巨大差异,故应将南欧国家单独列为拉丁模式。③ 2001年鲍威尔(Powell)和巴雷托(Barriento)在其发表的论文《积极劳动力市场政策与福利体制》中提出福利体制划分的参量"积极劳动力市场政策"(ALMP),他们也认为应将南欧划分为一种单独的模式,因为其同其他三种模式有很多的不同之处(见表3-3)。

表3-3　　　　　　　　福利体制与劳动力市场政策之间的关系

体制类型	失业保险的覆盖率	积极劳动力市场政策的地位	劳动力市场政策的目的	理论基础
斯堪的纳维亚模式(北欧国家,如丹麦,瑞典)	全面的	占据中心地位	社会一体化的充分就业	公正平等的凯恩斯干预主义
合作主义模式(中欧国家如德国,法国)	变化的	相对中心地位	减少公共部门的压力	社会团结的国家中心主义
自由主义模式(大西洋国家,如英国,爱尔兰)	很弱的	强烈地予以反对	尽量支持商业发展	讲究效率的对市场不干预的自由主义
拉丁模式(南欧国家,如意大利,葡萄牙)	很不完整的	地位很弱	避免使用福利制度	强调公民社会

资料来源:[丹麦]考斯塔·艾斯平-安德森. 福利资本主义的三个世界[M]. 郑秉文,译. 北京:法律出版社,2003.

---

① CASTLES F, MITCHELL D, 1991. Three Worlds of Welfare Capitalism or Four? [R]. Luxembourg Income Study Working Paper Series. Working Paper No. 63.
② CASTLES F, 1998. Comparative Public Policy [M]. Cheltenham:Edward Elgar.
③ [丹麦]考斯塔·艾斯平-安德森. 福利资本主义的三个世界[M]. 郑秉文,译. 北京:法律出版社,2003.

(二)福利体制五分及以上分法

★ 随着学术界对西方社会保障模式研究的愈发深入,学者们探索出了"五分法"。考皮(Korpi)和帕梅尔(Palme)围绕三个轴心(一是社会支出占GDP的百分比,二是卢森堡收入研究,三是福利制度特征)对福利国家模式进行了分类。考皮和帕梅尔通过覆盖范围和慷慨程度,分析不同国家缓解收入不平等和贫困的能力,特别是考察老年人养老金和疾病现金福利,将福利国家的制度模式分为五类:基本社会保障模式、合作主义模式、包容性模式、标的模式、资源国家补贴模式。考皮和帕梅尔所提出的五分法极大地丰富了西方社会保障模式的研究内涵,推进了福利模式研究事业的发展。[1]

★ 还有一些学者在艾斯平-安德森划分的三个福利体制的基础上,使用无穷尽的方法对福利体制进行了划分。他们基于对收入再分配、收入不平等性、社会福利以及贫困水平这四个项目,对三个世界又进行了细致的划分,进而又划分出很多层次。此后,1998年迈尔斯(Myles)指出了艾斯平-安德森所划分的三个福利体制的缺陷,并提出了一个崭新的分析框架"整体的考虑"。他认为在判定福利模式时,不应只关注福利国家的体制模式,同时应将具体政策实施考虑在内,不应忽略二者之间的差异性。[2]

2003年我国学者郑秉文翻译出版的《福利资本主义的三个世界》中对福利国家的历史与改革的路径进行了详细的描述,指出了福利国家自前商品化、非商品化至再商品化这一过程中福利体制的变化。书中指出"非商品化"主要描述的是西方福利国家诞生、发展与膨胀的原因与过程,而"再商品化"则主要说明的是福利国家在普遍陷入财政危机之后所采取的改革措施、改革方式和改革趋势的结果与现状。

综上所述,可以发现对福利国家模式划分的研究呈现出由简至繁,由线性分类至综合分析的态势。国内外学者对福利国家模式的研究也从最初关注宏观的福利支出、福利国家内容逐渐转向了微观的劳动力的非商品化程度、非家庭化程度。为了厘清学术界对于西方社会保障模式研究历程发展脉络,绘制表3-4进行展示。

---

[1] 匡亚林. 社会福利引论:福利体制模式的类型化考察[J]. 国家行政学院学报,2018(3).
[2] MYLES J,1998. How to Design a "Liberal" Welfare State:A comparison of Canada and the United States[J]. Social Policy & Administration,32(4).

表 3-4　　　　　　　　　　　　西方社会保障模式研究

分类方法	划分体制名称	年份	主要提出学者	体制特征	研究时代划分
二分法	补救型福利 制度型福利	1958	维纶斯基 勒博	补救型福利模式：福利由家庭及市场提供，当其保障作用失效时，国家才发挥作用	艾斯平-安德森研究时代以前
	制度型福利国家 补缺型福利国家		蒂特马斯	制度型福利模式：国家为社会成员提供福利服务	
	社会政策的剩余福利模型 社会政策的工作能力-成绩模型 社会政策的制度性再分配模型	1974	蒂特马斯	剩余福利模型：福利供给主体是私有市场和家庭 工作能力-成绩模型：按照生产贡献分配社会福利资源 制度性再分配模型：依据公民身份分配社会福利资源	
三分法	自由主义福利国家 保守主义福利国家 社会民主主义福利国家	1990	艾斯平-安德森	自由主义福利国家：以资格审查式的救助、有限的普遍性转移或有限的社会保险计划为主导 保守主义福利国家：首先依赖的是传统的家庭关系提供保障，其后是国家依据经济贡献提供的福利资源分配，最后是私人保险与职业附加福利 社会民主主义福利国家：国家作为福利资源分配的主体，依据平等的原则为国家中的公民分配福利资源	艾斯平-安德森研究时代
四分法	自由主义模式 保守主义模式 民主主义模式 大洋洲国家福利体制	1993	卡斯尔斯 米切尔	自由主义模式：转移支出低/津贴给付平等 保守主义模式：转移支付高/给付平等程度低 民主主义模式：转移支付高/津贴给付平等 大洋洲国家福利体制：转移支付低/给付平等程度高	艾斯平-安德森研究时代以后

续表

分类方法	划分体制名称	年份	主要提出学者	体制特征	研究时代划分
四分法	斯堪的纳维亚模式 合作主义模式 自由主义模式 拉丁模式	2001	本特·格雷夫	斯堪的纳维亚模式：公正平等的凯恩斯干预主义 合作主义模式：社会团结的国家中心主义 自由主义模式：讲求效率的对市场不干预的自由主义 拉丁模式：强调公民社会	艾斯平-安德森研究时代以后

第二节 东亚社会保障模式

第二次世界大战以来，西方成为主控世界话语权的知识产出空间。在这一空间中，研究者们基于西方优越的价值立场来开展研究的习惯与西方优越于其他国家的发达形象之间彼此强化，所形成的发展阶段论调预设了东亚等非西方国家的"落后"处境与必然接受现代化引导、发育，成为发展中国家的命运。安德森福利体制的三分法同样具有这一特征，这也成为为安德森理论解释力不足进行辩护的有力托词，即因为东西方经济、政治与社会处于不同的发展阶段，因此用处于高发展阶段的定时研究类型来归类仍旧处于低发展阶段的东亚，必然无法将其容纳进来，其中隐含的观点是，东亚国家正处于西方发展轨迹之中，属于后发展国家，换言之，这种试图用安德森观点归类的学者其所持的前提性假设是东方在接受西方的发展逻辑，因此只是发展阶段的不同。

但是，东亚其特殊性即便在接受了强势的现代化洗礼后，仍旧显示其生命力，它是决定东方之所以为东方的本质所在。用与资本主义发展诉求紧密契合的劳动力"去商品化"来度量西方社会保障发展水平是有效的，但是在解读东亚国家和地区社会保障时显得局促不足[①]。为增强"福利体制"范式的解释弹性，艾斯平-安德森在其《福利资本主义的三个世界》的再版自序中提出"去家庭化"，用以测度东亚社会保障。但是，这种以家庭与国家二元对立作为先验性前提的理论，真的适用于东亚吗？

20世纪90年代，越来越多的东亚学者接触到安德森的福利体制理论，从而打开了发现东亚社会保障的研究大门，开启了一场在东亚地区共性与差异性所生张力之中的探寻

---

① 艾斯平-安德森（1997）对日本的研究发现，无法将日本归于任何一种模式中，因此，他将日本定义为混合型福利体制，并认为仍在演化中，尚未定型。

之旅，逐步为世人展现一幅精彩、多元的东亚社会保障发展图景。

一、东亚社会保障提出的背景

在20世纪上半叶，东亚国家和地区都处于殖民地或半殖民地时期。第二次世界大战后，各个摆脱殖民统治的东亚国家和地区纷纷走上发展之路，并以经济发展作为国家或政府发展的首要任务。因此，发展主义成为主导东亚国家重塑的重要逻辑。

> 所谓发展主义是指在第二次世界大战后伴随亚非拉国家解放而由西方国家确立起来的、具有支配性的、对其他国家系统产生影响的知识—权力体系。具体说来，发展主义依据西方国家样态而形塑出发达国家的形象，从而确立西方国家的优势地位。以此为参照，广大的亚非拉国家无论在政治民主，经济发展，抑或是社会进步等方面都处于明显的不利地位，因此被贴上野蛮、未开化等标签，成为亟待接受西方国家发展模式开化的国家，而这一开化进程即为现代性的全球化。

（一）东亚经济奇迹

开启人们广泛关注东亚国家发展进程的标志性事件是，20世纪70年代左右的东亚部分国家和地区的经济飞速发展，即"亚洲四小龙"创造的经济奇迹，以及亚洲经济群[①]的形成。这引起西方学者们20世纪八九十年代的热烈讨论，大致形成两种具有代表性的观点。

（二）经济奇迹解读的声音

一派学者持偶然论，认为东亚经济繁荣是由于人口红利或政府以牺牲社会发展为巨大代价而换来的经济发展。随着1997年亚洲金融危机爆发，这一派学者更加坚信其观点，但随着东亚国家经济复苏，该共同体内的许多人随即倒戈。

与之相对，另一派学者认为东亚经济繁荣的背后体现出的是具有东亚特色的国家发展模式。以约瑟夫·斯蒂格利茨（Joseph E. Stiglitz）为代表的经济学家，被迫接受了以

---

① 世界银行于1993年刊发了名为《东亚奇迹》的报告（World Bank, 1993），把中国香港、印度尼西亚、日本、马来西亚、韩国、新加坡、中国台湾、泰国等八个国家和地区赞誉为"实现了高水准成果的亚洲经济群"（High-Performing Asian Economic，即HPAE），参见：郑功成，[日] 武川正吾，[韩] 金渊明. 东亚地区社会保障论 [M]. 北京：人民出版社，2014.

产业政策为代表的国家干预,并将拥有一套具有超凡治理禀赋的官僚体系①视为成功的关键。查莫斯·约翰逊(Chalmers Ashby Tohnson)将其称为发展型国家(Developmental State),也有学者称之为管治国家(Governed State)。

> 发展型国家是第二次世界大战后社会科学界对东亚国家特征的共识性描述,这一结论的得出是将东亚与拉美和东欧进行对比后,认为东亚国家和地区采取的是国家机关技术官僚带领的市场经济模式。所谓发展型国家是指政府或官僚有意识将经济发展视为优先,同时利用国家力量(经济及社会政策)提升经济生产力及竞争力。

发展型国家具有两大相互关联的重要特征:一是官僚体系具有超凡禀赋,即官僚能力或国家治理能力;二是显现和执行国家治理能力的制度组合,即政府通过制定并形成政治、经济与社会政策集合体,以达到促进经济发展的目标。

(三)东亚国家能力解读

在进一步解读发展型国家所具有的强大国家治理能力时,大多数研究将焦点放在了政府制定的产业、工业、金融等经济政策所具有的国家治理功能,以及世界经济重心转移、技术普及等给东亚地区经济发展提供的机遇。然而,虽然从经济视角解读发展型国家的治理能力看似直接有效,但却回避了同是发展中国家、采取相似经济发展策略的拉美同期的经济增长率远远低于东亚的问题②。同时,忽视了由经济发展所产生的政治、经济与社会代价,及其对国家治理能力提出的严峻挑战。

> 此种二元对立的、将经济发展"脱嵌"于社会的西方式分析路径,难以全面准确解读东亚国家治理能力。这是因为,一方面,发展型国家的治理能力是通过一个由政治政策、经济政策与社会政策等有序组成的执行体系来共同承载的,因此,不能仅做出经济层面的单维度分析。需要注意的是,虽然不同东亚国家的发展目标一致,但是达成目标的国家治理体系的内部结构有所差异,亦

---

① 有学者认为东亚国家经济发展强调一套官僚体系,这个体系能够认知和执行"强政府"决策的功能,并能够就长期规划做出值得信赖的承诺。它需要一批有能力的、高薪的新政人员,他们能在相当程度上独立于政治压力,获得授权以推动经济发展规划。参见:[美]斯蒂格利茨等. 东亚奇迹的反思[M]. 王玉清等,译. 北京:中国人民大学出版社,2013.
② 20世纪80年代,拉美各国的平均增长率为1.7%,远远低于东亚地区的6.6%。补充拉美采取何种经济发展战略。

即在现代国家治理体系中,社会政策与经济政策的关系不同,这将在下文进行详细阐述。另一方面,由于东亚各国深植于儒家文化中,"和合""中庸"等观念早已内化于东亚社会实践的方方面面。那些在西方社会处于矛盾对立关系的劳动者与资本家、个人与国家、社会与经济、公平与效率等,经由东亚国家治理后成为矛盾统一体。

(四)发现东亚经济奇迹背后的社会保障因素

一些东亚社会政策研究者和比较政治研究者纷纷从社会政策和经济政策的互动关系中,探讨社会保障在东亚现代国家治理中的重要作用。

在这方面做出开创性贡献的是古德曼(Goodman),指出东亚各国和地区政府制定的发展战略包含了这些国家和地区中的大多数社会政策;权赫周(Kwon)发现韩国和中国台湾地区在1997年金融危机期间,将社会保障作为促进经济恢复的重要手段;吉尔伯特(Gilbert)也通过分析这一时期的东亚社会保障指出,与20世纪80年代西方社会政策分析中的社会负担转向不同,东亚新兴经济体正在发展积极的社会保障。

在此基础上,米奇利(Midgley)提出"发展型社会福利"的概念,主张经济政策与社会政策应实现整合。然而,在探讨东亚国家社会政策与经济政策整合的内在机理时,学者们的观点出现了分歧,可以分成以米奇利为代表的"发展型社会福利"和以霍利德(Holliday)为代表的"生产性社会福利"两种观点。它们都是对东亚国家和地区社会保障体制可能具有的共性的探索与共识。

> 生产性社会福利强调其对经济成长的效用,认为社会政策高度从属于经济政策,所以高福利必然会压制消费性的政策(例如年金、医疗),偏好生产性的项目(例如教育、职业训练等)。发展型社会福利指出,社会政策的思维深受经济发展考虑的影响,认为社会政策与经济政策相融合(李健正)。

二、东亚社会保障的探索过程

(一)东亚社会保障模式初探(20世纪80年代)

20世纪80年代中期,相关东亚福利研究逐渐兴起。在20世纪80年代,有关东亚社会保障模式的研究大多集中在平行国别之间的差异,或是关注部分国家及地区,而未将东亚国家及地区视为一个整体,上升到一个"独特的福利体制"层面进行考量。

1985年，狄克逊（Dixon）和金（Kim）出版了《亚洲社会福利》一书，开启了东亚社会保障模式研究的先河[①]。同年，米奇利在分析"亚洲四小龙"的工业化与社会保障制度发展的关系时发现，"亚洲四小龙"的社会保障制度并没有随着经济的现代化而迅速建立，与西方工业化国家存在差异，政治精英们并没有积极地回应工业化过程中的社会风险，其社会保障制度呈现出鲜明的"勉强的福利主义"（Reluctant Welfareism）的特点[②]。

1986年，由罗斯（Rose）和希拉托里（Shiratori）撰写的《福利国家：东方和西方》一书出版，展开了对东亚社会保障模式的研究[③]。同年，米奇利在《东亚福利制度》中对东亚福利制度进行的论述引起了世界对东亚国家福利制度的关心[④]。

（二）从文化视角透视东亚社会保障模式（20世纪90年代）

1990年，琼斯（Jones）率先探寻东亚福利体制内部蕴含的文化机制，阐述了儒家文化在东亚社会保障制度发展中的重要作用。琼斯在对中国香港、中国台湾、新加坡、韩国等的福利制度进行分析时，发现他们之间存在着很多共同点：经济增长是制定政策的首要目标；家族、义务和责任等要素是决定福利提供者的依据；维持社会的安定秩序，强化地域社会的职能；对政府较低的期待值，对社会定义、社会权利、政策等再分配的漠不关心是制定福利制度和提供福利服务的理论基础。[⑤]琼斯的研究揭示了儒家文化在东亚国家及地区社会保障模式建构发展中所扮演的重要角色。

1993年，琼斯在文章中指出东亚社会保障模式不属于艾斯平-安德森所提出的社会民主主义福利体制、自由主义福利体制及保守主义福利体制中的任意一种，而是一种全新且独特的福利模式，并将其称之为"儒家福利国家体制"[⑥]。琼斯对嵌入东亚福利体制的儒家文化进行了深入思索，并阐释了外化于福利体制的文化特征，开辟了运用文化视角透视东亚社会保障模式的先河。

同年，罗斯对福利国家的研究也体现着东亚国家及地区偏重于以"家庭"为保障单位的福利模式。罗斯将政治权利（Political Right）是否受到重视及社会福利（Social Benefit）以国家为基础或市场为基础，建构成四个不同类型的福利国家，分别为：高度民主/国家福利，以英国为例；低度民主/国家福利，以苏联为例；高度民主/市场福利，以日本为例；低度民主/市场福利，以东亚新兴国家和地区为例（参见表3-5）。[⑦]

---

① DIXON J, KIM, H S, 1985. Social Welfare in Asia [M]. Kent: Croom Helm.
②④⑤⑥ 郑功成，[日] 武川正吾，[韩] 金渊明. 东亚地区社会保障论 [M]. 北京：人民出版社，2014.
③ ROSE R, SHIRATOR R, 1986. The Welfare State: East and West [M]. Oxford: Oxford University Press.
⑦ 王卓祺. 东亚国家和地区福利制度：全球化、文化与政府角色 [M]. 北京：中国社会出版社，2011.

表 3-5　　　　　　　　　　　　权利与福利的不同面向比较

		政治权利	
		是	否
社会福利 (Social Benefit)	国家为基础	民主福利国家（英国）	低度民主福利国家（苏联）
	市场为基础	民主国家福利社会（日本）	低度民主福利社会 （东亚新兴国家和地区）

资料来源：王卓祺. 东亚国家和地区福利制度：全球化、文化与政府角色 [M]. 北京：中国社会出版社，2011.

1996 年，古德曼等通过对日本、韩国、中国台湾的社会政策进行分析得出，这些国家和地区以市场为中心，发展的是一种与西方国家不同的独特的东亚福利制度机制。具体来说，这些国家和地区都受到了儒家思想的影响，主要表现在尊老爱幼、孝敬父母、兄弟友爱、个人服从集体、回避矛盾、忠诚、有责任感、充满学习热情、仁慈之心、精英主义等。① 此后，1998 年，古德曼等人在此基础上提出东亚福利模式的概念，并将其定义为"福利东方主义"。古德曼的研究指出东亚国家及地区的社会保障模式更加偏重于通过社区、雇主、家庭等非政府机构来保障人民的生活②，进一步显示了东亚社会保障模式中的儒家文化色彩，即以家庭为中心，"家国同构"。

1999 年，林卡也从文化视角出发探索东亚社会保障模式，并将东亚国家及地区的福利模式定义为"儒学文化圈中的福利体系丛"③。韩国学者朴炳铉，洪景俊也分别于 1996 年、1999 年提出了有关儒教主义福利国家的思想④。

在学者们相继运用文化视角分析东亚社会保障模式的同时，艾斯平-安德森也意识到其提出的三大福利体制无法囊括东亚国家及地区，并重新审视了东亚社会保障模式同西方福利体制的差异。1997 年，艾斯平-安德森在论文中指出，不能简单地将日本归类于自由主义福利体制、保守主义福利体制、社会民主主义福利体制中的任意一种，它同时混合了三种福利体制的要素。⑤ 1999 年，艾斯平-安德森在其著作《后工业经济的社会基础》中使用了非家庭化的测量方法，分析了西方国家的福利体制。安德森的这部著作在

---

① ④ 郑功成，[日] 武川正吾，[韩] 金渊明. 东亚地区社会保障论 [M]. 北京：人民出版社，2014.
② GOODMAN, W G, KWON H (eds), 1998. The East Asian Welfare Model [M]. London: Routledge.
③ LIN K, 1999. Confucian Welfare Cluster: A Cultural Interpretation of Social Welfare [M]. Tampere: University of Tampere.
⑤ ESPING-ANDERSEN G, 1997. Hybrid or Unique?: The Japanese Welfare State between Europe and America [J]. Journal of European Social Policy, 7 (3).

使三个福利世界模式的分析框架在理论上更臻佳境的同时,更是厘清了西方国家福利体制同东亚社会保障模式间的差异。他在书中指出,同日本相似的韩国是与西方国家不同的一种特殊形态的资本主义体系,并不适用于自己提出的福利体制类型论。但是以日本为例,东亚国家基本上都同时具有自由主义性要素和保守主义性要素的复合(混合)性特点,总的来说还是包括在保守主义体制的范畴之内。①

20世纪90年代以来,学者们纷纷意识到西方福利国家体制同东亚社会保障模式的本质差异,并将东亚国家及地区社会保障模式作为一种独特的保障模式进行考量。学者们开始运用文化视角透视东亚社会保障模式,并得出了儒家福利模式这一结论。儒家文化不仅是几千年历史的沉淀,更内塑了东亚社会保障模式,并从一开始就决定了东亚国家及地区社会保障制度的走向。继20世纪90年代掀起的儒家福利模式热潮后,21世纪初逐渐有学者从经济发展同政治导向的角度分析东亚社会保障模式,并提出了生产性福利体制等观点。

(三)从政治、经济视角透视东亚社会保障模式(21世纪初)

2000年,霍利德指出东亚社会保障模式具有以生产为中心的特点。霍利德提出的生产主义福利体制(Productivist Welfare Regime)是指社会政策服务于经济发展,促进经济发展是福利政策制定与实施的目标。对于这种以追求经济增长为第一要义的生产主义福利体制而言,福利政策是辅助工具却非目标。继1985年米奇利提出"勉强的福利主义"后,霍利德又将东亚社会保障模式解释为"不情愿的福利国家"。这里的不情愿并非完全不情愿满足人们的福利需要,相反对于有助于生产、有助于经济发展的福利保障,东亚国家及地区相较西方而言完成得更好。例如,政府对青少年教育及健康等提升人力资本项目的投入就远远多于其他福利项目。②

2000年,学者们除关注到福利制度以经济发展为目标这一特征外,还关注到福利制度中各个主体所扮演的角色。雅各布(Jacob)认为,东亚的政府扮演一个规范者的角色,政府本身不负担财务和提供服务,而是利用规范者的权力去强化私部门提供服务和财务的能力。③ 在提出生产主义福利体制后,同年,霍利德还根据社会权利的制度化程度、再分配的效果以及福利提供中的政府角色占比,将日本及"亚洲四小龙"的社会保障模式划分为三个亚类:辅助型模式(中国香港)、发展—特殊主义模式(新加坡)和发展—普

---

① 郑功成,[日]武川正吾,[韩]金渊明. 东亚地区社会保障论[M]. 北京:人民出版社,2014.
② HOLLIDAY I, 2000. Productivist Welfare Capitalism: Social Policy in East Asia [J]. Political Studies, 48 (4).
③ 王卓祺. 东亚国家和地区福利制度:全球化、文化与政府角色[M]. 北京:中国社会出版社,2011.

惠主义模式（日本、韩国和中国台湾）。其中，辅助型模式在三个分类纬度上均表现最差，发展—特殊主义模式居中，而发展—普惠主义模式表现最好。显然，在提出东亚社会保障模式具有以生产为中心的共同特征后，霍利德更是发现了东亚国家及地区制度间的差异，其进一步的分析也愈加显示了东亚社会保障模式内部的多样性特征。

无独有偶，浩特（Hort）和库恩勒（Kuhnle）于 2000 年的研究中也较早提及了东亚社会保障模式内部的多样性。他们的研究主要聚焦于最早经历东亚经济奇迹的"亚洲四小龙"，并将其社会保障模式分为两个亚类：德国型和英国型。德国型主要学习德国的社会保险模式，以韩国和中国台湾为代表；英国型主要受英属殖民统治遗绪的影响，构建了强制性个人储蓄为基础的公积金体系，以新加坡为代表。[①]

从前文中学者对东亚社会保障模式多样性的研究可以发现，仍有部分学者未能跳出以西方福利体制为中心的思想，未将东亚社会保障模式作为一个独立的模式看待，但也逐渐出现了以霍利德为代表的学者，意识到东亚社会保障模式同西方福利国家体制的显著差异，并探寻出东亚国家及地区社会保障制度的共同特征。2001 年，阿斯帕特（Aspalter）指出东亚国家及地区社会保障制度具有共同特征，以经济增长和政治稳定为首要目标，福利的主要提供者是家庭和市场等，并提出了"保守的福利国家体系"的概念[②]。

2001 年，高夫（Gough）的研究认为福利体制应有的四个核心纬度：首先，为社会政策或方案的具体形式；其次，国家、家庭与市场在福利供给上的分工，这二者可合称为"福利混合"（Welfare Mix）；再次，为"福利结果"（Welfare Outcomes），即为前述制度安排所产生的去商品化的程度；最后，为制度的"社会分层效果"（Stratification Outcomes），亦即社会保障系统是如何形塑社会不平等、权力及利益。福利体制因此就是福利混合、福利结果与社会分层效果的总和。

按照这种思路，他使用福利混合和福利结果两项，对 OECD 以外的 103 个国家进行聚类分析，并得到三个福利体制类型的集群，即高健康教育支出和高人类发展指数模式、低健康教育支出和高人类发展指数模式、低健康教育支出和低人类发展指数模式。其研究样本也将东亚国家和地区纳入其中，并得出东亚总体属于第二种福利体制模式，即相对低的健康教育支出和较高的人类发展指数模式。[③]

2002 年，学者权赫周的研究最早关注到 1997 年亚洲金融危机之后，韩国社会保障政

---

①③ 郑功成，[日] 武川正吾，[韩] 金渊明. 东亚地区社会保障论 [M]. 北京：人民出版社，2014.
② ASPALTER C, 2001. Identifying Variations of Conservative Social Policy in North East Asia: the Welfare State in Japan, South Korea and Mainland China [J]. Australia National University, Graduate Public Policy Programme, Discussion Paper, (81).

策改革对其生产主义福利体制特征的影响。其分析表明，为应对金融危机，韩国社会保障体系实现了全民覆盖，更为关键的是其社会保障改革的出发点不再是单纯地提升经济竞争力，而开始回应居民的社会需要。这使得发展型福利体制的典型特征——社会保障政策服务于经济增长的重要特征开始发生变化。不过，他对韩国是否完全超越发展型福利体制持保守的态度，因为韩国社会保障体系的基本结构并没有发生变化，并且以社会政策来提升竞争力仍在政府议程之上。

2003年，李易骏、古允文在《另一个世界——东亚发展型福利体制初探》中指出，中国台湾地区、日本、中国香港均具有发展的特性，同时这种发展的取向也成为一种核心的要素特性，而表现在福利制度设计与产出中，并形成一种发展的福利体制而异于西方诸国和地区。

> 他们在论文中指出理念型的发展型福利体制的三个特性：高的社会投资与低的社会安全支出，福利阶层、性别差别待遇与未普遍的年金涵概率，较大的个人责任承担与家庭自福利责任。这三个特性或可综合为"社会福利服务经济发展"为最核心的概念。

李易骏、古允文的研究以跨国比较资料为基础，将东亚社会政策放到国际社会政策架构中，与西方国家在相同的基础上讨论，并得出了东亚社会保障模式具有发展的特性①。两位学者提出的发展型福利体制进一步厘清了东亚社会保障模式同西方福利体制的差异，为东亚社会保障模式研究贡献了自己的力量。

2003年，王振寰也运用发展型国家（Developmental State）理论分析了东亚社会保障模式中国家和地区所扮演的重要角色，指出政府或政府官僚有意识地将经济发展视为优先考虑，同时利用政事工具和国家的执行力，将国内稀有资源投入主要产业部门，以提升经济生产能力和竞争能力。② 王振寰还进一步分析了熊彼特式的工作福利国家与发展型国家的不同，前者是全球资本主义下的产物，是先进国家在福特主义危机之后，出现以竞争力与创新为施政主轴的国家类型，而后者则是冷战时期的产物，后进国家为了追赶先进国家，积极动员资源，强化学习西方科技，并介入生产领域的国家类型。③

同年，高夫也提出了契合霍利德的"生产性福利体制"的概念。他认为在东亚国家及地区社会政策是服务于经济政策的，福利体制的选择，福利资源的分配也都是趋向经

---

① 李易骏，古允文. 另一个福利世界？东亚发展型福利体制初探 [J]. 台湾社会学刊，2003（31）.
②③ 王卓祺. 东亚国家和地区福利制度：全球化、文化与政府角色 [M]. 北京：中国社会出版社，2011.

济发展这一目标而言的①。高夫的研究与霍利德观点的契合,说明"生产性福利体制"这一概念正逐渐被众多学者接受,而侧重于经济发展的福利政策也逐渐为东亚社会保障模式贴上以生产为中心的标签。

在 21 世纪初至 2003 年这段时期,学者们逐渐跳出历史及文化视角,儒家福利模式的呼声渐弱。学术界开始将关注的焦点转至福利制度的目标,生产性福利体制、发展型福利国家呼声渐起,并受到广泛关注。生产性福利体制形象地描绘了东亚国家及地区战后追赶工业化、全球化、现代化所选择的福利之路,也体现了后发效应对新兴工业化国家社会福利发展所造成的影响。然而,随着东亚国家及地区政治民主化、经济全球化愈演愈烈,学者们逐渐开始关注生产性福利体制能否适应经济社会发展的潮流以及是否会在时代发展的浪潮中转型甚至瓦解。

(四)从全球化视角透视东亚社会保障模式(21 世纪初至今)

2004 年,库(Ku)和拉米什指出全球化的压力并未止歇,产业发展与劳动市场的转型逐渐带来失业升高的问题,或是非典型就业形态的出现,使得传统以社会保险为主体的东亚福利体制无法提供适切的保障功能。② 同年,吕建德强调民主化的过程使东亚的福利体制告别了"生产主义式"而进入了"后生产主义式"的福利体制。民主化的结果使得对国家行政效能的要求趋于积极而严苛。③随着经济全球化、政治民主化对东亚社会保障模式的影响逐渐深入,越来越多的学者开始关注东亚社会保障模式的转变,并开始探索东亚社会保障模式的发展方向。

2005 年,权赫周在提出发展型福利国家这一概念后,他的新研究改变了这个观点。他认为"亚洲四小龙"中,韩国和中国台湾地区的社会保障改革在应对亚洲金融危机的同时已经超越了选择主义,迈向了普惠主义,向全民提供相应的社会保障。这意味着,韩国和中国台湾地区已经实现了发展型福利体制的转型,迈向了福利国家和地区,而新加坡和中国香港依然维持以往的生产主义特征。这种分化出现的原因在于韩国和中国台湾地区的民主化改革。

同年,权赫周对"亚洲四小龙"的社会保障模式进行分组,韩国和中国台湾,新加坡和中国香港各为一组。他用选择型模式来命名新加坡和中国香港所在的小组,描绘储蓄制度在福利权利资格上的选择性特征;用包容性模式来命名韩国和中国台湾所在的小

---

① GOUGH I, 2003. Social Policy Regimes in the Developing World [M]. Aldershot:Elderward Elgar.
②③ 王卓祺. 东亚国家和地区福利制度:全球化、文化与政府角色 [M]. 北京:中国社会出版社,2011.

组，描绘社会保险制度的普惠主义特征。①

2005年霍利德指出，虽然金融危机之后的东亚社会保障改革有新进展，但是东亚仍然属于发展型福利体制，生产主义的特质并没有改变。韩国和中国台湾虽然在制度覆盖上由选择主义过渡到普惠主义，但是社会保障政策的工具性倾向仍然存在。因此，韩国和中国台湾的社会保障模式只是发生了边际性而非制度性的范式转移，而新加坡和中国香港则仍然固守生产主义的福利体制特征。②

针对这个结论，2008年，魏丁（Wilding）提出了修正意见，新加坡、中国香港和中国台湾基本上仍维持了发展型福利体制的特征，韩国则开始超越发展型福利体制特征，迈向了混合型的福利体制，即虽然保有一定生产主义的元素，但是更多地具有其他典型福利体制的特征③。

2009年，彭冠伦指出，大部分的研究以东亚的韩国和中国台湾地区为例，因为它们的社会政策开始走向重分配效果更佳、更全面性的社会福利政策，他们称之为"超越生产（发展）主义"或"超越发展主义"。其后，陆续有学者指出东亚社会保障模式的目标不再仅是服务于经济生产，而是逐渐开始提升制度再分配的力度。

2010年，林闽钢等人提出，东亚社会保障模式已经明确由生产主义向后生产主义转型④。2013年，林在文章中指出，虽然生产性福利体制衍生自工业化的迅速发展，但也带来了诸多社会问题。在这种形势下，东亚国家及地区社会保障制度采取再分配模式似乎不可避免。

当然，也有部分学者认为东亚社会保障模式以生产为中心的特征不会完全消失。2011年，相继有学者提出虽然政治扩张和经济恶化使东亚国家及地区的社会保障制度发生了显著的变化，但其服务于经济发展的福利逻辑不会发生任何转变。⑤

东南亚社会保障研究的加入

紧随"亚洲四小龙"的步伐，东南亚国家也迅速进入经济起飞阶段。其特有的政治、经济及历史文化背景形塑出的社会保障制度开始逐渐获得关注。东南亚的马来西亚、印度尼西亚、菲律宾和泰国等也被纳入东亚社会保障研究领域。当然，随着研究区域的扩大，东亚内部各国社会保障制度的差异也开始凸

---

①②③ 郑功成，[日] 武川正吾，[韩] 金渊明. 东亚地区社会保障论 [M]. 北京：人民出版社，2014.
④⑤ 万国威，张潇. 东亚福利体制的理论共识与学术争议：基于30年间SSCI与CSSCI论文的研究述评 [J]. 中国公共政策评论，2016，10（1）.

显。2007年，Park&Jung 的研究样本除"亚洲四小龙"和日本之外，还将东南亚的马来西亚、印度尼西亚、泰国与菲律宾纳入其中。

综上，东亚社会保障模式研究总结如下。

★ 从西方中心到本土建构。纵观东亚社会保障模式的研究之路，可以发现，最初，学者们对东亚社会保障模式的研究还停留在西方中心主义的怪圈。学者们常常用西方的福利思想去探索东方福利体制，未曾真正触及福利东方主义的真谛。随着"亚洲四小龙"腾飞带动的东亚模式获得广泛关注，学者们开始关注这个对福利体制投入有限资源却获得良好效果的东亚社会保障模式。东亚社会保障模式的存在性、典型特征及内在催生制度体制这几个议题成为学术界谈论的焦点与中心。

★ 从一体化到差异化。学者们发现了东亚国家及地区历史文化传统、政治经济发展同西方福利国家的显著差异后，将东亚国家及地区视为一个整体，并将东亚社会保障模式上升到一种独特的福利体制层面进行研究。此后，逐渐有学者发现，东亚各国及地区在这一独特的福利体制所体现出的典型性与共性，并予以论述。

为了厘清学术界对东亚社会保障模式研究历程发展脉络，笔者绘制了表4-1。

表4-1　　　　　　　　　　东亚社会保障模式研究

划分体制名称	年份	主要提出学者	体制特征
勉强的福利主义	1985	米奇利	"亚洲四小龙"的社会保障制度并没有随着经济的现代化而迅速建立，其社会保障制度呈现出鲜明的"勉强的福利主义"特点
儒家福利国家体制	1993	琼斯	具有劳动者不参与的保守型社会合作主义，是一种以家庭经济为中心的福利国家形态
低度民主福利社会	1993	罗斯	以"家庭"为保障单位的福利模式
东亚福利制度机制	1996	古德曼等	受到儒家思想的影响，主要表现在，尊老爱幼、孝敬父母、兄弟友爱、个人服从集体、回避矛盾、忠诚、有责任感、充满学习热情、仁慈之心、精英主义
福利东方主义	1998	古德曼等	偏重于通过社区、雇主，家庭等非政府机构来保障人民的生活
儒学文化圈中的福利体系丛	1999	林卡	内生于儒家文化的福利体制
生产主义福利体制	2000	霍利德	社会政策服务于经济发展，促进经济发展是福利政策制定与实施的目标

续表

划分体制名称	年份	主要提出学者	体制特征
保守的福利国家体系	2001	阿斯帕特	以经济增长和政治稳定为首要目标、福利的主要提供者是家庭和市场等
国家中心主义模式	2002	郑秉文、史寒冰	政治权威意志能在很大程度上决定社会制度的形式和内容,表现为"自上而下"的主动型特点
发展型福利体制	2003	李易骏、古允文	高的社会投资与低的社会安全支出;福利阶层、性别差别待遇与未普遍的年金涵盖率;较大的个人责任承担与家庭自福利责任
生产性福利体制	2003	高夫	服务于经济政策的,福利体制的选择,福利资源的分配也都是趋向经济发展这一目标而言的
"后生产主义式"的福利体制	2004	吕建德	民主化的过程使东亚的福利体制告别了"生产主义式"进入"后生产主义式"的福利体制。民主化的结果使对国家行政效能的要求趋于积极而严苛
发展型福利体制混合型的福利体制	2008	魏丁	发展型福利体制:新加坡、中国香港和中国台湾 混合型的福利体制:韩国虽然保有一定的生产主义的元素,但是也更多地具有其他典型福利体制的特征
超越生产主义	2009	彭冠伦	重分配效果更佳、更全面性的社会福利政策
后生产型福利体制 政治-选择式生产型福利体制 经济-选择式生产型福利体制 追赶式生产型福利体制	2009	彭冠伦	后生产型福利体制:高经济现代化与高政治民主化 政治-选择式生产型福利体制:高经济现代化与低政治民主化 经济-选择式生产型福利体制:低经济现代化与高政治民主化 追赶式生产型福利体制:低经济现代化与低政治民主化

思考题:是否存在一致的东亚社会保障?

第五章 社会保障法制

社会保障作为资源分配的公共机制之一,涉及各个主体的权利与责任,作为公民权利的组成,需要法律作为保障,并随着公民权利的发展,社会保障权的日益成熟,社会保障法制不断发展,更加规范化、合理化、科学化的社会保障制度逐渐形成,社会保障制度的发展也迈入了新阶段。

一般来讲,无论在各个国家、地区,现代社会保障制度的管理都需要依托于踏实有效的法律规定或规章制度的建立,社会保障法制建设的完善程度在一定程度上标志着一个国家社会保障现代化的水平。社会保障管理体制作为依托于社会保障法律法规与其他规范性、政策性文件做基础,形成的一套管理社会保障各个项目的制度,它既是社会保障法制的自然延伸,也是对社会保障法制化的强化,也反映出一国社会保障现代化建设的水平。社会保障法制化是社会保障制度长期稳定的保证,而社会保障管理则有助于社会保障制度正常、高效地运行,进而使社会保障主体的权利得到良好的实现。

第一节 社会保障法制的基本概念

一、社会保障法的定义

社会保障法是指通过立法管理、协调、规范一个国家或地区的社会保障关系、社会保障主体、社会保障制度设计等的法规条例的总和,它包括由国家立法机关制定社会保障法律、国家行政机关颁布的社会保障法规及其他法律性文件和临时性规范性文件、其他任何包括社会保障内容或目的旨在保证国民相应的社会保障权益的相关法律文件等。[1]简而言之,社会保障法就是调整一个国家或地区社会保障关系的法律规范的总和[2],如何

---

[1] 郑功成. 社会保障学 [M]. 北京:中国劳动社会保障出版社,2003.
[2] 盖锐,杨光. 社会保障学 [M]. 北京:清华大学出版社,2009.

理解调整社会保障关系是了解社会保障法的关键。

★ 社会保障法的主体[①]。前文介绍了社会保障概念中有几个重要的主体，政府、社会、个人，其中政府是最重要的主体。在社会保障活动中，政府需负担起主要责任。

> 比如政府需推动社会保障政策的发展与落实，并授权政府职能部门或机构运营管理社会保障制度；公民受到不可逆的社会伤害与自然灾害时，国家或政府需承担起社会保障的责任，救助受困受灾公民；社会保障具有二次分配的普惠性价值，兼顾公平属性，而政府如何执行社会保障制度，显得尤为重要。

社会也是社会保障中不能被忽视的主体，尽管政府肩负着社会保障诸多主要责任，但政府也非万能的，社会保障的责任一部分是由社会组织来协助完成，这一方面是社会多元化需求的必然选择，另一方面也是预防政府失灵的有效措施，弥补政府在社会保障领域功能的缺失。

个人是相对好理解的社会保障主体，社会保障关系中，个人即为公民本人，公民有权利享受社会保障权益，同时，公民也应该履行社会保障的义务，承担相应的社会保障责任。

社会保障主体间关系。社会保障法调整特定社会关系，即政府（通过社会保障管理机构）、社会（单位、社区、服务机构等）和公民之间，在保证基本生活需要和经济发展活动中所形成的各种社会保障关系；其所要解决的特定社会矛盾，即社会成员面对种种个人难以抵御的生活风险，需要国家给予生存保障的矛盾[②]。社会保障法调整主体之间关系的内容具体如下。

政府与公民之间的关系。政府是社会保障给付的供给者，承担着主要责任与义务；公民是社会保障的享受者，有权利享受政府所提供的社会保障权益并承担相对应的义务。

政府与社会保障实施机构之间的关系。两者之间互为管理者与被管理者的关系，即政府将社会保障实施权利让渡于社会保障管理机构，由社会保障机构依法统一管理社会保障事务；政府负责依法对社会保障管理机构实施监督、管理、协助等措施进行管理。

社会保障实施机构与公民之间的关系。主要是一种服务与被服务的关系。社会保障实施机构利用多方筹集到的基金为包括弱势群体在内的全体公民提供社会保障待遇，以及公民享受社会保障政策法规所确定的各种待遇。

---

①② 盖锐，杨光. 社会保障学 [M]. 北京：清华大学出版社，2009.

不同社会保障实施机构之间的关系。由于不同社会保障实施机构的服务对象不同，所以它们之间有着明确的分工，但同时社会保障实施机构又共同服务于公民，且随着现代社会保障制度的发展，不同社会保障实施机构的责任边界在模糊，职责分工中有着共同的目标，它们之间的关系又处于协助的状态，在社会保障的资金筹集、运营管理、分配等各个环节中各司其职、相互协助、监督、制约。

政府和社会保障实施机构与用人单位之间的关系。社会保障实施机构依照相关法律规范与政策条例，代表政府承担向用人单位收缴社会保障基金；用人单位按照法律规定为员工缴纳社会保障费用，向社会保障实施机构缴纳社会保障基金。[1]

二、社会保障法的重要意义

社会保障法的颁布对于社会保障制度，特别是现代社会保障制度的建立具有重要意义，具体体现在以下几个方面[2]。

★ 社会保障法制建设有利于更好地保障全体公民的社会保障权。社会保障本身保障公民基本的自然权利，如生存权、健康权、发展权、教育权等。

★ 社会保障法制建设对发挥社会保障制度对劳动力市场的科学调配具有重要作用。依法对劳动力进行保护，有助于劳动力市场的培育与发展。只有建立科学的社会保障制度，才能促进劳动者在劳动力市场中的流动，达到预期合理的资源配置状态。

★ 社会保障法制建设对社会保障资金的筹集与支出具有重要的调控作用。通过立法，方便社会保障基金的运营与投资，并可以在宏观层面上利用税费的调整，调节社会总供给与总需求之间的关系，试图达到供求平衡。

★ 社会保障法制建设是调整国民收入格局，解决收入分配差距的重要条件。社会保障具有二次分配的功能，可以通过立法，依法对先天自然天赋较弱、社会资源较少的弱势群体进行政策倾斜，有利于实现社会公平正义与普惠精神，有利于实现共同富裕。

★ 社会保障法制建设对规范社会行为具有重要作用。加强社会保障制度的规范性、合理性、强制性，才能更好地服务于公民，也为社会保障税费的征缴提供了法律基础。

---

[1] 盖锐，杨光. 社会保障学 [M]. 北京：清华大学出版社，2009.
[2] 张宗坪，董西明. 社会保障概论 [M]. 上海：上海财经大学出版社，2013.

第二节　社会保障法制特征

一、社会保障法的性质

★ 广泛的社会性。社会性是社会保障法的重要特性，其主要表现在享受对象的普遍性、社会保障责任和义务的社会化，以及社会保障功能的社会公益性。

★ 明显的强制性。社会保障法带有明显的国家干预的特性，是通过国家赋权强制推行的涉及公民生活安全的一系列的准则。

★ 严格的专用性。社会保障法是一个独立的法律部门，是应社会保障制度的内在需要而形成的法律体系，所调整的对象必须是和社会保障活动有直接关系的有关主体，并且严格局限于直接的社会保障活动之中。

★ 特定的技术性。社会保障的运营须以数理计算为基础，这使得社会保障立法需要特殊的技术性。其中，大数法则和平均数法则是经常用到的。

★ 实体法与程序法的统一性。在各种法律中，规定社会关系参加者实体权利和义务关系的法是实体法；为保证实体法所规定的权利义务关系得以实现而制定的有关运用和实施实体法的程序、手续的法是程序法。社会保障法既包括了对社会保障主体权利和义务的规定，又包括了保障法律关系正常运行的必要条件和程序，是实体法和程序法的统一。[1]

二、社会保障法的基本原则

★ 人权保障原则。国家建立社会保障法律制度是将社会保障作为保障人权的有力手段。

★ 公平原则。遵循公平与效率相结合的原则，维系社会长期稳定、和谐发展和经济长期发展。

★ 权利与义务相结合原则。公民依法享有社会保障的各种权益，前提是建立在公民缴纳社会保险税费之上。但权利与义务并不是完全意义上的对等，因为社会保障强调公平正义与政府责任，所以在社会救助、社会福利、社会优抚等方面公民并不需要进行缴费即可享受相关待遇。

---

[1] 史柏年. 社会保障概论 [M]. 北京：高等教育出版社，2012.

★ 与经济发展水平相适应原则。适度的社会保障投入水平，有利于经济的发展，对经济发展起着积极作用。

★ 普遍性与特殊性相结合原则。考虑全体社会成员的利益与需要，坚持全国统一的社会保障法律制度的同时，也要适当照顾不同地区的特殊情况，因地制宜。①

三、社会保障法律体系

法律体系通常指一个国家全部现行的法律规范分类组合为不同的法律部门而形成有联系的统一的整体。简而言之，法律体系就是部门法体系。这是法律的一般理论。作为单独的部门法，由现行的所有调整相同或类似的社会关系或对象的法律构成体系，形成部门法的法律体系。②

社会保障法是独立的法律部门，社会保障法律体系大致包括四大块：社会保险法、社会救助法、社会福利法、优待抚恤法（见图5-1）。

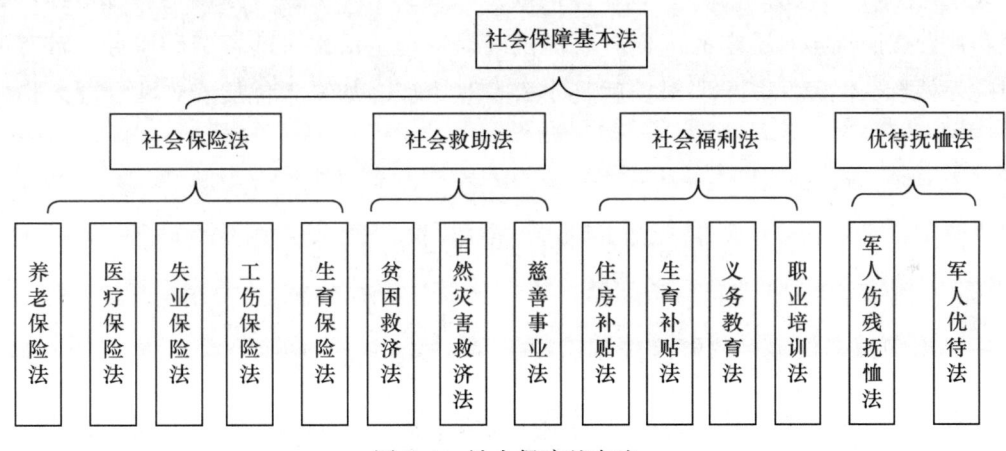

图5-1　社会保障基本法

资料来源：谢冰. 社会保障概论 [M]. 武汉：武汉大学出版社，2011.

★ 社会保险法律制度③。社会保险法律制度是社会保障法律制度中为保障公民最基本生活保障的需要而制定的法律，它的目标是对公民未来养老、日常医疗、就业失业、工伤、生育等方面制定规则，保障公民各方面的需求，具体分支涉及养老保险法、医疗保险法、失业保险法、工伤保险法、生育保险法等，这些不同险种的法制在不同国家有不同的侧重，但都发挥着重要作用。

---

① 郑功成. 社会保障学 [M]. 北京：中国劳动社会保障出版社，2003.
②③ 谢冰. 社会保障概论 [M]. 武汉：武汉大学出版社，2011.

★ 社会救助法律制度。社会救助制度可以说是社会保障制度发展史上最古老也是最传统的保护公民的方式,该制度规定公民在受到不可逆伤害或严重的自然灾害时,可以合理地从国家或政府获得一定程度上的经济帮助与其他帮助。社会救济法律制度根据国民可能遇到的困难情况制定了包括但不限于最低生活保障救助、自然灾害救助、见义勇为救助、民间慈善捐助等法律制度。①

★ 社会福利法律制度。虽然各个国家对社会福利的认识不尽相同,但这并未影响到社会福利制度的发展,同时为了促进社会福利事业的发展,部分国家加强了对社会福利制度的立法进程,具体包括老年人福利、儿童福利、妇女福利、残疾人福利、福利津贴、职业年金等。但社会福利制度立法存在一个无法回避的问题就是"福利陷阱"或被称为"福利依赖"。因为社会保障本身具有刚性发展属性,过高的福利水平对经济要求较高,对政府财政支出压力较大,容易造成"福利病"等问题,这个问题在部分欧洲国家存在争论。②

★ 社会优抚安置法律制度。该制度的立法主要针对军人及其家属等特殊群体,要求国家和社会按照规定对法定的优抚对象提供确保一定生活水平的资金和服务、带有褒扬性质的一种特殊保障。其主要对象就是军人及其家属,如军人优抚安置法、军人伤残抚恤法等。③

第三节 中国社会保障法

一、中国社会保障法律制度建制历程

自新中国成立以来,社会保障法律制度的发展经历了创立、停滞、改革起步以及全面建设等几个阶段。

1949年,临时宪法《中国人民政治协商会议共同纲领》中关于社会保障问题的规定为我国社会保障法律体系的建立开了先河,此后《中华人民共和国劳动保险条例》等法律法规的颁布勾勒出我国社会保障法制体系建设的雏形。④

1978年改革开放以来,社会保障法制体系的建设随着经济社会的迅速发展逐渐得到重视。这一阶段社会保障法的制定目标主要是为了与国有企业改革配套,继而在退休养老制度、军人抚恤优待制度等多方面不断补充并完善社会保障法律体系,建立了《国营

---

① ② ③ 谢冰. 社会保障概论 [M]. 武汉:武汉大学出版社,2011.
④ 郑功成. 社会保障学 [M]. 北京:中国劳动与社会保障出版社,2005.

企业职工待业保险暂行规定》等一系列法律法规。[①]

1993年，我国开始建立社会主义市场经济体制，这一阶段社会保障法制化主要是围绕这一核心展开。此后近十年间，国家在养老保险、医疗保险、社会救助、社会保障基金管理、慈善事业等多个方面都颁布了大量的法规和政策，如《关于建立城镇职工基本医疗保险制度的决定》《城市居民最低生活保障条例》等。[②]

2004年，党的十六届四中全会提出了构建社会主义和谐社会的目标，社会保障成为国家的基本社会政策。同年，第十届全国人民代表大会第二次会议通过的《中华人民共和国宪法修正案（2004年）》第二十三条提出，"国家建立健全同经济发展水平相适应的社会保障制度"[③]。社会保障制度被载入宪法，这成为社会保障制度法制化建设发展的一个里程碑。

2011年，"十二五"规划实施以来，相关专项社会保障法律制度如社会保险、社会救助、社会福利，慈善事业等制度得以制定并快速发展。如2010年通过的《中华人民共和国社会保险法》于2011年7月得到实施。

> 2010年10月28日第十一届全国人民代表大会常务委员会第十七次会议通过了《中华人民共和国社会保险法》。2018年12月29日第十三届全国人民代表大会常务委员会第七次会议《关于修改〈中华人民共和国社会保险法〉的决定》对《中华人民共和国社会保险法》进行了修整与完善。
>
> 《中华人民共和国社会保险法》（以下简称《社会保险法》）是中国特色社会主义法律体系中起支架作用的重要法律，是一部着力保障和改善民生的法律。它的颁布实施对于建立覆盖城乡居民的社会保障体系，更好地维护公民参加社会保险和享受社会保险待遇的合法权益，使公民共享发展成果，促进社会主义和谐社会建设，具有十分重要的意义。

二、中国社会保障法律体制发展现状

社会保障法律体系发展至今主要分为四个部分。

★ 社会保险法制化建设。不仅建立了如《社会保险法》这一较高统筹层次的法律，

[①] 杨思斌. 我国社会保障法治建设四十年：回顾、评估与前瞻[J]. 北京行政学院学报，2018（3）.
[②] 刘晓梅，邵文娟. 社会保障学（第二版）[M]. 北京：清华大学出版社，2018.
[③] 中华人民共和国宪法修正案（2004年）.

还建立并完善了如《中华人民共和国军人保险法》《工伤保险条例》《失业保险条例》等专项社会保险法律制度。

★ 社会救助法制化建设。2014年《社会救助暂行办法》的颁行，推进了社会救助体系的发展与完善。

★ 社会福利法制化建设。《中华人民共和国老年人权益保障法》等法律法规的颁行，为老年人、残疾人等特殊弱势群体的发展提供了制度层面的保障。

★ 慈善事业法制化建设。2016年《中华人民共和国慈善法》的颁布，为我国慈善事业的规范化发展奠定了基础。[①]

三、中国社会保障法律制度发展困境及未来展望

我国社会保障法律体系发展至今，仍存在三点制度缺陷。

1. 社会保障立法缺乏合理的理念。我国社会保障立法多围绕当期经济社会发展现状而展开，且随着经济社会发展的变化而变化，缺乏对社会成员自身保障需求的关注。

2. 社会保障立法层次不高，且缺乏统筹规划。现今我国尚未能建立起统一的社会保障法，且不同层次的专项社会保障体系建设缺乏统筹，制度运行效率低。

3. 社会保障立法与实践发展未能及时契合。社会保障法律体系具体法条的不足，法条内容滞后于法律实践等问题都在一定程度上限制了社会保障法律体系的良性运行。

为了实现社会保障法律体系从有到优的转变，我国社会保障法律体系还应做出如下改善。

其一，社会保障法律体系的确立需要体现出"以人民为中心"的核心，应依据社会成员的保障需要确立立法理念，满足其追求美好生活的现实需要。其二，统筹规划社会保障法律体系。在发展中确立以集中立法为主体，专项立法为补充的社会保障法律体系。其三，建立社会保障法律体系的反馈机制。社会保障法律体系应建立由下至上的社会反馈体制，以此联结社会与国家，缓解社会保障法发展滞后于法律实践发展的窘境。

---

① 杨思斌. 我国社会保障法治建设四十年：回顾、评估与前瞻[J]. 北京行政学院学报，2018（3）.

第六章 社会保障管理

第一节 社会保障管理模式

社会保障管理是保障社会保障制度良性运行的重要手段,而社会保障管理水平的高低、管理效率的优劣直接影响着社会保障制度能否在社会中发挥重要作用,而社会保障管理水平的高低与社会保障在不同国家或地区的管理模式有很大关系。

★ 社会保障管理体制是指国家为实施社会保障事业而规定的从中央到地方的各种社会保障管理机构、管理原则和运行机制的总和。①

★ 社会保障管理体制在不同国家或地区因社会环境、政治因素、历史背景和人文环境不尽相同而各具特色。根据集权程度的不同,可将既有管理体制分为集中管理模式、分散管理模式、集散结合管理模式。②

一、集中管理模式

★ 定义。集中管理模式,顾名思义,就是政府将有关社会保障项目(比如养老保险、医疗保险、失业保险、工伤保险等)全部统一起来进行管理,建立统一的社会保障经办机构、社会保障执行机构、社会保障管理机构等,对社会保障制度的设计,社会保障基金的筹集、给付,以及社会保障运营监督等进行管理。

★ 集中管理模式优势。

一是社会保障的管理方向相对统一,在宏观层面对社会保障的管理运行进行整体的规划、实施、监督,避免了社会保障管理体制碎片化。

二是有利于社会保障各项目之间通力合作,因为由统一的部门或机构进行管理,就免去了多部门之间的利益之争与视角差异,有利于更好更有效地协调社会保障各项目之间存在的边界问题。

三是有利于降低社会保障管理成本。由统一的社会保障部门进行统筹管理,免去了部门之间冗长的行政沟通,提升了效率的同时也节省了行政资源。

四是由统一的部门进行管理便于监督部门与社会力量对社会保障管理机构的监督,

---

① 郑功成. 社会保障学 [M]. 北京:中国劳动社会保障出版社,2005.
② 丁建定. 社会保障概论新编 [M]. 北京:中国人民大学出版社,2016.

特别是社会保障基金管理结构的监督,增强了社会保障基金运行的透明化。

二、分散管理模式

★ 定义。分散管理模式与集中管理模式正相反,它将社会保障中的不同项目,依据项目内容,建立不同的社会保障管理机构、经办机构、执行机构。不同项目、类属的社会保障管理机构相互之间是独立存在的,相互之间不影响对方,资金不能相互拆借使用。

★ 分散管理模式的优势。

一是不同社会保障项目有不同的特征,独立的管理机构、经办机构、执行机构有利于依据项目自身特点进行管理,具有较大的自主性,更能满足项目本身的要求与需要。

二是独立性强,在面对问题时较为灵活,可以及时有效地对社会保障项目的管理进行调整与修正,更能满足社会的需要。

★ 分散管理模式的劣势。由于管理机构众多,互相之间联系较少,行政手续冗长,容易造成资源浪费,徒增社会保障管理成本。另一方面,现代社会保障为了应对社会发展对项目自身提出了更高的要求,导致社会保障项目管理的边界也在不断变化,繁多并且独立的社会保障管理机构在一定程度上增添了社会保障管理问题,比如碎片化、功能重复等。

三、集散结合管理模式

★ 定义。集散结合管理模式综合了上述两种模式,将一些共性较强的社会保障项目统一集中起来进行管理,而将一些相对特殊的社会保障项目单独由特定的社会保障管理机构进行管理[①],这种社会保障管理体制被称为集散结合管理模式。

★ 特点。集散结合管理模式有效避免了单一社会保障管理模式的弊端,充分地将社会保障管理制度社会化,保证了社会保障的公共性又兼顾了特殊社会保障项目的要求。集散结合管理模式在实际管理社会保障各方面活动中,在扬长避短的基础上能更好地利用社会保障管理资源,提高社会保障管理效率,降低管理成本。唯一美中不足的是,这种社会保障管理模式对国家或地区的整体环境有着较高的要求,并不是任何国家都能将集散结合管理模式发挥出其最大的功效。

---

① 杨翠迎. 社会保障学 [M]. 上海:复旦大学出版社,2015.

第二节 中国社会保障管理体制

一、中国社会保障管理体制现状

中国现行的社会保障管理体制,形成于计划经济向市场经济转轨的过程之中①。总体表现为国家统一决策与分级管理相结合②,由政府对社会保障事务进行管理与监督。

★ 就管理机构而言,经过1998年、2008年的两次管理体制改革,我国社会保障管理体制大体上扭转了计划经济时期条块分割的局面,呈现出由人力资源和社会保障部与民政部两个部门主管社会保障事务的局面③。其中人力资源和社会保障部主要负责社会保险相关事宜,民政部则主管社会救济、社会福利。除上述两个主管部门外,其他部门,如中国残疾人联合会、2000年成立的全国社会保障基金理事会、2018年新组建的国家医疗保障局等,亦参与到社会保障事务的管理之中。

🕐 1998年的社会保障管理体制改革。1998年,新一届中央政府在劳动部的基础上组建劳动和社会保障部,内设养老保险司、失业保险司、医疗保险司、农村社会保险司、社会保险基金监督司、社会保险事业管理局④,将原有分散在人事部、卫生部、民政部等部门的社会保障管理职能进行整合。

2008年的社会保障管理体制改革。2008年,为顺应国家行政体制大部制改革的趋势,国务院将人事部与劳动和社会保障部合并,组建人力资源和社会保障部⑤,将劳动人事与社会保障的管理权限合并。

2018年,《深化党和国家机构改革方案》中,新组建国家医疗保障局与退役军人事务部,将医疗保障与军人保障进行单独管理,使整个社会保障管理体制得以重构⑥。

---

① 袁国敏,林治芬. 按大部制整合中国社会保障管理体制的思考 [J]. 北京航空航天大学学报(社会科学版),2016,29(2).
② 国务院. 关于印发完善城镇社会保障体系试点方案的通知.
③④ 许琳. 社会保障学(第三版)[M]. 北京:清华大学出版社,2018.
⑤ 章晓懿. 社会保障概论 [M]. 上海:上海交通大学出版社,2010.
⑥ 郑功成. 中国社会保障40年变迁(1978—2018):制度转型、路径选择、中国经验 [J]. 教学与研究,2018(11).

★ 就整个管理网络而言，我国业已形成从中央到省、市、县、乡镇（街道）的五级纵向管理网络。

其中，管理网络链条顶端为中央管理机构，如人力资源和社会保障部、民政部，属于领导和决策层次，主要负责决策与法律法规的制定。

省级地方管理机构，如地方各级人力资源和社会保障部门，则处于整个管理网络的中层。其在管理网络中，对上具体贯彻执行中央政策与法律法规，对下负责实施监督、制定地方性实施细则，进行协调。属于辅助和传递层次[①]。

市、县、乡镇（街道）等基层管理机构，则是管理网络的末梢，为具体的社会保障事务执行与经办主体。

二、中国社会保障管理体制存在的问题

（一）法律机制与监督机制乏力

审视我国既有社会保障相关立法、政策，可发现既有法律除2010年颁布的《社会保险法》外，均为条例、法规、规章等，完备的社会保障法律体系尚未形成，社会保障管理的"有法可依"仍待进一步建设。

在监督机制方面，我国社会保障政策的制定、实施、检查和监督大多都是由社会保障管理部门进行，决策的制定者同时又是决策的执行者与监督者[②]，监督不力的现象时有发生。

（二）社会保障事权主体重心偏低

近年来，我国虽在不断加大推进社会保障统筹层次的力度，但就具体实践而言，以县市级为资金统筹单位并由县市级政府对社会保障事务负责仍是我国社会保障管理的基本特征[③]。此种管理方式虽较为灵活，但社会保障事权多散落于基层，中央与省级政府统筹不足，制约着我国社会保障体系的互助共济，且不利于发挥集中管理的优势。

（三）信息化建设有待加强

社会保障管理体制的现代化是国家治理能力现代化的重要一环。近些年来，我国虽

[①] 张浩淼. 社会保障理论与实践［M］. 北京：对外经济贸易大学出版社，2017.
[②] 安仲文，高丹. 社会保障学（第三版）［M］. 大连：东北财经大学出版社，2016.
[③] 单大圣. 中国建成世界最大社会保障体系后的政策选择［J］. 北京航空航天大学学报（社会科学版），2019，32（2）.

已实行"金保工程"、社会保障电子政务建设、"互联网+人社"等推动管理手段信息化，但就既有实践而言，信息管理机制仍然不够规范，信息化建设仍需加强。具体说来，既有的信息平台建设缺乏统一规划；不同部门、不同项目、不同区域之间的社会保障信息共享不足；信息系统在项目设置、信息格式、管理等方面都仍需继续改进。[①]

第三节　社会保障基金管理

一、社会保障基金概述

（一）社会保障基金的内涵

社会保障基金（Social Security Fund）是为了保障社会成员在丧失劳动能力或失去劳动机会时的基本生活需要，根据国家有关法律、法规和政策的规定，建立起来的专款专用的经费。

这一定义可从以下几个方面来理解。社会保障基金是依据法律法规设立的；社会保障基金管理必须是政府部门或政府特别授权的专业机构；社会保障基金是专项资金，必须专款专用；社会保障基金是保持社会保障制度可持续的物质基础；社会保障基金以满足社会成员基本生活需要为目标。

（二）社会保险基金的财务方式

作为社会保障基金的主体，社会保险基金的财务方式包括现收现付制、完全积累制和部分积累制。

1. 现收现付制

★ 定义及特征。现收现付制（Pay-As-You-Go，PAYGO），亦称"非基金式"或纳税式或统筹分摊式，是当前社会保障待遇支付所需资金直接向现役劳动者征收取得的制度。该模式不考虑资金储备，只从当年或近两三年的社会保险收支平衡角度出发，确定一个适当的费率标准向企业与个人征收社会保险费或税。[②]

★ 现收现付制具有以下三个优点。

第一，符合低成本原则。由于保险基金投资运行和管理的成本较少，保险人的责任

---

① 秦立建. 社会保障学：理论·制度·实践 [M]. 北京：高等教育出版社，2016.
② 郑功成. 社会保障学 [M]. 北京：中国劳动社会保障出版社，2005.

风险也较少,从而对管理水平的要求和其他管理费用也较低。

第二,有利于防止由物价或收入变动所带来的养老保险金的波动。现收现付制能有效应对通货膨胀,主要是通过保险金随物价或收入波动而调整的指数调节机制,以应对退休金贬值的风险。

第三,再分配功能强,能够实现当期横向的平衡。

★ 现收现付制主要的缺点。

第一,难以应对人口老龄化风险。随着人口老龄化,劳动人口增长落后于老年人口增长,导致基金收入无法弥补待遇支付需要,引起社会保障基金收支失衡现象。

第二,代际间的收入再分配矛盾较突出。该模式采取"以支定收"的弹性费率制原则,在职投保人与退休被保险人之间的权利与义务不对等,引发在职职工和退休人员间的矛盾难以避免。

2. 完全积累制

★ 定义。完全积累制亦称基金式或预提分摊式,是指当前社会保障待遇支付所需资金来自过去预先积累基金的制度。该模式是在对有关社会经济发展指标如退休率、伤残率、通货膨胀率等进行宏观上的长期测算后,从追求养老保险收支的长期平衡角度出发,确定适当的费率标准,将养老保险较长时期的支出总和按照比例分摊到整个期间并向企业与个人征收。①

★ 完全积累制具有以下三个优点。

第一,容易应对人口老龄化和经济增长,减缓风险。

第二,对经济和金融发展具有积极作用,实现的是纵向上的长期平衡。

★ 完全积累制具有以下三个缺点。

第一,个人养老保险基金账户积累时间跨度长、数额大,所以受通货膨胀影响,基金遭受贬值的风险很大;如果社会保障基金存在海外投资,还会受到汇率因素的影响。

第二,容易受到一国金融市场完善程度的限制。

第三,再分配功能弱。由于在完全积累制下,受益人待遇来自以往的基金积累,而不是下一代人缴费或纳税,因而不存在代际的收入再分配。由于积累制多采用个人账户管理,这时也不存在代内收入再分配。

3. 部分积累制

部分积累制是介于现收现付制和完全积累制之间的一种财务方式。在部分积累制下,

---

① 郑功成. 社会保障学 [M]. 北京:中国劳动社会保障出版社,2005.

当前社会保障待遇支付所需资金部分来自现役劳动者的供款，部分来自过去预先积累的基金，为目前采用最多的社会保障基金财务方式。部分积累制各方面的表现和特征均介于现收现付制和完全积累制之间，兼具两种制度的优点和缺点。

（三）中国社会保障基金构成

★ 从社会保障基金的横向构成上看，社会保障基金的构成与社会保障项目体系相一致，可将社会保障基金划分为社会保险基金、社会救济基金、社会福利基金和社会优抚基金等，广义上社会保障基金还应当包括补充保障基金、互助保障基金以及慈善基金等。

其中，社会保险基金是社会保障基金的重要组成部分，包括养老保险基金、医疗保险基金、失业保险基金、工伤保险基金和生育保险基金，其中养老保险基金是社会保险基金中的最重要的组成部分。

★ 从社会保障基金的纵向构成上看，社会保障基金的构成与行政管理层级相一致，可将社会保障基金划分为全国性社会保障基金、地方性社会保障基金和补充性保障基金。

全国性社会保障基金。特指全国社会保障基金，简称全国社保基金，是由全国社会保障基金理事会管理的国家战略储备基金（见图6-1）。

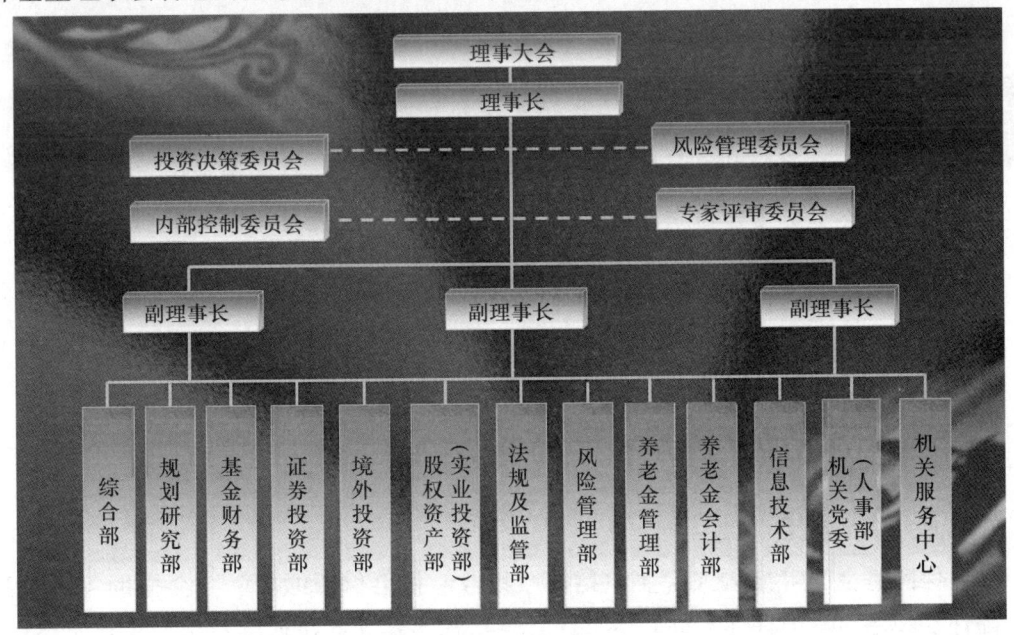

图6-1 全国社会保障基金理事会组织构架

资料来源：全国社会保障基金理事会网站（http://www.ssf.gov.cn）

全国社会保障基金理事会成立于2000年8月，为国务院直属事业单位。

全国社会保障基金2017年投资收益率达到9.68%，投资收益率接近2 000亿元。全国社会保障基金自2000年8月成立以来，累计投资收益额突破1万亿元。

地方性社会保障基金。地方性社会保障基金主要是指由我国地方政府管理的养老保险、医疗保险、失业保险、工伤保险、生育保险等社会保险基金以及住房公积金等。2012年财政部发布的《关于规范和加强社会保障基金财政专户管理有关问题的通知》中明确，地方社会保障基金只能用于定期存款和购买国债。随着地方社会保障基金规模扩大，资金的收益与安全日益引起高度关注。目前，各级地方社会保障基金主要以定期存款为主，占地方社会保障基金总额的95%以上。由于存款利率较低，地方社会保障基金处于极大的贬值风险之中，增值的紧迫性加强。①

补充性保障基金。包括企业年金基金、补充养老保险、补充住房公积金、职工互助保障基金、职业年金等。补充性保障基金主要由各种商业保险机构或企业年金受托人管理。

人力资源和社会保障部的数据显示，截至2018年年末，全国累积的企业年金规模为1.48万亿元，覆盖人数2 388万人，企业户数超过8.7万户；自2007年以来，年平均收益率达到6.97%。职业年金建立不到5年，市场化投资5个月，覆盖率82%，截至2019年5月底，职业年金结余规模已近6 100亿元。

> 职业年金是指机关事业单位及其工作人员在参加机关事业单位基本养老保险的基础上，建立的补充养老保险制度。2015年初发布的《国务院关于机关事业单位工作人员养老保险制度改革的决定》提出，机关事业单位职业年金与基本养老保险制度同步建立，在优化养老待遇结构的同时保持待遇水平不降低。

二、社会保障基金的资金筹集

（一）社会保障基金的筹资方式

1. 税收方式和缴费方式

社会保障基金的筹集方式主要包括征收税收、社会保障缴费、社会捐助等。通常来说，除社会保险以外的社会救助基金、社会福利基金和社会优抚基金主要来自政府税收，

---

① 杨翠迎. 社会保障学［M］. 上海：复旦大学出版社，2015.

部分基金来自社会捐助。社会保险基金的来源则分为两种，分别为社会保障税和社会保障费。

★ 社会保障税。通过税收的形式征收社会保障基金，这是目前世界上建立社会保障制度的国家普遍采用的一种征缴形式。①

税收方式筹资优点。具有较高强制力，资金来源稳定，征收对象广泛，比较适合于社会保障覆盖面相当大的国家。

税收方式筹资缺点。在于隐含政府承诺以国家财政作为待遇给付担保，随着社会保障开支的增加，政府财政负担也将随之加重。

★ 社会保障费。通过征收社会保险费的方式取得社会保障基金收入。强调缴费和受益之间的权利义务的关联是这种方式本质的特征。

缴费方式筹资的优点。强调缴费和受益的关联，对参保人有更强的激励，也不容易加重政府的财政负担。

缴费方式筹资的缺点。强制力较弱，在保险费征缴和覆盖面的扩展方面存在一定困难。

2. 筹集模式

★ 全部个人缴纳。全部由个人缴纳的筹集模式比较强调个人自我保障责任，以个人强制性储蓄为主要方式，常和完全积累制相结合。采用这种筹集模式的典型国家是新加坡和智利。

★ 全部雇主缴纳。全部由雇主缴费的筹集模式强调的是雇主保障员工生活安全方面的责任。工伤保险、生育保险等项目常采用这种筹资模式。有的国家和地区在养老保险等项目筹资中也采用这种方式。例如，澳大利亚政府规定雇主必须按照雇员工资收入的9%向超级年金（Superannuation）计划缴费，而不强制要求个人缴费。

★ 全部财政负担。全部由财政负担的筹集模式强调政府在保障国民生活安全方面的责任。采用这种筹集模式的国家多以税收作为主要筹资方式。前东欧社会主义国家、我国计划经济时期曾普遍使用这种筹集模式。目前，部分欧洲福利国家也采用这种模式。

★ 单位和个人共同缴纳。单位和个人共同缴纳的筹集模式是指社会保险基金完全来自单位和个人的缴费，强调个人及其雇主的保障责任。但是，各国（地区）单位和个人的缴费比例有所不同。日本的厚生养老保险制度、德国养老保险制度以及中国香港的强

---

① 潘锦棠. 社会保障学概论 [M]. 北京：北京师范大学出版社，2012.

积金制度，单位和个人缴费比例相同，而在中国内地，单位养老保险缴费率远远超过了个人。

★ 单位、个人和政府共同负担。这种模式特点是企业、个人和政府三方共同负担社会保障基金缴费，既强调国家责任，也强调个人及其雇主的贡献。许多发达国家均采用这种模式。三方共同负担的模式能较好地平衡各方利益，更容易被接受。

（二）中国社会保障基金的筹集

1. 全国社会保障基金的筹集

根据2001年12月财政部与劳动和社会保障部共同颁布的《全国社会保障基金投资管理暂行办法》，全国社会保障基金作为国家战略性储备，资金主要来自以下几个方面。

★ 国有股减持划入资金及股权资产。2001年6月，国务院颁布了《减持国有股筹集社会保障资金管理暂行办法》，以法律形式明确了可以通过国有股减持变现筹集社会保障基金。2002年6月，国务院有关部门暂停执行国内证券市场国有股减持的决定，转而考虑将部分国有股划拨给全国社会保障基金。划拨的国有股不再进行减持变现，而是由全国社会保障基金在需要时，通过分红、向战略投资者协议转让等形式为社会保障基金提供融资。2009年，财政部、国资委、证监会以及全国社会保障基金理事会颁布了《境内证券市场转持部分国有股充实全国社会保障基金实施办法》，规定股份有限公司首次公开发行股票并上市时，按实际发行股份数量的10%，将上市公司部分国有股转由全国社会保障基金理事会持有。

以国有资产充实社会保障基金是许多国家普遍采用的方式。例如，智利在1975—1982年先后出售一大批国有中小企业，共取得8.4亿美元收入用于社会保障改革。为了建立未来基金，澳大利亚联邦政府出售了唯一的国有企业澳大利亚电讯公司（Telstra）的部分股权。在漫长的计划经济时期，各企业职工的工资较低，而资产积累率高，形成了庞大的国有资产。利用这部分资产充实社会保障基金不仅可以保持社会保障体系的可持续运行，也可为计划经济时期职工养老提供补偿。[1]

10%国有资产分成养老金，"还富于民"成现实？

国务院公开了日前印发的《划转部分国有资本充实社保基金实施方案》，其中明确，中央和地方国有及国有控股大中型企业、金融机构纳入划转范围，划

---

[1] 杨翠迎. 社会保障学 [M]. 上海：复旦大学出版社，2015.

转比例统一为企业国有股权的10%，股权分红及运作收益专项用于弥补企业职工基本养老保险基金缺口。也就是说，政府要将国有资本的10%作为大家未来养老金的补充，保证人人老有所依，真正让国有资产"还富于民"，让大家生活得更幸福、更安心。

（资料来源：凤凰网. 10%国有资产分成养老金，"还富于民"成现实？）

★ 国家财政拨款。国家财政拨款是目前全国社会保障基金最主要的来源，其中包含了中央彩票公益金收入。截止到2018年，中央财政对全国社会保障基金累计拨款9 149亿元，其中预算拨款3 298亿元，国有股减转持资金和股份2 844亿元，彩票公益金拨款3 010亿元。[1]

★ 投资收益。长远来看，全国社会保障基金的发展必须依靠投资收益实现滚动持续发展，相对于地方管理的社会保障基金，我国对全国社会保障基金投资限量监管较为宽松，自成立以来，全国社会保障基金取得了不错的投资业绩。

自2001年以来，在多数年份里，全国社会保障基金投资回报率高于同期通货膨胀率，实现了保值增值的目标。年平均投资回报率达到8.4%，累计获得了2845.9亿元的投资收益，成为全国社会保障基金资产的重要来源。

2. 地方性社会保障基金的筹集

地方管理的社会救助基金、社会福利基金、社会优抚基金主要来自中央和地方政府的财政拨款，辅以社会慈善捐助和其他收入。下面主要介绍社会保险基金的资金筹集。

★ 社会保险基金征缴方式。我国采用社会保险费的方式为社会保险基金筹资，但是近年来围绕是否要将社会保险费改为社会保险税问题，争议热烈。支持"费"改"税"的观点主要认为税收具有更强的约束力，有利于加大社会保险筹资的强制力度。然而，"费"改"税"并不仅仅意味着征收办法的转变，还涉及政府责任从有限责任到无限责任，以及权利义务关系和财务预算管理方式的变更。

我国采用雇主缴纳、雇员缴纳、政府补贴三方筹资模式。

雇主缴纳的费用包括养老保险费、医疗保险费、失业保险费、工伤保险费、生育保险费和住房公积金，其中各项社会保险缴费基数为上年度职工工资总额，住房公积金缴费为个人工资总额。雇主各项缴费率规定为：养老保险缴费率一般不超过20%，医疗保险缴费率一般不超过6%，失业保险缴费率不超过2%，工伤和生育保险合计缴费率不超过2%。

---

[1] 财政部社会保障司司长符金陵2018年12月28日在"中国社会科学院社会保障论坛暨《中国养老金发展报告2018》发布会"上的讲话。

雇员缴纳的费用包括养老保险费、医疗保险费、失业保险费、住房公积金等，缴费基数为上年度本人月平均工资①，缴费率低于雇主。

政府对社会保险基金给予一定的财政补贴。我国《社会保险法》第六十五条规定，县级以上人民政府在社会保险基金出现支付不足时，给予补贴。

三方筹资的模式在一定程度上平衡了雇员、雇主和政府的负担，但我国各项社会保险费合计缴费率较高，已经对劳动力市场和企业发展造成了影响。

2018年8月20日，国家税务总局、人力资源和社会保障部等五部委召开联合会议，提出在2018年12月10日前完成社保费和第一批非税收入职责划转交接工作。由税务部门统一征收社保意味着征缴力度的强化。

★ 社会保险费的征缴管理。为了完善社会保险费的征缴，国务院1999年颁布了《社会保险费征缴暂行条例》，2019年3月24日《国务院关于修改部分行政法规的决定》修订了《社会保险费征缴暂行条例》。《社会保险费征缴暂行条例》（以下简称《征缴条例》）明确规定了我国社会保险基金的征缴范围、征缴机构、征缴管理和征缴监督检查以及违规处罚等方面的制度。《征缴条例》规定缴费单位、缴费个人应当按时足额缴纳社会保险费，征缴社会保险费纳入社会保险基金，专款专用，任何单位和个人不得挪用。社会保险基金按照不同险种的统筹范围，分别建立基金，各项社会保险基金分别核算。

三、社会保障基金的投资运营

（一）社会保障基金投资原则

★ 安全性原则。安全性原则是社会保障基金投资的首要原则。所谓安全性是指，社会保障基金投资以低风险产品为主要投资渠道，因此各国社会保障基金以投资级以上债券为主要投资对象，股票等高风险投资比例较低。

★ 收益性原则。为了满足社会保障待遇的给付，社会保障基金必须产生一定收益。不同社会保障基金对收益性的要求不同。通常，待遇给付和收入挂钩的社会保障计划要求基金具有较高的回报率，而待遇给付和通货膨胀挂钩的社会保障计划则只要实现基金保值目标即可。

---

① 个体工商户、自由职业者和灵活就业人员缴费基数为上年度社会月平均工资。

★ 流动性原则。社会保障基金具有流动性，一方面接受缴费形成基金收入，另一方面向受益人给付待遇。为了保障给付的及时性，社会保障基金必须有一定比例的高流动性资产。不同社会保障项目对基金流动性的要求也不相同。养老保险基金支出短期内相对稳定，而且可预测，对流动性的要求较低。医疗保险基金、工伤保险基金等支出波动性较大，难以预测，因而对流动性要求较高。

★ 长期性原则。社会保障项目通常运作期限长。以养老保险为例，一个养老保险计划从缴费到领取跨期通常有30年左右，这意味着计划的负债期很长，因而为了实现期限结构匹配需要，社会保障基金主要投资期限较长的金融产品，尤以长期债券为主要投资对象。在投资股票时，也应遵循长期价值投资，不应追求短期收益而频繁调整投资组合。

★ 分散性原则。相对于一般的私营基金，通常社会保障基金规模巨大。庞大的社会保障基金无法被单一或少量的投资产品和渠道吸收，因而必须采用分散化甚至全球组合投资来降低风险，提高投资回报率。[1]

（二）社会保障基金投资渠道

★ 银行储蓄。银行储蓄收益率低，不利于实现基金的保值增值。

★ 政府债券。按照发行主体划分，政府债券包括中央政府债券和地方政府债券。由于政府债券有政府信用担保，投资风险最低，成为社会保障基金普遍采用的投资渠道。

★ 非政府债券。非政府债券包括金融债券和企业债券，通常收益率稳定。各国通常对社会保障基金可投资债券有评级要求，一般仅可投资于投资级以上级别债券。社会保障基金投资非政府债券要求该国或地区具备比较发达而完善的资本市场。

★ 股票。股票价格波动性大，是高收益、高风险的投资品。历史上，政府对社会保障基金股票投资限制严格。近年来，为了提高社会保障基金收益率，部分国家放松了这种限制，开始允许社会保障基金更多地投资到股票市场上。但是，股票投资的高风险属性使其不可能成为社会保障基金投资组合的主要构成。

★ 直接投资。通常直接投资也是高风险、高收益的投资方式。社会保障基金直接投资有两种方式：第一，直接创办经济实体，通过经济实体商业运作获取投资收益；第二，投资于长期基础设施建设，这种方式投资周期长，收益较为稳定。社会保障基金直接投资应当坚持以既定的投资目标为导向，避免受到不恰当的干扰而影响投资绩效。[2]

🕐 2018年11月17日至20日，第9届财新峰会年会《全球共探路》在北京召

---

[1][2] 杨翠迎. 社会保障学 [M]. 上海：复旦大学出版社，2015.

开，全国社会保障基金理事会副理事长陈文辉在峰会上表示，社会保障基金的投资要讲配置，社会保障基金投资策略尤为重要，并举股市为例，"我的比例是在10%~30%之间，如果股市股指老往下跌，跌到10%以下了，我们必须补到10%以上。我是讲我的纪律，不讲股指是往下还是往上的问题，所以到这个时候我不买也得买。如果涨得已经超过了上限，市场机会再好，也只能减持。"

第七章　社会保障的制度架构

> 社会保障制度具有一定的历史性与动态性，其政策选择在时空的变换中不断进行调整与发展。从最初的单一项目设置到今天的回应多样保障需求与风险，社会保障制度覆盖范围不断扩大，项目内容不断丰富。作为一项庞大的社会政策与立法体系，社会保障的子内容依照不同层次、不同功能设定，并在各国制度的具体实践中体现其系统性与复杂性。

第一节　世界社会保障制度架构

一、世界社会保障制度架构发展历程

社会保障制度是在近现代工业文明中，由国家认知与社会现状交互形成的产物。其制度设计并不是从最初就如当下这般形成稳定的体系架构，而是受理论流派、社会现状的影响，由国家根据国情与优先顺序，逐渐建立起社会保障制度。制度内容随风险的感知与风险的扩大而不断丰富。

在初建之时，各国面向当时社会最为紧迫的问题，如劳资关系、就业、老龄化、贫困等，逐步建立起对应的社会保障项目，以制度化的手段化解社会中被感知到的风险。但这一时期，限于国家自身逻辑与经济社会现状，制度并未覆盖所有群体，内容仍需进一步完善，完整性架构尚未呈现，具有一定的局限性。

而后在英国寻求建立福利国家的过程中，其重要指南《贝弗里奇报告》对社会保障计划所解决的问题进行了详细规定。《贝弗里奇报告》认为，"社会保障不能只是追求基本物质需要"，它需要解决五种严重社会问题，即贫困、疾病、愚昧、肮脏、懒散[1]，为社会保障制度的基本内容与目标奠定基础。随后各国纷纷以《贝弗里奇报告》为蓝本，

---

[1] [英]威廉姆·贝弗里奇. 贝弗里奇报告：社会保险和相关服务[M]. 华迎放等，译. 北京：中国劳动社会保障出版社，2004.

结合本国国情建立社会保障制度。这一阶段，制度架构虽得以不断完善，但国际上通行的框架尚未形成。

直至1952年，国际上对社会保障制度架构的统一性规定首次出现。第35届国际劳工大会上，针对当时欧洲社会发展所存在的问题，通过了《社会保障最低标准公约》（第102号公约），指出社会保障计划应当包括老年待遇、残疾待遇、遗属待遇、医疗服务、疾病待遇、失业待遇、工伤待遇、生育待遇、家庭待遇这九类项目①。对该项公约生效的成员国，应至少建立以上提及的三类项目，且至少涵盖失业、老年、残疾、遗属待遇的一项内容②。《社会保障最低标准公约》以项目保障的风险及提供的需求为分类标准③，对社会保障制度的框架进行整体性建构，至今仍作为国际上统计社会保障发展现状的指标而存在。

总体来看，社会保障制度的框架随着社会的发展逐步得到完善，其保障项目（依据国际劳工组织的分类）在各国得到不断普及，并实现部分项目在所有国家中百分之百建立（见图7-1）。但在这里，国际劳工组织所构建的制度架构仅仅作为通行的国际标准用以描述社会保障制度架构的发展历程。在现实中，世界各国根据本国国情，以上述九类内

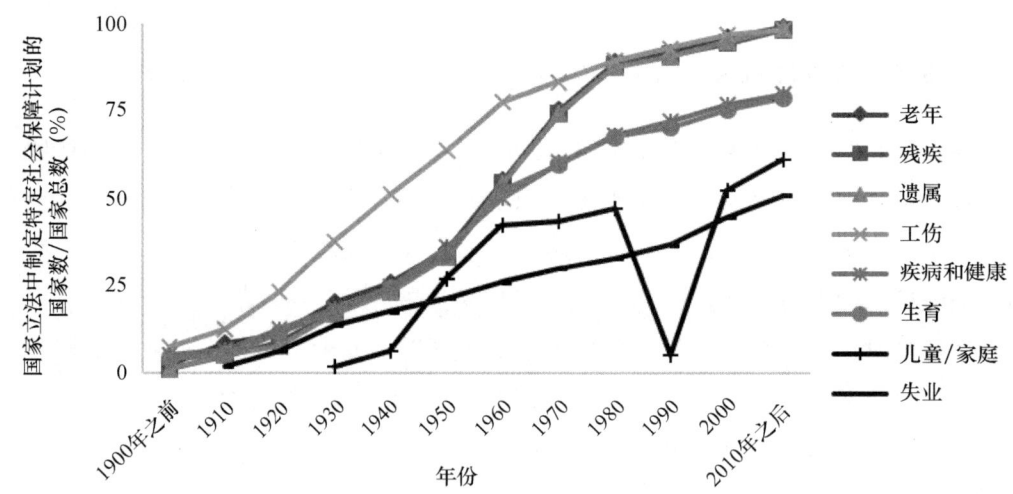

图7-1　按政策领域划分的被国家立法承认的社会保障项目发展情况

资料来源：ILO，World Social Protection Database；ISSA/SSA，Social Security Programs Throughout the World，http://www.social-protection.org/gimi/gess/RessourceDownload.action? ressource.ressourceId=54617.

---

①② ILO. Social Security (Minimum Standards) Convention, 1952 (No. 102). https://www.ilo.org/dyn/normlex/en/f? p=NORMLEXPUB:12100:0::NO::P12100_INSTRUMENT_ID:312247.

③ 李珍. 社会保障理论（第二版）[M]. 北京：中国劳动社会保障出版社，2007.

容为核心，设计具有不同名称、涵盖不同内容与群体的保障项目。不同的国家有不同的项目，同一项目在不同的国家可以有不同的名称，而同一名称的项目可能有不同的内涵和外延。①

二、世界社会保障制度架构概览

综观世界各国，对社会保障制度的理解、社会保障制度架构设置各异。各国社会保障制度在形成过程中都受本国政治、经济、文化制度的制约和影响，各具特色。②

🕐 如在英国，社会保障大多指的是主要由中央政府管理的现金待遇体系；在美国，社会保障指的只是社会保险中的退休、遗属和残障待遇，而社会救助则被称为福利；在法国和许多拉美国家，社会保障指的是包括医疗保健在内的社会保险，但不包括某些由地方提供的社会救助待遇；在爱尔兰，人们更愿意用社会福利而非社会保障一词。③

正是这些对制度内涵与外延的不同解读，为社会保障制度增添更多的国家色彩。而为了更加清晰地呈现社会保障制度架构的全景图，这里在剖析各国社会保障制度架构的基础上，对制度内容进行归纳。具体说来，将从不同社会保障模式中选取代表性国家，进行社会保障制度架构的透视。

★ 其中，保守主义福利体制中以社会公平与社会安全为核心建立社会保障制度的德国，其制度由社会保险、社会补贴与社会救济三大部分构成，社会保险涵盖养老保险、医疗保险、母亲保护（生育保障）、就业促进（失业保险）、工伤事故保险以及护理保险，社会补贴则涵盖家庭负担补贴与住房金④。

★ 在属于自由主义福利体制的美国，社会保障具有相当具体的含义，仅指美国人的老年、遗属和残疾保险计划，而不包括州和地方政府的社会保障项目⑤。但这种狭义上的定义并不具备归纳借鉴的意义，因此将从广义上对其进行探讨。美国的广义的社会保障制度框架，由社会保险与社会福利两部分组成。其中社会保险制度主要包括老年及幸存者、残疾者保险，医疗保险和失业保险制度，而社会福利制度则是指一系列对低收入阶

---

① 李珍. 社会保障理论（第二版）[M]. 北京：中国劳动社会保障出版社，2007.
②④ 姚玲珍. 德国社会保障制度 [M]. 上海：上海人民出版社，2011.
③ [英] 简·米勒. 解析社会保障 [M]. 郑飞北，杨慧，译. 上海：格致出版社，上海人民出版社，2012.
⑤ 丛树海，郑春荣. 国际社会保障全景图 [M]. 南京：江苏人民出版社，2015.

层和贫困社会成员进行救济的项目。①

★ 社会民主主义福利体制中，以普享型制度为特色的瑞典，其制度框架由养老保障、医疗保障、失业保障、基本生活保障、住房和教育保障以及社会服务等一系列福利制度组成。制度涵盖养老保险、医疗保险、失业保险、儿童基本生活保障、残疾人基本生活保障制度、家庭补贴等项目内容②，为国民提供"从摇篮到坟墓"的保障措施。

★ 在东亚国家中，以韩国为例。韩国对社会保障的基本认识是，为了在疾病、伤残、老龄、失业、死亡等社会危险方面保护所有国民，解除贫困，提高国民的生活质量而提供的社会保险、公共扶助、社会福利服务和相关福利制度。③ 在狭义层面上，制度包括社会保险、公共扶助、社会福利服务，用以保障基本生活；在广义层面上，还设立保障人所应有的生活的相关福利制度，即基础生活环境相关制度与人口及素质相关制度。④

基于以上介绍，可对既有国家社会保障制度架构进行抽象化处理。从总体来看，世界各国虽均建立起内容不尽相同的社会保障制度，但其共性依旧存在。社会保障制度架构可从各项不同的制度名称、内容中，抽离出社会救助、社会保险、社会福利这三大部分。各国依据这三大部分构建社会保障制度基本框架，并视本国国情设立公务员保障、企业年金、慈善事业等其他保障项目（见表7-1）。

表7-1　　　　　　　　　部分国家社会保障制度架构

国家	社会保障制度架构
英国	1. 社会保险（包括退休津贴、病假和丧失工作能力津贴、失业津贴、产假津贴、遗属津贴和死亡津贴等）； 2. 社会补助（包括住房、儿童、食品、高龄老人补助）； 3. 社会救助（包括低收入户、贫穷老人以及失业者救助）； 4. 国民保健服务、个人生活和社会照顾等
德国	1. 社会保险（包括养老基金、残疾保险、疾病保险和病假疗养保险、失业保险、工伤保险和职业病保险等）； 2. 社会救助（包括失业救济、病人和残疾人以及老人救济等）； 3. 社会补贴（包括儿童补贴、休假补贴和住院补贴等）； 4. 义务教育

---

① 林闽钢. 社会保障国际比较 [M]. 北京：科学出版社，2007.
② 粟芳，魏陆等. 瑞典社会保障制度 [M]. 上海：上海人民出版社，2010.
③④ 金钟范. 韩国社会保障制度 [M]. 上海：上海人民出版社，2011.

续表

国家	社会保障制度架构
法国	1. 社会保险（包括养老保险、疾病与工伤保险、失业保险等）； 2. 社会补贴（包括住房补贴、家庭补贴、失业补贴和特别补贴等）； 3. 公务员福利待遇（包括退休金待遇、休假待遇、工伤待遇、产假哺育假待遇、受教育待遇等）
瑞典	1. 社会保险（包括老年保险、医疗保险、失业保险等）； 2. 社会救助（包括失业救助、残疾人救助等）； 3. 家庭福利津贴（生育福利津贴、低收入家庭津贴、住房津贴、儿童津贴等）； 4. 免费教育和各类职业培训等
美国	1. 社会保险（包括养老、残疾、遗属保险、补充保障收入等）； 2. 医疗保险（包括医疗照顾和医疗补助）； 3. 收入补助（包括抚养未成年子女家庭补助、食品券、低收入家庭能源补助等）； 4. 失业保险（包括工人补偿、暂时伤残保险、退伍军人补贴等）； 5. 矽肺病保险及补助等
日本	1. 社会保险（包括年金制度、医疗保险、工伤保险和雇用保险等）； 2. 社会福利（包括儿童福利、残疾人福利和老人福利等）； 3. 国家救济和公共卫生； 4. 义务教育等

资料来源：章晓懿. 社会保障概论［M］. 上海：上海交通大学出版社，2010.

第二节　中国社会保障制度架构

中国的社会保障制度，受中国的内在逻辑与国际制度建设经验的交互影响，内含多种具有经济福利性的社会化保障措施。审视既有的法定社会保障制度，可将我国的制度架构概括为社会救助、社会保险、社会福利、社会优抚四大板块。其中，社会救助旨在保障公民的最低生活需求；社会保险则作为整个制度架构的核心而存在；社会福利旨在提高人民的生活质量，保障高层次需求；而社会优抚则专门针对对国家有特殊贡献的一类群体设立，如军人。

一、社会救助

社会救助，是当公民难以维持最低生活需求时，由国家和社会按照法定的程序和标准向其提供保证最低生活需求的物质援助的社会保障制度。[①] 其保障水平低于社会保险与

---

① 李珍. 社会保障理论（第二版）［M］. 北京：中国劳动社会保障出版社，2007.

社会福利，属于社会保障制度的较低层次。

★ 就保障对象而言，可分为三种类别：一是无依无靠、无劳动能力且缺乏生活来源的人，如孤儿、残疾人等；二是有收入来源，但水平低于法定最低标准的人；三是有收入来源、有劳动能力，但由于遭受自然灾害或社会灾害，暂时无法维持基本生活的人。[①]

★ 就制度特点而言，该项制度有别于过去的带有恩赐色彩的济贫手段，将国家对生活困难的公民或家庭的帮助视为国家的一项义务。公民的生存权是制度的内含之意。在资金来源上，社会救助制度由国家财政预算直接拨款。受助对象在满足特定条件后，经自行申请，即可享受相关待遇，无须缴费。

★ 就制度内容而言，根据我国2014年5月开始实施的《社会救助暂行办法》，社会救助在我国主要起到"托底线、救急难、可持续"的作用，其内容主要包括最低生活保障、医疗救助、教育救助、住房救助、就业救助、临时救助、灾害救助七个子项目[②]。

二、社会保险

社会保险，是一种为丧失劳动能力或暂时失去劳动岗位的人提供的收入保险计划[③]，几乎覆盖了劳动者从生到死的所有需要，旨在化解劳动者生命历程中可能遇到的年老、疾病、工伤、失业、生育等风险。制度覆盖群体范围广，对社会经济生活影响深远，已经成为社会保障制度的核心内容。

作为一项保险项目，社会保险通过大数法则与互助共济来化解社会成员未来可能会面临的风险，实现风险的分摊与部分收入损失的补偿。相较于其他子项目，社会保险具有一定的强制性，它是国家以立法的形式强制实施的，强调权利与义务的对等，个人享受的待遇与其缴费水平、缴费年限相关。

针对劳动者存在的多种风险，我国《社会保险法》规定，"国家建立基本养老保险、基本医疗保险、工伤保险、失业保险、生育保险等社会保险制度，保障公民在年老、疾病、工伤、失业、生育等情况下依法从国家和社会获得物质帮助的权利"，确定了我国社会保险制度架构的五大组成部分。

三、社会福利

社会福利，这一概念的内涵与外延较为复杂。从广义上来看，可被理解为"有关改

---

① 张开云，李倩. 社会保障学导论（第二版）[M]. 北京：科学出版社，2015.
② 郑功成，[日] 武川正吾，[韩] 金渊明. 东亚地区社会保障论 [M]. 北京：人民出版社，2014.
③ 赵曼. 社会保障学（第三版）[M]. 北京：高等教育出版社，2018.

善社会成员物质、文化生活的一切举措""作为人类社会一种正常和幸福的状态"①，属于一种大社会福利的范畴。从狭义上来看，社会福利是大社会保障框架下的一个子项目，保障层次较高，旨在保障人们享有较高质量的生活。这里采用狭义上的社会福利的概念进行介绍。

★ 就制度特点而言，社会福利的保障对象既有普遍性又有特殊性。一方面，其面向立法或政策范围内的所有公民提供普遍的福利保障，享受者为全体社会成员，具有普遍性；另一方面，在制度内容设计上又兼顾特殊群体的特殊需求，如老年人、残疾人等，具有一定的特殊性。同时，社会福利的举办主体多元化，福利服务化。与其他项目相比，社会福利待遇不仅仅局限于补贴的形式，而更加重视通过社会多元主体，如政府、企业、慈善机构等进行福利服务的供给。

★ 就制度内容而言，我国的社会福利涵盖老年人福利、妇女福利、儿童福利、残疾人福利、教育福利、住房福利、其他福利津贴及基本公共服务这七类子项目。②

四、社会优抚

社会优抚，在我国专门用于军队保障，是国家和社会依照法律规定，对军人及其家属提供各种优待、抚恤、就业安置等待遇和服务的社会保障制度。③ 早在抗日战争时期，中国共产党就已为抗日根据地的抗日军人、荣誉军人、民兵、抗属提供社会优抚保障。④《中国人民政治协商会议共同纲领》中亦有"革命烈士和革命军人的家属，其生活困难者应受国家和社会的优待。参加革命战争的残废军人和退伍军人，应由人民政府给以适当安置，使能谋生立业"⑤ 的规定。目前，依据《军人抚恤优待条例》，该项制度保障对象，主要为现役军人、服现役或者退出现役的残疾军人以及复员军人、退伍军人、烈士遗属、因公牺牲军人遗属、病故军人遗属、现役军人家属。

总体来看，我国现行的社会保障制度架构由社会救助、社会保险、社会福利与社会优抚四大部分构成（见图7-2）。随着社会经济的快速发展，我国社会保障制度的架构与内容也将不断丰富与完善。

---

① 尚晓援."社会福利"与"社会保障"再认识[J].中国社会科学，2001（3）.
② 郑功成，[日]武川正吾，[韩]金渊明.东亚地区社会保障论[M].北京：人民出版社，2014.
③ 许琳.社会保障学（第三版）[M].北京：清华大学出版社，2018.
④ 谭忠艳.中国抗日根据地社会优抚研究[J].社会科学战线，2014（10）.
⑤ 平月注释.中国人民政治协商会议共同纲领[M].上海：中华书局，1952.

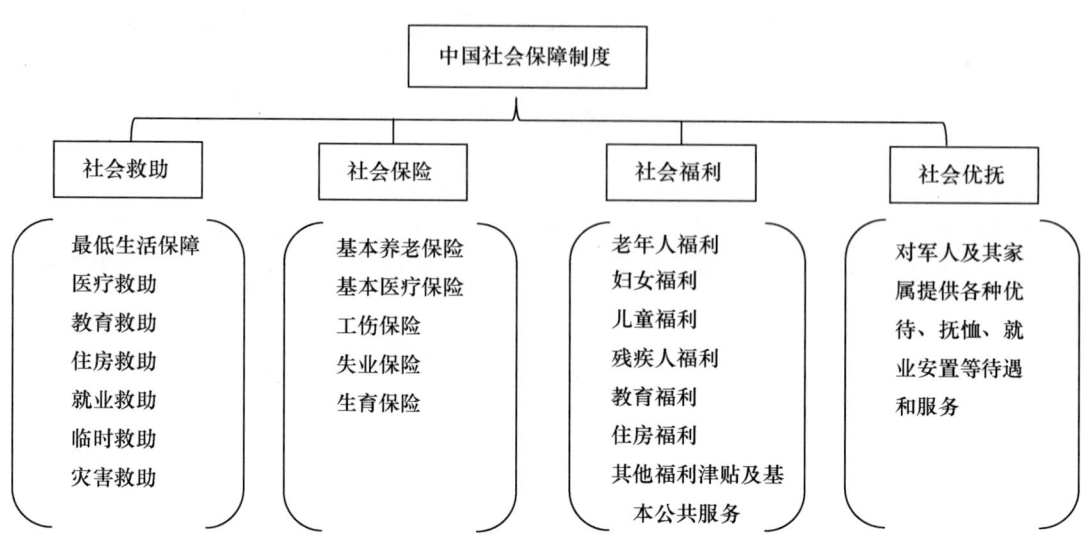

图 7-2　中国社会保障制度基本架构

第三篇

中观制度篇

第八章 社会保险

第一节 养老保险制度

养老保险制度是国家通过立法强制实施的、保障劳动者因年老丧失劳动能力或达到法定解除劳动义务的劳动年限后的基本生活需要的一项社会保险制度。它以提供经济收入为手段,增强老年人抵御风险的能力,弥补家庭养老的不足,保障老年人的基本生活,并实现互助共济。养老保险,在老龄化进程逐步加快的现代社会中有着十分重要的意义,成为社会保险体系以及社会保障体系中的重要支柱项目之一。

一、世界养老保险制度

在进入工业社会后,以家庭为基本生产单位的自给自足经济在西方发达国家不断被解体,无产阶级产生,家庭保障式微,劳动者在退休后如何养老的问题受到关注。基于此,工业革命的先行者——欧洲大陆,开始探索养老金制度,现代意义上的养老保险制度建设大幕拉开,开启了100多年的世界养老保险制度探索历程。

(一)世界养老保险制度发展历程

早在1669年关于养老金的探索就已经出现。1669年法国政府颁布了世界上第一部《年金法典》,规定对不能从事工作的老年海员发给一定的养老金①,行业内制度化的养老金开始出现。1889年,德国颁布《老年和残疾社会保险法》,现代意义上的养老保险制度得以确立。此后各国纷纷效仿德国,根据国内实际情况,进行养老保险制度的探索。总的来看,世界养老保险制度的发展可分为三个阶段:形成时期、发展时期与改革探索时期。

1. 世界养老保险制度的形成时期(19世纪末至第二次世界大战前)

★ 德国,现代意义上的养老保险制度的诞生地,以德国1889年颁布的《老年和残疾社会保险法》为标志。19世纪下半叶,随着工业革命的开展,工人阶级的利益受到损害,劳资纠纷与冲突日益升级,德国的工人运动开始兴起。面对蓬勃发展的工人运动和社会

---

① 姜向群. 老年社会保障制度:历史与变革[M]. 北京:中国人民大学出版社,2005.

主义运动，德国政府在"铁血宰相"俾斯麦的领导下，采取镇压与安抚两手政策，在坚决镇压的同时实行社会保险，向工人提供一些社会福利，缓和社会矛盾。① 在工人阶级斗争的强大压力下，1888 年年底，《老年和残疾社会保险法案》被提交到帝国议会。1889 年 5 月 24 日，德国国会以微弱多数票通过了该部法案，并于 1891 年 1 月 1 日开始生效。② 自此，德国建立了一种收入关联型且无须家计调查的社会养老保险制度，现代意义上的养老保险制度建立。

> 《老年和残疾社会保险法案》规定对工人和职员一律实行老年和残疾社会保险制度。保险资金的来源由国家、企业主和工人三方负担，企业主与工人各负担保险费的一半，国家则对领取老年和残疾保险金者每人补贴 50 马克。养老保险基金实行现收现付制度，退休金依据原工资等级和地区等级而定，达到退休年龄并缴纳 30 年以上养老保险费者可以领取老年和残疾保险津贴。

★ 继德国之后，西欧和北欧的一些资本主义国家先后建立了养老保险制度。不同于德国的收入关联模式，1891 年，丹麦实行非缴费型的老年援助计划。这一法律最初虽代表了一种温和的尝试，但它还是保留了一些惩罚性特点③。随后，奥地利（1906 年）、英国（1908 年）、美国（1937 年）等国家也纷纷建立了相应的社会养老保险制度（见表 8-1）。

表 8-1　19 世纪末至第二次世界大战前部分国家养老保险体系的建立时间与初创时体系类型

时间	年份	国家	体系类型
19 世纪八九十年代	1889	德国	缴费和给付与收入挂钩，仅覆盖蓝领
	1891	丹麦	全覆盖
19 世纪末	1898	新西兰	收入调查型全覆盖
20 世纪初	1908	英国	收入调查型全覆盖
	1908	澳大利亚	收入调查型全覆盖
20 世纪前十年	1913	瑞典	全覆盖强制性制度
	1919	意大利	覆盖所有雇员
	1919	西班牙	覆盖一定收入以下的所有私人部门雇员

---

① 袁志刚等. 养老保险经济学：解读中国面临的挑战 [M]. 北京：中信出版社，2016.
② 林闽钢等. 现代社会保障通论 [M]. 北京：中国社会科学出版社，2014.
③ 刘燕生. 社会保障的起源、发展和道路选择 [M]. 北京：法律出版社，2000.

续表

时间	年份	国家	体系类型
20世纪20年代	1924	比利时	覆盖一定收入以下的雇员，强制性制度
	1927	加拿大	收入调查型全覆盖
	1928	奥地利	覆盖雇员
20世纪30年代	1930	法国	设定收入上限，仅覆盖蓝领
	1935	葡萄牙	与收入挂钩，仅覆盖工业和服务业雇员
	1936	挪威	收入调查型全覆盖制度
	1937	芬兰	收入调查型制度
	1937	美国	收入调查型制度

资料来源：袁志刚等. 养老保险经济学：解读中国面临的挑战 [M]. 北京：中信出版社，2016.

总的来看，这一时期各国的养老保险待遇水平还很低，养老保险主要作为当时社会冲突的缓和剂而存在。政府在养老保障这一制度中，除新西兰、丹麦为数不多国家是承担全部或主要责任外，绝大部分国家是采取一种补贴赤字的"最终出场角色"，也有的国家政府则不承担责任。[①]

2. 世界养老保险制度的发展时期（第二次世界大战后至20世纪80年代）

第二次世界大战后，为恢复战后经济，世界各国的经济政策由原有的自由放任转变为大规模的干预。在此背景下，包括社会养老保险制度在内的社会保障制度成为战后调节经济制度的积极因素。一方面，技术革命、经济发展为养老保险事业奠定了扎实的物质基础；另一方面，战争创伤使人们懂得建立覆盖面广、层次多、水平高的社会安全网至关重要；同时，凯恩斯主义和福利经济学理论形成广泛影响，养老保险已跳出社会政策的概念而成为一种经济主张[②]。在以上因素的影响下，世界各国在社会养老保险制度的投入大幅增长，社会养老保险事业进入了快速与全面发展的时期。

这一阶段，世界各国开始进行更为系统的社会养老保险模式的选择与设计。

★ 1946年英国政府以《贝弗里奇报告》为蓝本，公布《国家保险法案》并于1948年正式实施。这一法案通过实行强制性全民保险制度，将给付对象扩大到所有老年人，凡男性年满65岁、女性年满60岁者，均可领到定额的养老金给付[③]。至此，全民享有的带有福利色彩的社会养老保险制度正式出现。

★ 20世纪60年代，荷兰、瑞士及各北欧国家纷纷效仿英国，先后建立了统一缴费、

---

① 刘燕生. 社会保障的起源、发展和道路选择 [M]. 北京：法律出版社，2000.
② 李洁明，许晓茵. 养老保险改革与资本市场发展 [M]. 上海：复旦大学出版社，2003.
③ 郑春荣. 英国社会保障制度 [M]. 上海：上海人民出版社，2012.

统一待遇、全民普享的养老保险制度。而美国、日本及其他欧洲国家则是仍延续传统的德国模式,实行雇主、雇员缴费、养老金待遇与收入挂钩(收入关联型)的养老保险制度。一些新兴的社会主义国家则基本上是承袭苏联的国家保险模式,建立了由政府和企业支付养老金的国家型退休保障制度。

> 收入关联型养老保险制度强调缴费与收入、退休待遇相互联系,并建立在严格的保险运行规则基础上。基本特点为:养老保险基金由国家、雇主与雇员三方缴费形成;养老保险待遇取决于工资收入水平;收入再分配。

据统计,1958—1967 年十年间,实行养老保险的国家由 80 个猛增到 120 个,养老保险制度在世界范围内全面铺开。[①] 同时,这一阶段养老保险的待遇与范围也得到了空前的发展。西方福利主义思潮空前活跃,政府管理的公共养老计划覆盖范围迅速扩大,待遇标准越来越高。

总的来看,第二次世界大战以后,各国养老保险制度进入了发展的黄金阶段。与上一阶段相比,养老保险制度在模式选择、覆盖范围与待遇水平等方面都有较大的发展。社会养老保险,并不仅仅局限于初建时的解决阶级冲突,而更大程度上成为人们的一项公民权利,作为政府的政治承诺之一而存在。

3. 世界养老保险制度的改革探索时期(20 世纪 80 年代至今)

世界养老保险制度的大踏步前进,终结于 20 世纪 70 年代的经济危机与人口老龄化。

一方面,20 世纪 70 年代,受石油危机的影响,西方工业国家经济发展陷入滞胀。过高的福利支出使财政不堪重负,关于社会福利支出过高的批评不绝于耳。另一方面,人口老龄化席卷全球,部分国家与地区养老保险的受益人数急剧增加,公共财政负担加重。[②] 如何实现长期的财务可持续性,成为以现收现付为主体的养老保障体制需要解决的问题。

★ 由此,掀起了 20 世纪 80 年代以来的全球范围内的养老保险制度改革浪潮。这一时期,许多国家都对现收现付制进行了不同程度的改革。根据改革的不同内容,可总结为两大类:一是调整性改革,二是结构性改革。

> 调整性改革是世界上大部分国家的选择。具体说来,其主要是在保有现收

---

① 李洁明,许晓茵. 养老保险改革与资本市场发展[M]. 上海:复旦大学出版社,2003.
② 贾洪波,穆怀中. 世界养老保险制度改革趋势分析[J]. 当代经济管理,2006(6).

现付制制度模式的基础上,进行参数调整。通过提高退休年龄、提高费率等手段,增加收入降低支出,缓解财务危机。而在结构性改革方面,主要可分为增量改革与存量改革两种路径。其中,增量改革以多支柱养老保险模式改革为代表,存量改革则以个人账户的改革为代表。

★ 多支柱养老保险模式改革——1994 年,世界银行发布《防止老龄危机:保护老年人及促进增长的政策》的报告,指出各国政府可通过三个支柱的养老金体系来解决老年危机问题(见图 8-1)。其中,第一支柱养老金计划强调收入的再分配功能,第二、三支柱养老金计划则强调养老储蓄与保险的功能。① 可以说,世界银行的多支柱养老保险模式,是对现收现付模式的一种增量改革,其核心理念在于责任分担,即政府、市场和个人都应当承担应对老年收入风险的责任。②

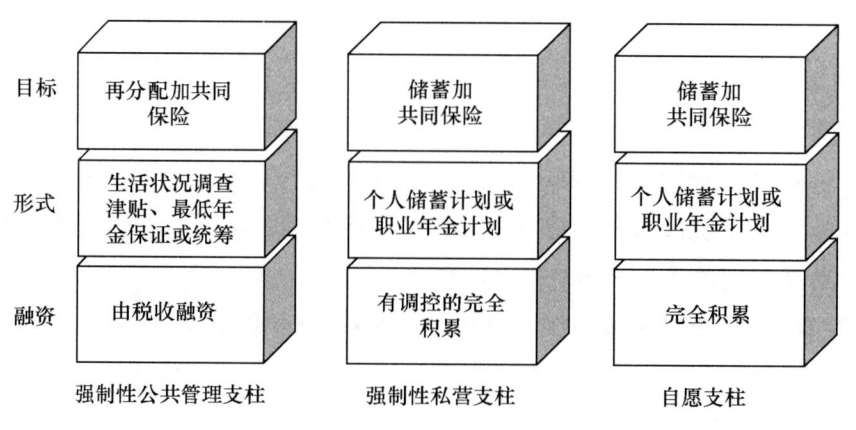

图 8-1 世界银行提出的三支柱养老金体系

⏱ 从三支柱到五支柱。2005 年,世界银行出版了《21 世纪的老年收入保障——养老金制度改革国际比较》一书,扩展了三支柱的思想,进而提出了五支柱的概念和建议,即提供最低水平保障的非缴费型零支柱,与本人收入水平挂钩的缴费型第一支柱,不同形式的个人储蓄账户性质的强制性第二支柱,灵活多样的雇主发起的自愿性第三支柱,建立家庭成员之间或代际之间非正规保障形式的第四支柱。

★ 个人账户的改革——相较于世界银行的多支柱养老金模式改革,个人账户的改革

---

① 丛树海,郑春荣. 国际社会保障全景图 [M]. 南京:江苏人民出版社,2015.
② 林闽钢等. 现代社会保障通论 [M]. 北京:中国社会科学出版社,2014.

则是一次存量改革，即用完全积累的新养老金制度代替旧制度。以智利的养老金制度改革为例。1980 年智利颁布并于 1981 年实施了《私人养老金法》，新型的养老金制度开始建设。这种新型养老金制度是对传统社会保障制度的根本性变革，它由个人缴费、个人所有、完全积累、私人机构运营，实行完全的个人账户制度。从制度运行来看，其最大的特点是个人负责制，原有制度中政府的管理责任被转移给私人管理公司[①]，投保者自负盈亏，个人的责任被扩大到极大程度，从而是社会保障私有化的一种典型的表现形态。

（二）世界养老保险制度介绍

社会养老保险制度，自 1891 年在德国正式实施后，便如雨后春笋般在世界范围内生长。经过 100 多年的不断发展，社会养老保险制度逐步走向完善，已然成为现代社会国家治理的一种重要手段。考察世界范围内的养老保险制度可发现，受到社会制度、经济发展水平、文化传统等的影响，制度呈现出内容多样化、待遇各有不同的特点。

透过繁杂的制度表象可以发现，不同的制度政策选择深深植根于国家（政府）特定的价值基础，意识形态影响着养老保险制度的设计。基于此，从制度建立的意识形态入手，对百花争艳般的世界养老保险制度进行划分，可将不同国家的养老保险制度实践分为政府导向、市场导向与多元导向。

1. 政府导向

政府导向的养老保险制度，是一种由国家主导的普遍主义的体系。这一制度模式，以普惠为原则，将全体国民覆盖在制度范围之内；以政府为责任主体，由政府直接对养老保险事务实行管理并进行严格监督；养老金支出主要由国家财政负担，税收作为保险费用的主要来源；其最终目的是实现社会公平并彰显公民的社会权利。总体来看，这一模式在北欧国家、新西兰等国家广泛采用，苏联、中国在改革前也采用这种模式。

> 🕐 以瑞典为例，瑞典作为此种模式的典型代表，强调"收入均等化，就业充分化，福利普遍化，福利设施体系化"，被人们誉为"老年人的天堂"。[②] 1948 年，瑞典实施了由政府筹资的、统一缴费费率的全国基本养老金体系。此体系并不与参加者退休前的收入水平相关联，所有参加该种养老金制度的 67 岁以上的老人均可领取国家基本养老金，个人无须缴纳保险税，也无须经过收入情况调查，贫富一视同仁。保险责任方面，政府导向明显，保证了全民老有所养。

---

① 郑功成. 智利模式：养老保险私有化改革述评 [J]. 经济学动态，2001（2）.
② 刘晓梅，邵文娟. 社会保障学 [M]. 北京：清华大学出版社，2014.

但在后来,由于人口老龄化进程的不断加深,国家财政负担过重,瑞典开始寻求养老保险模式的改革,最终形成了以收入型养老金、累积型养老金、保证型养老金为支柱的多层次的国家养老金体系。①

类似于瑞典,实行政府导向养老保险模式的国家在后期的发展中出现了福利开支过大、国家财政负担过重的问题。为解决此问题,各国不得不通过鼓励发展企业补充养老保险计划和其他类型的补充计划,以保障老年人的基本生活水平。总体来看,此种养老保险虽然还保留其基本形态,但由于各种补充养老保险计划作用的日益突出,已逐步向以普遍保障为核心的多层次养老保险模式过渡。②

2. 市场导向

市场导向的养老保险制度,是一种以市场为主导的补充式体系。不同于政府导向的模式,这一制度模式受自由主义思潮的影响,强调个人自我负责,互济性较弱。在更多的制度选择上倾向于将个人推向市场,强调个人的自助。在责任分担上,通过为每一个劳动者建立个人账户,实现由参保者自我缴费、自负盈亏,而国家仅仅起到市场失灵时的兜底责任。总体来看,市场导向的养老保险模式具体案例为智利、新加坡等国实施的强制储蓄养老保险。

> 以智利为例。智利的养老金体制改革深受自由主义的影响,其改革的核心是实行强制储蓄,建立个人账户,将强制性储蓄的功能私人化,并结合资本市场把储蓄积累转换为退休者的养老收入。智利养老金制度建立的标志是1980年11月4日通过的"建立明确定义资产权益可自由选择的退休金个人储蓄账户"法案,即《养老保险法》。按照法律规定,智利的养老金制度实行完全积累下的个人账户制度模式。除灵活就业人员外,每个雇员必须自己选择具有资质的养老基金管理公司并开办个人账户。职工必须按工资收入的10%按月缴纳保险费,并存入个人退休账户,企业不交费,参保人员可在10%的基础上自愿附加缴费。而在基金的运行中,智利采取由相互竞争的养老基金公司负责管理个人账户基金,注重基金的投资运营和保值增值。保险金待遇主要取决于个人退休账户积累额及投资收益状况。当职工达到法定退休年龄后,通过不同方式领取退休养老金,如购买年金保险或从个人账户上逐月支取。此外,智利在推进养老金私

---

① 粟芳,魏陆. 瑞典社会保障制度 [M]. 上海:上海人民出版社,2010.
② 许琳. 社会保障学(第二版)[M]. 北京:清华大学出版社,2012.

营化模式时，政府从立法、运行机制及监控体系等方面发挥作用，以确保基金的有效运营和保值增值。

总体来看，智利养老金模式的典型特征为个人积累与市场运作相结合，养老保障责任主要由雇员个人承担。智利自将公共养老金制度改为养老金私有化管理以来，取得了明显的成就，受到国际货币基金组织和世界银行等一些纯经济组织的高度重视，但在国际社会保障界却并未得到高度认可。当然，从它的变革中，也确实体现了一些新的社会保障制度发展前景的特质，即在传统的以公平为主的社会保障领域中引入了市场机制，在传统的国家责任领域增加了更多的个人责任，在传统的政府垄断性管理的领域加入竞争性经营等。①

3. 多元导向

多元导向的养老保险制度，是一种责任共担的制度体系。不同于前两种模式中的某个主体为责任主要承担者，这一模式中，政府与市场、个人都发挥着应有的作用。养老金责任各主体共同应对、平均担责，强调各责任主体应承担相对对等的缴费责任。总的来看，这一模式被德国、美国、日本等国家广泛采用。

🕐 以美国为例。美国的养老金主要以四种形式出现，政府退休金、基本养老金、福利养老金和储蓄养老金，养老金责任主体涉及政府、雇主与雇员三方。第一，政府退休金是政府向各级政府退休人员提供的。退休人员只占美国65岁以上老年人口的8%。政府退休金较为丰厚，领取者大体上可维持退休前的生活水平。第二，基本养老金是政府向剩下的92%的65岁以上的美国老年人提供的。这部分养老金的发放标准是，如果退休者退休前的收入在平均水平以上，其退休后每月领取的基本养老金约为原收入的42%，可维持中低生活水平。基本养老金是通过征收社会保障税获取的。社会保障税率为雇员工资额的15.3%，其中雇员缴纳7.65%，另外7.65%由雇主缴纳。私营业主和农民则要缴纳其收入的15.3%，因为他们既是雇主，又是雇员。第三，福利养老金是大企业的雇主为雇员提供的，完全由雇主出资。第四，储蓄养老金是中小企业雇主向雇员提供的，原则是自愿参加，资金由雇主和雇员各出一半。②

总体来看，多元导向的养老保险，注重的是养老保险供给的权利与义务的密切联系，

---

① 郑功成. 社会保障学 [M]. 北京：中国劳动社会保障出版社，2005.
② 刘晓梅，邵文娟. 社会保障学 [M]. 北京：清华大学出版社，2014.

强化自我保障意识，在一定程度上体现了效率原则，同时，保险金在成员间统筹使用，体现了保险互济的宗旨。由于层次较多，也由于这种模式可以满足社会各个层次的需要，调动多方面的积极性，丰富的养老保险金来源可以形成一笔数额巨大的保险基金，因此，各国为使这笔基金保值增值，纷纷对其进行科学管理，从而降低保险金的运营风险。

（三）未来的挑战

养老保险作为一项社会保障政策，其发展必然受到社会环境的制约。目前，世界范围内人口老龄化进程逐步加深，经济全球化继续发展，在人口老龄化与经济全球化的背景下，未来养老保险制度发展面临挑战。

1. 人口老龄化带来的挑战

养老保险制度的发展与人口结构的变化密切相关。目前，世界人口老龄化进程逐步深化，从全球范围来看，人口老龄化程度日益加重。数据显示，2017年全球60岁以上人口约9.62亿人，占全球人口13%，且每年以3%左右的速度增长。全球老龄人口数量在2030年将达14亿人，2050年达21亿人，2100年上升至31亿人，60岁以上人口增速已超过年轻群体。① 人口老龄化在全球范围内蔓延，养老保障面临着前所未有的支付压力。如何在人口老龄化的背景下，保有养老保险的可持续性成为制度改革进程中需要考虑的问题。

2. 经济全球化带来的挑战

经济全球化是一种不可阻挡的趋势，国家之间人员、资金、技术、服务、货物等要素的交流越来越自由、越来越频繁。在劳动力全球流动的背景下，养老保险基金管理面临挑战。

一方面，劳动力的全球流动增加了养老保险管理与服务的难度，对养老保险账户的可携带性提出更高的要求，要求各国之间加强合作，推动区域性养老保险制度的出现。

另一方面，经济全球化也给养老保险基金管理与保值增值增加了难度。由于各国经济发展的不确定性和相互关联性，一旦发生经济危机，将会对进入资本市场的养老保险基金造成巨大的冲击，养老金资产面临着更大的贬值风险。

3. 新业态带来的挑战

第四次工业革命进程不断深化，带来了产业升级与劳动关系的转变。新业态催生出如快递小哥、外卖小哥等平台型就业人员。这些就业人员他们或是自雇，或是多重雇佣，

---

① UNITED NATIONS（Department of Economic and Social Affairs，Population Division），2017. World Population Prospects：The 2017 Revision，Key Findings and Advance Tables［R］. Working Paper No. ESA/P/WP/248.

新型劳动关系由此形成。不同于传统劳动关系，新业态下的劳动关系、雇佣者较难确定，工作时间较为灵活。在以传统劳动关系为主的养老保险制度框架下，难以将其完全覆盖。新型平台型就业人员仍处于社会保险与职业福利缺失状态。因此，如何适应社会出现的新变化，优化养老保险制度，做到就业者全覆盖，成为需要考量的问题。

二、中国现代养老保险制度

现代意义上的中国养老保险制度始建于 1951 年，经历了从无到有、从城镇到农村、从职工到城乡居民不断改革和发展的过程。经过 60 多年的探索，制度已经日趋完善，走向体系的、更加公平可持续的建设阶段。

（一）中国养老保险制度的历史沿革

养老方面的制度性实践在中国古已有之，我国古代官制中，很早就创立了"致仕制度"。"致仕制度"是全世界上最早的文官退休制度，达到一定级别的官员在年老或多病时，把职务归还给帝王，即"还禄位于君"，以摆脱政务，同时国家给予一定的养老金。

1. 计划经济时期养老保险制度的建立（1950—1985 年）[①]

新中国成立后，劳动部和中华全国总工会根据《中国人民政治协商会议共同纲领》的要求，结合在革命根据地、解放区以及东北地区实行社会保险的经验，于 1950 年拟定了《劳动保险条例（草案）》，并于 1951 年 2 月 26 日正式颁布实施。该条例对职工退休条件和退休待遇做了具体规定，其中职工养老保险作为劳动保险制度的重要组成部分而存在。1955 年 12 月 29 日，国务院发布了《关于颁发国家机关工作人员退休、退职、病假期间待遇等暂行办法和计算工作年限暂行规定的命令》，正式确立了国家机关、事业单位工作人员的退休年龄。为统一国家机关、事业单位和企业职工的退休制度，国务院于 1958 年 2 月 9 日公布施行了《关于工人、职员退休处理的暂行规定》。

"文化大革命"期间，劳动保险制度受到破坏，养老保险管理机构被取消，退休费用社会统筹被取消，并退化为企业保险。"文化大革命"结束后，相关部门起草了《国务院关于安置老弱病残干部的暂行办法》和《国务院关于工人退休、退职的暂行办法》，分别对干部和工人的退休进行了规定，由国务院于 1978 年 6 月 2 日颁布施行。

2. 城镇职工养老保险制度的建立与改革（1986—2008 年）

1986 年是中国社会保障体制转型的重要时间节点，过去计划经济时期的"国家保险

---

① 胡晓义. 走向和谐：中国社会保障发展 60 年［M］. 北京：中国劳动社会保障出版社，2009.

型"模式的根基发生根本性动摇,养老保险制度开始转型。这一时期,为配套国有企业改革、经济体制转轨,按照社会主义市场经济体制的要求,我国开始了城乡社会养老保险改革的探索。

1991年,国务院发布《关于企业职工养老保险制度改革的决定》,明确指出改变养老保险完全由国家及企业负责的办法,提出养老保险实行社会统筹,养老金费用由国家、企业与个人三方共同负担,并确定在我国建立社会基本养老保险、企业补充养老保险和个人储蓄性养老相结合的多层次的养老保险制度。1993年,党的十四届三中全会《关于建立社会主义市场经济体制若干问题的决定》,明确了基本养老保险制度实行社会统筹和个人账户相结合的制度模式。1997年,国务院颁布《关于建立统一的企业职工基本养老保险制度的决定》,进一步确定了企业职工基本养老保险制度的基本框架。

2000年,国务院发出《关于印发完善城镇社会保障体系试点方案的通知》,针对养老保险实践中的个人账户"空账"现象,方案明确规定将职工所缴养老保险费全部记入其个人账户,要求真正做实个人账户。2005年,国务院颁布《关于完善企业职工基本养老保险制度的决定》,进一步明确职工基本养老保险的参保对象、缴费比例和做实个人账户,调整了养老金计发办法。

3. 城乡统筹社会养老保险制度的建立与完善(2009年至今)

2009年,国务院印发《关于开展新型农村社会养老保险试点的指导意见》,建立了针对农村居民的个人缴费、集体补助、政府补贴相结合,统筹账户与个人账户相结合的养老保险制度。到2012年年底,该制度实现了全覆盖。

2009年12月28日,国务院办公厅转发了人力资源和社会保障部、财政部《城镇企业职工基本养老保险关系转移接续暂行办法》,旨在解决企业职工跨区域流动过程中的养老保险待遇衔接问题,确保劳动力流动过程中的养老保险权益不受损害。

2011年,国务院又印发了《关于开展城镇居民社会养老保险试点的指导意见》,建立起针对城镇非从业居民,个人缴费与政府补贴相结合,社会统筹和个人账户相结合的养老保险制度。由于以上两个制度的政策框架基本一致,因此很多地区将二者进行合并实施,称为城乡居民社会养老保险。同年7月,《社会保险法》正式实施,其对城镇职工基本养老保险的参保对象、制度模式、待遇领取标准以及管理方式等做了规定,开启了养老保险的法制化规范进程。

2014年2月,国务院正式决定合并新型农村社会养老保险(以下简称新农合)和城镇居民社会养老保险(以下简称城居保),建立全国统一的城乡居民基本养老保险制度。至此,机关事业单位离退休金制度、城镇职工基本养老保险制度和城乡居民社会养老保险制度共同构成了我国的基本养老保险体系，实现了制度全覆盖。

在基本养老保险体系结构逐渐优化的基础上，2018年6月13日，国务院发布《关于建立企业职工基本养老保险基金中央调剂制度的通知》，并于7月1日开始实施，标志着我国的养老保险制度开始向更高的统筹层次迈进。

（二）制度内容

中国的养老保险制度包括企业职工养老保险、国家机关和事业单位养老保险、城乡居民养老保险三大块。下面将分别对制度的内容进行介绍。

1. 企业职工养老保险制度

★ 覆盖范围。城镇各类企业及其职工、个体工商户和灵活就业人员。

★ 资金筹集。城镇各类企业职工养老金筹集由企业和职工共同负担，企业缴费比例一般为企业工资总额的16%，全部纳入社会统筹基金。

> 2019年4月4日，国务院办公厅印发《降低社会保险费率综合方案》，对缴费比例、缴费基数等进行调整。通知规定自2019年5月1日起，降低城镇职工基本养老保险（包括企业和机关事业单位基本养老保险，以下简称养老保险）单位缴费比例（原为20%）。各省、自治区、直辖市及新疆生产建设兵团（以下统称省）养老保险单位缴费比例高于16%的，可降至16%；目前低于16%的，要研究提出过渡办法。

职工缴费比例为本人缴费工资的8%，并全部计入个人账户。缴费基数以全口径城镇单位就业人员平均工资的300%和60%相应确定。个体工商户和灵活就业人员的基金筹集则有所不同，全部由个人缴费。其缴费基数确定，可在本省全口径城镇单位就业人员平均工资的60%~300%之间选择适当的缴费基数。

> 缴费工资。缴费工资是参保人缴纳社会保险金的缴费基数，通常规定为参保人上一年的工资总额。如果按月缴纳社会保险金，缴费基数就是参保人上年度月平均工资。比如，养老保险个人缴费率为8%，那么当月参保人所要缴纳的保险金额就是该参保人上年度月平均工资的8%。

★ 领取基本养老金的条件。达到法定退休年龄，并已办理退休手续；所在单位和个人依法参加养老保险并履行了养老保险缴费义务；个人缴费年限至少满15年。

★ 基本养老保险待遇。基本养老金包括基础养老金和个人账户养老金。有视同缴费年限的，除上述两项外再发给过渡性养老金。社会统筹账户中的养老金为基础养老金，个人账户中的基金为个人账户养老金，退休时的基础养老金月标准以当地上年度在岗职工月平均工资和本人指数化月平均工资之和的平均值为基数，缴费（含视同缴费）每满1年发给1%。个人账户养老金月标准为个人账户储存额除以计发月数，计发月数根据职工退休时城镇人口平均预期寿命、本人退休年龄、利息等因素确定，现按《国务院关于完善企业职工基本养老保险制度的决定》规定执行。职工或退休人员死亡，个人账户中的个人缴费部分可以继承。

视同缴费年限：《国务院关于建立统一的企业职工基本养老保险制度的决定》（1997年）实施以前，被旧保险制度所覆盖的职工的工作年限。计发月数：职工退休后的平均余寿，根据职工退休时城镇人口平均预期寿命、本人退休年龄、利息等因素确定。

★ 养老金的调整机制。对企业退休人员的养老金进行调整，使之与在职企业职工的平均工资保持合理的差距。《国务院关于完善企业职工基本养老保险制度的决定》明确要建立养老保险的弹性机制，养老金会随着工资和生活水准的提高不断上升。退休金的额度会根据当时的生活水准乘以相应的系数，以保证日后拿到的养老金能与当时的物价水平相一致。自2005年起，国家连续10多年提高企业退休职工的基本养老金水平。

（1）基础养老金

假定男职工在60岁退休时，其所在省份全省上年度在岗职工月平均工资为4 000元，累计缴费年限为15年：

当个人平均缴费基数为0.6时，基础养老金＝（4 000元＋4 000元×0.6）÷2×15×1%＝480元

当个人平均缴费基数为1.0时，基础养老金＝（4 000元＋4 000元×1.0）÷2×15×1%＝600元

当个人平均缴费基数为3.0时，基础养老金＝（4 000元＋4 000元×3.0）÷2×40×1%＝3 200元

（2）个人账户养老金

根据《国务院关于完善企业职工基本养老保险制度的决定》给出的个人账户养老金计发月数表（见表8-2），该职工60岁退休，对应的计发月数应为

139，故：

$$个人账户养老金 = 个人账户储存额 \div 139$$

表 8-2　　　　　　　　　　个人账户养老金计发月数表

退休年龄	40	41	42	43	44	45	46	47	48	49	50	51	52	53	54	55
计发月数	233	230	226	223	220	216	212	208	204	199	195	190	185	180	175	170
退休年龄	56	67	58	59	60	61	62	63	64	65	66	67	68	69	70	
计发月数	164	158	152	145	139	132	125	117	109	101	93	84	75	65	56	

（3）个人养老金

$$个人养老金 = 基础养老金 + 个人账户养老金 = 基础养老金 + 个人账户储存额 \div 139$$

2. 国家机关和事业单位养老保险制度

我国现行的国家机关和事业单位养老保险制度以 2015 年 1 月国务院颁布的《关于机关事业单位工作人员养老保险制度改革的决定》和《社会保险法》为法律依据。《关于机关事业单位工作人员养老保险制度改革的决定》的颁布，标志着机关事业单位工作人员养老保险与企业职工养老保险双轨制终于合二为一。机关事业单位与企业一样开始实行社会统筹与个人账户相结合的基本养老保险制度（调整从 2014 年 10 月 1 日起）。其主要内容与前述企业职工养老保险制度大体相同。

★ 覆盖范围。按照公务员法管理的单位、参照公务员法管理的机关（单位）、事业单位及其编制内的工作人员。

★ 资金筹集。单位缴费的比例为本单位工资总额的 16%，个人缴费的比例为本人缴费工资的 8%，由单位代扣。按本人缴费工资 8% 的数额建立基本养老保险个人账户，全部由个人缴费形成。个人工资超过当地上年度在岗职工平均工资 300% 以上的部分，不计入个人缴费工资基数；低于当地上年度在岗职工平均工资 60% 的，按当地在岗职工平均工资的 60% 计算个人缴费工资基数。

★ 领取基本养老金的条件。达到法定退休年龄，并已办理退休手续；所在单位和个人依法参加养老保险并履行了养老保险缴费义务；个人缴费年限至少满 15 年（含视同缴费年限）。

★ 基本养老保险待遇。基本养老金由基础养老金和个人账户养老金组成。其中，退休时的基础养老金月标准以当地上年度在岗职工月平均工资和本人指数化月平均缴费工资的平均值为基数，缴费每满 1 年发给 1%。个人账户养老金月标准为个人账户储存额除以计发月数，计发月数根据本人退休时城镇人口平均预期寿命、本人退休年龄、利息等因素确定。

★ 养老金的调整机制。根据职工工资增长和物价变动等情况，统筹安排机关事业单位和企业退休人员的基本养老金调整，逐步建立兼顾各类人员的养老保险待遇正常调整机制，分享经济社会发展成果，保障退休人员基本生活。

★ 转移接续。参保人员在同一统筹范围内的机关事业单位之间流动，只转移养老保险关系，不转移基金。参保人员跨统筹范围流动或在机关事业单位与企业之间流动，在转移养老保险关系的同时，基本养老保险个人账户储存额随同转移，并以本人改革后各年度实际缴费工资为基数，按12%的总和转移基金，参保缴费不足1年的，按实际缴费月数计算转移基金。转移后基本养老保险缴费年限（含视同缴费年限）、个人账户储存额累计计算。

★ 建立职业年金制度。机关事业单位在参加基本养老保险的基础上，应当为其工作人员建立职业年金。单位按本单位工资总额的8%缴费，个人按本人缴费工资的4%缴费。工作人员退休后。按月领取职业年金待遇。

3. 城乡居民养老保险制度

我国现行城乡居民养老保险制度，由新型农村社会养老保险与城镇居民社会养老保险合并而成，其主要依据为2014年2月国务院颁布的《关于建立统一的城乡居民基本养老保险制度的意见》（以下简称《意见》）。具体说来，制度的主要内容如下。

★ 参保范围。年满16周岁（不含在校学生），非国家机关和事业单位工作人员及不属于职工基本养老保险制度覆盖范围的城乡居民，可以在户籍地参加城乡居民养老保险。

★ 资金筹集。城乡居民养老保险基金由个人缴费、集体补助、政府补贴构成。

第一，个人缴费。参加城乡居民养老保险的人员应当按规定缴纳养老保险费。缴费标准目前设为每年100元、200元、300元、400元、500元、600元、700元、800元、900元、1 000元、1 500元、2 000元12个档次，省（区、市）人民政府可以根据实际情况增设缴费档次，最高缴费档次标准原则上不超过当地灵活就业人员参加职工基本养老保险的年缴费额，并报人力资源社会保障部备案。人力资源社会保障部会同财政部依据城乡居民收入增长等情况适时调整缴费档次标准。参保人自主选择档次缴费，多缴多得。

第二，集体补助。有条件的村集体经济组织应当对参保人缴费给予补助，补助标准由村民委员会召开村民会议民主确定，鼓励有条件的社区将集体补助纳入社区公益事业资金筹集范围。鼓励其他社会经济组织、公益慈善组织、个人为参保人缴费提供资助。补助、资助金额不超过当地设定的最高缴费档次标准。

第三，政府补贴。政府对符合领取城乡居民养老保险待遇条件的参保人全额支付基础养老金。其中，中央财政对中西部地区按中央确定的基础养老金标准给予全额补助，对东部地区给予50%的补助。地方人民政府应当对参保人缴费给予补贴，对选择最低档次标准缴费的，补贴标准不低于每人每年30元；对选择较高档次标准缴费的，适当增加补贴金额；对选择500元及以上档次标准缴费的，补贴标准不低于每人每年60元，具体标准和办法由省（区、市）人民政府确定。对重度残疾人等缴费困难群体，地方人民政府为其代缴部分或全部最低标准的养老保险费。

★ 建立个人账户。国家为每个参保人员建立终身记录的养老保险个人账户，个人缴费、地方人民政府对参保人的缴费补贴、集体补助及其他社会经济组织、公益慈善组织、个人对参保人的缴费资助，全部计入个人账户。个人账户储存额按国家规定计息。

★ 养老保险待遇及调整。城乡居民养老保险待遇由基础养老金和个人账户养老金构成，支付终身。

第一，基础养老金。中央确定基础养老金最低标准，建立基础养老金最低标准正常调整机制，根据经济发展和物价变动等情况，适时调整全国基础养老金最低标准。地方人民政府可以根据实际情况适当提高基础养老金标准；对长期缴费的，可适当加发基础养老金，提高和加发部分的资金由地方人民政府支出，具体办法由省（区、市）人民政府规定，并报人力资源社会保障部备案。

第二，个人账户养老金。个人账户养老金的月计发标准，目前为个人账户全部储存额除以139（与现行职工基本养老保险个人账户养老金计发系数相同）。参保人死亡，个人账户资金余额可以依法继承。

★ 养老保险待遇领取条件。参加城乡居民养老保险的个人，年满60周岁、累计缴费满15年，且未领取国家规定的基本养老保障待遇的，可以按月领取城乡居民养老保险待遇。新农保或城居保制度实施时已年满60周岁，在本《意见》印发之日前未领取国家规定的基本养老保障待遇的，不用缴费，自本《意见》实施之月起，可以按月领取城乡居民养老保险基础养老金；距规定领取年龄不足15年的，应逐年缴费，也允许补缴，累计缴费不超过15年；距规定领取年龄超过15年的，应按年缴费，累计缴费不少于15年。

（三）未来发展趋势

总体来看，目前我国的养老保险制度已进入制度的整合期，新农保与城居保合并为城乡居民养老保险制度，机关事业单位养老保险与企业职工养老保险在2015年并轨，养老保险"去碎片化"效果显著。下一步，为保证养老保险体系的公平可持续运行，打破各地养老金结余贫富不均的现状，要实施养老保险制度的全国统筹，实现全国范围内的养老保险的互助共济，要全面推进多层次的养老保险体系建设，在加大基本养老保险的执行力度的基础上，推动补充养老保险体系的建设，鼓励企业为员工设立企业年金，积极发展商业保险，增强商业保险作为第三支柱的作用。

养老保险省级统筹指导意见酝酿出台

作为全国统筹的重要基础，养老保险省级统筹正加速铺开。《经济参考报》记者获悉，距离2020年全面实现省级统筹进入倒计时，湖南、贵州、山西等多地近日紧锣密鼓出台具体方案和推进时间表，局地年内或率先实现省级统筹。为进一步提升各省内养老保险基金平衡能力，人力资源社会保障部等相关部门正加紧研究并酝酿出台企业职工基本养老保险省级统筹具体指导意见。

专家建议，在省级统筹基础上，完善中央调剂金制度，加快全国统筹步伐，构建高质量养老保险制度。

2018年6月，国务院印发《关于建立企业职工基本养老保险基金中央调剂制度的通知》，各省（自治区、直辖市）要在统一基本养老保险制度、缴费政策、待遇政策、基金使用、基金预算和经办管理的基础上，推进养老保险基金统收统支工作，并建立地方各级政府养老保险基金缺口责任分担机制。2019年4月，国务院办公厅印发《降低社会保险费率综合方案》，明确加快推进养老保险省级统筹，2020年年底前实现企业职工基本养老保险基金省级统收统支。

随着时间节点渐近，各地加速推进养老保险省级统筹。值得注意的是，此前，除部分省份实现完全的省级范围内基金统收统支，大部分省份均为省级调剂金管理。有地方人社部门负责人坦言，省级调剂金上缴比例偏低，基金整体抗风险能力弱；结余基金分布省市县（市、区），基金保值增值未得到有效发挥；基金预算收支缺口逐年增加，地方财政投入不足，削弱了省级统筹的能力。

在专家看来，省际基金不平衡问题靠省级统筹难以解决，需要进一步提高统筹层次，在全国范围对基金进行适度调剂。加快全国统筹步伐，构建高质量养老保险制度。

（资料来源：央广网. 养老保险省级统筹指导意见酝酿出台.）

第二节 医疗保险制度

一、世界医疗保险制度

（一）世界医疗保险制度发展历程

医疗保险是社会政治经济发展到一定阶段的产物，欧洲工业革命促进了生产的社会化，而后者是社会医疗保险形成和发展的根本原因。[①] 世界医疗保险制度的发展历程可划分为四个阶段：医疗保险制度萌芽阶段、医疗保险制度创立阶段、医疗保险制度发展阶段、医疗保险制度改革阶段。

第一阶段：医疗保险制度萌芽阶段。

★ 早在公元6世纪，古希腊、古罗马就出现社会互助组织，在其成员遭受意外疾病或事故时提供帮助，缩短其遭遇困难的过渡期，这是社会医疗保险制度的萌芽。中世纪晚期，手工业者自发组织成立"行会"，入会成员通过定期缴纳会费，在发生疾病、火灾、盗窃等意外时通过行会获得一定生活救助。

★ 17世纪末至20世纪初，资本主义进入工场手工业时期，资本家为获取利润最大化，选择忽视劳动者的生产环境与生活状态，工伤事故频频发生，劳动者自发成立"共同救济会""预防互助会"等集体互助组织共担风险，如成立疾病基金，为劳动者提供医疗帮助，缓解个体可能遭遇的医疗风险。

随着工业化进程，这种自愿性质的社会互助组织规模日益壮大，逐渐从特定人群发展至特定行业，又从单一行业扩展至多类行业，组织性不断增强，有些组织还与医生签订合同，设立自己的医疗机构，成为社会医疗保险创立的组织基础。

第二阶段：医疗保险制度创立阶段。

★ 1883年，德国颁布《疾病保险法》，标志着世界上第一个社会医疗保险制度诞生。该法律规定，除农业工人外，参与工业性经济活动的所有劳动者必须强制性参加社会医疗保险，工人缴纳保险费的2/3，雇主缴纳保险费的1/3。自愿性社会组织虽然已经具备保险的共济特性，但其费用主要由劳动者承担，政府与企业并不参与。

《疾病保险法》的颁布，表明社会医疗保险制度进入国家立法阶段，国家与社会开始

---

① 卢祖洵. 社会医疗保险学 [M]. 北京：人民卫生出版社，2012.

强制性介入工人的医疗保险制度与社会保障领域，率先通过权力、立法将保险的原则方法运用到医疗等社会生活及服务领域。

★继德国之后，19世纪80年代西欧与北欧各国纷纷开始设立医疗保险，尽管各国设立的基本国情不同，但社会医疗保险制度正式开始登上历史舞台。在欧洲的影响下，其余各大洲陆续出台医疗保险相关政策，如亚洲的日本，美洲的古巴、智利、巴西，东欧的波兰、苏联、匈牙利，大洋洲的新西兰等，这一时期的医疗保障对象多集中于工厂工人及其家属，尚未形成体系化的医疗保险系统。[1]

第三阶段：医疗保险制度发展阶段。

1946年，英国将社会健康保险更改为国家卫生服务体系。1961年，日本修改《国民健康保险法》确定实行全民保险。到20世纪80年代，医疗保险已发展到85个国家，其中，一半是工业化国家，这些国家医疗保险覆盖率达到了90%以上；另一半是发展中国家，其覆盖率虽不足30%，但保险范围在不断扩大。[2]

第四阶段：医疗保险制度改革阶段。

20世纪90年代以后，医疗保障制度进入一个稳定发展但又伴随改革与调整的阶段，从各国医疗保险制度构建与改革的情况看，公平与效率成为各国医疗保险制度，构建与改革的两大根本目标。[3]

（二）世界医疗保险制度介绍

世界各国经济、政治、文化、历史等基本国情的不同，决定了彼此迥异的医疗保险模式，医疗保险制度是社会保障意识形态的制度体现。

根据不同的划分标准，医疗保险模式可划分为多种多样的类型，比如从性质分，医疗保险可以分为社会医疗保险、商业医疗保险和混合型医疗保险等类型；从医疗费用的给付方式分，可以分为全免费的医疗保险、费用分担型医疗保险、一次性给付的医疗保险（主要是商业医疗保险）等类型；根据不同的医疗保险基金管理与运作方式，可分为现收现付制、个人积累制、现收现付与个人积累相结合的混合型医疗保险等类型。[4]

将上述几个指标进行综合衡量，考量当代多数学者的观点，可将世界医疗保险模式分为国家医疗保险模式、社会医疗保险模式、市场医疗保险模式、储蓄医疗保险模式。[5]

---

[1] 王莉. 医疗保险学 [M]. 广州：中山大学出版社，2011.
[2] 仇雨临，孙树菡. 医疗保险 [M]. 北京：中国人民大学出版社，2001.
[3] 程晓明. 医疗保险学 [M]. 上海：复旦大学出版社，2010.
[4] 郑秉文. 社会保障分析导论 [M]. 北京：法律出版社，2000.
[5] 卢祖洵. 社会医疗保险学 [M]. 北京：人民卫生出版社，2012.

1. 国家医疗保险模式

国家医疗保险模式也称为国家卫生服务制度，是指政府以税收或缴费的方式筹集资金，通过国家财政预算拨款和建立专项基金的形式，直接向公立医疗机构提供资金，当国民到指定医疗机构就医时，便可获得免费或低收费的医疗服务。[①] 典型国家有英国、瑞典等。

代表国家：英国。

英国最早宣布建成福利国家，医疗保险制度就是英国福利国家的重要体现。

★ 主要内容。1911年，英国首次提出对医疗保险实施立法。1946年颁布《国家卫生服务法》确定实施全民医疗保险。主要通过国家预算筹集医疗保险基金，所有公民可享受免费或低费的医疗服务，所有非营利性的医疗机构都归国家所有，医疗服务提供者均为国家公职人员，且国家对医疗服务人员实施宏观调控，保证国民在不同地区的空间医疗可达性趋于一致。

★ 英国的服务体系包括三级：中央医疗服务机构、地区医疗服务机构、社区医疗服务机构。中央医疗机构服务机构负责疑难杂症及医学研究，地区医疗服务机构负责专科及综合医疗服务，社区医疗服务机构负责社区初级医疗服务。[②] 英国的医院分为公立医院及私立医院，大部分国民的医疗需求可通过公立医院得到满足，因私立医院治疗费用偏高且需个人负担，只有少部分会选择就诊于私立医院，如果不借助私人医疗保险，个人很难承担私人医院的治疗费用。

★ 国家医疗保险模式具有以下特点。

第一，国家税收是社会医疗保险的主要资金来源，雇员及雇主无须承担医疗费用，通常以国家雄厚的经济实力作为其实施国家医疗保险的物质基础。

第二，医疗卫生服务机构归国家所有，医生及有关管理人员的工资由国家支付纳入政府财政预算，政府直接参与医疗服务事业的管理，具有绝对领导权。

第三，所有公民可免费或低费享有国家提供的预防、护理康复、基本医疗等医疗服务，社会公平性最高。

第四，卫生资源配置由国家按计划实施，具有很强的计划性但缺乏市场竞争力，社会力量较少参与医疗服务体系。

★ 国家医疗保险模式的优点。国家包办医疗服务，社会公平性得到巩固，有利于实现全民健康的发展目标。初级医疗服务中全科医生成为医疗保险制度的"守门员"，为控

[①] 杨翠迎. 社会保障学 [M]. 上海：复旦大学出版社，2015.
[②] 卢祖洵. 社会医疗保险学 [M]. 北京：人民卫生出版社，2012.

制国家医疗费用过快增长功不可没。

★ 国家医疗保险模式的缺点。国家计划性太强，导致效率低下，缺乏市场竞争而导致医院积极性不高，医疗服务体系发展缓慢，供需矛盾日益突出，医疗服务质量呈下降趋势。随着人口老龄化以及医疗技术的更新发展，仅靠税收单一渠道的筹资方式，国家财政面临压力加大的困境。

2. 社会医疗保险模式

社会医疗保险模式是通过国家立法强制实施，由雇员与雇主按一定比例缴纳保险费，政府酌情补贴，建立社会医疗保险基金，然后按照社会统筹和互助共济的原则对劳动者及其家属接受的医疗服务进行补偿的一种健康保险制度。① 典型国家有德国、日本等。

代表国家：德国。

德国是世界医疗保险制度的发源地，也创建了社会医疗保险制度的最初模型。其医疗保险制度起于议会立法，民间实施，落于政府监督管理，国家不直接参与医疗保险的具体操作，管理体制为统一制度、分散管理、鼓励竞争。

★ 主要内容。医疗保险缴费率分为中、高、低三个等级，国民可根据自身需求决定参保费率及保险组织、医疗服务提供者，不同费率、保险组织、医疗服务提供者所对应的医疗待遇有所不同。

医生的类别分为门诊医生、住院医生两种，患者就医时必须先由门诊医生进行初步诊断，经诊断后，确实需要住院治疗的，由门诊医生开转院单后才可去医院继续接受治疗。

参保病人在医院所发生的医疗费用按规定缴纳个人应付部分后，其余费用由社会医疗保险经办机构与医院直接结算。参保病人所享受的医疗偿付项目包括促进健康以及预防疾病、疾病的早期识别、疾病治疗费用、病假津贴、对孕妇及产妇的福利偿付以及丧葬费等。

★ 社会医疗保险模式具有以下特点。

第一，社会医疗保险基金由雇员与雇主共同筹集，而政府不拨款，强调个人责任与互助共济，重视权利与义务的对等性，一定程度上抑制了过度医疗需求。

第二，社会医疗保险具有强制性，所有符合条件的国民必须按规定参加国家法定医疗保险，使全社会共同分担医疗风险，这也是社会医疗保险覆盖面很广的重要原因。

第三，国家作为宏观调控者，在社会医疗保险中担任中介者与宏观调控者，可妥善

---

① 林义. 社会保险 [M]. 北京：中国金融出版社，2016.

处理社会各方出现的利益矛盾,注重医疗保险的宏观效率与微观效率共进。

★ 社会医疗保险模式的优点。基金来源稳定且多元化,基金使用公平化,医疗服务机构与医疗保险的契约关系促使医疗服务效率提高,强化自我保障意识,权利与义务紧密联系,充分体现效率原则。[1]

★ 社会医疗保险模式的缺点。存在各种不同的社会保险组织以及疾病基金会,造成不同地区和行业的医疗保险待遇水平出现差异,医疗服务条块分割现象明显,参保者医疗负担水平不均。另外,随着全球老龄化进程,社会医疗保险的横向积累面临代际矛盾突出、医疗费用入不敷出的危机。

3. 市场医疗保险模式

市场医疗保险模式,即商业医疗保险模式,是指商业保险组织根据医疗保险合同约定,向投保人收取保险费,建立保险基金,对发生合同约定的医疗事故所造成的损失,按照合同给予投保者保险给付的一种合同行为。[2] 典型国家有美国、菲律宾等。

代表国家:美国。

★ 主要内容。美国医疗保险包括社会医疗保险与商业医疗保险两大类,社会医疗保险包括政府主办的医疗照顾制度、医疗救助制度、少数民族免费医疗制度,商业保险分为营利性与非营利性两种。

事实上,即使是政府主办的社会医疗保险也常常委托私人保险公司经办。[3] 商业医疗保险承办了美国大部分职员的医疗保险,其中蓝盾(Blue Shield)组织和蓝十字(Blue Cross)组织是美国最大的非营利性商业医疗保险机构。

蓝盾主要承担门诊医疗,蓝十字主要负责医院医疗,当发生医疗费用时,个人只需支付合同约定部分医疗费用,其余均由蓝盾或蓝十字直接支付给医院。20世纪七八十年代,在市场机制下涌现出许多新兴商业医疗保险组织,其中健康维护组织(Health Maintenance Organization,简称HMO)与优先提供者组织(Preferred Provider Organization,简称PPO)影响范围最大。

健康维护组织实行将医疗保险提供者(第三方)与医疗服务提供者(供方)合二为一的创新,直接为参保人提供医疗服务。优先提供者组织为投保者寻找愿意提供低费医疗服务并承诺限制某些高费用的医疗服务的医生或医院,与其签订合同,为投保者节省

---

[1] 程晓明. 医疗保险学 [M]. 上海:复旦大学出版社,2010.
[2] 王保真. 医疗保障 [M]. 北京:人民卫生出版社,2005.
[3] 仇雨临,孙树菡. 医疗保险 [M]. 北京:中国人民大学出版社,2001.

医疗费用。

★ 市场医疗保险模式具有以下特点。

第一，社会人群自愿选择是否参加医疗保险，自愿选择参加何种形式的医疗保险，自愿选择参加医疗服务的项目，国家不强制要求是否参加医疗保险。

第二，医疗保险机构按市场原则自主经营，自负盈亏，大多数医疗机构依靠社会资源追求商业利润，只有少数医疗机构不以营利为目的，如美国的蓝十字与蓝盾。政府的责任是制定法律规范，不干预医疗保险的运营行为。

第三，商业医疗保险下，医疗产品作为一种社会商品，由市场调节其供求关系，为满足不同人群的医疗服务需求，医疗产品设计多样化，开展业务种类繁多，参保人享有自主选择的权利。

第四，采取第三方支付的方式，由医疗保险机构直接向医疗服务提供者支付。

★ 市场医疗保险模式的优点。充分发挥市场竞争机制，极大激活了市场竞争活力，提高医疗服务质量与效率，减轻政府的财政负担。而且，凭借市场敏锐的触角可以感知不同人群的医疗需求变化，提供种类多样的医疗服务。

★ 市场医疗保险模式最大的缺点。公平性差，覆盖面窄，费用难以控制。按照市场法则运营的医疗保险制度，往往会出现拒绝接受收入低或健康条件差的病人，比如美国的医疗费用投入高达国内生产总值14%，却依然有3 000多万人无法得到任何形式的医疗保障。另外，由于采取第三方付费的方式，导致医疗费用增长过快，政府很难将医疗费用控制在合理范围之内。

4. 储蓄医疗保险模式

储蓄医疗保险模式是指通过国家立法，强制单位或个人缴费建立储蓄医疗保险基金，以劳动者的个人名义单独设立医疗储蓄账户，用于支付劳动者医疗费用的社会医疗保险制度。① 新加坡是储蓄医疗保险模式的典型代表。

代表国家：新加坡。

★ 主要内容。新加坡政府强制要求所有新加坡国民建立个人公积金账户，雇员与雇主按照雇员每月薪资的规定比例缴纳公积金（目前雇主与雇员的缴费比例各为20%），用于支付雇员及其家庭成员遭受年老、疾病、工伤、失业等的费用，具有典型的个人储蓄特征。

1983年，新加坡颁布《国家健康计划蓝皮书》（The National Health Plan—A Blue Pa-

---

① 童星，史潮. 社会保险学 [M]. 北京：科学出版社，2007.

per），确定开始实施保健储蓄计划（Medisave），针对所有有收入的国民，其缴费比例随年龄的增长逐渐增加，主要用于支付个人及直系亲属的门诊费用、住院费用、手术费用，不同病房按照不同的规定比例给予报销。

1990年，卫生部宣布实施针对重大疾病的健保双全计划（Medishield），并于2015年改革为终身健保计划，其性质为全民强制参与的大病保险计划，仅当发生大额医疗费用（5 000新元以上）时给予保障。

2002年，新加坡推出针对老年群体医疗需求的乐龄健保计划（Eldershield），该计划具有选择退出性，只要达到40周岁就自动加入乐龄健保计划，国家为年老后发生严重伤残的参保国民提供一定现金补偿，帮助其满足基本的医疗需求。

★ 储蓄医疗保险模式具有以下特点。

第一，立法强制性。强制要求有收入的国民或家庭参与储蓄医疗保险模式，通过储蓄形式分散个人或家庭在整个人生可能遇到的社会风险，逃避医疗保险储蓄缴费等均构成违法行为。

第二，强调个人责任。非常重视个人责任在医疗保险中的作用，通过个人或家庭的纵向积累，将个人一生的全部消费转化为医疗储蓄账户的一部分，一方面有助于解决因社会互济的横向积累方式所引致的医疗基金不足问题，另一方面将医疗费用归属于个人，有助于控制医疗资源的无限制增长及浪费。

第三，储蓄医疗保险模式重视国家的补充作用。除保健储蓄计划、终身健保双全计划、乐龄健保计划之外，政府还推出保健基金计划、暂时性勒令伤残援助计划（IDAPE）、社区卫生援助计划、先锋一代残疾援助计划等一系列医疗救助计划，力图使所有国民均可享受医疗服务，消除因贫穷放弃治疗的现象。

保健基金计划。保健基金计划作为政府专门为贫困民众设立的医疗基金，将在保健储蓄账户和保健保险都无法提供保障时，为民众织起最后一张"安全网"，意在帮助那些特别穷困的人。

暂时性勒令伤残援助计划。失能老人临时援助计划属于政府援助计划，目的是为伤残贫困新加坡人提供适度的经济援助。一些新加坡人可能因为年龄或先前存在的伤残情况而没有资格加入乐龄健保计划，政府对于这类人群颁布实施了暂时性勒令伤残援助计划。

社区卫生援助计划。社区卫生援助计划（CHAS）使得所有中低收入者有机会接受政府补贴，并享受全科医生以及牙医诊所的治疗。

先锋一代残疾援助计划。先锋一代残疾援助计划是先锋一代计划的一部分，这一计划尊重新加坡先驱们为该国所做的一切。根据这个计划，残疾先行者每月可领取100新币用作他们的支出。

（资料来源：贾玉娇. 新加坡社会保障制度［M］. 北京：中国劳动社会保障出版社，2017.）

第四，储蓄医疗保险模式积极发挥市场的竞争作用。新加坡政府在建立公立医院为所有国民提供基础医疗服务的同时，鼓励市场力量介入，为高收入群体提供质量更高的医疗服务，设立各种私人诊所及医院，通过增值健保双全计划、乐龄健保额外保障计划等，赋予国民自主选择医疗服务的权利。

★ 储蓄医疗保障模式最大的优点。强调个人对疾病风险的控制，改变传统国家负责的惯例，将国家从沉重的医疗负担中解放出来，国家主要负责医疗保险的管理与正常运营，保证公积金账户基金的保值增值，不负责或只负责少部分医疗费用，给予公立医疗机构适当补贴。[①] 随着老龄化现象的凸显，储蓄医疗保险模式个人纵向积累的优势释放，避免了现收现付制可能出现的医疗基金不足问题，解决了医疗保险费用负担的代际转移问题。

★ 储蓄医疗保障模式的缺点。过于重视效率而忽视公平的量度。以中央公积金运转的医疗保险制度，缺乏社会成员之间的互济性，当个人或家庭的医疗储蓄账户出现资金不足的情况时，很容易出现没钱治病的现象。一些严重慢性病、重大手术等的医疗费用高昂且发生率居高，普通国民的个人账户往往很难承受，却又无法从社会及国家获得救助，因此，储蓄医疗保险制度还需要补充实施其他相关制度。

（三）世界医疗保险制度未来的挑战

20世纪50年代，西方各国的医疗保险制度纷纷建立并逐渐完善。但是，进入20世纪70年代中期，整个西方世界经历了国际货币体系的瓦解以及能源、原材料的危机，出现了通货膨胀加剧、经济增长停滞等一系列经济问题，使主要依靠政府财政支持的社会保障制度、随着经济承受能力的下降而出现了一系列问题。[②] 20世纪80年代以来，世界医疗保险制度除面临本国国情下特有的医疗保险问题外，普遍面临人口老龄化引致医疗压力增大、医疗费用过度膨胀、医疗资源分布不均等共性问题。

---

① 杨翠迎. 社会保障学［M］. 上海：复旦大学出版社，2015.
② 仇雨临，孙树菡. 医疗保险［M］. 北京：中国人民大学出版社，2001.

第一，人口老龄化引致医疗压力增大。年老者是医疗服务的庞大需求群体，老年人口由于身体情况的特殊性，可能需要更多的医疗服务，同时也要求更高的医疗服务质量，在人口老龄化成为事实的时代，为老年人提供特殊的医疗服务，针对老年人特征设计不同医疗服务形式，成为当代各国政府不得不面对的事实。

第二，医疗费用过度膨胀。医疗费用膨胀是所有国家面临的最大医疗保险问题。20世纪70年代许多西方国家经济增长速度放缓，然而随着工业化进程，医疗技术愈发成熟，民众对医疗服务的需求不断上涨，医疗费用增长速度远远超过了国民生产总值的增长速度，各国政府将更多的公共资金用于医疗费用，对其他社会资源产生挤占效应，不利于经济全面协调发展。

第三，医疗资源分布不均。全社会总体医疗资源是有限的，当医疗资源得不到均衡发展，必然会造成医疗资源浪费现象。许多国家大型医疗机构人满为患，一床难求，而初级或私人医疗机构床位、设备、人员处于闲置状态，形成医疗资源紧缺与浪费共存的局面。

二、中国医疗保险制度

（一）中国医疗保险制度历史沿革

中国的医疗保险制度整体可分为改革开放前的传统医疗保险制度与改革开放后的社会医疗保险制度两个阶段。传统医疗保险制度包括公费医疗、劳保医疗以及农村合作医疗。改革开放后的医疗保险制度包括城镇职工医疗保险制度、城镇居民医疗保险制度、新型农村合作医疗保险制度、社会医疗救助制度，构成"三险一助"的中国医疗保险制度。

1. 城镇医疗保险制度历史沿革

1951年，国家颁布《中华人民共和国劳动保险条例》，劳保医疗正式确立。1953年，劳动部颁布《中华人民共和国劳动保险条例实施细则修正草案》。劳保医疗保障对象为所有制企业正式职工及其供养的直系亲属[①]，由企业福利基金提供基本医疗服务，个人只需要负责门诊、住院规定的个人医疗费用。

1952年，国务院发布《关于全国各级人民政府、党派、团体及所属事业单位的国家工作人员实行公费医疗预防的指示》，同年卫生部颁布《国家工作人员公费医疗预防实施

---

① 林义. 社会保险 [M]. 北京：中国金融出版社，2016.

办法》，至此，国家公费医疗制度正式确立。公费医疗制度的保障对象是国家公职人员，由国家财政提供免费或基本免费的医疗服务，个人不需要承担任何费用。

改革开放后，计划经济体制转为市场经济体制，社会多元化发展，国家或单位作为医疗保障制度的"大家长"，所负担的医疗费用越来越沉重，公费医疗及劳保医疗资源浪费及费用过度增长问题突出，国家开始进行持续20多年的公费医疗与劳保医疗改革。

1989年，国务院进行医疗保险改革试点工作。1994年，江苏镇江与江西九江试点社会统筹与个人账户相结合的新型医疗保险模式，即"两江"试点。

1996年，国务院颁布《关于职工医疗保障制度改革扩大试点的意见》，全国57个城市开始实施"两江"试点制度范式。

1998年，国务院颁布《关于建立城镇职工基本医疗保险制度的决定》，经过十多年持续试点改革与探索，已完全取代公费医疗与劳保医疗，城镇职工医疗覆盖城镇全体劳动者。

2007年7月10日，国务院发布《关于开展城镇居民基本医疗保险试点的指导意见》，规定不属于城镇职工基本医疗保险制度覆盖范围的中小学阶段的学生（包括职业高中、中专、技校学生）、少年儿童和其他非从业城镇居民，都可自愿参加城镇居民基本医疗保险。

2010年，城镇居民医疗保险在全国全面推开，逐步覆盖全体城镇非从业居民。

2. 农村医疗保险制度历史沿革

中国传统农村合作医疗是指在各级政府的支持下，按"风险共担，互助共济"的原则在农村社区范围内筹集资金，用来补偿农民群众的预防、保健、医疗等服务费用的医疗保障措施，"是人民公社社员依靠集体力量，在自愿互助的基础上建立起来的一种社会主义性质的医疗制度，是社员群众的集体福利事业"[①]。

中国农村医疗保险制度最早可追溯到抗日战争时期，1938年在陕甘宁边区创办保健药社和卫生合作社，1944年边区政府在群众要求下委托大众合作社办理合作医疗，医疗基金由保健药社和大众合作社投资，吸收团队与个人资金，政府给予适当药材补贴，是一种民办公助的医疗组织形式，是农村合作医疗的制度萌芽。

1950年，东北三省为解决基层农民医疗需求，通过合作制与群众集资创办1 290个农村卫生所，取得良好的医疗保障效益。

1956年，《高级农业生产合作社示范章程》首次规定了农村集体对因公负伤的农民应

---

① 王莉. 医疗保险学 [M]. 广州：中山大学出版社，2011.

负有一定责任。

1965年，中央批转了卫生部党委《关于把卫生工作的重点放到农村的报告》，政府对农村合作医疗制度正式给予肯定，强调加强农村基层卫生保健工作[①]，极大地推动了农村合作医疗保障事业的发展，合作医疗制度开始在广大农村得到确立。同时，在该项报告的指导下，有关部门又发出了《关于改进公费医疗管理问题的通知》《关于改进企业职工劳保医疗制度几个问题的通知》，对原有制度进行整顿，整治医疗过程中存在的浪费现象。

> 1965年6月26日，毛泽东在同他的保健医生谈话时，针对农村医疗卫生的落后面貌，指示卫生部"把医疗卫生工作的重点放到农村去"，为广大农民服务，解决长期以来农村一无医二无药的困境，保证人民群众的健康。因为这一指示是6月26日发出的，因此又被称为"六·二六"指示。该指示对我国的医疗卫生事业，尤其是对农村医疗卫生工作产生了重要影响。
> （资料来源：凤凰网. 毛泽东"六·二六"指示的历史考察.）

党的十一届三中全会之后，随着家庭联产承包责任制的推行，农村合作医疗赖以生存的集体经济根基不稳，制度运行难以为继。

1989年统计显示，继续实施农村合作医疗的行政村仅占全国的4.8%，农村合作医疗迫切需要一场制度改革，以继续为农村群众提供基本医疗保障。

2002年，国家发布《关于进一步加强农村卫生工作的决定》，2003年，国务院办公厅转发《关于建立新型农村合作医疗制度的建议》，至此，新型农村合作医疗制度逐渐替代农村合作医疗制度。

（二）中国医疗保险制度特点

医疗保险不仅具有其他社会保险都具有的基本保障等特性，还因为医疗保险的医疗特殊性，具有许多医疗保险的独有特征。

第一，保障对象的广泛性。中国医疗保险基本实现全民覆盖，通过城镇职工基本医疗保险、城镇居民基本医疗保险、农村新型合作医疗保险以及各种补充医疗保险的多层次医疗保险体系，满足了不同层次社会成员的医疗服务需求。

第二，保障内容的特殊性。养老保险、失业保险、工伤保险等都是对社会成员社会

[①] 张晋藩等. 中华人民共和国国史大辞典 [M]. 哈尔滨：黑龙江人民出版社，1992.

生活方面的保障，而医疗保险是针对社会成员的身体健康和疾病医疗的保障。保障内容涉及整个医疗过程中发生的医疗服务项目、医疗费用等，国家按照规定比例给予报销。

第三，非定额支付的费用补偿方式。不同于养老保险等社会保险定额支付方式，医疗保险支付额度与实际发生的医疗费用直接相关，患者获得的医疗费用补偿与缴费多少及缴费年限均无关，仅与发生的实际医疗费用有关。

第四，涉及关系复杂。医疗保险涉及政府、医疗机构、用人单位、医药机构、患者个人和社会保险机构等多方之间复杂的权利义务关系，要处理好这样复杂的关系，必然需要兼顾各方主体的权益并对各利益主体形成一种制衡机制。[①]

医疗保险的上述特征正是其区别于其他社会保险的本源性特征，也是其成为世界最大最复杂险种的原因之一。

（三）中国医疗保险制度内容

中国医疗保险制度经过多年的探索试点与改革，形成"三险一助"的基本医疗保险体系，其中，"三险"是指城镇居民基本医疗保险制度、城镇职工基本医疗保险制度、新型农村合作医疗制度，"一助"是指医疗救助制度。

2016年，国务院发布《关于整合城乡居民基本医疗保险制度的意见》，逐渐将城镇居民基本医疗保险制度与新型农村合作医疗制度合二为一形成城乡居民医保。目前，我国基本形成了以基本医疗保险制度为主体、以医疗救助制度为托底、以各类补充医疗保险和商业健康保险为补充的多层次医疗保障体系。

1. 城镇职工基本医疗保险

1998年，国务院《关于建立城镇职工基本医疗保险制度的决定》明确规定了城镇职工基本医疗保险的相关内容。

★ 保障范围。城镇所有用人单位，包括企事业单位、民办非企业、社会团体及其职工，凡是符合条件的强制参加城镇职工基本医疗保险。

★ 缴费方式。由职工与用人单位共同缴纳医疗保险费用，职工缴纳上年度本人月平均工资的2%，用人单位缴纳其平均工资的6%，退休人员不缴纳医疗保险费。随着经济社会的发展，职工及用人单位的医疗保险缴费率可做灵活调整。城镇职工基本医疗保险实行个人账户和社会统筹账户相结合的筹资模式，个人缴纳的基本医疗保险费全部计入个人账户，用人单位缴纳的医疗保险费30%计入个人账户，其余全部计入社会统筹账户。

---

① 郑功成. 社会保障学 [M]. 北京：中国劳动社会保障出版社，2005.

社会统筹地区可根据个人账户支付范围以及职工年龄确定具体划转比例。

★ 支付方式。个人账户与社会统筹账户有各自的支付范围，个人账户主要负责门（急）诊费用、定点零售药店购药费用，起付标准以下、起付标准以上最高限额以下按规定由个人支付部分。社会统筹账户主要负责住院费用及起付标准以上最高限额以下按规定由统筹基金支付的部分。基本医疗保险社会统筹基金的起付标准为当地上年度社会平均工资的 10%，最高限额为当地上年度社会平均工资的 4 倍。城镇职工基本医疗保险制度是具有中国特色且符合中国基本国情的基本医疗保险制度构成部分，目前仍旧处于不断的改革与完善之中。

2010 年，各级财政根据《医药卫生体制改革近期重点实施方案（2009—2011 年）》，将城镇职工医疗保险最高支付限额提高到当地职工平均工资的 6 倍左右。

2. 新型农村合作医疗保险

★ 定义。新型农村合作医疗保险是一种农村居民自愿参加，个人、集体和政府多方筹资，以大病统筹为主的新型农村医疗保险制度，一般简称为"新农合"。农村居民以家庭为单位自愿参加，乡（镇）、村集体给予资金扶持，中央和地方各级财政每年安排一定专项资金给予支持。[①]

★ 管理。新型农村合作医疗的统筹单位为县（市）级别，省、地级人民政府成立由农业、财政、民政、卫生、扶贫、审计等部门组成的农村合作医疗协调小组。各级卫生行政部门内设立专门的农村合作医疗管理机构。有关部门和参保农民代表组成县级农村合作医疗管理委员会，负责有关管理、协调、组织、指导等工作。委员会下设经办机构，负责具体业务工作。

新型农村合作医疗制度实行个人缴费、集体扶持和政府资助相结合的筹资机制。政府对居民的医疗补助随着经济发展不断上涨，待遇水平也随着经济水平的上升而不断提高。2010 年，各级财政根据《医药卫生体制改革近期重点实施方案（2009—2011 年）》，对新农合的补助标准提高到每人每年 120 元，最高支付限额提高到当地农民人均纯收入的 6 倍以上。

★ 特点。与传统合作医疗保险制度相比，新农合的资金来源主要依靠农村居民的自愿缴费，保障居民的大病与重病是新型农村合作医疗保险制度具有的两个典型特征。

3. 城镇居民基本医疗保险

★ 产生。继城镇职工基本医疗保险与新型农村合作医疗保险之后，为解决不被上述

[①] 钟仁耀. 社会保障概论（第四版）[M]. 大连：东北财经大学出版社，2013.

两种医疗保险覆盖的广大城镇未就业人口（包括婴幼儿、大中小学生、城镇居民中未参加职工基本医疗保险的残疾人、老年人以及非从业人员）的医疗需求，于2010年全面推行城镇居民基本医疗保险。

★ 城镇居民医疗保险制度遵循以下原则。

第一，试点工作要坚持低水平起步，根据经济发展水平和各方面承受能力，合理确定筹资水平和保障标准，重点保障城镇非从业居民的大病医疗需求，逐步提高保障水平。

第二，坚持自愿原则，充分尊重群众意愿。

第三，明确中央和地方政府的责任，中央确定基本原则和主要政策，地方制订具体办法，对参保居民实行属地管理；坚持统筹协调，做好各类医疗保障制度之间基本政策、标准和管理措施等的衔接。①

★ 内容。城镇居民基本医疗保险以家庭自愿缴费为主，政府给予适当补贴，缴费标准总体上低于城镇职工基本医疗保险。2010年，各级财政根据《医药卫生体制改革近期重点实施方案（2009—2011年）》，对城镇居民医疗保险的补助标准提高到每人每年120元，将城镇居民医疗保险最高支付限额提高到居民可支配收入的6倍左右。城镇居民基本医疗保险筹资水平低，居民在享受医疗待遇方面也略低于城镇职工基本医疗保险。

城镇居民医疗保险基金主要负责住院及门诊大病医疗费用，医疗费用按医疗服务的特性可分为住院费用、医生的门诊费用、手术费用、各种检查费用、护理费用、药费、医院杂费等。规定范围之外的医疗费用可通过商业医疗保险、补充医疗保险以及医疗救助或社会慈善等其他渠道解决。

2016年，国务院发布《关于整合城乡居民基本医疗保险制度的意见》，将城镇居民医疗保险和新农合合并为统一的城乡居民医疗保险。2018年7月，国家医疗保障局等部门发布的《关于做好2018年城乡居民基本医疗保险工作的通知》提出，2019年将在全国范围内全面启动实施统一的城乡居民医保制度。

4. 补充医疗保险

★ 定义。所谓补充医疗保险，是指基本医疗保险之外的所有医疗保险形式，即为了满足更高层次的医疗消费需求，由用人单位和个人根据自己的经济收入水平和疾病严重程度，自愿参加并起补充作用的各种医疗保险计划的总称。② 基本医疗保险只能满足基本的医疗需求，无法为民众提供基本医疗保险筹资范围之外、筹资水平之上的医疗服务，实施补充医疗保险可提供多层次医疗服务。

---

① 国务院关于开展城镇居民基本医疗保险试点的指导意见.
② 林义. 社会保险 [M]. 北京：中国金融出版社，2016.

★ 类型。由于中国目前各地区、行业经济发展差距较大，各地提供的补充医疗保险种类繁多，按照不同的分类标准可分为不同的补充医疗保险。如按是否营利可分为营利性补充医疗保险和非营利性补充医疗保险，按服务项目可分为住院补充医疗保险和门诊补充医疗保险，按参保范围可分为公务员补充医疗保险和企业补充医疗保险等。补充医疗保险的实施有助于缓解财政压力，同时满足不同层次的医疗服务需求，是基本医疗保险的必要补充，有助于发挥市场和社会的力量，形成多层次医疗保险体系，促进中国卫生事业的发展。

（四）中国医疗保险未来发展趋势

第一，推进医疗保险支付方式改革，控制医疗费用增长。由于医疗保险主体复杂的特性，在医疗服务提供的过程中存在医生"开大处方"、道德风险、"收受红包"等医疗乱象，医疗费用持续增长，中国政府积极进行医疗保险支付方式改革，探索最符合中国国情的医疗保险支付方式改革，大部分学者倾向于后付制改为预付制，有助于控制医疗费用无节制增长。

第二，强化基层医疗服务。20世纪50年代，中国基层医疗服务曾发挥重要作用，中国在最短的时间内完成国民基本医疗服务供给。然而，随着经济发展水平的提高，人民对医疗服务的需求逐渐提高，基层医疗服务逐渐丧失其固有的医疗效用，中国医疗服务市场出现大医院"看病难，看病贵"，基层医疗机构无人问津的现象，基层医疗的重要性逐渐凸显。中国开始加大对基层医疗的资源投入，通过试点探索分级转诊、家庭医生制度等，逐渐发挥基层医疗机构的保障作用。

第三，推动企业补充医疗保险发展。现有中国医疗保障体系只能为国民提供基本医疗服务，目前尚且处于保基本的医疗阶段，企业补充医疗保险是基本医疗保险的补充，对超过基本医疗保险部分以及基本医疗保险服务项目范围之外的医疗服务进行保障，形成中国城镇职工基本医疗保险、中国城镇居民医疗保险、中国农村新型合作医疗保险、企业补充医疗保险的多层次医疗保险体系，满足不同层次的医疗保障需求。

第四，强化医疗保险监督管理。基于医疗保险制度的复杂性，为确保医疗保险制度平衡运转和长远发展，国家加强对医疗服务提供机构、医疗保险机构的监督管理，通过提高医疗服务准入门槛、合理规划医疗资源配置、调整各级医院职能等加强对医院的宏观调控，利用互联网监督平台鼓励群众发挥社会监督作用，完善医疗监督机制。

第三节 工伤保险制度

一、世界工伤保险制度

工伤保险制度是参保人因工受伤或者患职业病而丧失劳动能力时,被保险人或者其遗属依法从国家和社会得到补偿的一种社会保障制度。[①]

进入工业化社会以后,人们面临的工业事故和风险也在逐渐增加,工伤成为被人们广泛关注的社会问题。经过工人阶级运动以及工会组织的不断努力,各国对工伤保险制度一直给予高度的重视和关注。1884年,德国颁布的《工伤事故保险法》是世界上第一部关于工业事故、职业病以及工伤预防和补偿的重要法规。

(一)世界工伤保险制度的发展历程

1. 第一阶段:工伤民事赔偿

★ 风险自担。在欧洲工业化早期,职业伤害并没有引起政府部门的足够重视。在资本主义发展的早期阶段,政府为了刺激生产和保护资本家的利益,在制定法律的时候倒向了资产阶级,尽量减少事故发生后雇主的责任。因此,当时英国著名经济学家亚当·斯密的"风险承担理论"风靡一时,受到政府和资本家的广泛推崇。根据该理论的"承诺排除侵权","如果当事人同意承担风险,则不存在法律上的伤害",受害者"同意的行为所导致的伤害不能带来诉讼"。因而,工人在和用人单位签订契约的时候就已经知道并且接受了工作中的风险,那么无论是因为机器故障还是同事的过失所导致的工作伤害,都应该由个人承担,用人单位不承担任何责任。[②]

★ 雇主过失责任型工伤补偿制度。一方面,随着工业化程度的加深以及资本主义经济的不断发展,近代工业国家工伤事故和职业病不断增多,同时事故和疾病的严重程度也在不断增强。另一方面,由于工人阶级队伍不断发展壮大,工人运动也蓬勃发展,导致社会动荡不安,威胁统治阶级的统治。因此,在经济社会发展的过程中开始出现劳动者因为工伤索赔而起诉雇主的案件。

早期出现的是雇主过失责任型工伤补偿制度,因为工伤事故受伤的受害者必须证明雇主存在过失才能获得赔偿。在当时的条件下,要想证明雇主存在过失显然是很困难的。

---

① 林闽钢. 现代社会保障通论 [M]. 北京:中国社会科学出版社,2014.
② 殷俊. 工伤保险 [M]. 北京:人民出版社,2012.

因此，在当时只要发生工伤事故或者受到职业伤害，所有后果几乎都是由劳动者自己承担的。

2. 第二阶段：雇主责任制

★ 无过错责任原则。19 世纪末期，由于欧美等国家的法制环境逐渐发展成熟，广大民众的权利保障意识也在不断增强，人们的理念发生了变化。法国、德国、英国等国家普遍认同了无过错责任原则和职业危险原则，归责方式也逐渐客观化。凡是使用机器或者雇用人员从事经济活动的雇主或者机构，就有可能造成雇员受到职业方面的伤害；意外事故无论是由于雇主的疏忽还是由于受伤害者的同事或者其本人的粗心大意所致，都应由雇主进行赔偿；赔偿金应该是企业所承担的一部分管理费用。[1]

★ 商业责任保险。保险公司顺应了市场的发展需要，开发了一系列责任保险产品，从而也推动了责任保险的发展。

> 例如，英国在 1880 年成立了专门的责任保险公司，用来负责用人单位在经营生产过程中因为自身原因致使雇员受到人身伤害或者财产损失时应负的法律赔偿责任。

无过错责任原则与职业危险原则在工业保险领域的应用是雇主责任制兴起的标志，掀开了工伤保险发展的新篇章。

雇主责任险。它是责任保险[2]的基本险种之一，指的是用人单位在对劳动者或者其遗属在劳动过程中发生人身伤害依法承担赔偿责任的保险。雇主责任保险在一定程度上可以较好地解决工伤民事赔偿阶段面临的尴尬局面。

3. 第三阶段：工伤保险制度的产生

★ 产生要素。为了克服雇主责任制的不足以及经济社会等因素的进一步发展，国家出面进行干预成为必然，工伤保险也逐渐走向社会化方式，形成工伤保险制度。

英国著名社会保险法学专家奥加斯对工伤保险制度的诞生进行了总结，认为导致工伤保险制度产生的要素包括：一是传统侵权体系不利于工伤补偿的发展；二是工会权利不断发展壮大；三是社会大众对工伤事故广泛关注；四是劳动者康复、生活保障和鼓励产业安全的需要。[3] 此外，工伤保险制度对缓和劳资也具有重要积极作用。因此，缓和劳资关系也成为其建立的重要积极因素之一。

---

[1] 孙光德，董克用. 社会保障概论［M］. 北京：中国人民大学出版社，2015.
[2] 责任保险指的是保险人以被保险人受赔偿请求时对第三人依法应承担的赔偿责任为保险标的一种保险。
[3] 钟明钊，许明月. 社会保障法律制度研究［M］. 北京：法律出版社，2000.

★ 产生过程。工伤保险首先在德国产生。1871 年德国实现了统一，俾斯麦上台后积极推动工业化发展，工业化的推进使得德国工人们的生活苦不堪言。在此期间，马克思主义也开始在德国得到广泛传播。俾斯麦为了缓和阶级矛盾和控制社会民主党派力量的增长，采取了一系列社会政策，工伤保险也是其中的一项重要组成部分。

1884 年 7 月 6 日，德国颁布了世界第一部工伤保险法——《工伤事故保险法》，内容主要包括预防、康复、待遇给付。① 德国的工伤保险立法采用了德国工人领袖奥·倍尔所提出的两项建议，一是确立了补偿无过失的原则；二是参保者的工伤保险费用由用人单位来支付，参保者无须支付。这两个原则也成为工伤保险制度建立的基础。

在此之后，欧洲国家相继颁布相关法规，建立了工伤保险制度。部分国家首次工伤保险的立法时间如表 8-3 所示。

表 8-3　　　　　　　　　　部分国家首次工伤保险立法时间

国家	年份	国家	年份
德国	1884	中国	1951
英国	1897	日本	1911
意大利	1898	泰国	1956
法国	1898	印度	1923
瑞典	1901	新加坡	1929
美国	1908	韩国	1953
加拿大	1908	埃及	1936
澳大利亚	1902	南非	1914
俄罗斯	1903	智利	1916

资料来源：美国社会保障署. 全球社会保障：1995 [M]. 北京：华夏出版社，1996.

★ 优势。与雇主责任保险制度相比，实行工伤保险制度的好处是：一方面更加有利于保护受伤职工的权益，通过社会保障让受害人的生存权利得到比较好的保护，可以让人们更加有尊严地活着；另一方面，更加有利于企业减少经营风险，缓和劳资关系，节省社会成本，促进社会生产力的发展。

4. 第四阶段：工伤保险制度的完善和发展阶段

工伤保险制度呈现出了以下五个方面的发展趋势②。

---

① 孙光德，董克用. 社会保障概论 [M]. 北京：中国人民大学出版社，2015.
② 费梅萍. 社会保障概论 [M]. 广州：华东理工大学出版社，2005.

一是制度的适用对象不断扩大。例如将职工上下班途中发生意外事故等非直接工伤以及自营人员、学生、农民等非受雇人员引入工伤保险的适用范围。

二是越来越重视工伤事故的预防工作。例如，德国在 20 世纪 60 年代就开始强化工伤事故的预防工作，包括制定相关政策和制度安排，建立事故预防机构等，取得了很好的效果。

三是完善工伤保险体系，实施事故预防、工伤赔偿以及康复三者一体化发展。

四是重视康复治疗和伤残人员重返工作岗位。例如将康复治疗列于康复工作的重点，以及创造条件和激励促进伤残人员重新就业。

五是制定实际保险费率的浮动政策。

（二）世界工伤保险制度介绍

★ 概况。根据政治、经济、社会、文化以及历史传统等因素的不同，世界各国实施的工伤保险制度大体上可以分为三种类型：社会保险型、雇主责任制以及混合型工伤保险制度。[①] 20 世纪 80 年代，在 140 个建立起工伤保险制度的国家和地区中，大约有 40 个实行雇主责任制。20 世纪 90 年代，在 156 个建立工伤保险的国家和地区中，大约有 30 个实行雇主责任制。总体上来看，社会保险型工伤保险成为工伤保险发展的主流模式。三种不同类型制度的内容不尽相同，保障程度也是各有高低。

1. 第一种类型是社会保险型工伤保险

实行这种保险制度的国家将工伤保险作为社会保险的分支，由政府成立专门的工伤保险管理机构，负责这项保险制度的实施。

★ 类别。实行这种类型的工伤保险制度的国家又可以分为三类。

以德国、意大利、日本为代表的国家在实施工伤保险制度时，将工伤保险制度作为一项独立的制度，在基金以及监管管理方面与其他社会保险项目分离，单独存在。

以法国和奥地利为代表的国家在实施这项制度时，建立单独的保险基金。但是，在行政管理方面却是将其与其他社会保险项目一齐交于同一机构来管理。

以阿尔及利亚和巴拿马为代表的国家在实施这项制度时，将这项保险项目置放于整个社会保险制度之中。

★ 特点。

一是由国家强制实施，在法律规定范围内的用人单位必须依法强制参保。

---

① 林闽钢. 现代社会保障通论［M］. 北京：中国社会科学出版社，2014.

二是保障资金来源于用人单位。用人单位按照规定比例缴费形成保险基金，发生工伤事故需要赔付时从中支取。

三是长期和短期保障待遇相结合。短期待遇保障的是受伤职工当前的医疗、康复需要，长期待遇保障的是伤残职工以后的生存需要以及因工死亡职工遗属的长期生活需要。

实行这种社会保险模式的工伤保险制度有利于避免个别企业因为工伤事故受到较大冲击从而危及企业生产与运营。同时，有利于保障受伤职工的合法权益，减少工伤争议事故的发生，缓和劳资矛盾。此外，还可以形成规模效应，减少管理费用的支出等。由于社会工伤保险制度具有社会保险的强制性、非营利性、互济性等基本特征，比雇主责任保险有较大的优势，因而得到普遍采用。[①]

2. 第二种类型是雇主责任制工伤保险

雇主责任制指的是国家通过立法强制雇主对工伤受害人实行赔偿的制度安排。实施这种类型的国家将工伤保险的补偿责任完全归咎于企业主，由企业主承担赔偿责任。

★ 类别。实行这种保险制度的国家一般分为两类。

雇主自理风险。一部分国家是由雇主自己缴费形成属于企业自己的保障基金。这部分基金的管理、使用、监督运营等完全由企业自己负责，当发生工伤需要赔付时从这笔基金中支出，不影响企业的正常经营。另外一种情况是企业不提前设立保障基金，当发生工伤赔付时，企业只需要在自己平时的运营资金当中随时支取赔付即可。

向保险公司进行投保。一些国家的企业主为自己雇员的职业伤害向私营保险公司投保，保险公司根据各个企业或者不同行业发生工伤事故的概率来确定缴费水平。当企业员工发生事故时，由保险公司代替企业来对雇员进行赔付。

★ 雇主责任模式的问题主要表现在以下三个方面。

一是雇主的负担比较重。工伤事故发生频率比较高或者是遭遇重大工伤事故的企业往往会承担不了这么大的赔付责任，特别是对中小企业来说，还可能因为难以承受巨额的经济赔偿而破产倒闭。

二是员工权益难以获得保障。势单力薄的受伤雇员要求雇主赔付巨额资金十分费时且费力，劳动者在遭受身体上伤害的同时还要遭受心理上的折磨。此外，这些赔付大多数都是一次性的，严重影响雇员乃至其整个家庭的正常生活。[②]

三是容易引发社会矛盾。实施这种保险模式的国家，雇主和雇员之间这方面的经济纠纷比较多，也很容易引起劳资纠纷，不利于社会安定。

---

①② 郭小东. 社会保障：理论与实践 [M]. 广州：广东经济出版社，2014.

3. 第三种类型是混合型工伤保险

部分国家采取的是社会保险型和雇主责任型相混合的保险模式,称为混合型工伤保险制度。

实行这种保险制度的国家,既实行政府负责的社会保险型的工伤保险制度,也实行企业负责的雇主责任型的保险制度。有些国家规定达到一定规模条件的企业可以实行雇主责任型工伤保险模式,达不到要求的企业就必须参加社会保险型的工伤保险制度。还有的国家规定,对某一类人群实行雇主责任或者是社会保险型的工伤保险制度。

(三)世界工伤保险制度的发展趋势和未来挑战

伴随着工伤保险制度的发展以及各国经济社会的不断变化,工伤保险呈现出一定的发展趋势。这些发展趋势,也是对各国工伤保险制度的挑战。

一是怎样应对工伤保险覆盖范围不断扩展成为未来的挑战。从工伤保险覆盖的范围来看,世界各国的工伤保险呈现出一种逐渐扩大的发展趋势。工伤保险的受益者从一开始的企业雇员逐渐扩大到农民以及自雇者等人群,从从事危险工作的体力劳动者扩大到脑力劳动者,从正规就业部门逐渐扩展到非正规就业部门。由此可见,工伤保险制度的覆盖范围在不断扩大,最终会覆盖所有从事生产活动的劳动者。[1]

二是继续保持各国的现状还是建立社会保险型的工伤保险模式成为各国要思考的问题之一。根据国际劳工专家的统计与分析,世界上到目前为止实行工伤保险制度的国家和地区大约有2/3实行的是社会保险模式的工伤保险制度,不到1/3的国家或地区实行的是雇主责任制模式的保险制度,只有极少数国家或者地区实行的是混合发展模式。

三是工伤事故的预防和职业康复问题越来越受到重视。如何将事前预防、事中赔偿以及事后康复三者有机结合并出台相应的政策细则,成为各国工伤保险制度未来发展的挑战。

四是结合本国的国情特色,建立适合本国发展特色的工伤保险制度成为各国的挑战。

---

[1] 邓大松. 社会保险 [M]. 北京:中国劳动社会保障出版社,2009.

二、中国工伤保险制度

（一）历史沿革

1. 中国工伤保险制度建立期

1951年我国颁布了《劳动保险条例》，标志着中国工伤保险制度的建立。[①]

劳动保险制度中包含了对职工一生中生、老、病、死、残各种风险的全面保障。该条例的第12条规定：工人和职工因工负伤，全部的治疗费、药费、住院时期的膳食费和就医的路费，均由企业行政或者是资方来承担。在医疗期间，工资照发；因工负伤致残，在完全丧失劳动能力退职后，饮食起居需要人辅助者，发给本人工资的75%作为因工致残抚恤费，付至其死亡为止；因工负伤致残的，完全丧失劳动能力退职后，饮食起居不需要人辅助者，发给本人工资的60%作为因工致残的抚恤费，一直付至其恢复劳动能力或者死亡为止；部分丧失劳动能力但尚能工作者，企业应该给予安排适当的工作，并按照其残废后丧失劳动能力的程度，发给本人残疾前工资的5%~20%作为其因工残疾补助费，直到其退职或者死亡为止。1952年、1953年以及1955年国家分别三次修订《劳动保险条例》，对我国工伤保险的覆盖范围、待遇标准分别进行了调整。据统计，1956年享受劳动保险待遇的职工人数相当于当年国营、公私合营、私营企业职工总数的94%。[②]

为了保障职业的健康权益以及促进职业病的治疗和预防，1957年卫生部颁布了《职业病范围和职业病患者处理办法的规定》，首次将职业病伤害纳入工伤保险制度的保障范围之内，并规定将职业性中毒、尘肺等14种职业病正式列入职业病范围。此外，还规定患职业病的劳动者在治疗或者是修养以及医疗终结确定为残疾或者治疗无效而死亡时，均按照《劳动保险条例》有关规定作为因工伤待遇来处理。随后，政府又将布氏杆菌病、煤矿井下工人滑囊炎、铅中毒、钩螺旋体病以及接触炭黑所引起的尘肺等纳入职业病范围。

国务院在1958年和1978年先后颁布了《关于工人、职员退休处理暂行规定》和

[①] 郑功成. 中国社会保障论 [M]. 北京：中国劳动社会保障出版社, 2009.
[②] 严忠勤. 当代中国的职工工资福利和社会保险 [M]. 北京：中国社会科学出版社, 1987.

《关于工人退休、退职的暂行办法》两个文件,在这些政策法规中,对工人的工伤保险待遇进行了重新调整,并根据现实发展适当提高了工人的工伤保险待遇水平。

卫生部、劳动人事部以及全国总工会在1978年11月联合修订颁布了《职业病范围和职业病患者处理办法的规定》,将物理因素职业病、职业性耳鼻喉疾病等9大类共99种职业病纳入了工伤保险制度的保障范围,进一步扩大了职业病的保障范围。上述法律法规的颁布和实施,确立了我国工伤保险制度的基本内容,对保障劳动者的工伤权益起到了非常重要的作用,也为后来我国工伤保险制度的进一步发展完善奠定了制度性基础。

2. 中国工伤保险制度的改革期

1966年开始的"文化大革命"中断了包括工伤保险制度在内的社会保障制度的进一步发展,同时还破坏了已经取得的许多建设成果,工伤保险在组织实施方面从原来"国家保险"变成"企业保险",我国工伤保险制度陷入了十分混乱的发展境地。1969年2月,财政部颁布了《关于国营企业财务工作几项制度改革意见(草稿)》,工伤保险制度彻底变为企业自担的保障制度,企业直接担负起职工的生、老、病、伤、残、死全部事宜。①

一方面,考虑到传统工伤保险制度的突出问题;另一方面,随着我国经济体制的不断改革发展,计划经济时期建立起来的工伤保险制度越来越不能适应时代发展的要求。鉴于此,我国从20世纪80年代开始对传统的工伤保险制度进行全面改革。主要分为以下几个阶段。

(1) 地方进行的工伤保险制度试点改革。

20世纪80年代末,为了重新建立适应新的经济体制需要的制度安排,减轻企业社会保险的负担和提高工伤保险待遇,劳动部积极探索工伤保险制度的改革途径。1988年明确了工伤保险改革的指导思想、主要原则和改革目标。指导思想和主要原则是"实现工伤保险与工伤预防、职业康复的有机结合,实行工伤保险费用社会统筹,更好地保障职工权益,促进职业安全卫生和社会安定"。改革目标是扩大工伤保险覆盖面和保险范围,调整工伤保险待遇,制定评残标准和健全劳动鉴定制度,采取差别费率和浮动费率的方式建立工伤保险基金,对工伤保险事业实行社会化管理。②

这次改革实行的是以点带面的方法,先选定试点城市或者地区开展制度化改革。劳动部在1988年的全国劳动厅局长会议上,对各地开展此项制度改革的准备工作和指定的试点地区和城市进行了全面部署和安排。在此基础上,1989年以后,国家先后在海南省海口市、辽宁省东沟县、铁岭市、锦州市、广东省东莞市、深圳市、福建省将乐县、霞

---

① 章晓懿. 社会保障概论 [M]. 上海:上海交通大学出版社, 2010.
② 殷俊. 工伤保险 [M]. 北京:人民出版社, 2012.

浦县，吉林省延吉县等几十个县市展开了改革试点。到 1995 年，全国参加工伤保险制度改革试点的县市达到了 1 103 个，参保人数达 2 615 万人。① 此次改革是在不降低工伤保险待遇的前提下，政府开始管理工伤保险制度的开始。这次改革试点为工伤保险制度在全国范围内推广积累了经验教训，也为今后改革理清了思路，意义非凡。

（2）《企业职工工伤保险试行办法》颁布实施。

进入 20 世纪 90 年代，社会主义市场经济体制的改革方向在我国日趋明朗。同时，在总结前期工伤保险制度试点改革的经验基础之上，工伤保险制度在全国性改革的时机也日渐成熟。1996 年 3 月，国家技术监督局颁布了《职工工伤与职业病致残程度鉴定》（GB/T 16180—1996），将原来 99 种职业病扩大到 102 种，为职工提供了更加全面的保护。

1996 年 8 月，劳动部颁布了《企业职工工伤保险试行办法》，对工伤保险立法目的、制度的适用范围、基金管理以及行政管理机构等各个方面进行了明确规定，并第一次明确将工伤预防、工伤康复以及工伤补偿等三项工伤保险体系结合起来。②

《企业职工工伤保险试行办法》是中国第一部有关工伤保险的专项立法，它的颁布标志着我国工伤保险制度体系的建立，有力地推动了中国工伤保险制度的改革和发展完善。

（3）《工伤保险条例》的颁布实施以及修订。

《企业职工工伤保险实行办法》的颁布实施虽然推动了我国工伤保险制度的发展，但是工伤保险的覆盖面和运行状况还未能实现与社会发展的契合。这个试行办法更重要的是使全社会认识到了工伤保险在工业化进程中不可代替的社会保障作用，为 2003 年《工伤保险条例》的出台奠定了基础。③ 2003 年 4 月 27 日，国务院颁布《工伤保险条例》，于 2004 年 1 月 1 日起开始正式实施。这个条例是在总结几十年我国劳动保护法律制度的实践发展经验的基础上颁布的，是中国第一部专门的工伤保险行政法规。

与前面的法律政策相比，《工伤保险条例》提高了工伤保险的立法层次，约束力和强制力进一步增强；扩大了工伤保险的保障范围，保障对象扩大到了境内各类企业和有雇员的个体工商户；以法规的形式把以往一些行之有效的政策措施固定下来；明确了用人单位和职工的责任划分，比较科学地规范了相关的标准和工作程序。所以，《工伤保险条例》的颁布，标志着中国工伤保险制度的改革进入了新的时期，有利于保障我国职工权益，促进生产，维护社会稳定等。

---

① 胡晓义. 工伤保险 [M]. 北京：中国劳动社会保障出版社，2012.
② 潘锦棠. 社会保障通论 [M]. 济南：山东人民出版社，2012.
③ 周弘，张浚. 走向人人享有保障的社会——当代中国社会保障的制度变迁 [M]. 北京：中国社会科学出版社，2015.

2010年12月，国务院修订并发布了新的《工伤保险条例》，这次修订包括进一步扩大工伤保险的保障范围，调整了工伤认定范围，简化工伤认定、鉴定以及争议处理的程序步骤，提高待遇标准以及减少用人单位支付的待遇项目等内容。

2011年7月1日开始实施的《社会保险法》规定由第三方责任发生的工伤，工伤保险基金可以先期赔付。至此，我国的工伤保险制度得到了进一步的发展和完善。

2015年，人力资源社会保障部和财政部联合印发《关于调整工伤保险费率政策的通知》，进一步细化了行业类别，工伤保险费率更加科学化，减轻了企业负担。

（二）制度特点

结合我国工伤保险政策和实践发展，我国工伤保险制度的特点主要包括以下四个方面。

一是强制实施。国家制定完备的工伤保险法规、政策强制所有用人单位必须参加工伤保险。[1] 我国相关政策法律法规规定，中华人民共和国境内的企业、事业单位、社会团体、民办非企业单位、基金会、律师事务所、会计师事务所等组织机构以及有雇工的个体工商户都应该参加工伤保险，它们必须为本单位全部职工或者雇工缴纳工伤保险费用，若有违反者按照法律规定予以惩处。

二是个人不缴费。个人不缴费指的是不管是直接支付保障待遇或者是由缴费投保，全部保障费用都必须由用人单位负担，劳动者个人无须缴费，这也是世界上绝大多数国家的做法。许多国家参与工伤保险无须个人缴纳任何费用，在我国也是如此。

三是补偿不追究。补偿不追究也称为无过失补偿，指的是劳动者在受伤后，先不论是雇主还是雇员本人的过失，受伤者可以依法获得相关的收入赔偿。[2] 但是这并不代表不追究和划分工伤事故的责任问题。一旦真的发生工伤事故，相关各方还是要根据自己的行为在事故中的过失来承担相应的责任，但是对事故责任的界定和划分并不影响受工伤的劳动者依法获得合理的保险待遇。

四是实施的专业性。工伤保险制度在实施过程中需要面临许多挑战，例如严格区分"因工"和"非因工"、确定伤残或者职业病的等级以及直接损失和间接经济损失等，这些都需要严格梳理，区别对待。所以，我国在实施工伤保险制度的时候，需要较强的专业性。

---

[1] 郑功成. 中国社会保障论 [M]. 北京：中国劳动社会保障出版社，2009.
[2] 郑功成. 责任保险理论与经营事务. 北京：中国金融出版社，1991.

(三)制度内容[①]

经过多年的改革和发展,我国已经建立了工伤保险保障体系。一般来说,我国的工伤保险制度体系主要是以 2010 年修订的《工伤保险条例》以及《社会保险法》作为实施依据。主要包括以下几个方面。

1. 适用范围

《工伤保险条例》第二条规定:中华人民共和国境内的企业、事业单位、社会团体、民办非企业单位、基金会、律师事务所、会计师事务所等组织和有雇工的个体工商户(以下称用人单位)应当依照本条例规定参加工伤保险,为本单位全部职工或者雇工(以下称职工)缴纳工伤保险费。中华人民共和国境内的企业、事业单位、社会团体、民办非企业单位、基金会、律师事务所、会计师事务所等组织的职工和个体工商户的雇工,均有依照本条例的规定享受工伤保险待遇的权利。

2. 工伤保险基金的资金

第一,在缴费方面,用人单位应当按时缴纳工伤保险费,职工个人不缴纳工伤保险费。

第二,在费率方面,工伤保险费根据以支定收、收支平衡的原则,确定费率。国家根据不同行业的工伤风险程度确定行业的差别费率,并根据工伤保险费使用、工伤发生率等情况在每个行业内确定若干费率档次。行业差别费率及行业内费率档次由国务院社会保险行政部门制定,报国务院批准后公布施行。统筹地区经办机构根据用人单位工伤保险费使用、工伤发生率等情况,适用所属行业内相应的费率档次确定单位缴费费率(见表 8-4)。

表 8-4   工伤保险费率

行业类别	行业名称	费率(%)
一类	软件和信息技术服务业,货币金融服务,资本市场服务,保险业,其他金融业,科技推广和应用服务业,社会工作,广播、电视、电影和影视录音制作业,中国共产党机关,国家机关,人民政协,民主党派,社会保障,群众团体、社会团体和其他成员组织,基层群众自治组织,国际组织	0.2
二类	批发业,零售业,仓储业,邮政业,住宿业,餐饮业,电信、广播电视和卫星传输服务,互联网和相关服务,房地产业,租赁业,商务服务业,研究和试验发展,专业技术服务业,居民服务业,其他服务业,教育,卫生,新闻和出版业,文化艺术业	0.4

---

① 根据 2011 年《国务院关于修改〈工伤保险条例〉的决定》和 2015 年《关于调整工伤保险费率政策的通知》整理。

续表

行业类别	行业名称	费率（%）
三类	农副食品加工业，食品制造业，酒、饮料和精制茶制造业，烟草制品业，纺织业，木材加工和木、竹、藤、棕、草制品业，文教、工美、体育和娱乐用品制造业，计算机、通信和其他电子设备制造业，仪器仪表制造业，其他制造业，水的生产和供应业，机动车、电子产品和日用产品修理业，水利管理业，生态保护和环境治理业，公共设施管理业，娱乐业	0.7
四类	农业，畜牧业，农、林、牧、渔服务业，纺织服装、服饰业，皮革、毛皮、羽毛及其制品和制鞋业，印刷和记录媒介复制业，医药制造业，化学纤维制造业，橡胶和塑料制品业，金属制品业，通用设备制造业，专用设备制造业，汽车制造业，铁路、船舶、航空航天和其他运输设备制造业，电气机械和器材制造业，废弃资源综合利用业，金属制品、机械和设备修理业，电力、热力生产和供应业，燃气生产和供应业，铁路运输业，航空运输业，管道运输业，体育	0.9
五类	林业，开采辅助活动，家具制造业，造纸和纸制品业，建筑安装业，建筑装饰和其他建筑业，道路运输业，水上运输业，装卸搬运和运输代理业	1.1
六类	渔业，化学原料和化学制品制造业，非金属矿物制品业，黑色金属冶炼和压延加工业，有色金属冶炼和压延加工业，房屋建筑业，土木工程建筑业	1.3
七类	石油和天然气开采业，其他采矿业，石油加工、炼焦和核燃料加工业	1.6
八类	煤炭开采和洗选业，黑色金属矿采选业，有色金属矿采选业，非金属矿采选业	1.9

资料来源：《关于调整工伤保险费率政策的通知》（人社部发〔2015〕71号）及附件《工伤保险行业风险分类表》.

通过费率浮动的办法确定每个行业内费率档次。一类行业分为三个档次，在基准费率的基础上可向上浮动至120%、150%；二类至八类行业分为五个档次，在基准费率的基础上可分别向上浮动至120%、150%或向下浮动至80%、50%。

第三，关于缴费。用人单位缴纳工伤保险费的数额为本单位职工工资总额乘以单位缴费费率之积。

本条例所称工资总额是指用人单位直接支付给本单位全部职工的劳动报酬总额。本条例所称本人工资是指工伤职工因工作遭受事故伤害或者患职业病前12个月平均月缴费工资。本人工资高于统筹地区职工平均工资300%的，按照统筹地区职工平均工资的300%计算；本人工资低于统筹地区职工平均工资60%的，按照统筹地区职工平均工资的60%计算。[①]

---

① 国务院关于修改《工伤保险条例》的决定.

3. 工伤认定

第一，在应当认定为工伤方面定，职工有下列情形之一的，应当认定为工伤：（1）在工作时间和工作场所内，因工作原因受到事故伤害的；（2）工作时间前后在工作场所内，从事与工作有关的预备性或者收尾性工作受到事故伤害的；（3）在工作时间和工作场所内，因履行工作职责受到暴力等意外伤害的；（4）患职业病的；（5）因工外出期间，由于工作原因受到伤害或者发生事故下落不明的；（6）在上下班途中，受到非本人主要责任的交通事故或者城市轨道交通、客运轮渡、火车事故伤害的；（7）法律、行政法规规定应当认定为工伤的其他情形。

第二，在视同工伤方面，职工有下列情形之一的，视同工伤：（1）在工作时间和工作岗位，突发疾病死亡或者在48小时之内经抢救无效死亡的；（2）在抢险救灾等维护国家利益、公共利益活动中受到伤害的；（3）职工原在军队服役，因战、因公负伤致残，已取得革命伤残军人证，到用人单位后旧伤复发的。

第三，在不能认定方面，有下列情形之一的，不得认定为工伤或者视同工伤：（1）故意犯罪的；（2）醉酒或者吸毒的；（3）自残或者自杀的。

第四，在工伤认定材料方面，提出工伤认定申请应当提交下列材料：（1）工伤认定申请表；（2）与用人单位存在劳动关系（包括事实劳动关系）的证明材料；（3）医疗诊断证明或者职业病诊断证明书（或者职业病诊断鉴定书）。工伤认定申请表应当包括事故发生的时间、地点、原因以及职工伤害程度等基本情况。工伤认定申请人提供材料不完整的，社会保险行政部门应当一次性书面告知工伤认定申请人需要补正的全部材料。申请人按照书面告知要求补正材料后，社会保险行政部门应当受理。

4. 工伤保险待遇

第一，在医疗待遇方面，职工因工作遭受事故伤害或者患职业病进行治疗，享受工伤医疗待遇；职工治疗工伤应当在签订服务协议的医疗机构就医，情况紧急时可以先到就近的医疗机构急救；治疗工伤所需费用符合工伤保险诊疗项目目录、工伤保险药品目录、工伤保险住院服务标准的，从工伤保险基金支付；工伤保险诊疗项目目录、工伤保险药品目录、工伤保险住院服务标准，由国务院社会保险行政部门会同国务院卫生行政部门、食品药品监督管理部门等部门规定；职工住院治疗工伤的伙食补助费，以及经医疗机构出具证明，报经办机构同意，工伤职工到统筹地区以外就医所需的交通、食宿费用从工伤保险基金支付，基金支付的具体标准由统筹地区人民政府规定；工伤职工治疗非工伤引发的疾病，不享受工伤医疗待遇，按照基本医疗保险办法处理；工伤职工到签订服务协议的医疗机构进行工伤康复的费用，符合规定的，从工伤保险基金支付。①

第二，关于因工致残。职工因工致残被鉴定为一级至四级伤残的，保留劳动关系，退出工作岗位，享受以下待遇。（1）从工伤保险基金按伤残等级支付一次性伤残补助金，标准为：一级伤残为27个月的本人工资，二级伤残为25个月的本人工资，三级伤残为23个月的本人工资，四级伤残为21个月的本人工资。（2）从工伤保险基金按月支付伤残津贴，标准为：一级伤残为本人工资的90%，二级伤残为本人工资的85%，三级伤残为本人工资的80%，四级伤残为本人工资的75%。伤残津贴实际金额低于当地最低工资标准的，由工伤保险基金补足差额。（3）工伤职工达到退休年龄并办理退休手续后，停发伤残津贴，按照国家有关规定享受基本养老保险待遇。基本养老保险待遇低于伤残津贴的，由工伤保险基金补足差额。职工因工致残被鉴定为一级至四级伤残的，由用人单位和职工个人以伤残津贴为基数，缴纳基本医疗保险费。

职工因工致残被鉴定为五级、六级伤残的，享受以下待遇。（1）从工伤保险基金按伤残等级支付一次性伤残补助金，标准为：五级伤残为18个月的本人工资，六级伤残为16个月的本人工资。（2）保留与用人单位的劳动关系，由用人单位安排适当工作。难以安排工作的，由用人单位按月发给伤残津贴，标准为：五级伤残为本人工资的70%，六级伤残为本人工资的60%，并由用人单位按照规定为其缴纳应缴纳的各项社会保险费。伤残津贴实际金额低于当地最低工资标准的，由用人单位补足差额。经工伤职工本人提出，该职工可以与用人单位解除或者终止劳动关系，由工伤保险基金支付一次性工伤医疗补助金，由用人单位支付一次性伤残就业补助金。一次性工伤医疗补助金和一次性伤残就业补助金的具体标准由省、自治区、直辖市人民政府规定。

职工因工致残被鉴定为七级至十级伤残的，享受以下待遇。（1）从工伤保险基金按伤残等级支付一次性伤残补助金，标准为：七级伤残为13个月的本人工资，八级伤残为11个月的本人工资，九级伤残为9个月的本人工资，十级伤残为7个月的本人工资。（2）劳动、聘用合同期满终止，或者职工本人提出解除劳动、聘用合同的，由工伤保险基金支付一次性工伤医疗补助金，由用人单位支付一次性伤残就业补助金。一次性工伤医疗补助金和一次性伤残就业补助金的具体标准由省、自治区、直辖市人民政府规定。分级标准见表8-5。

---

① 林闽钢. 现代社会保障通论［M］. 北京：中国社会科学出版社，2014.

表 8-5　　　　　　　　　　　　　　因工致残分级标准

等级	分级标准
一级	器官缺失或完全丧失功能，其他器官不能代替，存在特殊医疗依赖，生活完全或大部分不能自理
二级	器官严重缺损或畸形，有严重功能障碍或并发症，存在特殊医疗依赖，或生活大部分不能自理
三级	器官严重缺损或畸形，有严重功能障碍或并发症，存在特殊医疗依赖，或生活部分不能自理
四级	器官严重缺损或畸形，有严重功能障碍或并发症，存在特殊医疗依赖，生活可以自理
五级	器官大部分缺损或明显畸形，有较重功能障碍或并发症，存在一般医疗依赖，生活能自理
六级	器官大部缺损或明显畸形，有中等功能障碍或并发症，存在一般医疗依赖，生活能自理
七级	器官大部分缺损或畸形，有轻度功能障碍或并发症，存在一般医疗依赖，生活能自理
八级	器官部分缺损，形态异常，轻度功能障碍，有医疗依赖，生活能自理
九级	器官部分缺损，形态异常，轻度功能障碍，无医疗依赖，生活能自理
十级	器官部分缺损，形态异常，无功能障碍，无医疗依赖，生活能自理

资料来源：《职工工伤与职业病致残程度鉴定标准》（GB/T 16180—2006）。

第三，关于因工死亡。职工因工死亡，近亲属按照下列规定从工伤保险基金领取丧葬补助金、供养亲属抚恤金和一次性工亡补助金。（1）丧葬补助金为 6 个月的统筹地区上年度职工月平均工资。（2）供养亲属抚恤金按照职工本人工资的一定比例发给由因工死亡职工生前提供主要生活来源、无劳动能力的亲属。标准为：配偶每月 40%，其他亲属每人每月 30%，孤寡老人或者孤儿每人每月在上述标准的基础上增加 10%。核定的各供养亲属的抚恤金之和不应高于因工死亡职工生前的工资。供养亲属的具体范围由国务院社会保险行政部门规定。（3）一次性工亡补助金标准为上一年度全国城镇居民人均可支配收入的 20 倍。伤残职工在停工留薪期内因工伤导致死亡的，其近亲属享受第（1）项规定的待遇。一级至四级伤残职工在停工留薪期满后死亡的，其近亲属可以享受第（1）项、第（2）项规定的待遇。职工因工外出期间发生事故或者在抢险救灾中下落不明的，从事故发生当月起 3 个月内照发工资，从第 4 个月起停发工资，由工伤保险基金向其供养亲属按月支付供养亲属抚恤金。生活有困难的，可以预支一次性工亡补助金的 50%。职工被人民法院宣告死亡的，按照职工因工死亡的规定处理。

第四，其他特殊情况。用人单位分立、合并、转让的，承继单位应当承担原用人单位的工伤保险责任；原用人单位已经参加工伤保险的，承继单位应当到当地经办机构办理工伤保险变更登记。用人单位实行承包经营的，工伤保险责任由职工劳动关系所在单位承担。职工被借调期间受到工伤事故伤害的，由原用人单位承担工伤保险责任，但原用人单位与借调单位可以约定补偿办法。企业破产的，在破产清算时依法拨付应当由单位支付的工伤保险待遇费用。职工被派遣出境工作，依据前往国家或者地区的法律应当参加当地工伤保险的，参加当地工伤保险，其国内工伤保险关系中止；不能参加当地工伤保险的，国内工伤保险关系不中止。职工再次发生工伤，根据规定应当享受伤残津贴的，按照新认定的伤残等级享受伤残津贴待遇。工伤职工有下列情形之一的，停止享受工伤保险待遇：丧失享受待遇条件的；拒不接受劳动能力鉴定的；拒绝治疗的。

（四）未来发展趋势

虽然我国工伤保险制度的发展取得了一定的成就，但是在参保率、基金管理以及工伤认定方面还存在一定的问题与不足。《工伤保险条例》对我国工伤保险制度的最终发展目标与方向问题进行了设置，即建立统一、健全、科学的工伤保险体系。鉴于此，我国工伤保险制度的未来发展趋势还要从以下几个方面来考虑。

一是要继续提高认识，提高参保率。[1] 为了使更多的劳动者能在发生意外事故后得到保护，保障职工合法权益，政府需要继续扩大工伤保险制度的覆盖面，全面推行工伤保险制度，争取将农民、个体经营者等一切形式的劳动者纳入保障体系之中，这是这项制度健康、持续发展的必然要求。此外，在扩大覆盖面的同时，我国相关的职能部门应在以前工作的基础上，继续加大对政策以及相关法律法规落实情况的监督和检查，保证参保率的提高，实现工伤保险制度所追求的应保尽保目标。

二是要进一步加强对于工伤保险基金的监管，提高基金使用效率。在《工伤保险条例》中已经规定了工伤保险基金要"以支定收、收支平衡"，要继续遵循这一原则，同时在这个原则的基础上要合理提高工伤保险的待遇水平。要坚决杜绝受伤职工在享受工伤保险待遇时所引起的医疗资源浪费问题，在稳步推进工伤保险制度改革的同时，进一步完善工伤医疗所指定的相关医院、医药等项目，从而提高服务水平，更加有效地保障劳动者的合法权益。

三是健全和完善差别费率和浮动费率机制。首先，一套完整的指标体系必不可少，这是量化风险评估的前提；其次，应建立与风险相关联的费率机制，细化行业差别费率；再次，要加大浮动费率调整力度，切实体现浮动费率的作用。[2] 只有这样，才能使企业进一步改善工人们的劳动条件，保障职工们的合法权益，促进社会稳定，缓和劳

---

[1] 杨翠迎. 社会保障学 [M]. 上海：复旦大学出版社，2015.
[2] 潘锦棠. 社会保障通论 [M]. 济南：山东人民出版，2012.

资矛盾。

四是规范管理制度，提高服务质量。我国工伤保险制度还存在多头管理、各地政策千差万别的问题，需要在今后的发展过程中不断提高工伤保险的统筹层次，统一各地政策，这样才能使工伤保险制度在更高层面上严格、科学地运转。另外，在信息技术高度发达的现代社会，对工伤保险制度的管理以及服务质量都提出了更高的要求。① 因此，需要政府建立统一的工伤保险信息系统，为全国工伤保险制度的运行提供更加准确、便利的数据以及相关信息。同时，需要提高相关工作人员的素质和水平，更好地适应现代发展的需要，为我国工伤保险制度发展提供全面保障。

吉林省公务员纳入工伤保险统筹范围

吉林省人社厅、财政厅2016年12月27日印发了《关于机关公务员参加工伤保险的通知》，从2017年1月1日起，将吉林省机关公务员纳入工伤保险统筹管理，标志着吉林省机关公务员从制度政策层面纳入了工伤保险统筹范围。

通知要求驻吉中直、全省各类机关公务员和国家确定参照《中华人民共和国公务员法》管理的机关工作人员（以下简称机关公务员），依照《工伤保险条例》参加工伤保险。各类机关依据《中华人民共和国社会保险法》《工伤保险条例》《社会保险费征缴暂行条例》等法律、法规，在其基本医疗保险统筹地区办理工伤保险参保登记、缴费和人员变更手续。

机关公务员参加工伤保险执行工伤风险一类行业费率标准。工伤保险费由公务员所在机关缴纳，所需资金在本级财政预算中统筹安排，从社会保障缴费中列支。公务员个人不缴纳工伤保险费。

机关公务员遭受事故伤害或者患职业病的工伤认定、劳动能力鉴定、待遇享受依照《工伤保险条例》和《吉林省实施〈工伤保险条例〉办法》等规定执行。工伤保险待遇与民政抚恤规定的项目不可重复享受。

参保前发生工（公）伤的，参保后新发生的工（公）伤医疗（康复）费用由工伤保险基金支付。依照本通知规定，应当参加工伤保险而未参保的机关，发生工伤或者患职业病的公务员，按照《工伤保险条例》规定的项目和标准享受待遇，所需经费由公务员所在机关自行解决。本通知于2017年1月1日起施行。本通知由吉林省人力资源和社会保障厅、省财政厅负责解释。

---

① 林闽钢. 现代社会保障通论［M］. 北京：中国社会科学出版社，2014.

（资料来源：中国吉林网. 吉林省公务员纳入工伤保险统筹范围. http://news.cnjiwang.com/jwyc/201612/2294357.html.）

第四节　失业保险制度

失业保险制度是劳动者在由于非本人原因失去工作、中断收入时，由国家和社会依法保证其基本生活需要的一种社会保险制度。其核心内容是通过集中建立失业保险基金，分散失业风险，使暂时处于失业状态的劳动者得到最基本的生活保障，并通过就业培训，使失业者尽快就业。[1]

一、世界失业保险制度

（一）世界失业保险制度发展历程

★ 前现代失业保险制度时期。工业化与市场经济的发育程度与失业保险制度的产生和发展密切相关。伴随着市场经济的嵌入，西方国家逐步建立起失业保险制度。

失业保险发轫于欧洲。19 世纪，在工会的领导下，欧洲各国工人自发组建互助会来开展救济失业、保障就业的活动。然而，随着城市化与工业化的深入，仅靠自发组成的互助会难以应对日益加剧的失业问题。

在此背景下，劳动力生产与再生产遭遇阻碍，社会问题频发，各国政府开始聚焦失业问题。1905 年、1906 年和 1907 年，法国、挪威、丹麦相继通过立法建立了非强制性失业保险制度，属于自愿参加的性质。

★ 现代失业保险制度诞生。真正由国家立法并兼具强制性的失业保险制度初建于英国。1911 年 12 月，英国政府颁布了世界上第一个全国性、强制性的失业保险法——《国民保险法》。该法开创了强制性失业保险制度的先河，随后被意大利、奥地利、波兰、德国等国家效仿，成为世界失业保险制度的主流。

★ 现代失业保险制度发展。第二次世界大战后，发展中国家也相继建立起失业保险制度，其中绝大多数国家和地区实行强制性保险，自愿性保险的范围仅限于工会已建立失业保险基金的产业。

在失业保险制度发展进程中，国际劳工组织发挥了重要作用。国际劳工组织颁布与

---

[1] 丁建定. 社会保障概论新编 [M]. 北京：中国人民大学出版社，2016.

失业保险相关的公约与建议书,为各国失业保险制度的建立与完善指明方向,推动了失业保险制度的发展。

国际劳工组织对失业保险的影响

1920年,第一届国际劳工组织大会通过了《关于失业的建议》,这表明以制度化方式分散失业风险已在很大范围内形成共识。

1934年,针对当时工业化国家普遍存在的严重失业问题,国际劳工组织通过了《失业补贴公约》和《失业补贴建议书》,要求各国建立一种为非自愿失业者提供失业补贴的制度。公约还对失业保险实施的范围、享受失业补贴的资格条件,以及补贴标准和给付办法做了规定。

1952年通过的《社会保障最低标准公约》对失业补贴的标准和计算方法做了进一步的规定。

针对20世纪70年代西方资本主义国家的经济滞胀现象,国际劳工大会于1988年通过了《促进就业和失业保护公约》与《促进就业和失业保护建议书》。

这可以被看作在失业保险方面国际劳动立法的一个分水岭。以前的标准侧重为失业者提供生活保障,而新的标准则倡导把失业保护制度同促进就业结合起来。[1]

近年来,国际劳工组织越来越强调失业保护应与促进就业紧密结合,提出"针对失业的保护应是促进充分就业的坚实政策"。2001年国际劳工大会社会保障委员会的报告提出,仅仅保证失业者的生计是不够的,应该为他们提供教育培训和就业服务,并在培训期间和重新工作初期继续支付保险津贴,鼓励失业工人改变失业状况。

2003年3月,国际劳工组织通过的《全球就业议程》指出,社会政策的主要目标是应对重大职业风险以及由于各种因素而使劳动者丧失收入的情况。社会政策可以保护和增强工人的生产能力,并且通过就业使新的经济活动成为可能。[2]

失业保险制度在保证劳动者的基本生活水平、促进再就业、维持社会稳定和公平方面起到了重要作用。

---

[1] 田成平. 社会保障制度建设 [M]. 北京:人民出版社,2006.
[2] 安仲文,高丹. 社会保障学(第三版)[M]. 大连:东北财经大学出版社,2016.

（二）世界失业保险制度介绍

由于世界各国的政治、经济、文化和社会发展水平不同，失业保险制度在各国所呈现出的类型也不尽相同。依据责任主体责任的不同与受益人享受失业保险待遇的不同，失业保险大致可分为以下五种类型。

1. 强制型失业保险

强制型失业保险是指法定范围内的人员不是取决于个人是否愿意参加失业保险，而是强制规定凡符合国家法定范围的人员都得参加失业保险。这是目前大部分国家采取的失业保险形式，大约占建立失业保险制度国家和地区的70%。

该类型的失业保险基金主要由雇主和雇员负担，其特点有三。其一，强制性。强制要求雇主和雇员履行缴纳失业保险费的义务。其二，双方负担。强调雇主与雇员的双方责任，一般而言为各负担一半。但也有个例，比如中国，雇主负担单位工资总额的2%，个人负担本人工资的1%。其三，权利义务相一致。强调履行缴费义务和享受失业保险待遇的权利对等，不缴费就不能享受待遇。

2. 失业救济型失业保险

失业救济型失业保险是一种由政府承担全部费用，强调受益人必须满足一定条件的失业保险类型。这种类型的失业保险属于社会救助的范畴，采用此种失业保险类型的国家大约占建立失业保险制度的国家和地区的15%。

虽然失业救济型失业保险强调普遍待遇原则，保障力度强，但它依然存在以下不足。第一，增加了国家负担；第二，弱化了个人责任，易产生福利依赖现象。

3. 雇主责任型失业保险

雇主责任型失业保险可划分为两种形式。

一种是国家通过立法规定雇主责任，雇主承担全部失业保险费用，美国便采用了此种形式。在美国，失业保险税由雇主缴纳，雇员无须缴纳，失业保险基金由联邦和州政府统一运作管理。

一种是在企业内部建立失业保险基金，由雇主运作，强调雇主对雇员负有完全责任。实行这种形式的失业保险制度的国家是个别的，如加纳。这是一种统筹层次极低的失业保险制度，国家和社会不参与基金的运行，社会化程度很低，基本上是由企业自己管理，不利于企业之间分担失业风险，其作用是有限的。

4. 个人储蓄型失业保险

个人储蓄型失业保险是一种为抵御失业风险，由国家建立制度，规定个人拿出工资的一定比例进行储蓄的失业保险类型。世界银行的相关资料显示，当前只有智利、哥伦比亚实行此种类型的失业保险制度。

5. 混合型失业保险

混合型失业保险包含几种组合方式，有些国家实行的是雇主责任制加失业救济，有些国家实行的是社会保险加失业救济，有些国家实行的是自愿型失业保险加失业救济等（部分国家失业保险制度的类型见表8-4）。实行强制型失业保险加社会救助的国家较多，如德国、法国、英国等。该类型的失业保险充分发挥了强制型社会保险和社会救助型的优势，弥补了各自的不足，较好地将二者融合在一起。①

表8-4　　　　　　　　　　部分国家失业保险制度的类型

国家	失业保险制度的类型
澳大利亚	失业救助
美国	强制型失业保险+企业补充失业津贴
韩国	强制型失业保险
丹麦	补贴型自愿失业保险
法国	强制型失业保险+失业救助
德国	强制型失业保险+失业救助
英国	强制型失业保险+失业救助
加拿大	强制型失业保险+特殊失业补贴
日本	强制型失业保险+补贴型自愿失业保险

（三）未来的挑战

自从英国开创了强制型失业保险制度的先河，失业保险制度已有上百年的历史。近年来，西方国家的失业率一直处于较高水平，社会保障矛盾愈演愈烈，成为困扰这些国家的一个主要社会问题。

1. 国外失业保险制度存在的问题

（1）失业率居高不下。

2008年美国引发全球性经济危机后，欧元区年轻人的失业率一直徘徊在19%~25%之间，西班牙和希腊年轻人的失业率更是在40%以上。自2016年9月份开始，欧元区的失

---

① 丛春霞，刘晓梅. 社会保障概论（第三版）[M]. 大连：东北财经大学出版社，2015.

业率一直在稳步下降,如今已经接近于 2007—2008 年间的失业率。据 2008 年 1 月国际劳工组织发布的统计报告,澳大利亚 2006 年失业率为 4.8%,2007 年为 4.4%。仅在日本、美国、加拿大、英国、德国、法国和意大利这七个国家中,失业人口总数就达 2 300 万人,占劳动人口的 7%。英国 2007 年失业率为 5.3%;加拿大 2006 年失业率达 6.3%,2007 年为 6.0%;美国失业率近几年在 4.6% 上下徘徊。① 高涨的失业率对失业保险制度形成巨大挑战。

(2) 失业保险基金支出不断攀升。

随着失业保险制度的发展与完善,失业保险覆盖面日渐扩大,享受条件日渐宽松,失业津贴水平稳步提高。20 世纪 70 年代末 80 年代初,西方国家进入滞胀阶段,失业率不断提升,二者合力导致失业保险基金支出骤然增加,致使政府负担过重。

(3) 失业者消极对待再就业。

这一现象在不同国家有所不同。在具有市场化福利供给传统的国家,在浪潮来袭下,结构性失业开始显现。失业者再次从事体面工作无望,多从事脏累差的工作,因此他们往往对与社会保障制度相绑定的就业要求形成抵触心理。在具有民主主义福利供给传统的国家,待遇过高的失业保险,以及其他相关制度,抵消了人们积极寻求就业的欲望。

2. 国外失业保险制度的改革方向

面对上述失业保险存在的问题,西方国家纷纷探索出路,对失业保险制度进行改革,失业政策也开始出现了新变化。基本思路是降低失业保险的给付水平,实行工作导向的失业政策,以此取代以需求为基础的福利理念。与此同时,强调个人在失业中的责任,力求缩减个人对国家的依赖。

(1) 实行工作导向型措施与失业补贴相结合,变"从福利到工作"为"以工作换福利"。

当前国外主要的政策模式为新自由主义政策和新国家主义政策。新自由主义政策主张提供有限的培训,侧重通过对失业者实行高压政策和经济惩罚手段,迫使失业者尽快回到工作岗位。

新国家主义政策主张通过调动失业者的积极性来解决失业保险制度面临的危机问题,而不是削减失业者的失业福利待遇。这种政策侧重赋予失业者更多的权利而非控制或惩罚失业者领取福利,更倾向于为失业者提供培训而非强制其参加劳动。

(2) 将失业救济与促进就业相结合,突出就业导向。

---

① 邓大松. 社会保险(第二版)[M]. 北京:中国劳动社会保障出版社,2009.

这种结合主要体现在失业救济与就业促进之间日益密切的联系上，而且这种变化趋势已经波及语言词汇的使用。比如，澳大利亚已经将短期失业者的"失业津贴"改为"求职津贴"。美国与欧洲的失业政策也发生了变化①。通过增加失业保险支出中的职业培训支出比重、将失业保险待遇与参加培训情况挂钩、提供各种再就业补助等方式促进失业者再就业，突出就业导向。

二、中国失业保险制度

（一）中国失业保险制度的历史沿革

回溯新中国成立以来失业保险制度的建立与发展历程，大致可划分为四个阶段。第一个阶段为空白阶段（新中国成立初期至 1986 年），第二个阶段为初建阶段（1986—1993 年），第三个阶段为改革阶段（1993—2011 年），第四个阶段为完善阶段②。

1. 新中国成立初期至 1986 年：失业保险制度空白阶段

新中国成立初期至 1986 年，我国实行传统的计划经济体制，劳动者就业体制实行"统包统配、安置就业"的劳动用工制度，企业缺少用人自主权，劳动者缺乏自由择业权，实行"铁工资、铁饭碗、铁交椅"制度。因此，失业保险也就没有存在的必要，这一阶段，我国一直没有建立严格意义上的失业保险制度。③

2. 1986—1993 年：失业保险制度初建阶段

1986 年，国务院颁布《国有企业职工待业保险暂行规定》④，标志着我国失业保险制度的初步建立。《国有企业职工待业保险暂行规定》要求企业面向全社会公开招工、公开招考，择优录取，并对新职工实行劳动合同制。劳动用工制度的改革意味着失业问题将出现在我国经济生活中。

值得指出的是，由于理论上对失业问题仍存争议，《国有企业职工待业保险暂行规定》中回避了"失业"的概念，用"待业"一词来表述实际的失业问题。该规定首次以建立和实施保险制度的方法来处理我国新出现的失业问题，虽然它所适用的范围仅仅是国营企业职工中的一小部分，但却使失业保险走上了法制化、制度化的轨道。

《国有企业职工待业保险暂行规定》颁布实施后，在 1986 年至 1993 年间，为了适应

---

① 安仲文，高丹. 社会保障学（第三版）[M]. 大连：东北财经大学出版社，2016.
② 张宗坪，董西明. 社会保障概论 [M]. 上海：上海财经大学出版社，2016.
③ 刘晓梅，邵文娟. 社会保障学 [M]. 北京：清华大学出版社，2014.
④ 国营企业职工待业保险暂行规定，1986 年 7 月 12 日由国务院发布，1986 年 10 月 1 日起施行。共 5 章 16 条。

新的情况，妥善处理失业问题，我国政府对失业保险制度的内容不断加以补充与修正。这一时期，我国相继颁布了近十项失业保险相关法令。截至1992年年底，全国参与失业保险的企业达47.6万家，覆盖职工总人数达7 440万人，各级失业保险管理机构2 100多个。

1993年4月12日，国务院颁布《国有企业职工待业保险规定》[①] 取代了1986年颁布的《国有企业职工待业保险暂行规定》，标志着我国失业保险制度进入正常运行时期。《国有企业职工待业保险规定》在已经明确建立市场经济体制的前提下，保险的实行仍然局限于国有企业，并继续采用"待业保险"名称，从一个侧面显示出改革的不彻底，注定了其作为过渡政策的必然性，但该规定在覆盖范围、资金筹集、保险水平及组织管理模式等方面做了相应的调整。

3. 1993—2011年改革阶段

1994年，全国有194万人享受了失业保险待遇，超过了1986—1993年7年的总和，失业保险制度开始彰显成效。

1999年1月12日，国务院颁布了《失业保险条例》[②]，标志着我国失业保险制度基本确立。与1993年颁布的《国有企业职工待业保险规定》相比，《失业保险条例》在以下几个方面取得了突破。

一是改"待业保险"为"失业保险"；二是失业保险范围扩大到城镇企事业单位职工；三是明确失业保险基金由国家、企业、职工个人三方共同承担；四是失业保险的对象由原来的七种人扩大到凡非自愿失业、办理了失业登记并有求职要求、按规定履行缴费义务的失业人员；五是调整了失业保险金的给付期限和计发办法；六是对失业社会保险制度与社会救济制度的衔接做出规定；七是对违反《失业保险条例》规定的一系列行为，制定了惩罚条款；八是失业保险基金开支中增加了职业培训和职业介绍补贴的项目。[③]

4. 2011年至今：完善阶段

2010年10月28日，《社会保险法》对《失业保险条例》的规定以法律的形式进一步加以了确认和完善。自此，全国大多数省市建立了与当时实际情况相符合的失业保险制

[①] 国务院令第110号于1993年4月12日颁布，1993年5月1日实施，1999年1月22日失效，由中华人民共和国国务院令（第258号）《失业保险条例》代替。为了完善国有企业的劳动制度，保障待业职工的基本生活，维护社会安全，制定本规定。本规定由国务院劳动行政主管部门负责解释。全文共六章二十六条。

[②] 《失业保险条例》是为保障失业人员失业期间的基本生活，促进再就业制定。经1998年12月16日国务院第11次常务会议通过，由国务院于1999年1月22日发布并实施。

[③] 林闽钢等. 现代社会保障通论 [M]. 北京：中国社会科学出版社，2014.

度。参保人员大幅提升,失业保险基金征缴规模日益扩大,相对规范的失业保险制度开始在全国范围内推行。

2019年1月,为贯彻落实中共中央、国务院印发的《新时期产业工人队伍建设改革方案》《乡村振兴战略规划(2018—2022年)》《国务院关于推行终身职业技能培训制度的意见》等文件要求,加强新生代农民工职业技能培训工作,带动农民工队伍技能素质全面提升。2019年4月1日,国务院办公厅印发《降低社会保险费率综合方案》,继续阶段性降低失业保险和工伤保险费率。自2019年5月1日起,实施失业保险总费率1%的省,延长阶段性降低失业保险费率的期限至2020年4月30日。预计2019年全年为企业减免基本养老保险费、失业保险费和工伤保险费超4 000亿元。2019年4月30日,国务院常务会议确定使用1 000亿元失业保险基金结余实施职业技能提升行动,提高劳动者素质和就业创业能力。5月18日,国务院办公厅印发《职业技能提升行动方案(2019—2021年)》,明确从失业保险基金结余中拿出1 000亿元,设立专账,统筹用于职业技能提升行动。同时推动援企稳岗政策落地落实,预计全年失业保险向100万户企业返还400亿元,受益职工达6 000万人次。

(二)中国失业保险现行制度内容

1. 失业保险覆盖范围

★ 我国失业保险的覆盖范围为城镇企事业单位及其职工,城镇企事业单位包括国有企业、城镇集体企业、外商投资企业以及其他城镇企业和事业单位的所有劳动者。

★ 失业保险必须具备一定的资格条件。(1)按照规定参加失业保险,所在单位和本人已按照规定履行缴费义务满一年的。(2)非因本人意愿中断就业的。(3)已办理失业登记,并有求职要求的。

★ 失业人员有下列情形之一的,失业待遇停止发放。(1)重新就业的。(2)应征服兵役的。(3)入学或移居境外的。(4)享受养老保险的。(5)被判刑收监执行的。(6)从事个体领取营业执照的。(7)无正当理由,拒不接受当地人民政府指定的部门或机构介绍的工作的。

2. 失业保险基金的筹集

★ 失业保险的筹资机制。失业保险实行国家、雇主、雇员三方负担的筹资机制。三方负担的筹资机制,体现了社会保险基金筹集的一般原则,明确了国家、雇主、雇员三方的义务,有效地保证了失业保险基金的稳定来源,增强了失业保险基金的支付能力。

★ 失业保险基金的来源。失业保险基金主要来源于以下几个部分。

城镇企事业单位、城镇企事业单位职工缴纳的失业保险费。这是失业保险基金的主要来源。企事业单位的缴费率规定为企业职工工资总额的 2%，职工按照本人工资的 1% 缴纳失业保险费。城镇企事业单位招用的农民合同制工人本人不缴纳失业保险费。

失业保险基金的利息。是将失业保险储备基金存入银行或购买国债而获取的银行利息、债券利息。

财政补贴。是指当失业保险基金储备不够充足或出现入不敷出时，按照规定由地方政府财政给予补贴。

依法纳入失业保险基金的其他资金。是指失业保险储备基金投资运营后的收入，运用生产自救、开展生产自救活动所获得的纯收入，以及滞纳金的收入等。

此外，失业保险调剂金以统筹地区依法应当征收的失业保险费为基数，按照省、自治区、直辖市人民政府规定的比例筹集。统筹地区的失业保险基金不敷使用时，由失业保险调剂金调剂、地方财政补贴。[①]

★ 失业保险给付待遇。我国失业保险待遇涵盖失业保险金、丧葬补助金、抚恤金、职业培训和职业介绍补贴等，具体标准按照各省、自治区、直辖市人民政府的有关规定执行，但是其水平应该低于当地最低工资标准、高于城市最低生活保障标准。

失业人员在领取失业保险金期间应按照规定参加失业保险参保地的职工医保，由参保地失业保险经办机构统一办理职工医保参保缴费手续，应缴纳的医保费从失业保险基金中支付，个人不缴费。领取失业保险金人员自参加职工医保当月起按规定享受相应的住院和门诊医疗保险待遇，享受待遇期间与领取失业保险金期间相一致。

3. 失业保险支付期限

★ 失业保险金的缴费期限。失业保险经办机构根据失业人员的累计缴费时间核定失业保险金的领取期限。缴费时间按照两个原则予以确定：其一，实行个人缴纳失业保险费前，按国家规定计算的工龄视同缴费时间，与《失业保险条例》发布后缴纳失业保险费的时间合并计算；其二，失业人员在领取失业保险金期间重新就业后再次失业的，缴费时间重新计算。

★ 失业保险的支付期限。对于城镇职工，失业保险支付期限长短与缴费时间长短挂钩，最长支付期限为 24 个月。失业人员失业前累计缴费满 1 年不足 5 年的，领取失业保险金的期限最长为 12 个月；累计缴费满 5 年不足 10 年的，领取期限最长为 18 个月；累

---

① 安仲文，高丹. 社会保障学（第三版）[M]. 大连：东北财经大学出版社，2016.

计缴费 10 年以上的，领取期限为 24 个月。重新就业后，再次失业的，缴费时间重新计算，领取失业保险金的期限可以与前次失业应领取而尚未领取的失业保险金的期限合并计算，但是最长不得超过 24 个月。

对于单位招用的农民合同制工人，连续工作满 1 年，本单位并已缴纳失业保险费，劳动合同期满未续订或者提前解除劳动合同的，由社会保险经办机构根据其工作时间长短，对其支付一次性生活补助。

（三）中国失业保险制度的未来发展趋势

1. 当前失业保险制度存在的主要问题

伴随着失业保险制度的产生与发展，失业人员的再就业能力得到提升，劳动力市场逐步完善，不少失业人员在领取失业保险金期间实现了再就业。一言以蔽之，失业保险制度在维护失业者权利、促使其再就业方面发挥了重要作用。然而，随着市场经济的嵌入，失业保险面临的问题与挑战也日益增多。当前我国失业保险制度面临的主要问题有四个方面。

★ 失业保险的覆盖面较窄。现行失业保险制度的实际覆盖面较窄，不能适应市场经济的发展要求。现行制度覆盖范围仅局限于城镇企事业单位及其职工，对非公有制经济纳入失业保险还不够重视，私营企业和其他类型的企业参保不到位。同时，现行制度覆盖的是"单位"就业形式，灵活就业的劳动者无法参加失业保险。

★ 失业保险基金征缴乏力。在失业保险基金征缴问题上，保险基金收缴困难，欠费现象比重严重。在失业保险实际实施过程中，各地普遍存在着缴费主体欠缴失业保险费的现象。拖欠失业保险费的大体有两种情况：一是企业效益不好的，无力缴纳；二是企业效益尚可，不愿缴纳。这两种情况均影响到失业保险费的足额征缴，造成严重的欠费现象，制约了失业保险基金的承受能力。

★ 失业保险基金统筹层次较低。在基金统筹层次上，失业保险基金在直辖市中基本做到了全市统筹。但在多数设区的市实行的是市辖区与市辖县分割的局部统收统支。由于统筹层次较低，当前失业保险基金的抗风险能力较弱，影响了失业保险的整体保障能力。

★ 管理效率差，制度运行成本较高。失业保险制度在我国运行时间较短，在制度设计与管理上不可避免地存在许多问题。其一，对失业保险金的领取资格审核不够严格。其二，受失业保险立法不完善与传统行政体制的影响，失业保险出现政出多门、职能交叉、多头管理的现象。其三，由于与失业保险相关的法律法规不健全，加上不少地方失业保险机构存在编制少、经费不落实的突出问题，从而出现了制度不规范、人员偏少、经费不足、办公环境和手段落后等现象，无法满足正常工作需要，影响了工作的正常运行。

2. 中国失业保险制度面临的挑战

依据当前的就业情况与未来发展趋势，我国的失业保险制度将面临以下几个方面的挑战。

★ 经济结构调整导致失业率上升。在相当长的时期内，我国经济都处于不断调整之中，产业结构调整带来的就业压力会随时出现。另外，每年新增的劳动力、原有的失业下岗人员以及农村剩余劳动力形成了城乡特别是大中城市的三大就业压力源，而就业岗位的增速放慢甚至大规模裁员，都会直接导致就业竞争日益激烈，失业保险基金的收支自然也受到影响。因此，就业形势严峻、失业率上升对失业保险制度是一个巨大的挑战。

★ 制度设计不合理带来非周期性。失业保险具有周期性，它能够通过失业保险费筹措和失业保险给付的时间差，起到抵御经济危机的作用。在经济繁荣时期，失业率通常较低，劳动者缴费形成基金积累，减少部分消费支出有抑制生产扩充的作用；在经济萧条时期，提供失业者丧失收入时的生活费用，形成一定消费支出，缓和失业萎缩现象，故失业保险根据经济发展周期寻求自我平衡，也具有周期性。中国目前的失业保险制度设计还缺乏前瞻性，还未充分考虑应对经济危机时的调节举措，只是一种被动的、单纯的为追求失业保险而设计的非周期性制度安排，显然将无法应对日趋复杂、影响深远的经济发展周期变化。

★ 新型就业方式带来多样化挑战。在经济全球化进程中，就业竞争日益激烈，人们的就业观念也发生了很大的变化，临时就业、弹性就业、劳务式工作大量出现，非全日制、临时性、阶段性和弹性工作时间成为新型就业的主要特点。新的就业方式虽然能够带来新的劳动力需求，为缓解就业压力提供了可能，但伴随着就业方式多样化产生的将是不规则失业，这一部分劳动者随时可能因被遗漏在失业保险网外而没有资格享受社会保障权益，从而不利于失业保险基金的积累，无法维护失业者的基本生活权益。因此，寻求新的失业保险方式来覆盖这类人群，将是失业保险制度现在和未来面临的一个新挑战。[1]

---

[1] 林闽钢等. 现代社会保障通论 [M]. 北京：中国社会科学出版社，2014.

因欠薪主动辞职者能否享受失业保险待遇？

2011年1月，辛某入职济南某公司，双方签订了为期5年的劳动合同。从2015年下半年开始，因为公司亏损，经常拖欠职工工资，每月都欠发辛某工资1 000元。2016年1月，辛某感觉无法再在公司干下去了，便以公司拖欠工资为由提出解除劳动合同，同时要求公司补发拖欠的工资，并申请领取失业保险金。公司答应立刻补发拖欠的工资，但认为辛某是主动提出解除劳动关系的，是出于本人意愿中断就业，不能办理失业登记，拒绝为辛某出具解除劳动关系书面证明。辛某无奈之下，向当地人力资源和社会保障部门投诉，要求公司为自己出具解除劳动关系书面证明，以便办理失业登记。辛某能享受失业保险待遇吗？

（资料来源：金丽华. 因欠薪主动辞职也属非本人意愿中断就业［N］. 山东工人报，2016-01-25.）

第五节　生育保险制度

马克思在《德意志意识形态》一书中明确提出，人类社会活动具有三个方面的因素，即物质生活资料的生产和再生产、人类自身的生产。后来，恩格斯在其著作《家庭、私有制和国家的起源》中也提到物质资料的生产和人类自身的生产。[1] 这两种生产相互制约，相互影响。一方面，物质资料的生产是人口生产的基础，为人类的发展延续提供必要的物质资料；另一方面，人类自身的生产又为物质资料的生产提供动力——劳动力。因此，这两种生产是人类历史进程中不可或缺的一对矛盾，在其相互适应、相互协调中推动人类社会的不断发展。

生育，既是人类自身生产的一种方式，也是一种创造价值的生产活动。生育这项社会活动是物质资料生产所不能代替的，其社会价值在于它是物质资料生产的前提，是社会不断向前发展的根本。随着资本主义的迅猛发展，妇女权利得到重视，社会中大部分女性开始走出家门进入劳动力市场参与物质资料的再生产活动。为了使人类自身的生产得以顺利延续，作为生育主体的女性劳动者必须要得到社会的保护，不至于因生育而影

---

[1] 黄桂霞. 男女平等：生育保险法规政策的核心价值与追求目标［J］. 云南民族大学学报（哲学社会科学版），2016，33（04）.

响生活水平甚至退出劳动力市场。因此，历史的发展必然催生生育保险制度。生育保险是给予生育期妇女的特殊关怀和照顾的社会政策，在生育保险建立初期，主要通过立法保障职业妇女的就业岗位、产假和基本生活。①

一、世界生育保险制度

（一）世界生育保险制度的发展历程

★ 德国是世界上最早实行生育保险的国家。1878年，德国通过了世界上第一部《产假法》，实行不带薪产假制度，该法律保障生育女职工产后享有为期3周的产假。② 此时，世界上还没有一个国家建立正式的社会保险制度。德国立法规定的生育假是生育保险的第一次尝试。随着社会的发展进步，1883年德国最早通过了《德国劳工基本保险法》，该法规定了关于生育保险的内容，成为世界上第一部关于生育保险的法律。《德国劳工基本保险法》的颁布，为女职工提供了法律和制度保障，体现了当时社会对产妇和新生儿健康的关注。

★ 1919年，国际劳工组织成立。为顺应女性劳动者大量涌入劳动力市场的潮流，国际劳工组织在第一届国际劳工大会上公布了第一个生育保护公约，即《妇女产前产后就业公约》（第3号公约）。

> 该公约对适用的企业范围做出了规定，主要包括矿山、采石场、加工、制造、建筑、公路、铁路运输行业等。另外，生育保障措施也在该公约中有所体现，一是产假12周，产前产后各6周；二是产假期间享受生育津贴，生育津贴由公共基金或社会保险基金支付，具体标准由各国政府制定；三是享受生育医疗服务；四是上班时间给予产妇每天两次喂奶时间，每次半小时；五是妇女在产假期间或分娩引起疾病期间，雇主不得解除劳动合同。③④

该公约颁布以后，女职工在享受社会保障提供的带薪产假方面有了显著的进步。

★ 1919年国际劳工组织第3号公约颁布时只有9个国家采纳了国际公约提出的生育待遇保障标准，到20世纪50年代增加到36个国家，占会员国总数的20%。1952年，国

---

① ④ 尹蔚民，胡晓义，姚宏. 医疗保险和生育保险[M]. 北京：中国劳动社会保障出版社，2012.

② 李西霞，[瑞士] 丽狄娅·R. 芭斯塔·弗莱纳. 妇女社会权利的保护：国际法与国内法视角（上）[M]. 北京：社会科学文献出版社，2013.

③ 国际劳工组织大会. 妇女产前产后就业公约（第3号公约）.

际劳工组织在第 3 号公约的基础进行了修订,称为《生育保护公约》(第 103 号公约)。该公约的适用范围得到了扩展,从工业企业扩展到了非工业单位,包括商业机构、邮政、服务等行业,以及从事农业劳动的妇女,还包括在私人家庭工作获得劳动报酬的妇女。

该公约在生育保障措施方面进行了改进。一是产假仍为 12 周,但相较于第 3 号公约的刻板休假制度更为灵活,第 103 号公约对产假只规定 12 周内应包括产后强制休假的时间,并不得少于 6 周,预产期以前的休假应按照预产期和实际分娩日期两者相隔的实际时间予以延长。二是属于与收入相关的社会保险制度,津贴不应低于原收入的 2/3。妇女有权领取生育津贴,该津贴应保证按照适当生活标准,足以维持产妇及产儿的健康。三是享受产前、分娩和产后护理的医疗服务,由社会保险基金或公共基金支付相关费用。四是不具备条件享受生育津贴、医疗服务的妇女,经过家庭经济调查后,应由社会救助制度予以适当补助。五是雇主不应承担妇女的生育津贴或医疗服务方面的费用。六是在妇女产假期间雇主不得解除劳动合同。七是通过法律规定及集体协商的方式,对妇女哺乳时间做出安排,哺乳时间算作劳动时间。① 与第 3 号公约相比,第 103 号公约的覆盖范围更加广泛,规定更加灵活,待遇更高,国际上对于妇女权益的保护更加完善。②

★ 1952 年,国际劳工组织在第 103 号公约的基础上以建议书的方式对其进行补充,称为《生育保护建议书》(第 95 号建议书)。1952 年的建议书提出了更确切的措施,规定一些较高的标准。一是建议产假期限由原来的 12 周延长到 14 周;二是生育津贴标准,原规定是不低于妇女在职时工资收入的 2/3,建议提出在可行的情况下津贴可达到产前收入的 100%;三是医疗服务包括医生门诊和住院护理费用;四是哺乳时间给予延长,每个工作日达到一个半小时;五是政府要建立哺乳室和托儿所;六是妇女在休假期间有工龄权利、恢复原工作权利及工资不降低的权利。③

★ 1966 年,第 21 届联合国大会正式通过了《经济、社会和文化权利国际公约》和《公民权利和政治权利国际公约》,这两项公约涵盖了 1952 年联合国大会通过的《妇女政治权利公约》、1957 年通过的《已婚妇女国籍公约》以及国际劳工组织 1951 年通过的《关于男女工人同工同酬的公约》的基本内容。在妇女权利保障方面,《经济、社会和文化公约》规定,对母亲在产前和产后的合理期间应给予特别保护。在此期间,对有工作

---

① 国际劳工组织大会. 生育保护公约(第 103 号公约).
②③ 尹蔚民,胡晓义,姚宏. 医疗保险和生育保险 [M]. 北京:中国劳动社会保障出版社,2012.

的母亲应给予带薪休假或给予适当社会保障福利金的休假。① 同时还对怀孕女职工的保护做了相关规定。1966年国际人权两公约的通过使得妇女的生育社会价值更具意义，它以人权的名义为生育女职工谋求合理的保障，迫使各国纷纷建立生育保险制度。

★ 随着经济的发展，社会文明程度加深，到20世纪80年代，绝大多数国家基本完成了社会保险立法，开始实行生育保险制度。从世界范围来看，绝大多数实行社会保险立法的国家，都对疾病和生育保险实行统一管理，在保障项目上包括疾病津贴、生育津贴和医疗费用等内容。各国疾病生育保险立法的时间早晚一般根据本国的工业化程度和经济发展水平而定。

20世纪80年代以后大多数国家对社会保险立法后，生育保险得到了长足发展。到2000年，国际劳工组织第88届会议对1952年《生育保护公约》和《生育保护建议书》进行修订，出台了《生育保护公约》（第183号公约），其主要目的是进一步保障劳动力市场中的妇女能够享有母子健康和安全，承认成员国在经济与社会发展上的差异、企业的差异以及国家法律与惯例在生育保护方面的发展。

第183号公约的主要内容：一是各成员国必须保证孕妇或哺乳妇女不得从事损害母亲、孩子健康的工作；二是妇女产假不少于14周；三是生育津贴的水平要保证妇女健康和适宜的生活标准，供养自己和孩子，生育津贴标准不得低于妇女在职收入的2/3；四是医疗费的提供包括产前、分娩和产后医疗护理及必要的住院治疗。② 相较于之前的生育保护公约，此次修订后的第183号公约更加完善，对生育妇女的保障更加全面和人性化。

（二）世界生育保险制度介绍

1. 生育保险类型

世界上大部分国家虽都已对生育妇女的保障做了相关规定，但具体实施制度各有不同。本部分在对相关文献梳理的基础上，根据生育保险的责任主体不同，将世界生育保险划分为四种类型：社会保险制度、强制性保险和普遍医疗保健相结合的制度、社会保险与雇主责任制相结合的制度及其他类型（包括储蓄基金制度、全民保险制度、社会保险和私人保险相结合的制度）。

---

① 李西霞，[瑞士]丽狄娅·R.芭斯塔·弗莱纳. 妇女社会权利的保护：国际法与国内法视角（上）[M]. 北京：社会科学文献出版社，2013.
② 尹蔚民，胡晓义，姚宏. 医疗保险和生育保险[M]. 北京：中国劳动社会保障出版社，2012.

★ 社会保险制度。社会保险制度的主要责任主体包括个人、雇主和政府三方，通过立法规定三方主体对疾病、生育保险基金筹资的负担比例（不一定都是三方负担），并建立统一的社会保险基金，覆盖群体的生育或医疗费用由该基金支付。这种制度一般会覆盖所有或部分雇员。采取这种制度的国家有德国、美国、芬兰、巴西、法国、奥地利、比利时、希腊、卢森堡、荷兰、葡萄牙和西班牙等，大多数提供生育现金补助和医疗待遇，但也有部分国家仅提供医疗待遇，不提供生育现金补助，如印度尼西亚和韩国。

★ 强制性保险和普遍医疗保健相结合的制度。强制性保险和普遍医疗保健相结合的制度一般是在经济条件比较好的国家使用，实行这种模式的国家其本国所有雇员均能享受疾病或生育津贴，本国常住居民能够通过负担极少的医疗费用甚至免费进行医疗保健。但这种模式的前提条件是必须在生育前有一定参保或就业记录。采取这种制度的国家有加拿大、瑞士、丹麦、新西兰、英国、爱尔兰、瑞典和意大利等国家。这种制度为覆盖群体提供医疗待遇和生育现金补助。

★ 社会保险和雇主责任制度相结合的制度。社会保险和雇主责任制度相结合的制度实行的国家比较少，这种制度的主要做法是用人单位可以自由选择社会保险或雇主承担的方式。选择社会保险的用人单位，缴纳保险费，由社会保险支付参保人员的生育津贴、医疗待遇。选择雇主负担的用人单位由雇主支付员工的生育津贴、医疗待遇。这种制度一般在发达程度较低的国家中采用，主要有马耳他、利比亚、布隆迪等。

★ 其他类型。其他类型包括储蓄基金制度、全民保险制度、社会保险与私人保险相结合制度，实行的国家所占比例很小。比如实行储蓄基金制度的国家只有新加坡、尼日利亚、赞比亚等国家；冰岛是实行全民保险制度的国家，制度覆盖全体冰岛居民；实行社会保险与私人保险相结合制度的国家仅秘鲁一个国家且在变革之中。①

2. 生育保险待遇给付内容

在实行生育保险制度的国家中，当妇女发生生育行为后，为保障妇女的身体健康，使婴儿受到母亲的精心照顾和哺育，保护劳动力和人口再生产顺利进行，生育保险所能提供的待遇包括产假、生育津贴和医疗服务等，有的国家还设立了父母育儿假和陪产假。生育保险待遇各国标准不同，保障水平不一。一般情况下，发达国家保障水平较高，保障内容也更全面。

（1）产假。

★ 产假是指女职工在生育时休息的期限。其概念是女职工在分娩前、分娩和分娩后

---

① 尹蔚民，胡晓义，姚宏. 医疗保险和生育保险［M］. 北京：中国劳动社会保障出版社，2012.

的一定时间内所享有的假期。

★ 宗旨是使生育女职工在生育期得到适当的休息，保护产妇的身体健康，帮助产妇逐步恢复料理个人生活的能力及工作能力，使婴儿得到母亲的精心照顾和哺育。

★ 产假立法。德国在1878年通过了世界上第一部《产假法》，实行为期3周的不带薪产假制度。之后，立法者通过不断修订法律延长产假期限并提高生育津贴水平，到1986年，通过相关立法实行父母育儿假制度，赋予新生儿父母亲享有育儿假的权利。从1878年创制的产假制度到1986年实行父母育儿假制度，德国建立了由产假和育儿假组成的生育假制度。

★ 产假长短。从整个欧洲发达国家来看，到20世纪80年代，最长的产假已达33周，超过半年，最短也有10周，超过2个月的时间。还有一些发达国家，根据不同胎次，分别制定不同长度的假期。

除含有保护母婴健康的因素外，产假长度也与人口政策密切相关。比如，波兰、法国、保加利亚规定生育第一胎的产假为16~17周，第二胎为18~21周，第三胎为26周，假期长度与胎次呈正相关。显然，这些国家的人口政策目标是鼓励妇女多生育。

有些国家产假待遇还要看家庭中已有孩子的数目及生养的频率等。如尼泊尔女职工在整个职业生涯中只允许休两次产假；巴巴多斯、埃及、牙买加和津巴布韦只有三次产假；巴哈马和坦桑尼亚规定妇女每三年只允许休一次产假。

目前世界上有119个国家达到了12周的标准，其中有62个国家提供14周或以上的产假。[①] 大部分国家的大多数用人单位都提供长于法律规定的产假时间。

（2）生育津贴。

★ 生育津贴是生育保险制度的另一个重要的保障项目。

★ 宗旨。妇女因生育暂时离开工作岗位，失去正常工作的收入，由政府或社会保险或雇主支付产妇生育期间的生活费用，相当于产假期间的工资收入。

★ 发展。由于参与工业化生活的妇女人数日益增长，生育津贴迅速被采纳，并已成为一种对有工作的母亲表示关注的一项重要的国际性措施。目前许多国家规定生育津贴的标准受益人是生育的职业妇女，有的国家含男职工之妻，有的国家还规定了其他受益人，如芬兰、丹麦、挪威、瑞典等国家规定，产妇返回原工作岗位后，生育津贴可发放给在家看护婴儿的有职业的父亲。生育津贴的发放标准按照职工工资收入的百分比支付，百分数的大小因不同国家的经济水平存在差异。

---

① 尹蔚民，胡晓义，姚宏. 医疗保险和生育保险［M］. 北京：中国劳动社会保障出版社，2012.

世界各国在制定生育津贴标准时，多采用较优惠的政策，不少国家规定相当于女性劳动者原工资的 100%。国际劳工组织第 103 号公约规定，产假期间妇女领取的生育津贴不得低于原收入的 2/3，如果可能的话，津贴标准应等于原收入的 100%。随着经济发展水平的提高，人民生活需求的增长，有的国家除给付定期的生育津贴之外，还在每个子女出生时发给一次性生育津贴，有的国家还规定该一次性津贴不低于原工资的 1/2。

（3）生育医疗服务。

考虑到孕产妇及下一代的身体健康和安全，在怀孕及分娩期间鼓励孕妇定期进行产前检查并进入医院进行分娩。在怀孕及分娩期间发生的检查费、接生费、手术费、住院费、药费等医疗费用，各国均通过疾病、生育保险给予报销。

（三）未来的挑战

世界各国生育保险制度的发展并不是一劳永逸的，不断变化的世界格局和形势对生育保险制度的发展提出严峻挑战。

首先，生育保险基金支出费用上涨。卫生医疗正在面临着高科技高成本的挑战，普通的生育保险难以承担高额的医疗技术。另外，普通的诊疗费、药费和住院费也大幅上涨。随着人们婚育观念的变化，生育率下降，离婚率上升，高额的生育医疗费用中受伤最深的应该是单身家庭妇女。[①] 另一方面，世界各国女性劳动者参与市场竞争的比例在不断攀升，这必然会造成生育保险基金支出增加，如若不进行改革，生育保险将难以承受高额的支付负担。

其次，全球化带来的人口流动对生育保险制度造成冲击。全球化浪潮已经成为势不可挡的趋势，面对经济全球化，人口大量和频繁的流动及移民数量增加，一国的外国人口大幅增加。外国劳工与高素质雇员对生育保险基金的贡献不容忽视，因此制定全面的保障外来人口生育的制度，是未来各国需要面临的问题。

最后，女性对生育保险的需求增加。社会保障初建于传统社会，母亲负责照顾家庭，父亲在外赚取家用。如今社会发生了改变，越来越多的女性进入劳动力市场，女性需要更好的工作条件来承担抚养孩子的责任，且这种责任应与孩子的父亲一起承担。这就要求各国认真考虑女性真正需要什么，想要达到的保障水平是怎样的。[②]

---

① 石智雷. 超低生育率与未来生育政策导向 [M]. 武汉：武汉大学出版社，2016.11.
② 李西霞，[瑞士] 丽狄娅·R. 芭斯塔·弗莱纳. 妇女社会权利的保护：国际法与国内法视角（上）[M]. 北京：社会科学文献出版社，2003.

二、中国生育保险制度

（一）历史沿革

1949年新中国成立以来，国家在促进妇女事业发展方面做了大量工作。新中国成立伊始就颁布保护妇女权益的法律法规，基本形成了包括《宪法》《妇女权益保障法》《劳动法》《女职工劳动保护规定》等法律法规和地方法规在内的一整套保障妇女发展的法律体系；建立了与之相适应的保障妇女权益、女职工劳动保护等方面的组织机构，采取了有力措施，有效地推动了妇女事业的发展。自中国的生育保险建立以来，已经经过了60多年的发展，其发展经过了以下几个阶段。

1. 新中国成立初期的生育保险

我国生育保险制度创立于新中国成立初期，1951年颁布的《劳动保险条例》是我国社会保险制度建立的标志。该条例对企业职工的生育保险做了相关规定，包括享受人员、待遇内容及产假工资等内容。1953年国家财政状况和经济状况有所好转，对《劳动保险条例》进行了修订，修正后的生育保障待遇水平和覆盖范围都有所提高。这一阶段的生育保险制度又称为企业保险或劳动保险，针对的人群是企业女职工。

到1955年，国务院颁布了《关于女工作人员生产假期的通知》，将国家机关、事业单位的女工作人员纳入生育保险范围。国家机关、事业单位与企业的生育保险制度虽建立时间不同，但其保障项目和待遇水平基本是一致的。当时规定女职工生育休产假56天，难产和双胞胎增加14天，怀孕不满7个月流产给予30天以内的产假。产假期间的工资由所在单位照发，生育期间的医疗费用也由所在单位负担。

2. 社会主义改造时期的生育保险

社会主义改造时期，女性就业规模和水平大幅度提高，为适应这一趋势，1956年国务院颁布了《工厂安全卫生规程》，对女职工卫生室、孕妇休息室、托儿所等女职工的福利措施做出具体规定。该规程分别在1962年、1964年、1965年进行细化，更加全面地保障女职工的生育权利。随着"文化大革命"的到来，我国生育保险制度社会统筹被中断，各企业只对本企业女职工负责，生育保险制度一度面临破产。[①]

3. 改革开放到21世纪前的生育保险

改革开放以后，我国经济得到快速发展，国家各项工作开始恢复。

---

① 潘锦棠. 中国生育保险制度的历史与现状[J]. 人口研究，2003（2）.

1986年，卫生部、劳动人事部、全国总工会、全国妇联印发了《女职工保健工作暂行规定（试行草案）》，开始了生育保险制度的改革。

1988年国务院颁布《女职工劳动保护规定》，将机关事业单位和企业的生育保险制度统一起来。同年7月，江苏省南通市人民政府颁布了《南通市全民、大集体企业女职工生育保险基金统筹暂行办法》，率先揭开了生育女职工生育保险社会统筹改革的序幕。1988年9月，劳动部印发了《关于女职工生育待遇若干问题的通知》，对生育待遇做了以下规定：女职工怀孕期间的检查费、接生费、手术费、住院费和药费由所在单位负担，产假期间工资照发。

1994年，在生育保险制度社会化改革试点的基础上，劳动部颁布了《企业职工生育保险试行办法》，规范了生育保险政策，标志着我国生育保险制度的发展进入了一个新的历史阶段。同年年末，第八届人大常委会第十次会议通过了《中华人民共和国母婴保健法》，该法规首次提出对我国老少边穷等地区生育保险予以倾斜的政策规定，提出要特别扶持老少边穷地区的母婴保健事业。

1995年1月1日起实施的《中华人民共和国劳动法》使生育保险发展建设上了一个台阶。该法规定女职工与男职工在社会保险方面享有同样的权利；女职工生育享受不少于90天的产假；在生育期间依法享受社会保险待遇；企业不得因女职工怀孕或生育而解除劳动合同等。广大女职工的生育合法权益从此置于国家法律的全面保护之下。

4. 21世纪以来的生育保险

进入21世纪以来，我国生育保险制度得到了长足发展。2000年《中共中央国务院关于加强人口与计划生育工作稳定低生育水平的决定》明确指出，在城市要积极建立并发展生育保险制度。《国民经济和社会发展第十个五年计划纲要》提出扩大生育保险覆盖面。《中国妇女发展纲要（2001—2010年）》进一步提出城镇职工生育保险覆盖面要达到90%以上。2004年劳动和社会保障部印发的《关于进一步加强生育保险工作的指导意见》强调，要加强生育保险的医疗服务管理，协同推进生育保险与医疗保险工作。

2010年《社会保险法》的颁布从法律层次确定了职工享有生育保险的权利，并对生育保险对象、基金筹集和待遇做出明确规定。2012年《女职工劳动保护特别规定》将女职工的生育产假从90天延长到98天。

2015年11月3日公布的《中共中央关于制定国民经济和社会发展第十三个五年规划的建议》提出"将生育保险和基本医疗保险合并实施"。这是进入21世纪以来我国生育保险发展又一个新的历史阶段。

2016年4月，人力资源社会保障部、财政部联合发文指出，生育保险和医疗保险合并实施。

2017年年初，国务院办公厅印发《生育保险和职工基本医疗保险合并实施试点方案》，规定12个城市作为试点。对统一参保登记、统一基金征缴和管理、统一医疗服务管理、统一经办和信息服务、职工生育期间的生育保险待遇不变等具体试点内容做了明确规定。

2019年3月25日，国务院办公厅印发《关于全面推进生育保险和职工基本医疗保险合并实施的意见》（以下简称《意见》）。2019年4月3日，国家医疗保障局联合财政部、国家卫生健康委和国家税务总局，召开了全面推进生育保险和职工基本医疗保险（以下简称两项保险）合并实施的专项部署视频会，为全面推进两项保险合并实施，贯彻落实《意见》精神，对合并工作进行安排部署。

会议强调医疗保障部门要加强与财政、卫生健康、税务等有关部门的联系沟通，建立部门协作机制，形成"纵向联通，横向联动"的工作格局。充分借鉴12个试点城市的成功经验，科学制定方案和政策，确保年底前实现两项保险合并实施。为避免"生育保险会取消""五险变四险"的舆论误读，要加强政策宣传，及时回应社会关切的民生问题。[①]

（二）制度特点

总的来说，生育保险所具有的普遍特点为：享受待遇人群的特定性、保障待遇的可预见性、待遇支付的时间性、医疗服务范围的确定性以及生育保险医疗服务保障水平高于医疗保险。我国的生育保险制度除了具有生育保险的普遍特征外，还具有基于本国国情及人口政策所呈现的独特的特点。

★ 保障对象的广泛性。自我国建立生育保险制度以来，覆盖人群从企业女职工到国家机关、事业单位人员，再到城镇非就业人员、农民，甚至有的省份还规定了男性的陪产假和育儿假。企业、国家机关及事业单位职工的生育保险待遇由生育保险基金支付，城镇非就业人员和农民的生育医疗费用由城乡居民医疗保险予以报销。

★ 给付项目的全面性。世界范围内生育保险待遇一般包括生育假期、生育医疗保健、生育收入补偿以及子女补助金等。在我国，由于实行计划生育政策，在一定时期针对晚婚、晚育的生育妇女制定了一些奖励政策。

★ 社会互济性。我国的生育保险制度由用人单位依法缴纳生育保险费，职工个人不

---

① 陈正勤. 国家医疗保障局召开全面推进生育保险和职工基本医疗保险合并实施专项部署视频会 [J]. 就业与保障，2019（9）：42.

缴费。为了分散风险，基金在全社会范围内筹集，扩大了生育保险的覆盖范围，把单个的用人单位的负担转化为均衡的社会负担，为用人单位平等地参与市场竞争创造条件，特别是女职工多的企业，社会互济既能减轻企业的生育费用负担，又能起到保障女职工的作用。

（三）制度内容

1. 生育保险的覆盖范围

自生育保险制度实施以来，覆盖范围在逐步扩大。各类企事业单位、国家机关工作人员都被纳入生育保险之中。2010 年《社会保险法》还重新规定"职工未就业配偶按照国家规定享受生育医疗费用待遇，所需资金从生育保险基金中支付"。随着生育保险与医疗保险合并实施的推进，目前，我国城镇非就业人员及农民的分娩医疗费用由城乡居民医疗保险基金支付。另外，国家还建立了农村妇女分娩补助项目，通过财政建立专项基金，解决农村妇女的住院医疗费问题。因此，我国生育保险制度基本覆盖了城乡所有人群。

2. 生育保险的资金来源

我国生育保险基金的筹集遵循"以支定收，收支基本平衡"的原则，由职工所在单位缴纳，社会保险经办机构对基金进行管理。生育保险基金按照属地原则组织，实行社会统筹。我国法律明确规定职工个人不缴纳生育保险费，企业的缴存比例不超过职工工资总额的 1%，但具体比例没有统一的规定，由各地政府根据当地的实际情况确定。[①]

3. 生育保险享受的资格条件

在我国，享受生育保险待遇以缴纳保险费和投保年限作为条件。用人单位已经为职工缴纳生育保险费并达到最低时限，才能享受生育保险待遇。各地对最低时限的规定不一，具体时限以当地政府规定为准。当然，要享受生育保险待遇还必须符合国家和省、市人口与计划生育政策的规定。

4. 生育保险待遇给付内容

★ 产假。2012 年新修订的《女职工劳动保护特别规定》第七条规定，女职工生育享受 98 天产假，其中产前可以休假 15 天。难产的增加 15 天，生育多胞胎的每多生育一个婴儿增加 15 天。女职工怀孕未满 4 个月流产的，享受 15 天产假；怀孕满 4 个月流产的享受 42 天产假。晚育产假由各省、自治区、直辖市根据本省计划生育条例规定[②]。

[①②] 邵文娟，奚伟东. 社会保险理论与实务 [M]. 北京：清华大学出版社，2016.

★ 生育津贴。我国《社会保险法》规定，我国女职工的生育津贴目前主要有产假津贴和计划生育手术休假津贴。女职工产假期间的生育津贴，对已经参加生育保险的，按照用人单位上年度职工月平均工资的标准计发，由生育保险基金支付。生育津贴低于本人工资标准的，差额部分由企业补足。对未参加生育保险的，按照女职工产假前工资的标准由用人单位支付。女职工生育或流产的医疗费用，对已参加生育保险的，按照生育保险规定的项目和标准，由生育保险基金支付。因各地对生育保险都有各自的管理规定，津贴的发放范围也不尽相同。如有的地区允许女职工生育后给予男职工一定的假期照顾生育后的妻子，假期工资照发。[1]

★ 生育医疗服务。我国女职工生育期间的医疗费用也给予一定程度的报销，包括女职工门诊产前检查、分娩手术、接生、生育并发症、计划生育手术（包括男职工本人）等发生的医疗费用。具体报销标准根据本地生育保险政策执行。

（四）未来发展趋势

如前文所述，我国已经启动生育保险和医疗保险合并实施的试点工作，未来生育保险将不再单独列支，具体实施办法还未出台，但从两险合并实施可以预见到生育保险未来的发展趋势。两险合并实施的内容可以概括为"四统一、一确保"，即统一参保登记、统一基金征缴和管理、统一医疗服务和管理、统一经办信息服务、确保待遇不变。

首先，生育保障待遇将进一步提高。随着我国人口出生率的降低，"全面二孩"政策实施，为鼓励妇女生育，提高人口质量，保障妇女就业权利，生育保障待遇水平必然会得到相应提升。

其次，生育保险覆盖面会进一步拓宽。当前我国生育保险还未覆盖灵活就业人员，两险合并实施以后，灵活就业人员可能仅参加了医疗保险而未参加生育保险，将会带来制度实施上的矛盾，为解决这一矛盾，灵活就业人员未来有望被生育保险覆盖。另外，随着全球化带来的人口流动，外籍人员的生育保障问题也应得到重视。

再次，生育保险统筹层次将提高。我国医疗保险统筹层次逐渐提高，异地划转大部分地区可以实现。但随着人口的流动，生育保险因统筹层次低无法实现异地转移。为增强基金的互济功能，提高管理效能，未来生育保险基金统筹层次将提高。[2]

最后，男性的"父育假"或"父母育儿假"有望普及。社会的不断发展将女性从家庭主妇的角色束缚中解放出来，更多的女性选择走入职场，实现自己的人生价值。另一

---

[1] 邵文娟，奚伟东. 社会保险理论与实务 [M]. 北京：清华大学出版社，2016.
[2] 王国军. 生育险和医保合并将带来哪些变化 [J]. 中国卫生，2017（4）.

方面，社会理念也在悄然发生变化，养育孩子不再仅仅依靠母亲，父亲也应承担相应的责任。我国已有部分地区开始实行"父育假"，且实施效果良好，男性承担起了养育孩子的家庭责任。因此，在我国经济水平及社会文明稳步提高的背景下，未来"父育假"或"父母育儿假"或将得到普及。

陪产假，又名陪护假（Paternity Leave），即依法登记结婚的夫妻，女方在享受产假期间，男方享有一定时间看护、照料对方的权利。劳动法等相关法律法规并未对陪产假做出明确规定，具体要看各省、自治区、直辖市的实际规定，基本都见于各地的计划生育条例中，法律地位也不高。当然，还存在有的地方有陪产假，有的地方没有陪产假的情况。2016年10月，除了西藏和新疆外，其余29个省份均相继修改了本地计生条例，明确了本地的陪产假（部分地区称为护理假）的期限。其中，最短的陪产假有7天，最长的则有1个月之久，多数地区的陪产假为15天。

第六节　住房公积金制度

一、世界住房金融政策

（一）世界住房金融政策发展历程

★ 德国住房储蓄制度。早在1931年，德国推行住房储蓄制度，开始把各地已经存在的地区住房储蓄银行进行专门的统一监管。市场中的住房储蓄银行继续存在，政府也建立起自主运行的国有银行。

住房储蓄银行是一种定向为储户购建房服务的"互助式契约储蓄系统"。按照合同规定，任何居民连续几年（一般为4~6年），存入一定数额的定期储蓄存款（一般为40%的未来贷款额），就可成为住房储蓄银行的"社员"，并获得来自住房储蓄银行的住房贷款权利。[①] 德国住房储蓄银行以互助为目的设立，带有很强的政策扶持性。

---

① 刘洪玉. 推进与完善住房公积金制度研究 [M]. 北京：科学出版社，2011.

2003 年，近 600 家住房储蓄银行占了住房抵押贷款约 42%的市场份额，远超商业银行、抵押贷款银行等其他金融机构所占比重。德国有 3 800 万套住房，其中 1 800 万套是通过住房储蓄的融资方法实现的。[①] 2006 年起，德国住房储蓄的管辖权下放给各州，联邦政府承诺每年将补贴从 3 亿欧元提高到 5 亿欧元。

★ 日本住宅金融公库。1950 年，日本国内的商业银行和其他金融机构由于第二次世界大战的影响不愿意提供长期低息贷款，于是政府依据《住宅金融公库法》成立了住宅金融公库。该公库由国土交通省及财务省监管，其职能是作为专门的机构为普通居民购买住房和建设住房提供长期低利率的贷款，并向日本住宅公团提供长期低息贷款，支持公共租赁住宅建设。

> 住宅金融公库（Government Housing Loan Corporation，GHLC）是依据 1950 年《住宅金融公库法》由政府全额注资成立的特殊法人，专门为政府、企业和个人建房购房提供长期及低利率贷款的公营公司。设立的目的就是建立一个永久性的特殊的公营住宅金融机构，通过政府的财政投融资体制，将更多低成本的长期资金引入与民生相关的住宅领域，"为满足广大国民健康、文明生活、建房购房的资金需求，向那些难以从商业银行获得信贷的开发企业和个人提供资金支持"，以弥补民间融资长期资金不足和来源不稳定的缺陷。

2001 年，日本启动政府改革计划，日本住宅金融公库不再向居民直接发放住房贷款，而是专门负责将商业银行的住房贷款证券化。2007 年，政府将原来的日本住宅金融公库更名为日本住宅金融支援机构。

★ 巴西住房银行。1964 年巴西住房银行成立，该银行主要负责为巴西政府住房计划进行融资，既是重要的主管机构，也是独立的政策性住房金融机构。其基金主要来源于失业和保障公积金转化而来的长期服务保证金，其中 80%用于长期住房贷款。

1966—1974 年，巴西住房银行筹集到的基金总额高达约 45 亿美元，这一制度曾被阿根廷、墨西哥及萨尔瓦多等拉美国家效仿。事实上，由于运作不善，1988 年后巴西的国家住房银行不再独立存在，其功能全部转移到具有政府性质的巴西国立储蓄与贷款银行，但运行规律和准则与之前基本无异。

★ 法国住房储蓄账户。1965 年法国推出住房储蓄账户，四年之后住房储蓄计划又被推出。这两种储蓄方法都是存贷挂钩、专项储蓄、国家奖励、低存低贷。当然法国还有

---

① 刘洪玉. 推进与完善住房公积金制度研究［M］. 北京：科学出版社，2011.

住房储蓄账户、1%基金、A种储蓄账户等购房优惠政策。

> A种储蓄账户创立于1818年，其资金用来投资建设社会福利住房。自创立以来，其利率从未降到0.75%以下。

与德国住房储蓄不同的是，法国的住房储蓄账户和住房储蓄计划本身不放贷，更强调积累长期稳定的住房资金，然后把筹集到的资金转移到商业银行，由其发放住房贷款，资金的使用和归集功能相互分离。

★ 住房公积金制度。目前，住房公积金制度在世界一些国家中推行，新加坡是实行这项制度最为成功的国家。为了向退休和失去工作能力的人提供保障，1955年新加坡建立了公积金制度，以一个固定比例从薪金中提取，属于一种强制性储蓄。但住房公积金的建立却是在十多年后的1968年。公积金正式进入个人住房领域是为配合当时政府提出的"居者有其屋"计划，该计划允许公积金会员动用存储的公积金购买房屋。

1972年，墨西哥政府依据宪法建立了住房公积金制度，经过40多年的发展，住房公积金制度已经成为墨西哥的基本住房制度，住房市场的重要资金来源，是政府引导住房发展的主要政策调控工具。1972年4月，墨西哥政府首先为全国私营部门劳动者建立全国劳动者住房公积金，又于当年12月为联邦政府工作人员建立国家公职人员住房公积金。2012年6月，住房公积金缴存人员高达1 680万人，缴存余额约120亿美元，累计发放240亿美元，住房公积金贷款市场份额高达81%，对GDP贡献率也逐年提高。①

1981年，韩国设立国民住宅基金，这一基金在很长一段时间内主导韩国住房贷款的一级市场。韩国国民住宅基金资金来源有国家住宅债券、特许住宅彩票、国外贷款、政府财政、国债管理基金预收金、利息、住宅预购储蓄等。由于住房需求逐年增长，国民住宅基金的贷款总额2004年达到8.6亿美元，2006年增长到21亿美元。韩国的国民住宅基金与中国住房公积金制度不同，中国是基于居民个体的强制性储蓄，而韩国是由国家设立的政策性住房金融机构专门负责，公益性、政策性较强。

（二）世界住房金融政策介绍

1. 住房金融的融资模式分类

根据住房消费贷款的融资来源不同，国际上现有的住房消费贷款融资模式有四大类

---

① 孟昊. 中国住房公积金制度研究［M］. 北京：中国金融出版社，2017.

型：国家住房银行模式、强制住房储蓄模式、合同住房储蓄模式、商业资本市场模式。[①]

★ 国家住房银行模式。国家住房银行或称公共住房银行是为实现公用住房政策目标而由政府设立的具有公益性的住房银行。[②]

政府财政为公共住房银行的启动资金提供支持，发行债券、会员制募集是其日常融资形式。

其主要功能是直接或间接地给个人或公共住房开发商发放低息贷款，同时还承担部分公共服务，如住房贷款担保、商业住房贷款贴息、特殊融资等。

代表性国家及模式分别为：日本住宅金融库、韩国国家住宅基金、瑞典住房金融公司、美国联邦住房贷款银行，另外还有挪威、芬兰、印度、菲律宾的国家住房银行也属于此类模式。

★ 强制住房储蓄模式。顾名思义，强制性住房储蓄模式是指政府利用公权力强制有工资收入的居民为住房定期进行储蓄，雇主配比，以大规模集结住房贷款资金。

参与这种模式的人员可以低于市场贷款利率优惠贷款，贷款的额度与存款相关。实行这种模式最典型的国家是新加坡的中央公积金制度，雇员按工资的一定比例缴纳，雇员和雇主各缴纳一部分，每月缴纳的公积金及其产生的利息全部并入会员名下，公积金局负责统一管理。中国也借鉴此类模式开展住房公积金制度。另外，巴西等国家也有类似的制度安排。

★ 合同住房储蓄模式。该模式的融资方式是居民通过自愿订立契约合同储蓄，以充盈住房贷款资金。居民的贷款数额一般与预存储蓄挂钩，低存低贷，采取内部封闭的方式运行。

这种模式的典型代表是德国的住房储蓄银行，其作用的发挥主要取决于两大支柱：固定利率、低息互助和住房储蓄奖励。

住房储蓄银行按照法律要求封闭运行，独立于德国资本市场，存贷款利率不受资本市场供求关系、通货膨胀的影响。另外，参加住宅储蓄的居民，可以得到政府的储蓄奖励和购房奖励。

虽然德国住房储蓄银行是商业化运作，但体现了很强的政策扶持性。德国模式也被东欧转型国家纷纷效仿。奥地利和法国也有类似制度，不同的是法国住房储蓄计划只负责筹集资金，住房贷款由商业银行负责。

★ 商业资本市场模式。这种模式是最为普遍的房贷融资模式，在各国均占据主导地

[①②] 刘洪玉. 推进与完善住房公积金制度研究［M］. 北京：科学出版社，2011.

位。房贷发放机构如商业银行的融资方式主要通过居民的活期、定期及储蓄存款，也有国家通过在二级资本市场发放抵押贷款证券获取资金。这种模式政府作用力度不强，中低收入者可能较难进入。典型代表国家有美国、英国、澳大利亚、韩国等。

2. 住房金融的运行模式分类

根据政府在住房金融中的不同作用，结合各国住房金融的运行特点，可以将公共住房金融分为以下几种模式：政府引导型、政府财政主导型、专营机构型、合同住房储蓄型、公私混合型以及政府强制住房储蓄型等。①②

★ 政府引导型。实行这种模式的典型代表国家是美国。美国政府通过保险担保作用对住房资金进行引导，在住房金融中担任制度供给者的角色。

政府的功能是隐性的，但在住房金融市场上又无处不在，不可或缺。市场仍然是住房资金配置的主要机制，私人储蓄节俭机构和商业银行仍是住房贷款的发起者，资本市场是贷款资金的最终来源。

美国政府除了提供制度创新供给还具有融资、担保和保证的作用。具体而言，融资主要通过联邦住宅贷款银行系统从私人机构那里吸纳资金，担保主要由联邦住房管理局和退伍军人管理局负责，在住房贷款证券市场上为 SPV（Special Purpose Venture，特殊目的机构，专指美国等国家在抵押贷款支持证券市场上为发行证券而特别设立的机构）提供显性或隐性的政府信用担保。典型机构为房利美和房地美。

> 房利美（Federal National Mortgage Association，简称 Fannie Mae），即联邦国民抵押贷款协会，成立于1938年，是最大的美国政府赞助企业（GSE，Government Sponsored Enterprise），从事金融业务，用以扩大资金在二级房屋消费市场上流动的专门机构。房地美（Freddie Mac，NYSE：FRE，即联邦住宅贷款抵押公司），是第二大美国政府赞助企业，商业规模仅次于房利美。1970年由国会批准成立，旨在开拓美国第二抵押市场，增加家庭贷款所有权与房屋贷款租金收入。

★ 政府财政主导型。典型代表国家为荷兰、法国、瑞典、挪威等欧洲大陆国家。这种模式指政府在住房金融中主要发挥的作用是辅助支持者。

其运作主要是通过财政资金发放住房津贴、鼓励合同住房储蓄等形式直接补助特定

---

① 刘洪玉. 推进与完善住房公积金制度研究［M］. 北京：科学出版社，2011.
② 汪利娜. 政策性住宅金融：国际经验与中国借鉴：兼论中国住房公积金改革方案［J］. 国际经济评论，2016（2）.

居民的住房需求。除此之外还大力支持公共租房部门的融资，公共财政资金或其他公共资金为公共住房部门提供贷款担保或贷款贴息。

这种模式的特点是政府的公共住房金融体系与商业住房金融市场总体相互独立，平行运作，没有非常明显的交叉。

★ 专营机构型。这种模式的典型代表是英国的建房协会。

英国专营机构模式的特点是政府表面上没有直接参与，但通过立法保护专营机构在住房贷款业务上的经营特许权而给予支持。

> 据统计，在2007年英国住房抵押贷款发放机构中，银行、建房协会所占份额分别为60%和19%，住房协会等占有21%的市场份额。英国建房协会模式对美国的储蓄协会、德国的住房储蓄银行制度都有深刻影响。

★ 合同住房储蓄型。这种模式的典型代表国家有德国、奥地利、捷克、匈牙利、斯洛伐克，波兰也进行效仿，法国住房储蓄计划也有相似之处，智利、墨西哥和南非都有对住房储蓄进行奖励的政策，巴西的住房储蓄制度存款免税，所有银行强制性进行住房贷款。

这种模式是政府通过立法保护、税收优惠、配比奖励等多种手段鼓励和支持专营住房金融机构，一般是面向全体社会公众开放。

虽然这种模式有很多变种，但都具有共性，都需要满足一定年数才可以支取，汇总的资金原则上只能用于住房相关贷款。大部分国家的合同住房储蓄计划存款人可以因存款受到国家奖励或补贴。这些补贴包括国家的比例奖金（德国、法国）、雇主的配比奖励（德国）、存款利息享受免税待遇（法国、巴西）。

★ 公私混合型。这种模式以日本为代表，韩国也有所借鉴。这种模式的运行特点是政府是住房金融的主要发动者，通过设立国家所有的专业住房金融机构，如住房金融公库、住房金融公司以及邮政储蓄体系结合，动员和派发很大一部分住房贷款资金。政府所承担的担保作用很小，住房津贴也占很小份额。

★ 政府强制住房储蓄型。这种模式的典型代表非新加坡莫属，中国的住房公积金也属于此类。这种模式政府介入最深，政府利用其强制力积累住房建设与消费资金，长期资金来源稳定，资本成本低廉，且覆盖全民。这种模式的缺陷是使用效率可能不高，会对居民个人储蓄和个人养老资金造成挤占。

(三)世界住房金融政策的未来挑战

★ 经济全球化与金融自由化给各国经济发展带来深远影响,全球化日益深入发展,新兴产业的出现和全球产业布局的调整对各国经济转型升级提出新的要求。同一个国家内部的不同城市也在经历着结构调整。金融自由化便利了国际资本流动,国际资本流动反过来也对各国经济发展产生冲击,各国房地产市场面临的机遇和挑战并存。

★ 随着服务业占比越来越大,金融业等现代服务业发达的大城市集聚效应进一步增强。这类大城市提供的高收入岗位多,可用空间极为有限,加之受规划等因素制约,新建住房供应不足,供不应求的矛盾激发出房价和租金涨幅高于当地居民收入涨幅的矛盾,由此大城市出现住房支付能力下降的问题。[①]

★ 公共住房金融体系需要慎重考虑投入和产出比,考虑资金使用率和机会成本,因为背后有财政资金直接或间接(担保)、有形或无形(退利息抵税)的投入。公共住房金融体系在考虑产出时,需要着重考虑和衡量社会效益,不能仅局限于经济产出。社会效益的衡量必然会使得政府面临投入产出分析复杂的挑战。

二、中国住房公积金制度

中国住房公积金制度产生于20世纪90年代初期,在借鉴新加坡公积金制度的基础上,是在由计划体制主导向由市场体制主导的转变过程中形成的。

(一)中国住房公积金制度的历史沿革

1. 中国住房公积金制度建立的背景

新中国成立后,我国实行高度集中的计划经济体制,城镇住房实行统建统配制度。统建统配是一种高福利的住房建造分配政策,城镇住房几乎全部是由国家和单位投资建设,按照职级分配给职工居住。公房的分配在很大程度上是由工龄以及在单位中的职位决定的,员工所需支付的费用非常低。但这种模式使得住房建设资金入不敷出,城镇住房的供需机制被扭曲,资金的使用效率大大降低,住房的再生产无法维持。

1978年国家推行改革开放计划,开始实行市场经济体制,为了与市场经济相适应,解决城镇住房困难的问题,邓小平同志提出以"出售公房,调整租金、提倡个人建房买房"为原则的城镇住房改革设想。自此,拉开了城镇住房改革的序幕。1988年,国务院

[①] 邓郁松. 住房市场发展阶段的国际比较与借鉴 [J]. 重庆理工大学学报(社会科学),2017,31 (5).

召开住房制度改革工作会议,决定各省、自治区、直辖市分期分批实行住房制度改革。

2. 中国住房公积金制度的萌芽阶段

1991—1993年是我国住房公积金制度的萌芽阶段。

1990年,上海市住房问题研究小组在一项住房改革的方案中首次提出推行住房公积金制度,并对住房公积金制度的范围、缴纳对象、基金使用与管理等做出了具体规定。

1991年,上海的住房改革方案获得国务院正式批复,同年5月1日,方案正式出台,提出"推行公积金、提租发补贴、配房买债券、买房给优惠、建立房委会"等五项重点措施,其中公积金是这五项改革措施中最重要也是最创新的一个项目。

自此,公积金这个词第一次在中国房改政策文件中出现。同时,上海市成立了市住房公积金管理中心,归集、使用、偿还、管理房改资金。中国建设银行上海市分行在当时设立了房地产信贷部,上海市住房公积金制度的运转获得了资金保障。

1992—1993年这一制度迅速发展,全国26个省、自治区、直辖市试行住房公积金制度。1993年年末全国共计131个城市建立了住房公积金制度,覆盖了60%的地级城市,筹集了110万元住房公积金。[①] 住房公积金制度在全国有效实行,积累了丰富的经验,为该项制度在全国推广打下了良好基础。

3. 中国住房公积金制度的确立阶段

1994—2002年是我国住房公积金制度的确立阶段。在这一阶段,住房公积金制度在全国范围内建立起来,公积金的用途也发生了巨大变化。

1994年,国务院颁布了《关于深化城镇住房制度改革的决定》,正式肯定了住房公积金制度在城镇住房制度改革中的作用,要求在全国全面推行住房公积金制度。

同年11月23日,财政部、国务院住房制度改革领导小组、中国人民银行制定了《建立住房公积金制度的暂行规定》,对住房公积金的定义、缴存、支付、使用及管理等做了进一步规定。这项规定是在全国范围内实施的有关公积金的第一部法规。

1996年,国务院办公厅转发了《关于加强住房公积金管理意见的通知》,住房公积金的私权性得到明确,不再纳入财政,管理体系上确立了"房委会决策、中心运作、银行专户、财政监督"原则进行管理。1997年9月,党的十五大报告中第一次写入住房公积金,强调"建立城镇住房公积金,加快改革住房制度",为促进公积金制度在全国的推广注入了强大力量。

1999年3月17日,国务院第15次会议通过了《住房公积金管理条例》,并以中华人

---

① 孟昊. 中国住房公积金制度研究[M]. 北京:中国金融出版社,2017.

民共和国国务院令第262号发布实施，标志着中国住房公积金制度正式进入规范化、法制化的新时期。该条例对公积金的使用范围、覆盖面、风险防范、增值收益的用途、住房委员会的人员组成和违反条例的处罚措施进行了规范。

2002年国务院补充修改了《住房公积金管理条例》，扩大并细化了缴纳主体，社会团体、民办非企业单位被纳入进来。同级财政部门及中国人民银行的分支机构被纳入监督体系，取消住房委员会，住房公积金管理中心仅在地市级设立。目前一直沿用修改后的条例。

4. 中国住房公积金制度的发展阶段

2002—2013是中国住房公积金制度的发展完善阶段。2002年5月至2004年3月，完善住房公积金管理和监督体系的文件共计下发了5份，主要内容涵盖调整管理中心的监督和审计机制、精简管理委员会的设置并完善其组织、完善住房公积金内部监督和外部监督体系等。

2005年，国家进一步发展了住房公积金制度，制度覆盖范围再次扩大，自由职业者、个体工商户、进城务工人员被纳入制度体系内。同时规定了住房公积金缴存上限和缴存比例的范围，异地购房也可以向购房所在地申请公积金贷款。

2006年9月，财政部发布了《关于加强住房公积金管理等有关问题的通知》，2008年5月，发布了《关于开展加强住房公积金管理专项治理工作的实施意见》，公积金缴存比例及缴存基数、住房公积金管理委员会的决策机制、公积金增值收益的管理及财政监督在这两项文件中得到强调和完善，对住房公积金决策、执行的监督得到了加强。

2008—2013年是住房公积金高速发展的阶段。2009年，国务院发布《关于促进房地产市场健康发展的若干意见》，提出开展将闲置住房公积金用于经济适用房等建设的试点。进入2010年，公共租赁住房进入住房保障体系，政府和社会开始探索将住房公积金用于公共租赁住房的建设和运营。这一变革是1999年以来住房保障体系的大变革。

5. 中国住房公积金制度的提高阶段

这一阶段以前的住房公积金基本解决了职工基本住房的难题，但部分城市房价居高不下甚至不断攀升，低收入群体购买住房能力不足，只缴纳公积金，却无法享受公积金低息贷款福利。为此，2014—2015年，住房公积金的监管部门发布多个文件来降低公积金的贷款门槛，提高实际贷款额度，加强对职工住房消费的支持力度。各地相继落实文件规定，大幅提高了住房公积金制度的运行效率。武汉、杭州、常州等地纷纷开展住房公积金个人住房贷款证券化业务，打通了住房公积金与资本市场的资金融通。在归集资金规模相同的情况下，盘活存量贷款，发放更多的个人住房公积金贷款，提升了资金的使用效率。①

2019年5月13日，住房和城乡建设部印发《关于建立健全住房公积金综合服务平台的通知》，主要从7个方面建立健全服务平台：合理确定资金投入、全面加强组织领导、统一管控各类渠道、严格规范线上服务、妥善对接政务平台、强化安全保障机制以及加大监督指导力度。为了对住房公积金综合服务平台的建设进行指引，该通知以附件的形式发布了《建立健全住房公积金综合服务平台工作指引》，主要包括梳理服务事项、明确岗位职责、优化服务流程等八个方面。②

（二）中国住房公积金制度的特点

住房公积金是中国社会保障体系中的一个分支，属于一种个人储蓄计划，但与其他社会保险和一般个人储蓄都不同，具有自己的特征。

★ 强制性。《住房公积金管理条例》规定，新设立的单位应当自设立之日起30日内到住房公积金管理中心办理住房公积金缴存登记；单位录用职工的，应当自录用之日起30日内到住房公积金管理中心办理缴存登记。职工个人参加住房公积金制度后，每月必须从本人工资中拿出规定比例的一部分进行缴存。另外，只要属于建立住房公积金的范畴，不管单位是否愿意，都应该依据国家政策实行这一制度。这些都体现了住房公积金制度的强制性。

★ 补贴性。住房公积金制度的缴存主体是单位和个人，国家给予低息贷款优惠。实施住房公积金的单位，必须为员工个人按月缴存一部分资金，此部分资金归职工个人所有。这体现了国家住房保障制度从直接投资逐步向补贴个人方向发展。

★ 覆盖广泛。住房公积金制度覆盖范围广泛，所有城镇在职职工都可惠及。由于住房的特殊性，消费一般以家庭为单位进行，因此，这项制度实际保障范围包括所有城镇劳动者及其家庭。在市场经济条件下，进城务工人员、自由职业者等人员也被纳入住房公积金制度的保障范围之内，覆盖范围在逐步扩大。

★ 专款专用。住房公积金虽属于个人所有，但不是随意提取或使用的，其使用有着明确的规定。职工在购买、建造、翻修、大修自住房时，可以向住房公积金管理中心申请贷款。职工离退休、完全丧失劳动能力并终止与用人单位的劳动关系、出境定居的，可以支取账户内余额。死亡或宣告死亡职工的住房公积金账户内的余额可以由其继承人或受遗赠人提取。

---

① 孟昊. 中国住房公积金制度研究 [M]. 北京：中国金融出版社，2017.
② 林丽. 住房和城乡建设部通知要求建立健全住房公积金综合服务平台 [J]. 就业与保障，2019（12）.

（三）中国住房公积金制度的内容

1. 中国住房公积金的管理体系

★ 管理体系。我国住房公积金管理体系就是一个由多个科层组成的多重委托—代理关系。① 我国住房公积金以（设区）市为统筹单位，由（设区）市建立住房公积金管理中心对本市及其辖区、县的住房公积金进行管理，住房公积金管理中心直属（设区）市人民政府。

我国住房公积金管理体系从上到下共有住房和城乡建设部、财政部、中国人民银行等国家级政府部门，省级相应部门，市级相应部门，住房公积金管理委员会和住房公积金管理中心（代理银行）五个层级。

★ 决策执行体系。住房公积金管理委员会和住房公积金管理中心是住房公积金的决策执行机构，也是整个住房公积金管理体系的核心。其中，住房公积金管理委员会是住房公积金的内部决策机构，住房公积金管理中心是住房公积金的内部决策执行机构。除了住房公积金管理委员会和住房公积金管理中心这一主要决策执行机构之外，还存在住房公积金管理委员会与代理银行之间的委托—代理关系。受委托办理住房公积金金融业务的商业银行负责代管住房公积金，并办理住房公积金账户的设立、缴存、住房公积金贷款和还贷、提取、结算等金融业务。

2. 中国住房公积金的运行

★ 住房公积金的缴存

住房公积金的缴存主体从1994年的《建立住房公积金制度的暂行规定》开始逐年扩大，发展到目前，缴存主体包括国家机关、国有企业、城镇集体企业、外商投资企业、城镇私营企业及其他城镇企业、民办非企业单位、社会团体、事业单位及其在职职工。随着经济状况的不断提高，城镇个体工商户和自由职业者、城镇单位聘用进城务工人员也可以申请缴存住房公积金。目前，长春、大连、东莞等市的外来务工人员也在住房公积金的覆盖范围内。

住房公积金主要分为职工个人缴存和职工所在单位为职工缴存两个部分，都属于职工个人所有。缴存基数原则上不低于5%，不高于12%。各地住房公积金委员会拟定缴存比例，经本级人民政府审核，报省、自治区、直辖市人民政府批准方可实施。

全国住房公积金2018年年度报告显示，住房公积金制度覆盖面进一步扩

---

① 朱婷. 住房公积金问题研究 [M]. 北京：社会科学文献出版社，2012.

大，缴存金额持续增加。2018 年，各地公积金管理机构按照中央要求，继续保持宽松的公积金个贷政策，支持缴存职工家庭购买自住普通商品住宅，公积金个贷发放规模保持高位运行。全年发放公积金个人住房贷款 252.58 万笔，与上年持平，发放金额 10 218.53 亿元，比上年增长 7.17%。2018 年年末，累计发放个人住房贷款 3 334.82 万笔，发放金额 85 821.32 亿元，分别比上年年末增长 8.18%和 13.52%。个人住房贷款率 86.04%，比上年年末减少 1.32 个百分点。

★ 住房公积金的提取和使用也有明确规定。根据《国务院关于修改〈住房公积金管理条例〉的决定》，当公积金缴存者满足建造、翻建、大修、购买自住房，偿还购房贷款本息，完全丧失劳动能力，支付超出家庭工资收入规定比例的房租，离休或退休，出境定居等任一条件时才可以提取个人部分的公积金。缴存住房公积金的职工申请提取或贷款有着相同的程序，先由住房公积金使用者向住房公积金管理中心提出提取或贷款申请，住房公积金管理中心在受理之日起 3~15 日内给出反馈，准予提取或贷款的，由受委托银行办理支付手续。

3. 中国住房公积金制度的监督体系

中国住房公积金的监管体系分为中央监管机构和地方监管机构。

中央监管机构包括住房与城乡建设部、央行、财政部。2003 年国务院机构改革后，设立银监会继承央行对金融机构的监管职责。

地方监管架构又分为省级监管和市级监管。省级监管机构又分为省级行政监察部门、行政监管部门和审计监督部门，其中行政监督部门包括省级财政主管部门、省级建设主管部门、银监会分支机构、央行分支机构。

市级监管机构仅限于省会市、设区的市的财政部门。监管的手段主要是行政监管、行政监察和审计监督。

（四）中国公积金制度的未来发展趋势

★ 社会住房消费两极分化问题日益突出，因此，缩小住房差距，增加低收入人群的住房消费能力是未来住房制度的发展方向。住房公积金制度发展最薄弱的环节是低收入人群的住房保障问题，它制约着该制度的发展方向、存在价值和社会效益。为惠及低收入人群，未来发展趋势势必要继续扩大制度覆盖面，为住房公积金制度提供必要的资金支持，创新金融手段，方便低收入人群办理住房贷款。

★ 从需求端支持的角度出发，政策设计上可以采取对不同收入组实行差异化的贷款条件、放宽住房公积金的提取和使用条件以及面向特殊群体的优惠政策等。这些方面的改革可以极大提高职工住房支付能力，为住房公积金制度的可持续提供保障，同时也体现其政策性。①

★ 在住房公积金的监管方面未来将会加大力度，现行公积金风险防范能力还存在不足，所面临的主要风险是信用风险。② 《住房公积金管理条例》明确规定，各地住房公积金增值收益应提取不低于60%的资金作为贷款风险准备金。但能否对信用潜在风险进行有效规避，当地风险准备金能否满足防范信用风险的要求都值得深思。因此，未来对住房公积金会要加强监管，提高抵御风险的能力。

---

① 刘洪玉. 推进与完善住房公积金制度研究［M］. 北京：科学出版社，2011.
② 黄宝根. 住房公积金制度的问题与完善建议——兼论住房公积金的主要内容［J］. 法制与社会，2014（1）.

第九章 社会救助

第一节 生活救助制度

一、生活救助概述

生活救助是社会救助中最重要的内容,是指国家和社会对生活在最低生活保障标准之下的贫困人口,按法定标准给予现金和实物等帮助,以满足其最低生活需求的一项社会救助项目。[①]

在整个社会救助制度中,生活救助是其最核心的部分,在保障贫困人员以及底层人们的基本生活方面具有重要的作用和意义。世界不同国家都有这个方面的制度安排,根据不同国情每个国家具体内容有所不同。世界各国总的建设和发展目标就是要向陷入生活困境的个人和家庭提供满足其最低生活保障需要的现金和实物,帮助他们满足最基本的物质生活需要。

(一)生活救助标准的确定方法

社会救助的目的就是要满足贫困人群的最低保障需求,所以,对于是否需要和哪些人需要生活救助的判断需要一个标准。从目前来看,国际上比较常用的确定最低生活保障标准的方法包括:市场菜篮子法(标准预算法)、生活形态法(指标剥夺法)、收入比例法(国际贫困标准法)、恩格尔系数法四种。此外,还包括收入等份定义法[②]、马丁法[③]等。这里主要介绍前四种常用的方法。

1. 市场菜篮子法

★ 市场菜篮子法又被称为标准预算法,是一种应用时间最为长久,也是最能让人接受的一种测量方法,是由英国人朗特里在1901年提出来的。它首先要求专家学者等按照营养学标准来确定一张能够维持人们最基本生存状况的生活必需品清单,这张清单上包

---

① 钟仁耀. 社会救助与社会福利 [M]. 上海:上海财经大学出版社,2013.
② 收入等份定义法指的是把国民收入分为几个等份,利用基尼系数进行差异比较,确定总人口的百分之多少为贫困人口;根据这个百分比,利用家庭收入调查资料,求出贫困标准。
③ 马丁法是由在世界银行工作的经济学家马丁·雷布林提出的。这一方法要求在确定基本食品支出的基础上,通过有关统计资料建立总支出与食品支出之间关系的数学模型,进而计算出贫困线。

括必需品的种类和数量。然后根据现实生活中的市场价格来计算拥有这些物品需要现金数额的多少,在此基础上确定的现金数额就是贫困线,也就是最低生活保障线。一般包括衣、食、住、行、卫生保健等项目。

★ 这种方法具有"绝对主义"的特点。我国各地一般都采用这种方法来确定自己地区的最低生活保障线,但是不同的是,生活必需品清单是通过对本地贫困人口的实际调查来确定的,专家的意见和建议只是作为参考,不具有绝对性。

★ 一般来说,市场菜篮子法的优点和缺点如下。

优点。比较通俗易懂,简单明了,可以详细罗列,便于公众参与;可以保证贫困人群最基本的保障需求;可以将标准具体化,提供一个关于家庭消费的数学模型,便于进行比较。

缺点。这个方法确定的最低生活保障线可能会偏低;由专家学者来确定"菜篮子"里的具体内容,主观性太大;采用比较严格的清单式的计算比较方法,受助者们的生活方式会受到限制。

2. 生活形态法

★ 生活形态法又被称为指标剥夺法,首次提出者是英国人汤森。他认为每个国家和地区的社会都存在为人们所共同认同的生活需求,这些需求都有一个所谓的"剥夺门槛",当一个家庭中家庭成员的需求降低到这个"剥夺门槛"时,这个家庭就很难维持其原有的基本生活方式,这个"剥夺门槛"就是最低的生活保障线。

★ 这种方法首先从人们的生活方式、消费行为等"生活形态"入手,提出了一系列有关贫困家庭生活形态的问题,然后选出若干剥夺指标,即在某种生活形态中舍弃某些方式、行为,根据这些剥夺指标及被调查者的实际生活状况确定哪些人属于贫困者,再分析他们被剥夺的需求及消费和收入,由此得出贫困线,即最低生活保障线①。

★ 这种方法的优点和缺点如下。

优点。可以有效准确地比较人们的生活状况;比较好地考察社会评价和社会状况;使贫困的含义进一步扩大到社会方面,包括的内容更加全面。

缺点。过于复杂,计算比较抽象,不容易被非专业人士所掌握,所以一般应用于学术研究;对于生活方式和收入之间是否存在直接的关系还持有争议;在具体的实践调查中,使被调查者清楚、具体表达其真实的生活方式也存在一定的困难。

3. 收入比例法

★ 收入比例法又被称为国际贫困标准法,这种方法是 1976 年经济合作与发展组织对

---

① 孙光德,董克用. 社会保障概论 [M]. 北京:中国人民大学出版社,2004.

其成员国进行社会救助标准调查时发现的。这种方法从城市贫困居民的收入低于其他大多数居民收入这个相对概念出发,把一定比例的最低收入居民定义为需要救济的贫困居民,并把他们的收入水平定为贫困标准[①]。德国、法国、英国等国家都是将其整个社会的中等收入或者是整个社会的平均收入的 50%~60% 来作为他们国家的贫困线。我国也是在 1997 年后将其作为一种参照,使用比较普遍。

★ 这种方法的优点和缺点如下。

优点。简单明了,操作比较简单;可以进行不同的比较;比较公平,人们可以共享经济、社会的发展成果。

缺点。需要对本国或者本地区的收入状况进行全面的调查了解分析;实行固定的收入比例方法还存在争议。

4. 恩格尔系数法

★ 恩格尔系数法来源于恩格尔定律,也被称为最低饮食费用测算法。19 世纪,德国统计学家恩格尔经过大量的调查研究分析发现了一个规律,收入水平比较低的家庭用于食物支出的比例比较大,收入水平比较高的家庭用于食物支出的比例反而比较小。

★ 恩格尔定律的公式为:

食物支出对总支出的比率(R1)= 食物支出变动百分比/总支出变动百分比

或

食物支出对收入的比率(R2)= 食物支出变动百分比/收入变动百分比

(R2 又称为食物支出的收入弹性)

反映恩格尔定律的系数被称为恩格尔系数。国际上经常用恩格尔系数来衡量一个国家和地区人民生活水平的状况。联合国粮农组织采用恩格尔系数对居民生活质量提出了一个相对标准,恩格尔系数在 59% 以上为贫困,50%~59% 为勉强度日(温饱),40%~49% 为小康,30%~39% 为富裕,低于 30% 为最富裕。[②]

★ 我国学者童星、林闽钢认为,用这个方法来确定贫困线有两种方式,"可以把恩格尔系数的某个值(现在国际上一般为 60%)直接定为贫困线;也可以根据恩格尔系数间接地用收入金额来表达贫困线。后者的具体办法是按营养学知识确定一个最低饮食标准及其相应的饮食费用,然后用它除以恩格尔系数的贫困值(60%),其商就是贫困线标准。"[③]

[①] 钟仁耀. 社会救助与社会福利[M]. 上海:上海财经大学出版社,2013.
[②] 王卫平. 社会救助学[M]. 北京:群言出版社,2007.
[③] 童星,林闽钢. 我国农村贫困标准线研究[J]. 中国社会科学,1994(3).

★ 恩格尔系数法的优点和缺点如下。

优点。比较简单，操作起来比较方便；可以与社会平均生活水平相互关联。

缺点。用恩格尔系数法来确定一个国家或者地区的贫困标准显得太过粗疏；贫困标准往往偏低。

以上四种方法都有自己的优点和缺点，不同的国家和地区需要根据实际发展情况以及特点来选择使用哪种方法或者是同时使用几种方法来确定本地区生活救助的标准。除此之外，一些国际组织对救助标准也有自己的规定。例如，国际劳工组织认为，在工业化国家，收入等同于制造业工人平均工资的30%的个人和家庭属于最低生活水平；联合国欧洲经济委员会认为，一个成年人在缴纳所得税和保险税后，属于自己的可支配收入低于社会平均水平的50%也属于被救助对象。

（二）生活救助的特点

与其他的社会救助项目相比，生活救助的特点主要包括以下几个方面。

一是救助对象具有普遍性。生活救助的对象是不论其身份地位如何，只要是生活陷入困难的本国居民，都有资格申请生活救助，这项制度安排是面向全民的。例如日本的法律规定，凡是日本国民都有申请生活保护的权利。

二是最低保障性。生活救助是为本国居民中有生活困难的人群提供的一种救济，目的是为了保障贫困人口的最低生活需要，维护本国人民的基本生存权益。各国制定和出台的贫困政策和标准一般都低于社会的平均收入水平，既保障基本的生活需求，又避免人们产生依赖心理，取得适得其反的效果。

三是长期救助与临时救助相互结合。长期救助指的是长期陷入贫困水平的人员及其家庭可以没有时间限制地获得相应的生活救助；短期救助指的是短期陷入贫困水平的人员及其家庭可以在短期内获得相应的生活救助。一般来说，各国的生活救助政策都包括长期和短期救助，只有这样才能最大限度地保障贫困人口。

四是动态调整。救助标准需要随着生活必需品价格的变化以及本国人民生活水平的提高等相关因素进行适当调整，这样才能为处于贫困状态的人员及时提供生活保障。例如，英国就规定如果遇到了物价波动的情况，政府会及时调整补助的金额，保证受救助人员不会因为物价的变动而降低生活水平。

（三）生活救助的主要作用

生活救助的功能和作用主要表现在以下几个方面。

一是能够促进社会安定，缓和社会矛盾。在市场经济体制下，各国的贫富差距问题日益严峻，由于市场经济自身的缺陷，不可能依靠市场来保障弱者的生存和发展。当贫困人群的基本生活需求得不到保障时，就有可能引发政治冲突，激化社会矛盾。因此，各国政府建立生活救助制度，保障社会成员的基本生活需要，解除他们的后顾之忧，能够缓和社会矛盾，促进社会安定。

二是能够促进社会经济的发展。生活救助制度可以使有劳动能力的贫困人群的基本生活得到保障，解决他们的后顾之忧，他们就有信心和能力去寻找新的就业机会，重新投入社会。这样一方面保护了劳动力的再生产，另一方面也可以使下一代健康成长。生活救助通过社会财富的再分配来缓解贫富差距，缩小社会成员之间差距，促进经济、社会等方面健康发展。

三是能够建立健全社会保障体系。社会救助制度是社会保障体系中最低层次的保障方式。在保障对象方面，社会救助制度的保障对象范围最广；在权利和义务的关系方面，社会救助制度在权利的享受和义务的履行上要求不是特别严格。生活救助又是社会救助体系中最为核心的制度安排。生活救助使那些不能享受社会保险和社会福利或者是享受后仍然处于贫困的人群及其家庭得到保障，使他们不至于连最低的生活标准都难以维持。所以，各国建立健全生活救助制度，是完善各国社会保障体系的首要前提和必然要求。

二、中国生活救助制度

最低生活保障制度是我国特有的说法。在国际上，最低生活保障制度被称为"社会救助制度"。[①] 我国的生活救助制度主要包括城市和农村两个体系。在城市，主要是城市居民最低生活保障制度和城市乞讨人员救助（城市流浪乞讨人员收容遣送制度在2003年被废止，取而代之的是救助管理）。在农村地区，主要是农村五保供养制度、农村特困户救助以及农村居民最低生活保障制度。下面主要介绍一下城市居民最低生活保障制度、农村五保供养和农村居民最低生活保障制度。

（一）城市生活救助

城市居民最低生活保障制度是我国城市生活救助的主要制度安排，在我国救助体系中占据重要地位。

1. 城市居民最低生活保障制度的历史沿革

★ 20世纪五六十年代，在计划经济体制下，我国形成了传统的城市生活社会救助制

---

① 杨宜勇，吕学静. 当代中国社会保障[M]. 北京：中国劳动社会保障出版社，2005.

度。20世纪90年代，随着经济体制改革、社会结构的巨变，许多城市中贫困职工的基本生活难以得到保障，传统的城市生活救助制度也难以保障新增困难职工群众的基本生活，为了维护社会稳定，保障城市困难职工的基本生活，必须进行改革。1993年6月1日，上海市在经过充分的研究论证后，在全国率先建立城市居民最低生活保障制度，以此为契机拉开了建立我国城市居民最低生活保障制度的序幕。

★ 一般来说，城市居民最低生活保障制度的建立和发展完善大致可以分为试点、推广、普及、落实、提高和完善这六个阶段[①]。其发展历程如下。

一是试点时期（1993年6月至1995年5月）。城市居民最低生活保障制度的探索建立最先发轫于上海。上海作为改革开放的先锋最先感受到经济体制改革带来的压力，1993年6月1日，上海市政府部门发布《关于本市城镇居民最低生活保障线的通知》，标志着上海市城市居民最低生活保障制度的建立。随后在1994年5月召开的第十次全国民政会议上，民政部不仅认可了上海市建立最低生活保障制度的做法，而且立刻决定在东部沿海地区进行最低生活保障制度的建立试点工作。截至1995年上半年，包括上海、厦门、青岛、大连、福州、广州在内的6个东部沿海城市先后建立了城市居民最低生活保障制度。

二是推广时期（1995年5月至1997年8月）。1995年5月，民政部先后在厦门、青岛等地召开了全国城市最低生活保障线工作座谈会。在座谈会上，民政部进一步总结了这些地区的经验和做法，同时号召将这项试点向全国推广。到1995年年底，建立这项制度的城市包括上海、厦门、青岛、福州、大连、广州、沈阳、本溪、抚顺、丹东、海口、无锡12个城市。第二年年初召开的民政厅局长会议决定加大建立最低生活保障制度的推进力度。到1996年年底，有116个城市建立了最低生活保障制度。自此以后，掀开了制度建设的新序幕。到1997年5月底，我国三分之一的城市建立了最低生活保障制度。在1997年召开的第八届全国人大五次会议上，《关于国民经济和社会发展"九五"计划和2010年远景目标纲要的报告》中指出，"逐步建立城市居民最低生活保障制度，帮助城市贫困人口解决生活困难"。

三是普及时期（1997年8月至1999年10月）。1997年9月，国务院专门印发了《关于在各地建立城市居民最低生活保障制度的通知》。在不久后国务院举行的电视电话会议上，将建立最低生活保障制度作为一项任务向各省、自治区、直辖市做出部署。国务院要求到1999年年底以前，全国所有的城市以及县级政府所在的镇都要建立最低生活保障

---

① 钟仁耀. 社会救助与社会福利 [M]. 上海：上海财经大学出版社，2013.

制度。自此，最低生活保障制度的建设与发展进入了新阶段，这项制度的推进速度也明显加快。

四是落实时期（1999年10月至2001年6月）。1999年9月，国务院颁布了《城市居民最低生活保障条例》，并决定于10月1日开始正式实施。这个条例的颁布和实施，标志着我国城市居民最低生活保障制度走上了法制化的道路，也标志着制度建设取得了突破性的进展。在新中国成立50周年这个特殊时间节点实施这项制度意义重大，各地的最低生活保障标准均提高了30%。

五是提高时期（2001年6月至2003年）。2001年下半年，中央财政对最低生活保障制度的资金投入在2001年年初8亿元财政预算基础上，又新追加了15亿元，共计23亿元。省级财政下半年也在年初9亿元预算的基础上又增加了3亿多元，共计12亿元。[1] 在此之后，中央财政不断加大对保障资金的投入。在这个时期，全国低保制度的保障人口从2000年的403万人迅速增加到2003年的2 247万人，人数的不断增加表明我国应保尽保的保障目标的初步实现。

六是完善时期（2003年至今）。从2003年开始，城市低保进入了稳定以及完善时期。城市居民最低保障制度的建设和发展重点逐渐走向了配套措施和分类救助，由一开始的主要解决保障对象在医疗和住房等方面转向了对老人、儿童、残疾人等有特殊需要的家庭成员。这一时期中央和各级地方政府对最低保障制度加大了资金支持和投入，提供了强有力的资金保障。截至2016年年底，全国有城市低保对象855.3万户、1 480.2万人。全年各级财政共支出城市低保资金687.9亿元。2016年全国城市低保平均标准494.6元/人·月，比上年增长9.6%。全国有农村低保对象2 635.3万户、4 586.5万人。全年各级财政共支出农村低保资金1 014.5亿元。2016年全国农村低保平均标准3 744.0元/人·年，比上年增长17.8%。[2]

2. 城市居民最低生活保障制度的主要内容[3]

★ 保障对象。《城市居民最低生活保障条例》规定，"持有非农业户口的城市居民，凡共同生活的家庭成员人均收入低于当地城市居民最低生活保障标准的，均有从当地人民政府获得基本生活物质帮助的权利。"也就是说，享受城市居民最低生活保障待遇的条件有两个，一是持有非农业户口，二是共同生活家庭成员人均收入低于当地城市居民最

---

[1] 洪大用，王辉. 城市居民最低生活保障制度改革的进展（2002年社会蓝皮书）[M]. 北京：社会科学文献出版社，2002.
[2] 民政部. 2016年社会服务发展统计公报.
[3] 根据《城市居民最低生活保障条例》整理。

低生活保障标准。具体来看，主要可以分成两类人群。一类是无生活来源和无劳动能力又无法定赡养人、扶养人或者抚养人的城市居民，即通常所说的"三无"人员，属于传统意义上的救助对象。另一类是尚有一定收入的城市居民，包括领取失业保险金期间或期满仍未能重新就业，家庭人均收入低于所在地最低生活保障标准的居民；在职人员和下岗人员在领取工资或最低工资、基本生活费以及退休人员领取退休金后，其家庭人均收入仍低于最低生活保障标准的居民。这类人员都有一定的收入来源，但因收入较低或者家庭赡养或抚养系数较高而负担较重，他们是市场经济条件下新增的保障对象。①

★ 保障标准。首先，城市居民最低生活保障制度遵循保障城市居民基本生活的原则，坚持国家保障与社会帮扶相结合、鼓励劳动自救的方针。其次，城市居民最低生活保障标准，按照当地维持城市居民基本生活所必需的衣、食、住费用，并适当考虑水电燃煤（燃气）费用以及未成年人的义务教育费用确定。县级人民政府民政部门经审查，对符合享受城市居民最低生活保障待遇条件的家庭，应当区分不同情况批准其享受城市居民最低生活保障待遇。对既无生活来源和无劳动能力又无法定赡养人、扶养人或者抚养人的城市居民，批准其按照当地城市居民最低生活保障标准全额享受；对尚有一定收入的城市居民，批准其按照家庭人均收入低于当地城市居民最低生活保障标准的差额享受。最后，由于我国情况比较复杂，幅员辽阔，各地的实际情况各不相同，所以民政部规定：直辖市、设区的市的城市居民最低生活保障标准由市人民政府民政部门会同财政、统计、物价等部门制定，报本级人民政府批准并公布执行；县（县级市）的城市居民最低生活保障标准由县（县级市）人民政府民政部门会同财政、统计、物价等部门制定，报本级人民政府批准并报上一级人民政府备案后公布执行。我国各地区一般采用"市场菜篮子法"来确定待遇标准。

★ 资金来源。城市居民最低生活保障所需资金由地方人民政府列入财政预算，纳入社会救济专项资金支出项目，专项管理，专款专用。国家鼓励社会组织和个人为城市居民最低生活保障提供捐赠、资助；所提供的捐赠资助全部纳入当地城市居民最低生活保障资金。

★ 待遇的领取程序。申请享受城市居民最低生活保障待遇，由户主向户籍所在地的街道办事处或者镇人民政府提出书面申请，并出具有关证明材料，填写《城市居民最低生活保障待遇审批表》，由其所在的街道办事处或者镇人民政府初审，并将有关材料和初审意见报送县级人民政府民政部门审批。管理审批机关为审批城市居民最低生活保障待

---

① 王卫平. 社会救助学 [M]. 北京：群言出版社，2007.

遇的需要，可以通过入户调查、邻里访问以及信函索证等方式对申请人的家庭经济状况和实际生活水平进行调查核实。申请人及有关单位、组织或者个人应当接受调查，如实提供有关情况。一般来说，需要救助的人员必须自己申请和接受家庭经济情况的调查。对经批准享受城市居民最低生活保障待遇的城市居民，由管理审批机关采取适当形式以户为单位予以公布，接受群众监督。对不符合法定条件而享受城市居民最低生活保障待遇的，任何人都有权向管理审批机关提出意见，管理审批机关经核查，对情况属实的，应当予以纠正。

（二）农村生活救助

1. 农村五保制度

（1）农村五保制度的历史沿革。

★ 最早提出农村五保供养制度的两个法规性文件是《农业四十条》和《高级农业生产合作社示范章程》。1956 年 1 月，中央发布了《农业四十条》草案，并于 1960 年 4 月 10 日第二届全国人大第二次会议上通过。

★《农业四十条》第三十条规定，"农业生产合作社对社内缺乏劳动力、生活没有依靠的鳏寡孤独的社员，应当统一筹划，指定生产队或者生产小组在生产上给予适当的安排，使他们能够参与力能胜任的劳动；在生活上给予适当的照顾，做到保吃、保穿、保烧（燃料）、保教（儿童和少年）、保葬，使他们的生养死葬都有依靠。" 1956 年 6 月 30 日第一届全国人大第三次会议上通过的《高级农业生产合作社示范章程》规定，"农业生产合作社对于缺乏劳动力或者完全丧失劳动力、生活没有依靠的老、弱、孤、寡、残疾社员，在生产上和生活上给予适当安排和照顾，保证他们的吃、穿和柴火的供应，保证年幼的受到教育和年老的死后安葬，使他们生养死葬都有依靠。"这两个文件的颁发，标志着具有中国特色的农村五保制度得到初步建立。

★ 在这之后，随着我国经济社会的不断发展和变化，农村五保制度的形式、办法和内容也在不断地发展变化。内容上由"保吃、保穿、保烧、保葬和保教（儿童和少年）"转变为"保吃、保穿、保住、保医、保葬（未成年人保教）"等几个方面。在资金来源方面，1994 年国务院颁布《农村五保供养工作条例》中规定，五保制度的经费和实物由农村集体经济组织提供，也就是从村提留和乡统筹中支付。随着农村税费改革的不断推进与完善，我国取消了农村的村提留和乡统筹，为了适应政策的发展变化，2003 年国务院又颁发了《农村五保供养工作条例（修订草案）》，规定农村五保制度的资金由地方政府负责，地方财政困难的地区，中央会给予一定的补助。这一规定使农村五保供养制度实现了向现代社会保障制度的转型。国家统计局数据显示，到2016年年底，全国农村供养五保人数为496.9万人，基本实现了"应保尽保"。

（2）农村五保制度的主要内容①。

现行的农村五保供养制度主要依据2006年国务院颁布的《农村五保供养工作条例》，对供养对象、内容、形式以及财产处理和监督管理都做出了明确规定。

★ 供养对象。《农村五保供养工作条例》规定，老年、残疾或者未满16周岁的村民，无劳动能力和无生活来源又无法定赡养、抚养、扶养义务人，或者其法定赡养、抚养、扶养义务人无赡养、抚养、扶养能力的，享受农村五保供养待遇。同时还指出，五保待遇并不是终身享受。《农村五保供养工作条例》还规定，农村五保供养对象不再符合本条例规定条件的，村民委员会或者敬老院等农村五保供养服务机构（以下简称农村五保供养服务机构）应当向乡、民族乡、镇人民政府报告，由乡、民族乡、镇人民政府审核并报县级人民政府民政部门核准后，核销其《农村五保供养证书》。

★ 供养内容。《农村五保供养工作条例》规定，农村五保供养包括下列供养内容：（1）供给粮油、副食品和生活用燃料；（2）供给服装、被褥等生活用品和零用钱；（3）提供符合基本居住条件的住房；（4）提供疾病治疗，对生活不能自理的给予照料；（5）办理丧葬事宜。此外，对于满16周岁或者已满16周岁仍在接受义务教育的，应当保障他们依法接受义务教育所需费用。农村五保供养对象的疾病治疗，应当与当地农村合作医疗和农村医疗救助制度相衔接。可见，农村五保制度对保障对象进行了全面的保障。

★ 供养形式。《农村五保供养工作条例》规定，农村五保供养对象可以在当地的农村五保供养服务机构集中供养，也可以在家分散供养。农村五保供养对象可以自行选择供养形式。集中供养（指的是五保对象集中在敬老院供养）的农村五保供养对象，由农村五保供养服务机构提供供养服务；分散供养（指的是由亲属或邻居等在家供养）的农村五保供养对象，可以由村民委员会提供照料，也可以由农村五保供养服务机构提供有关供养服务。

★ 资金的来源和供养标准。《农村五保供养工作条例》规定，农村五保供养资金在地方人民政府财政预算中安排。有农村集体经营等收入的地方，可以从农村集体经营等收入中安排资金，用于补助和改善农村五保供养对象的生活。农村五保供养对象将承包土地交由他人代耕的，收益归该农村五保供养对象所有。中央财政对财政困难地区的农村五保供养在资金上给予适当补助。农村五保供养标准不得低于当地村民的平均生活水

---

① 根据2006年《农村五保供养工作条例》整理。

平，并根据当地村民平均生活水平的提高适时调整。农村五保供养标准可以由省、自治区、直辖市人民政府制定，在本行政区域内公布执行，也可以由设区的市级或者县级人民政府制定，报所在的省、自治区、直辖市人民政府备案后公布执行。可以看出，中央也是给予地方政府充分的自主权。

2. 农村最低生活保障制度

（1）农村最低生活保障制度的历史沿革。

与城市最低生活保障制度相比，农村最低生活保障制度起步较晚，最初都处于试点和探索阶段。1992年，这项制度最先在山西省左云县开始试点。1994年，民政部在上海的3个区和山西省的阳泉县开展了建立农村最低生活保障制度的试点工作。值得注意的是，在山西省阳泉县政府下发的实施文件中就包括了建立农村最低生活保障制度的初步想法。同年国务院召开的第十次全国民政会议指出，到20世纪末，"在农村初步建立与经济发展水平相适应的层次不同、标准有别的社会保障制度"，并且确定了山西、山东、浙江、河北、湖南、河南、广东等省份为开展农村社会保障体系建设的首批试点名单。经过两年的试点工作，民政部1996年在总结相关地区的试点经验后，正式制定了《农村社会保障体系建设指导方案》，确定了在山东的烟台、河北的平泉、四川的彭州以及甘肃的永昌这四个地区开展试点工作。同年年底，开展试点工作的县、市扩大到了256个。只不过受传统农村集体福利思维定式的束缚和农村税费改革的影响，此项制度一直进展缓慢。①

2003年，考虑到城市最低生活保障制度取得重大进展的基础上和农村最低生活保障制度的缺点，民政部决定进一步调整和完善农村最低生活保障的相关政策。同年4月，民政部要求中西部没有条件的地区不再实行最低生活保障制度，只在一些沿海发达地区和大城市的郊区实行最低生活保障制度。此外，在全面摸清农村特困户户数的基础上，决定建立农村特困户救助制度，这为实现"全民低保"的目标奠定了基础。2004年中央一号文件指出，"有条件的地方，要探索建立农村最低生活保障制度"；2005年中央一号文件也指出，"有条件的地方，要积极探索建立农村最低生活保障制度"。

在各项条件和认识成熟的基础上，2007年6月，国务院专门召开了全国建立农村最低生活保障制度的工作会议。会议的主要内容就是研究部署有关农村最低生活保障的一系列内容。会议强调，各级政府和有关部门要充分认识建立这项制度的重大意义，准确把握这项工作的目标原则和关键环节，逐步将符合条件的农村贫困人口全部纳入保障范

---

① 胡务. 社会救助概论［M］. 北京：北京大学出版社，2010.

围，切实把这项利民惠民的德政办好办实。同年7月，国务院发布了《关于在全国建立农村最低生活保障制度的通知》，要求尽快落实解决农村贫困人口生活困难的行动，同时决定当年在全国建立农村社会保障制度。从此，我国农村的最低生活保障制度正式建立。

2010年民政部颁布《关于进一步规范农村最低生活保障工作的指导意见》，进一步规范了农村最低生活保障制度。2016年国务院办公厅转发了《关于做好农村最低生活保障制度与扶贫开发政策有效衔接的指导意见》，农村最低生活保障制度与我国扶贫开发紧密结合，进入了新的发展时期。

（2）农村最低生活保障制度的基本内容①。

★ 农村最低生活保障制度的目标。建立农村最低生活保障制度的目标是通过在全国范围建立农村最低生活保障制度，将符合条件的农村贫困人口全部纳入保障范围，稳定、持久、有效地解决全国农村贫困人口的温饱问题。

★ 农村最低生活保障标准和对象范围。农村最低生活保障标准由县级以上地方人民政府按照能够维持当地农村居民全年基本生活所必需的吃饭、穿衣、用水、用电等费用确定，并报上一级地方人民政府备案后公布执行。农村最低生活保障标准要随着当地生活必需品价格变化和人民生活水平提高适时进行调整。

农村最低生活保障对象是家庭年人均纯收入低于当地最低生活保障标准的农村居民，主要是因病残、年老体弱、丧失劳动能力以及生存条件恶劣等原因造成生活常年困难的农村居民。

★ 农村最低生活保障管理。农村最低生活保障的管理既要严格规范，又要从农村实际出发，采取简便易行的方法。

申请、审核和审批。申请农村最低生活保障，一般由户主本人向户籍所在地的乡（镇）人民政府提出申请；村民委员会受乡（镇）人民政府委托，也可受理申请。受乡（镇）人民政府委托，在村党组织的领导下，村民委员会对申请人开展家庭经济状况调查、组织村民会议或村民代表会议民主评议后提出初步意见，报乡（镇）人民政府；乡（镇）人民政府审核后，报县级人民政府民政部门审批。乡（镇）人民政府和县级人民政府民政部门要核查申请人的家庭收入，了解其家庭财产、劳动力状况和实际生活水平，并结合村民民主评议，提出审核、审批意见。在核算申请人家庭收入时，申请人家庭按国家规定所获得的优待抚恤金、计划生育奖励与扶助金以及教育、见义勇为等方面的奖

---

① 根据2007年国务院发布的《关于在全国建立农村最低生活保障制度的通知》整理。

励性补助，一般不计入家庭收入，具体核算办法由地方人民政府确定。

民主公示。村民委员会、乡（镇）人民政府以及县级人民政府民政部门要及时向社会公布有关信息，接受群众监督。公示的内容重点为：最低生活保障对象的申请情况和对最低生活保障对象的民主评议意见，审核、审批意见，实际补助水平等情况。对公示没有异议的，要按程序及时落实申请人的最低生活保障待遇；对公示有异议的，要进行调查核实，认真处理。

资金发放。最低生活保障金原则上按照申请人家庭年人均纯收入与保障标准的差额发放，也可以在核查申请人家庭收入的基础上，按照其家庭的困难程度和类别分档发放。要加快推行国库集中支付方式，通过代理金融机构直接、及时地将最低生活保障金支付到最低生活保障对象账户。

动态管理。乡（镇）人民政府和县级人民政府民政部门要采取多种形式，定期或不定期调查了解农村困难群众的生活状况，及时将符合条件的困难群众纳入保障范围；并根据其家庭经济状况的变化，及时按程序办理停发、减发或增发最低生活保障金的手续。保障对象和补助水平变动情况都要及时向社会公示。

★农村最低生活保障资金。农村最低生活保障资金的筹集以地方为主，地方各级人民政府要将农村最低生活保障资金列入财政预算，省级人民政府要加大投入。地方各级人民政府民政部门要根据保障对象人数等提出资金需求，经同级财政部门审核后列入预算。中央财政对财政困难地区给予适当补助。

地方各级人民政府及其相关部门要统筹考虑农村各项社会救助制度，合理安排农村最低生活保障资金，提高资金使用效益。同时，鼓励和引导社会力量为农村最低生活保障提供捐赠和资助。农村最低生活保障资金实行专项管理，专账核算，专款专用，严禁挤占挪用。

第二节　教育救助制度

教育是社会文明得以持续的重要手段，也是一个国家文明发展水平的重要体现，每个公民平等地接受教育是公民基本人权的重要体现。[1] 发展教育事业是每个国家的基本国策，以保持本国在竞争中的地位。

---

[1] 赵晓江. 教育财政与经济增长［M］. 北京：高等教育出版社，2014.

一、世界教育救助制度

教育救助有狭义与广义之分。狭义的教育救助,是指政府与社会依法对贫困家庭子女受教育费用通过资助、奖励、减免、提供勤工助学机会、助学贷款等形式实施的扶助。[①] 广义的教育救助,既包含狭义的教育救助,又涵盖对贫困地区、贫困学校给予的资金或实物资助。

(一)世界教育救助制度发展历程

教育是一个时代文明程度的象征,也是一个国家兴衰的标志。世界教育救助制度的发展可根据历史阶段划分为封建时代及其以前、文艺复兴时代、近代工业革命阶段、现代信息化阶段。

封建时代及其以前,极少数统治阶级统治着大部分贫苦群众。接受教育被统治阶级视为贵族的特殊权利,认为只有贵族才有权利接受知识的洗礼。

文艺复兴时代,萌芽状态下的新兴资产阶级将"公共教育"思想带入人们观念之中。新兴资产阶级在与传统中世纪宗教对抗中,认为要传承神与人相结合的宗教思想,必须推行"人人接受教育"的政策,人人接受教育是得以继续统治的基本政策。以德意志为核心的中欧地区在这种新兴资产阶级思想的影响下,率先开始实施具有公共教育特征的义务教育。但是,此阶段义务教育并不是国家免费教育,而是所有必须接受义务教育的未成年人自费接受教育。因此,家庭经济困难的未成年人在接受教育的同时也要承担支出提高所带来的生活困境,对贫困家庭实施教育救助就成为当时教会和行政当局的政府职责。这是人类历史上最早的教育救助雏形。[②]

近代工业革命阶段,工业革命爆发带来大量新型工厂设备,打破传统手工业时代。新型工厂在产出量突飞猛进的同时急需大量具有一定知识储备的工人或技术人员,各国迅速认识到国家教育事业的发展对国家经济持续增长具有不可小觑的作用。各国在发展教育的同时照顾困难家庭的未成年人教育问题,逐步出台相关教育资助政策文件。此阶段教育救助得到迅速推广。

现代信息化阶段,公共教育几乎成为各国政策落实的重点,义务教育对国家的重要性在各国之间达成共识。为了让更多的人接受教育,将教育机会平等注入义务教育甚至高等教育之中,各国出台教育相关法律,包括对贫困家庭未成年人的教育救助也纳入法

[①] 乔东平,邹文开. 社会救助理论与实务[M]. 天津:天津大学出版社,2011.
[②] 杨昌江. 贫困生与教育救助研究[M]. 长沙:湖南教育出版社,2008.

律范围,通过法律形式切实保护贫困生的受教育权利。

(二)世界教育救助制度介绍

世界教育救助可按典型国家为代表进行分类。以日本为代表的国家,通过教育救助立法规定政府在教科书、膳食供应等方面提供资助;以美国、英国为代表,通过设立专项家庭津贴解决经济特殊困难家庭未成年人教育问题;以德国为代表,教育救助纳入《联邦社会救助法》中的特殊辅助措施计划;以泰国为代表的第三世界国家,通过国家政府全面负担贫困学生接受教育费用,扩大义务教育覆盖面,让贫困学生享受免费学费、生活杂费等。[①]

下面选取福利国家体制国家——英国、自由主义福利体制国家——美国、保守主义福利体制国家——日本进行简要介绍。

英国的教育救助。英国实施11年义务教育,全部适龄学生必须接受小学和初中基础教育。无论家境富裕还是经济特殊困难的学生都享受免学费、免杂费、免住宿费,政府还为义务教育阶段经济困难的学生提供生活补助等。高等教育阶段英国实施弹性收费制度,结合学费贷款、生活贷款两种贷款类型,为家庭经济困难的学生提供教育机会。

美国的教育救助。美国实施12年小学、初中、高中义务教育,义务教育阶段学生无须承担任何学杂费等,由联邦政府、州政府、地方学区政府共同承担义务教育所产生的教育费用,并对贫困家庭学生给予经济资助。美国高等教育呈现"高收费、高资助"特点,救助方式包括奖学金、助学金、工读计划、助学贷款。[②]

日本的教育救助。日本实施9年小学、初中义务教育,义务教育阶段学生无须承担任何学费、杂费、书本费等,由中央政府和地方政府共同承担义务教育阶段所有费用,并建立家庭经济困难学生补助费制度。日本高等教育阶段以助学贷款为主,奖学金、助学金、勤工助学、学费减免等制度辅之。

(三)世界教育救助制度未来挑战

首先,世界教育救助事业发展不平衡。教育救助发展不平衡主要体现在两个方面,一方面是中央政府下拨救助资金有限,另一方面是城市与农村之间的教育发展不平衡。

[①] 杨昌江. 贫困生与教育救助研究 [M]. 长沙:湖南教育出版社,2008.
[②] 吴鹏森,戴卫东. 社会救助新编 [M]. 上海:复旦大学出版社,2015.

其次,贫困家庭教育负担仍然较重。贫困家庭所享受的教育救助资金起到了缓解家庭经济压力的作用,但教育救助资金并不能完全解决贫困家庭未成年子女的受教育费用。各国政府对教育救助的财政预算拨款份额有待进一步提升,以彻底解决贫困家庭未成年子女的教育问题。

最后,非义务教育阶段救助效果减弱。高等教育阶段教育救助覆盖面大大缩小,小于贫困学生占全部学生总数的比例,迫使没有获得助学金的学生放弃学业。且高等教育阶段的教育救助为控制人数比例大多设置严格的领取资格条件,只有品学兼优等各方面条件都达到要求的学生才能获得,而这些成绩优异的学生又不全是贫困家庭学生,在某种程度上造成教育救助资金的浪费。

二、中国教育救助制度

(一)中国教育救助制度历史沿革

自新中国成立至今,中国政府就高度重视国民素质教育。

1952年,政务院颁布《关于调整全国高等学校及中等学校学生人民助学金的通知》,建立人民助学金的教育救助制度,成为经济困难学生顺利完成学业的重要经济依靠。人民助学金包括伙食补助费、生活用品补助费、学习补助费等多个补助项目。

1966—1976年"文化大革命"期间,中国教育系统几近崩溃,教育救助工作也停滞不前,没有重要性举措。

1985年,国务院通过《国务院批转国家教育委员会、财政部关于改革现行普通高等学校人民助学金制度报告的通知》,废除人民助学金,增加国家奖学金覆盖面并提高奖学金额度,建立学生贷学金。

1986年,全国人民代表大会通过《中华人民共和国义务教育法》,第十条规定,"国家对接受义务教育的学生免收学费",标志着中国进入义务教育阶段。

1993年,教育部、财政部联合发出《关于对高等学校生活特别困难学生进行资助的通知》,之后两年相继通过勤工助学相关通知,最终确立以奖学金为主,困难补助、贷学金、勤工助学为辅的高等学校教育救助制度。

1995年,国家教育委员会通过的《关于对普通高等学校经济困难学生减免学杂费有关事项的通知》规定,对家庭经济特殊困难的学生减免学杂费,避免家庭经济状况不佳的学生因经济因素放弃接受高等教育。

1998年,国家颁布《中华人民共和国高等教育法》,第五十四条规定,"家庭经济困难的学生，可以申请补助或者减免学费"；第五十五条规定，"国家设立高等学校学生勤工助学基金和贷学金，并鼓励高等学校、企业事业组织、社会团体以及其他社会组织和个人设立各种形式的助学金，对家庭经济困难的学生提供帮助"。

2001年，国务院发布《关于基础教育改革与发展的决定》，首次提出"两免一补"政策，为农村贫困家庭及城市低保家庭未成年人免除义务教育阶段的教科书费用及杂费，同时补助寄宿生生活费。

2004年，民政部、教育部发布《关于进一步做好城乡特殊困难未成年人教育救助工作的通知》，明确规定教育救助对象、救助范围、救助内容、救助形式以及救助资源等问题，标志着小学与中学阶段的教育救助工作制度化。

2005年，国务院发布《关于深化农村义务教育经费保障机制改革的通知》，将"两免"的救助面从农村贫困家庭及城市低保家庭学生扩宽至全部农村义务教育阶段的学生，同时，对贫困家庭学生提供生活和学习补助。2006年，财政部联合教育部发布《关于完善中等职业教育贫困家庭学生资助体系的若干意见》，要求各地政府不断探索政策方案，逐步满足城乡贫困家庭学生中等职业教育阶段的学习生活需要。

2007年，国务院发布《关于建立健全普通本科高校 高等职业学校和中等职业学校家庭经济困难学生资助政策体系的意见》，完善全国普通本科、高等职业、中等职业学校家庭经济特殊困难学生的资金资助结构体系。同年，国务院办公厅转发《关于〈教育部直属师范大学师范生免费教育实施办法（试行）〉的通知》规定，北京师范大学、东北师范大学、华东师范大学、华中师范大学、陕西师范大学和西南大学六所大学从2007年秋季入学的新生起，免收学费、住宿费等费用，并提供一定的生活补助费用。

2008年，国务院发布《关于做好免除城市义务教育阶段学生学杂费工作的通知》，将"两免"的救助面扩宽至城市义务教育阶段的学生，同时对持有最低生活保障证家庭的学生提供生活补助。

2010年，财政部、教育部发布《关于建立普通高中家庭经济困难学生国家资助制度的意见》，解决部分高中学生家庭经济困难的求学难问题。

2011年，财政部、教育部发布《关于建立学前教育资助制度的意见》，规定学前教育资助制度的原则、标准等事务性问题，切实解决困难家庭儿童的学前教育问题。

2014年，《社会救助暂行办法》中"教育救助"一章对义务教育阶段、高等教育阶段等不同的教育阶段分别实施不同的教育救助方案，确保国民从小学到大学不会因家庭经济困难而放弃接受教育的机会。

2015年9月，财政部、教育部制定了《改善普通高中学校办学条件补助资金管理办法》，规定由中央财政设立、通过一般公共预算安排、用于改善贫困地区普通高中学校基本办学条件的资金。

至2016年12月，中国一直遵循科教兴国和人才强国战略，在教育科技领域取得突出成就，各类教育救助措施已经实现了覆盖全民的政策目标，保障了救助对象的基本生活学习需求。

2017年1月，教育部办公厅颁布《关于进一步加强和规范高校家庭经济困难学生认定工作的通知》，精准认定家庭经济困难的学生，并给予充足的教育援助，帮助经济困难的学生继续接受教育。

2019年3月29日，教育部办公厅发布《关于做好2019年重点高校招收农村和贫困地区学生工作的通知》，国家专项计划定向招收贫困地区学生，地方专项计划定向招收各省（区、市）实施区域的农村学生，高校专项计划定向招收边远、贫困、民族等地区县（含县级市）以下高中勤奋好学、成绩优良的农村学生。

2019年7月，教育部表示我国将首次针对特别优秀的中等职业学校全日制（含技工学校）在校生，设立中等职业教育国家奖学金，奖励标准为6 000元/人，每年奖励2万名学生。

（二）中国教育救助制度特点

1. 教育救助对象特殊性

中国教育救助的对象一般是城乡家庭经济特殊困难的未成年人。区别于医疗救助等其他社会救助项目，教育救助的救助对象必须同时满足城乡家庭经济困难与仍处于接受教育的年龄两个条件，才能根据国家相关教育政策享受对应的教育优惠政策。

2. 教育救助资金来源多元性

目前，大部分中国高校都已形成政府设立的各项奖（助）学金与企业设立的各项奖（助）学金相结合的多元救助方式，通过多种渠道为经济困难的学生提供教育救助的机会。以高等教育为例，2018年，接受各项高校助学资助的学生人数为4 388万，总资助金额为1 150亿元。其中，财政资金达530亿元，占高校资助资金总额的46.1%；从事业收入中提取并支出的资助资金279亿元，占高校资助资金总额的24.2%；银行发放国家助学贷款，社会团体、企事业单位及个人捐助资助资金341亿元，占高校资助资金总额的

29.7%。[①]

3. 教育救助制度多样性

按照教育阶段可将教育救助分为学前（略）、义务、高中和中等职业教育阶段、高等教育阶段教育救助。

义务教育阶段教育救助又包括小学教育和中学教育两个阶段，该阶段内不同的教育救助对象享受"两免一补"还是免费教育取决于其家庭的贫困程度。

高中和中等职业教育阶段教育救助包括国家奖（助）学金、校内奖（助）学金、学费减免、特殊困难补助、社会捐资助学等。

高等教育阶段的教育救助包括国家奖（助）学金、国家励志奖学金、国家助学贷款、勤工助学等多项措施。

由此可见，中国教育救助制度不仅因受教育阶段不同而有所区别，同一受教育阶段的教育救助也由多种不同的救助项目构成。多样化的教育救助项目有利于家庭经济特殊困难的学生根据自身情况选择最适合的救助方式。[②]

（三）中国教育救助制度内容

不同教育阶段所需要达到的教育目的不同，学生受教育需求程度也随之变化，国家根据不同阶段教育特征，制定不同的救助对象、救助内容、救助形式、救助资金等内容。

1. 学前教育阶段教育救助

学前教育是指幼师或家长对3~7周岁的儿童采取各种方式方法，有科学有计划地刺激儿童大脑，使大脑各部分功能逐渐完善的过程。学前教育对提升儿童后天智力具有重要作用。2011年9月5日，政府发布《关于建立学前教育资助制度的意见》，切实解决困难家庭儿童的学前教育问题。

2017年，学前教育公共服务体系建成，资源布局趋于合理，学前教育资助体制逐渐完善，中央带动社会力量参与学前教育救助资助效果显著，学前教育得以迅速发展。

2. 义务教育阶段教育救助

中国义务教育阶段包括小学教育和中学教育两个阶段。2004年，教育部发布《关于进一步做好城乡特殊困难未成年人教育救助工作的通知》，标志着小学与中学阶段的教育救助工作制度化，其具体内容如下。

★ 教育救助对象。第一，农村五保供养的未成年人；第二，城市"三无"人员的未

[①] 教育部财务司. 努力做好新时代学生资助工作.
[②] 袁贵仁. 完善家庭经济困难学生资助体系 [M]. 北京：人民教育出版社，2012.

成年人,"三无"人员即无生活来源、无劳动能力、无法定抚养义务人或虽有法定抚养义务人但法定抚养义务人无抚养能力;第三,城乡最低生活保障救助家庭与农村特困户家庭的未成年子女(需合法持有城乡最低生活保障证与农村特困户救助证);第四,当地政府规定其他需要教育救助的未成年人。

2019年4月,教育部调整义务教育阶段学生生活补助政策,规定从2019年秋季学期起,将义务教育阶段建档立卡学生、非建档立卡的家庭经济困难残疾学生、农村低保家庭学生、农村特困救助供养学生这四类家庭经济困难的非寄宿生纳入教育救助范围。

★ 教育救助内容。不同的教育救助对象享受不同的教育救助政策。农村五保供养的未成年人及城市"三无"人员的未成年人,享受中小学免费教育。持有城乡最低生活保障证和农村特困户救助证家庭的子女,享受中小学教育的"两免一补"(免杂费、免书本费、补助寄宿生活费)政策。

★ 教育救助实施程序。由教育救助对象或其监护人提出申请,村委会(社区居委会)调查核实,乡镇政府、城市街道办事处审核,县级民政部门复核、审批。

★ 教育救助资源。各地教育行政部门在做好充足财政预算的同时,应该充分发挥社会力量,积极挖掘民间资源,为义务教育阶段教育救助注入充足动力。最终实现以政府牵头的"教育对口帮扶""春蕾计划""希望工程"等教育援助与社会捐助等社会力量相结合的教育救助,为城乡特殊困难未成年人点燃求知之火。

3. 高中和中等职业教育阶段教育救助

根据教育阶段受教育对象不同、教学目标不同、教授方式不同、学校培养经费投入不同等多方面因素,分为高中教育救助与中等职业教育救助。

(1)高中教育救助。

2004年,民政部、教育部发布的《关于进一步做好城乡特殊困难未成年人教育救助工作的通知》规定,对城乡特殊困难家庭未成年人中持有城乡最低生活保障证和农村特困户救助证家庭的子女,在高中教育阶段提供必要的生活和学习补助。2010年,财政部、教育部发布《关于建立普通高中家庭经济困难学生国家资助制度的意见》,规定高中教育救助的内容主要包括国家助学金、校内奖(助)学金、学费减免、特殊困难补助、社会捐资助学等。

2015年,中等职业学校和普通高中国家助学金平均标准由1 500元提升至2 000元,教育救助具体标准由各地结合本地实际确定在1 000~3 000元之间,可分为2~3个国家助学金档次。

学费减免制度是指普通高中要从事业收入中提取一定比例的经费,用于减免学费、设立校内奖（助）学金和特殊困难补助等。

社会捐资助学是指要积极引导社会力量，鼓励优质企业或社会团体、个人与普通高中洽谈，设立社会力量的奖学金、助学金。

（2）中等职业教育救助。

2006年，财政部、教育部发布《中等职业教育国家助学金管理暂行办法》，标志着中等职业教育阶段教育救助制度正式建立。暂行办法规定，中等职业教育救助以国家助学金为主，以校内奖学金和学费减免、顶岗实习等为辅的资助政策体系。

> 《中等职业教育国家助学金管理暂行办法》规定，国家助学金的资助对象是具有中等职业学校全日制正式学籍的在校一、二年级所有农村户籍的学生和县镇非农户口的学生以及城市家庭经济困难学生。资金来源由中央和地方政府共同承担。2019年，教育部将2 000元/人·年的资助标准修改为"各地结合实际，在1 000~3 000元范围内分档发放"，主要资助学生的生活费开支。

4. 高等教育阶段教育救助

目前，中国高等教育阶段的教育救助包括国家助学金、国家奖学金、国家励志奖学金、国家助学贷款、师范生免费教育、勤工助学等多项措施，多措并举推动中国教育事业蓬勃发展。

★ 国家助学金是指由中央和地方政府共同出资，对全日制普通本、专科（含高职、第二学士学位）在校学生中家庭经济困难的学生提供经济资助，平均资助标准为2 000元/人·年。地方政府根据当地经济实力在每人每年1 000~3 000元之间分2~3档确定，分10个月按月发放给家庭经济困难的学生。国家助学金的资助面大约占全国普通本科高校和高等职业学校在校生总数的20%。2019年春季学期起，教育部将高职院校国家助学金覆盖面提高10%，最终达到30%的覆盖率，平均补助标准从每生每年3 000元提高到3 300元。

★ 国家奖学金是指由中央政府单独出资为特别优秀的学生设立，资助标准为每人每年8 000元，全日制普通本、专科（含高职、第二学士学位）的在校二年级以上学生（包括家庭经济特殊困难的学生）均可以申请，激励表现优异的学生更出色地完成学业。从2019年起，教育部把国家奖学金奖励名额由5万名增加到6万名，增加的1万个奖励名额全部用于奖励特别优秀的全日制高职院校学生。

★ 国家励志奖学金是指由中央和地方政府共同出资，对全日制普通本、专科（含高职、第二学士学位）中家庭经济困难且成绩优异的二年级及以上在校学生提供资金援助，资助标准为每人每年 5 000 元。国家励志奖学金的资助面约占全国普通本、专科高校和高等职业学校在校生总数的3%。

★ 国家助学贷款是指由政府主导、财政贴息、财政和高校共同给予银行一定风险补偿金，银行、教育行政部门与高校共同操作的、帮助高校家庭经济困难学生支付在校学习期间所需的费用。① 国家助学贷款分为生源地信用助学贷款和校园地国家助学贷款。

★ 师范生免费教育主要针对北京师范大学、东北师范大学、华东师范大学、华中师范大学、陕西师范大学和西南大学六所大学自2007年秋季起入学的新生，予以免收学费、住宿费等费用，并提供一定的生活补助费用。

★ 勤工助学是指在学校的组织下学生利用课余时间参与劳动并取得合法报酬，以改善自身学习和生活条件。勤工助学只是学校帮助学生解决经济生活的一种渠道，学生不能本末倒置因勤工助学影响学业成绩。

（四）中国教育救助制度未来发展趋势

1. 确立教育救助专项立法

到目前为止，中国教育救助尚未形成统一的立法，现行各项教育救助政策多见于其他法律、部门规章以及地方性规章制度。其中，部门规章和地方性规章制度发挥着主要作用，其他相关政策在不违背部门规章和地方性规章制度的前提下起补充作用。但是，由于部门规章和地方性规章制度带有强烈的地方性与行政性特征，缺乏法律所具备的权威性与约束性，当家庭经济困难的学生教育救助权利得不到满足或受到侵犯时，无法通过法律武器捍卫自身受教育的权利。通过确立教育救助专项立法，将教育救助主体各项责任等相关内容以法律的形式确定下来，可以形成稳定的教育救助制度，公民有权行使给付请求权，防止现在仅停留在政策和措施实施层面的教育救助发生改变而影响国民享受教育救助权利。只有确立教育救助专项立法，才能确保中国教育救助沿法制轨道规范化运转，明确规定国家在教育救助中的权利与义务，真正做到依法救助。②

2. 加大国家财政支持力度

国家要继续把教育救助作为教育事业的重点，采取有效措施提高当期政府财政预算中教育经费所占比重。教育不仅是培养人才的基础，也是发展科学技术的前提，具有先导性作用和全局性作用。人力资源是我国经济社会发展的第一资源，教育是开发人力资

---

① 乔东平，邹文开. 社会救助理论与实务［M］. 天津：天津大学出版社，2011.
② 俞德鹏. 社会救助专项立法研究［M］. 北京：中国社会科学出版社，2014.

源的主要途径。① 未来几年，中国将继续加大对教育救助的支持力度、扩大救助覆盖面、提高救助标准、丰富救助内容等，对学前教育阶段、义务教育阶段、高中和中等职业教育阶段、高等教育阶段的教育救助注入更多助学资源。②

3. 加强贫困生心理辅导与咨询

目前，国家对家庭经济困难的学生群体大多以提供物质救助为主，往往忽视贫困学生的心理辅导与咨询。有些家庭经济困难的学生可能会因为接受国家教育救助而产生心理方面的问题，影响其正常学习生活甚至危及生命。因此，国家有必要重视贫困生的心理辅导和咨询，及时排解贫困生心中的困惑，在解决贫困生物质问题的同时，关注其心理健康发展。

第三节 医疗救助制度

医疗救助有广义和狭义之分，广义的医疗救助包括所有医疗帮助和支持行为，外延极其广泛，既包括政府主导的医疗救助，也包括第三方组织、个人的医疗救助；既包括对火灾、海啸、地震等灾害医疗救助，也包括贫困医疗救助；既包括国家之间的国际医疗救助，也包括国家对本土国民的医疗救助；既包括基本医疗救助，也包括大病医疗救助。本文所指的医疗救助是狭义的医疗救助，指以政府为实施主体，以城镇及农村贫困人口为救助对象，政府通过提供财政、政策以及技术上的支持，为保障对象提供免费或低费的医疗服务，以达到改善贫困人口健康状况的目的。

一、世界医疗救助制度

（一）世界医疗救助制度发展历程

17 世纪末至 20 世纪初，资本主义进入工场手工业时期，资本家为获取利润最大化，选择忽视劳动者的生产环境与生活状态，工伤事故频频发生。劳动者自发成立共同救济会、预防互助会等集体互助组织共担风险，如成立疾病基金，为劳动者提供医疗帮助，缓解个体可能遭遇的医疗风险，这是非政府性医疗救助的最先组织形式。

匈牙利于1920年确立实施社会救助制度。1936年，苏联颁布新《宪法》，第十章公民权利与义务第120条明确规定，公民在年老以及患病和丧失劳动能力时，享有国家保证

---

① 赵晓江. 教育财政与经济增长 [M]. 北京：高等教育出版社，2014.
② 袁贵仁. 完善家庭经济困难学生资助体系 [M]. 北京：人民教育出版社，2012.

的物质保障权。自此，公民的社会保障权利以宪法的形式固定下来，国民社会保障权利与义务受到法律明文的严格保护。社会弱势群体的医疗服务需求同样受新《宪法》保护，政府作为社会保障制度的主体，有义务为社会弱势群体提供医疗服务。

1932 年，日本颁布的《救护法》标志其以国家力量为主，对社会弱势群体给予医疗服务帮助的社会医疗救助体系正式形成。现行医疗救助制度从属于生活保护制度，由政府向低收入者提供医疗服务等实物救助。①

> 1948 年 12 月 10 日，联合国大会通过《世界人权宣言》，第 25 条规定，"人人有权享受为维持其本人和家属的健康和福利所需的生活水准，包括食物、衣着、住房、医疗和必要的社会服务；在遭到失业、疾病、残废、守寡、衰老或在其他不能控制的情况下丧失谋生能力时，有权享受保障。"

1965 年，美国建立以穷人为保障对象的医疗救助计划——穷人医疗援助计划（Medicaid），为有医疗需求的低收入者、残疾者、年老者提供政府规定的救助服务。联邦政府对医疗服务提供质量、医疗服务救助标准、救助对象资格审查等均有明确的规定，各州政府参照联邦政府政策执行。

1975 年，泰国政府通过低收入者免费医疗项目②，打开泰国医疗救助制度探索的大门。

1978 年 9 月，国际初级卫生保健大会敦请世界范围内各政府、世界卫生组织、多边双边机构、非政府性组织及所有卫生工作者支持各国及国际间的初级保健义务，通过的《阿拉木图宣言》中明确指出："大会兹坚定重申健康不仅是疾病与体虚的匿迹，而是身心健康社会幸福的总体状态，是基本人权，达到尽可能高的健康水平是世界范围的一项最重要的社会性目标，而其实现，则要求卫生部门及其他多种社会及经济部门的行动。"

1983 年，泰国政府在农村推出健康卡制度。1992 年，泰国农村地区 60 岁及以上的老年贫困人口、贫困小学生及中学生均可免费获得医疗服务，医疗救助覆盖范围进一步扩大。

1993 年 4 月，新加坡设立医疗保健基金（Medifund），为处于贫困线边缘的社会群体提供医疗救助。通过申请的社会弱势群体必须在政府指定的医疗服务机构接受治疗才能获得规定的相应补偿。

---

① 赵永生. 国民健康的最后防线——日本医疗救助体系的发展与现状 [J]. 中国医疗保险, 2009 (6).
② 顾昕. 泰国的医疗救助制度及其对我国的启示 [J]. 中国行政管理, 2006 (7).

1999年，法国通过《贫困者医疗救助法案（CMU）》，贫困人员无须缴纳医疗保险费，由国家财政兜底保证低收入群体享受与就业群体相同的医疗服务，初步实现社会医疗服务全覆盖。

综上，无论发达国家还是发展中国家始终都处于对医疗救助的不停探索中，其最终目的始终保持一致，致力于全面提升全体国民的身体健康素质，确保低收入者不因经济水平低下而无法满足其正常的医疗服务需求。

（二）世界医疗救助制度介绍

社会救助应当织成一张牢不可破的社会安全网，兜住社会公正的底线，奠定社会保障制度的稳定基石。① 世界各国医疗救助制度的目的都是为社会弱势群体提供基本医疗帮助，但由于各国国情千差万别，形成许多不同的医疗救助模式，大致可分为国家医疗保险型医疗救助、社会医疗保险型医疗救助、市场医疗保险型医疗救助、储蓄医疗保险型医疗救助。

1. 国家医疗保险型医疗救助

英国是国家医疗保险型的典型代表，其医疗救助为低收入者计划。英国国民可免费或低费享有国家初级卫生保健，因而，医疗服务自付费用便成为贫困群体满足医疗需求的拦路虎。低收入者计划正是针对符合救助对象资格的社会弱势群体而设立，通过国家税收等筹集医疗救助资金，免除贫困群体需个人出资的自付医疗费用。②

2. 社会医疗保险型医疗救助

德国是社会医疗保险型医疗救助的典型代表，其医疗救助采取政府资助贫困群体参加强制性医疗保险和就医时适当减免自付费用相结合的形式③，即资助参保与自付减免相结合。例如，劳动局支付失业者的医疗保险费，养老保险机构支付养老金领取者的医疗保险费，将医疗救助与其他社会保障制度相结合。

3. 市场医疗保险型医疗救助

美国是市场医疗保险型医疗救助的典型代表，其医疗救助实行面对低收入者的医疗援助计划和面对老年人的医疗照顾计划，由州政府向社会弱势群体提供免费基本医疗服务，联邦政府和州政府共同出资，共同管理，保障被排除在商业医疗保险之外的弱势群体的医疗服务获得性权利。

---

① 林闽钢. 社会救助理论与政策比较［M］. 北京：人民出版社，2017.
② 胡务. 社会救助概论［M］. 北京：北京大学出版社，2010.
③ 王丽平. 中国社会福利与社会救助问题研究［M］. 北京：人民日报出版社，2013.

4. 储蓄医疗保险型医疗救助

新加坡是储蓄医疗保险型医疗救助的典型代表，其医疗救助资金由政府补贴和政府医疗基金两部分组成，为贫困人群支付医疗保险费。政府在每家医院设立医疗救助基金委员会，无力支付医疗费用的弱势群体，必须先向救助基金委员会提出申请，委员会对申请者进行资格审查合格后，贫困者才可获得救助资金。

（三）世界医疗救助面对的未来挑战

世界各国医疗救助的制度定位是保证社会弱势群体的医疗服务可及性，为社会弱势群体搭建合理享受医疗服务的制度平台。大多数国家医疗救助计划均以保证医疗服务的享有为目标，均采取事前救助方式，费用控制均以控制供方为主，需求身份准入为辅①，这些都是世界医疗服务所具有的共同点也是优点。但是，世界各国医疗救助计划未来也面临许多挑战，这里从两个方面介绍如下。

★ 医疗救助是医疗保障网络的最后一层基础防线，由于其救助对象的特殊性，无法采取医疗保险等其他社会保障制度中政府、社会、个人三方共同负担的资金筹集方式，只能由政府财政兜底，构筑医疗保障体系的"网底"防线，这是各国义不容辞的国家责任。未来如何合理确定及审查医疗救助对象资格、提高医疗救助管理水平、提高医疗救助资金使用效率、扩宽医疗救助资金筹资渠道等多措施来减轻政府医疗救助财政负担压力，成为各国均必须面对的国际化挑战。

★ 医疗救助主体间的协同与整合亟待强化。医疗救助主体，分为直接从事医疗救助的行动者和不直接参与医疗救助但提供医疗救助资源的行动者，具体包括卫生行政部门、民政部门、社会保障部门、慈善会系统、红十字会、医院服务机构、残联及其他救助捐赠者。② 由此，医疗救助主体间的协同与整合至关重要，各医疗救助主体应通过相互合作、及时沟通，强化整个社会医疗救助供给能力。

二、中国医疗救助制度

（一）中国医疗救助制度历史沿革

中国医疗救助制度起步较晚。20世纪80年代，只在加强农村初级卫生保健的政策文

---

① 王丽平. 中国社会福利与社会救助问题研究［M］. 北京：人民日报出版社，2013.
② 王治坤，林闽钢. 中国社会救助：制度运行与理论探索［M］. 北京：人民出版社，2015.

件以及农村扶贫文件中出现医疗救助相关概念和政府性做法。① 20 世纪 90 年代，伴随改革开放，城市失业人口增多，城市贫困人口数量上升，这些社会弱势群体医疗服务诉求的增强引起国家重视，开始对徘徊在贫困线边缘的社会成员提供医疗救助。

1949—1992 年，社会贫困救济阶段，医疗救助基本被掩盖在职工生活困难补助之中，医疗救助的社会民生地位无足轻重。②

1993—2001 年，城乡居民最低生活保障与社会救济阶段，国家意识到医疗救助制度的重要性。1999 年，上海市政府颁布《关于做好医疗救助工作的实施意见》。③

2002—2009 年，处于城乡医疗保障制度与医疗救助阶段，医疗救助制度正式形成，成为国家议题。2002 年，《中共中央、国务院关于进一步加强农村卫生工作的决定》明确规定，对农村贫困家庭实施医疗救助。2003 年，民政部等部门颁布《关于实施农村医疗救助的意见》，对农村困难群体实施医疗救助，规定农村五保户及贫困户家庭为医疗救助对象，同时明确医疗救助目的、救助原则、救助内容、救助程序、救助基金筹集及管理、救助组织实施等实质性指标。该文件是我国农村医疗救助体系建设的一个里程碑。2004 年，《农村医疗救助基金管理试行办法》对医疗救助资金的筹集、管理、运营、给付等相关问题做进一步规定。2005 年，民政部等部门印发《关于加快推进农村医疗救助工作的通知》，加快了中国农村医疗救助制度建设步伐。同年，国务院办公厅转发民政部等部门《关于建立城市医疗救助制度试点工作的意见》，开启城市医疗救助制度探索，对城市医疗救助制度内容、制度体系、制度运行进行初步尝试，是城市医疗救助制度的开端。2005 年 6 月，《关于加强城市医疗救助基金管理的意见》发布，科学制定合理的医疗救助资金筹集及使用办法，确保医疗救助资金的安全性、流动性、增值性在规定范围内。

2009 年至今，医疗救助逐渐作为独立性政策议题，其救助范围、救助水平、救助内容得到不断完善，成为医疗保障制度与医疗救助制度建设的基础建制，成为城乡居民医疗保障制度的最后一道防线。2009 年，国务院发布《关于印发医药卫生体制改革近期重点实施方案（2009—2011 年）的通知》，提出进一步完善医疗救助制度，筑牢医疗保障防线，用 3 年左右时间，在全国范围基本建立起资金来源稳定，管理运行规范，救助效果明显，能够为困难群众提供方便、快捷服务的医疗救助制度。④ 2017 年，民政部等六部门发布《关于进一步加强医疗救助与城乡居民大病保险有效衔接的通知》，提出有效衔接大病

---

① 时正新. 中国的医疗救助及其发展对策 [J]. 国际医药卫生导报，2002（11）.
② 杨立雄，刘喜堂. 当代中国社会救助制度回顾与展望 [M]. 北京：人民出版社，2012.
③ 曹明睿. 转型时期中国社会救助 [M]. 厦门：厦门大学出版社，2006.
④ 吴鹏森，戴卫东. 社会救助新编 [M]. 上海：复旦大学出版社，2015.

保险与城乡居民医疗救助制度，从而进一步巩固大病保险的保障效果，有效防止发生家庭灾难性医疗支出，减少居民因病致贫返贫的现象。

总之，中国城乡医疗救助制度历经从个别城市的尝试，到全国范围医疗救助试点，最后建立成体系的医疗救助制度全过程。以时间发展脉络看，受各种社会背景因素影响，农村医疗救助制度的发展快于城市医疗救助制度，但中国政府一直致力于寻找最佳制度方案，实现农村医疗救助制度与城市医疗救助制度的一体化，最终打破城乡二元结构化。

（二）中国医疗救助制度特点

1. 医疗救助的公共产品特征

按照萨缪尔森在《经济学与统计学评论》上发表的文章《公共支出的纯理论》中对公共产品的定义，纯粹的公共产品是指每个人消费这种产品不会导致别人对该产品消费的减少，且纯粹的公共产品具有非竞争性、非排他性、非营利性。

医疗救助具有公共产品的以上三个特征。首先，医疗救助对象无须付出成本与资金投入，无须通过竞争就能获得医疗救助，在获得方式上具有非竞争性。其次，医疗救助的对象是所有贫困群体，某个群体享有某项医疗救助服务并不会影响其他群体的医疗救助服务水平，在消费上具有非排他性。最后，政府是医疗救助的实施主体，社会捐助力量、社会慈善力量参与其中，资金来源是国家按照财政预算进行拨款，作为一项公益性社会活动开展，因此，医疗救助具有公共产品的非营利性。医疗救助作为社会福利性事业，在国民医疗保障体系中起最后的兜底作用，是满足社会成员医疗需求的最后一道防线。

2. 医疗救助的严格准入性

医疗救助具有严格的准入标准及申请程序。医疗救助作为具有非竞争性与非排他性的公益性社会服务，很容易产生"搭便车"的现象。只有制定一套严格的资格审查标准，保证医疗救助制度准入门槛的严肃性，在医疗救助申请程序方面严格把关，才能使有限的医疗救助资金更有效地发挥作用，确保医疗救助制度的有效供给与正常运作，满足社会弱势群体健康生存的基本医疗需求。目前，世界上普遍采用的救助对象审核标准是资产调查。[①]

3. 医疗救助权利和义务的不对等性

医疗救助是由国家主导、社会多方共同参与，以游离在贫困边缘的社会弱势群体为

---

① 李小华，董军. 医疗救助的内涵、特点与实质［J］. 卫生经济研究，2005（7）.

救助对象，向其提供基本医疗服务，以满足社会弱势群体的基本医疗需求。只要满足贫困标准，不尽任何义务就可以获得医疗救助，即贫困人群在具有享受医疗服务权利的同时，并不需要履行相应的义务。而医疗保险恰好与医疗救助相反，医疗保险的实施强调公民权利与义务的对等，要想在生病时获得医疗服务补偿的权利，就必须在生病前按照相关规定缴纳足额的医疗保险费用。由此，医疗救助更多的是从满足患者的基本医疗需求出发的，是以需求为基础、不计患者贡献的、权利与义务不挂钩的资助行为。①

（三）中国医疗救助制度内容

中国医疗救助制度主要包括对哪些群体提供救助、由谁提供救助、提供怎样的救助、怎样提供救助，以及医疗救助资金如何筹集、管理、发放等相关问题。

1. 医疗救助对象

无论计划经济时期还是市场经济时期，中国农村与城市发展存在不同，农村医疗救助的发展先于城市医疗救助，农村与城市的医疗救助对象也有很大的差别。

中国是世界人口大国，农村人口占全国总人口的比例很高，解决好农村人口医疗保障的最后一道防线是国家的应有之义。2003年，财政部、卫生部、民政部三部门联合发布《关于实施农村医疗救助的意见》，明确规定农村医疗救助对象，一是农村五保户、农村贫困户家庭成员，二是地方政府规定的其他符合条件的贫困农民。医疗救助范围应与当地财政水平相持，地方政府在不违背中央政府政策的同时，可根据当地实际经济情况确定救助对象范围。例如，有些地方规定，农村五保户、低保对象、持县级民政部门发放的《农村最低生活保障金领取证》或《农村特困救助证》的重点优抚对象和特困户家庭成员等，均属救助对象。②

相较农村而言，城市医疗救助对象范围较为复杂。2005年2月颁布的《关于建立城市医疗救助制度试点工作的意见》中提到，"合理确定救助对象。主要是城市居民最低生活保障对象中未参加城镇职工基本医疗保险人员、已参加城镇职工基本医疗保险但个人负担仍然较重的人员和其他特殊困难群众。具体条件由地方政府民政部门会同卫生、劳动保障、财政等部门制定并报同级人民政府批准。"

2. 医疗救助形式及标准

农村医疗救助具体可分为门诊医疗救助和住院医疗救助。并不是所有地区都设置门诊医疗救助，有的地方只有住院医疗救助。一般地区的门诊医疗救助都在300~500元不

---

①② 吴鹏森，戴卫东. 社会救助新编［M］. 上海：复旦大学出版社，2015.

等。不同的地方政府规定了不同级别的住院救助标准。

> 以湖南省为例，根据《关于在全省深度贫困县开展农村建档立卡贫困人口医疗救助工作试点的通知》，2018年1月1日，从11个深度贫困县开展农村建档立卡贫困人口医疗救助工作试点，为患大病需住院治疗以及患特殊病种（暂定43种，含重大疾病、长期慢性病、罕见病）而需长期门诊治疗并服药的救助对象提供大病医疗救助和特殊病种医疗救助。大病住院医疗救助不限病种，按政策范围内个人年度累计负担的医疗费用设置起付线，起付线为5 000元，起付线以上部分救助50%，救助最高限额不超过5万元。特殊病种门诊医疗救助按病种救助，起付线为1 000元。特殊病种门诊医药费用在获得基本医保报销后，政策范围内个人负担的医药费用年度累计超过起付线以上的部分，医疗救助50%，年度救助最高限额不超过8 000元。农村建档立卡贫困人口住院首诊在基层，要严格规范诊疗流程。①

城市医疗救助的主要方式是对救助对象实施医疗减免优惠政策，对患大病的医疗救助对象按一定比例给予补助。经过多年的试点研究，我国探索出多种不同的救助方式，主要有大病救助与常见病救助相结合、定额救助和事前救助等救助方式。

3. 医疗救助资金筹集与管理

《关于实施农村医疗救助的意见》中明确指出，各地要建立医疗救助基金，主要通过各级财政拨款和社会各界自愿捐助等多种渠道筹集②。农村医疗救助基金实施救助基金财政专户管理，专户储存、独立核算、专款专用、专项管理，不得用于平衡当地财政预算或其他部门预算，任何时期任何部门不得以任何理由挪用医疗救助基金。

《关于建立城市医疗救助制度试点工作的意见》中明确指出，城市医疗救助制度的资金来源有三个，一是财政预算拨款，二是专项彩票公益金，三是社会捐助。城市贫困居民无须缴纳医疗救助金即可获得医疗救助。同时规定，城市医疗救助基金纳入社会保障基金财政专户，专项管理、专款专用，不得提取管理费或列支其他任何费用。财政、审计、民政、监察等部门要加强对基金使用情况的监督检查，发现问题及时纠正，并及时向当地政府和有关部门报告。要定期向社会公布医疗救助基金的筹集和使用情况，接受有关部门和社会监督。对挤占挪用、虚报冒领、贪污浪费等违法违纪行为，按照有关法

---

① 湖南在深度贫困县开展医疗救助试点. http://www.gov.cn/xinwen/2018-01/07/content_5254096.htm.
② 廖益光. 社会救助概论［M］. 北京：北京大学出版社，2009.

律法规严肃处理。[①]

4. 医疗救助程序

医疗救助程序可分为三步：救助对象填报个人申请表；社区居委会或村民委员会审查后上报当地政府；地方政府资格审查结束后，符合条件的救助对象即可享受医疗救助权利。医疗救助制度建立之初，救助对象在医院看病时，要先行垫付所用医疗费用，随后凭各种单据到民政部门申请报销。2007年之后，推行定点医疗机构即时结算，医疗救助对象凭相关证明材料在定点医疗机构就医时，所发生的各项医疗费用由医疗机构即时结算，救助对象只需支付个人支付部分，随后定点医疗机构与地方民政部门定期进行医疗救助费用结算，大大减轻了救助对象的医疗费用负担。

（四）中国医疗救助制度未来发展趋势

1. 激活基层医疗救助，助力构建多元化医疗救助模式

近年来，针对医疗救助中存在的医疗效率和公平问题，有学者提出了以社区卫生服务中心为平台的贫困医疗救助模式。[②] 对社区等基层组织在救助中的作用，有的提出了引入守门人制度，促使医疗救助制度与社区卫生服务体系协同发展。[③] 基层医疗服务机构尚未完全发挥其医疗救助作用，在救助中的参与率虽有所提升，但救助质量有待加强。基层部门和机构一般承担救助对象的甄选及救助信息上传下达的重要使命，谨防基层组织只重视对政府部门救助信息的获取，而忽视非政府主体（如慈善会系统、红十字会、残联及其他救助捐赠者）的救助信息，要定期向救助对象传达最新的救助活动，并及时反馈救助对象的求助信息，帮助其寻求社会救助资源。

激活基层医疗救助，要求救助机构发挥社区等基层组织和服务机构的作用，改变将所有救助资源都放在大型公立医院的做法，适当下沉医疗救助资源至社区等基层组织，如康复救助等可以在社区中开展，并向患者及家庭提供看护救助和心理援助等。

2. 探索按病种救助的重特大疾病医疗救助制度

党的十九大关于保障和改善民生情况的第五场记者招待会上，民政部负责人在回答脱贫攻坚中怎样发挥社会救助兜底保障作用等问题时强调，要落实《社会救助暂行办法》，推进建设"8+1"社会救助体系，全面建立临时社会救助制度，全面推开按病种救助的重特大疾病医疗救助制度。

---

① 廖益光. 社会救助概论 [M]. 北京：北京大学出版社，2009.
② 梁鸿，曲大维，赵德余. 以社区卫生服务为基础的贫困医疗救助制度设计 [J]. 卫生经济研究，2008（3）.
③ 顾昕. 让贫困人群看得起门诊 医疗救助与社区卫生服务的协同发展 [J]. 中国医疗前沿，2006（4）.

目前重特大疾病医疗救助试点多以起付线、封顶线、最高支付限额等为救助参考标准，以诊疗成本为依据，参考医疗保险补偿比例，对救助对象提供一定水平的医疗补偿。这种方式的优点在于操作简单规范，不易产生医疗救助纠纷，不同群体间的补偿比例确定，也有助于提高医疗救助的公平性。但重特大疾病的复杂性决定其治疗过程的复杂性，诊疗过程发生的药物及项目，如若超过医疗救助的基本药品目录和项目目录，救助对象的自付比重就会提高，可能面临因病致贫或因病返贫的风险。调查显示，当前中国居民最低生活保障对象中，30%～40%是因病致贫或因病返贫的。[1] 因此，探索按病种救助的救助标准极其重要，按病种救助的关键技术在于开发重特大疾病的最佳临床路径，确定适合病种的药品目录与医疗服务目录。[2]

3. 强化与社会慈善等资源衔接，全方位提高救助维度

医疗救助维度包括三个方面：救助广度——医疗救助对象的范围，即哪些人有资格接受医疗救助；救助深度——医疗救助的水平，即救助额度或救助比例；救助宽度——医疗救助的内容，即只救助基本医疗保险范围内的自付部分，还是基本医疗保险范围外的自付部分也救助。[3]慈善救助是政府救助的一种补充形式，通过聚集社会资源，对遭遇灾难性卫生支出或物质生活极其匮乏而需要提供救助的社会成员提供直接的医疗救助或物质救助。慈善救助从筹资来讲，捐助无强制性和确定性；多以项目为主，更关注效率、减少中间环节，实行直接救助，其内涵比较丰富，也更具灵活性、机动性和多元性。[4]

加强医疗救助与社会慈善等资源的衔接，有助于全方位提高医疗救助维度。医疗救助资金随医疗服务水平的提升而略显拮据，政府主导的医疗救助中注入社会慈善力量，为中国将更多有医疗需求的特殊群体逐步纳入保障体系，为救助对象提供更丰富的医疗救助内容，提高不同医疗项目及药物的补偿比例提供了可靠的物质基础。此外，政府应该加大信息共享，加强对社会慈善等社会资源的引导，释放社会慈善等社会力量的"补位"作用。

第四节 住房救助制度

世界各国贫民窟屡见不鲜，相应的犯罪、疾病、社会道德约束力下降等一系列社会

---

[1] 李小华，董军. 医疗救助的内涵、特点与实质 [J]. 卫生经济研究，2005 (7).
[2][3] 王治坤，林闽钢. 中国社会救助：制度运行与理论探索 [M]. 北京：人民出版社，2015.
[4] 梁鸿，叶华. 医疗救助与社会慈善衔接的理论基础探讨 [J]. 中国卫生政策研究，2009，2 (2).

问题影响着整个社会的安定。仅仅依靠市场机制根本无法解决中低收入居民家庭的住房问题，必须依靠政府干预对其进行救助，保证人民有房可居。

一、世界住房救助制度

（一）世界住房救助制度的发展历程

19世纪末的美国，廉价出租房已经成为流浪工人解决住房问题的主导方式。到1937年，美国颁布《公共住房法》，规定由联邦住房管理局利用贷款和补助金补助地方政府建造公共住房提供给低收入家庭。公共住房的租金十分低廉，一般为家庭收入的1/3，不到市场租金的一半。1945年英国工党上台面临严峻的住房问题，1946年到1976年间，英国平均每年建造14.3万套公房，并从最初限于低收入家庭发展到向所有家庭开放。

1950—1966年间，日本政府颁布了多项法规，如《住房金融库法》（1950年）、《公营住宅法》（1951年）、《日本住宅公团法》（1955年）、《城市住房计划法》（1966年）等。一系列相关法规逐步建立起来后，住宅政策逐渐走向正轨，不同阶层的住房需求得到了不同程度的满足。

1960年新加坡成立建屋发展局，主要目标是为广大中低收入家庭提供能够负担的组屋，解决其住房问题。

1980年，英国撒切尔夫人执政期间，政府改革原有的公房使用制度，开始出售公房。实施了优先购买权政策。该优惠政策规定，住户租住公房的，凡住满两年的均有权以优惠价格购买所住的公房，居住条件差的公寓式套房买房折扣更大。公屋出售在很大程度上减轻了政府的维修负担，又能使低收入家庭有能力购买自己的房屋。[①]

20世纪80年代末，越来越多的第三世界国家纷纷效仿发达国家，实行由补贴住房建设向为低收入家庭提供货币化补贴的做法。

世界银行在过去几十年广泛参与了第三世界解决住房问题的努力，在一定程度上促进了这一转变。这种转变更好地补贴了住房需求者，使住房资金更有效地利用起来。

20世纪80年代以来，世界各国保障低收入者住房的方式更多转向推行住房私有化，让更多居民拥有住房产权，即政府向低收入家庭出售低于市场价格的住房。[②]

---

① 吴鹏森，戴卫东. 社会救助新编 [M]. 上海：复旦大学出版社，2015.
② 潘锦棠. 社会保障学 [M]. 大连：东北财经大学出版社，2015.

(二)世界住房救助制度介绍

根据政府对住房救助的干预程度以及市场在住房救助中的重要性划分,各国住房救助的方式大致可以分为以下类型:政府公房建设模式、住房租金补贴和购房税收优惠模式以及政府住房建设补贴模式。[①] 以上每种住房救助模式都有其特定的历史背景和原因,也都在一定时期的国家内发挥着重要作用。大多数国家三种主要住房救助模式并存,只是在不同阶段发展侧重点不同。

★ 政府公房建设模式。这种模式的典型代表国家是英国和新加坡。公房建设模式是政府为解决国民住房问题,由政府提供资本、土地等公共资源和税收及政策优惠,直接在生产环节干预住房市场,建造一部分廉价住房提供给居民,从而在短时间内增加市场上的房屋供应量。

英国的主要做法是环境交通和区域部根据中央财政每年的建房预算,按年度向地方政府拨款,地方政府负责公房建设。拨款会根据各地方政府的建房情况及低收入居民住房需求情况进行测算。

新加坡的救助模式是计划和市场结合的典范,特点是广覆盖、高标准。主要做法是成立专门的法定机构提供运营资金直接建房,对中低收入家庭提供统一住房,实行严格的限房价、限户型政策,保证大多数居民买得起组屋。政府规定每户中低收入家庭可以购买一套组屋,同时还对少数低收入家庭实行更加优惠的住房救助政策。[②]

★ 住房租金补贴和购房税收优惠模式。这种模式是目前最常见的住房救助模式,典型代表国家是德国和美国。该模式主要是通过发放不同额度的住房租金补贴,帮助能力有限的低收入人群租到或买到合适的住房,进而解决社会弱势群体的住房问题。

德国的住房补贴分为租房补贴和购房补贴,对低收入居民住房保障的主要方式是住房租金补贴制度。德国《住房补贴法》规定,经审查合格后,申请住房的公民可以获得住房租金补贴,申请者包括家庭收入无法租赁合适住房的所有公民。

美国政府一向很少直接干预经济,为了解决低收入家庭的住房问题,政府也在金融、立法和税收方面有所作为。美国的住房补贴直接用于增加低收入家庭住房消费,政府确定了低收入家庭的审核标准,同时还规定了达到审核标准需要付出的房租所占家庭总支出的比例,对超出比例的部分,政府给予补助。另外,政府还采取税收减免政策帮助低收入者拥有住房。

---

① 贾洪波. 社会保障概论 [M]. 天津:南开大学出版社,2014.
② 贾玉娇. 新加坡社会保障制度 [M]. 北京:中国劳动社会保障出版社,2017.

★ 住房建设补贴模式。这种模式的典型代表国家是瑞士和日本。政府通过向房地产公司提供优惠贷款、补偿税收等优惠政策来降低房地产公司住房建设成本,来支持营利性与非营利性机构发展低租金住房。另外,政府对政策住房的出租和销售给予限制,通过立法明确规定,享受过优惠政策的住房,要出租或销售给符合政府政策规定的低收入家庭,必须合理控制价格。

瑞士政府设立了循环住房基金,以低息贷款的方式支持企业建造社会保障房,向低收入家庭出租。企业建设社会保障房所需要的剩余贷款,可以将低息贷款作为首付或者资本金继续向银行申请贷款。[1]

日本的住房救助主要通过住房建设补贴实现,政府成立住宅金融公库,通过财政投融资体制,向与民生相关的住宅领域引入更多低成本的长期社会资金,为从商业银行获得信贷困难的个人和开发企业提供资金支持,民间融资来源不稳定和资金不足的问题得到改善。

(三)世界住房救助制度面对的未来挑战

住房的供求关系状况在不同的发展阶段会有很大差别,住房保障的范围和需求程度也会相应有很大差别,不同住房发展阶段也会深刻影响住房保障具体方式的选择。在如今经济发展水平愈来愈高的情况下,各国要面临的是为居民提供更加舒适的高质量的住房,这意味着国家的财政补贴更加大,政府的财政压力愈加沉重。

构建多层次的住房救助体系是未来各国尤其是发展中国家面临的挑战。住房问题不仅是一个经济问题,更是一个社会问题。低收入家庭的住房救助是各国政府必须要首先解决的问题,但社会中人们的收入具有层次性,需求也具有层次性,不同层次的家庭都需要政府来帮助其实现住房保障。为制约不同保障手段和水平的使用对象和范围,应将不同收入标准所能享受到的保障待遇做出明确规定。[2]

设计完善的保障性住房准入、审核和退出机制是各国未来要努力的内容。为节约政府资源,防止某些家庭的道德风险问题,应确立完善的准入退出机制。家庭收入高于接受救助的标准时,应及时退出以帮助更加需要的家庭实现住房保障,以达到公房资源有效利用的目的。国家需要设计严密、完善的社会信用体系和准入审核机制,对入住保障性住房的群体进行严格审核、调整与动态监控。[3]

---

[1] 陈怡芳,高峰,于江涛. 德国、瑞士低收入家庭住房保障考察报告 [J]. 财政研究,2012 (3).
[2] 吴鹏森,戴卫东. 社会救助新编 [M]. 上海:复旦大学出版社,2015.
[3] 贾洪波. 社会保障概论 [M]. 天津:南开大学出版社,2014.

二、中国住房救助制度

中国的住房保障体系包括住房公积金制度及面对中低收入家庭的经济适用房、廉租房、公共租赁住房以及两限房等政策。根据对社会救助对象的划分，属于住房救助的制度包括经济适用房、廉租房以及公租房政策。

（一）中国住房救助制度的历史沿革

1988年《国务院关于印发在全国城镇分期分批推行住房制度改革实施方案的通知》发布，住房改革的目标确定，即根据社会主义有计划的商品经济的要求，实现住房商品化。1991年《国务院关于继续积极稳妥地进行城镇住房制度改革的通知》提出，住房改革的根本目的即改善居住条件，缓解居民住房困难，引导住房消费，发展房地产业，实现住房商品化。该通知还提出，大力发展经济适用的商品房，优先解决无房户和住房困难户的住房问题。随着国民经济的增长和市场经济改革，社会弱势群体的住房问题进一步凸显出来，为社会瞩目。

1994年《国务院关于深化城镇住房制度改革的决定》确定了"建立以中低收入家庭为对象，具有社会保障性质的经济适用房供应体系"的住房制度改革新任务。1995年国家实施安居工程，经济适用房有关政策得到落实。

1998年，亚洲金融风暴来袭，中央面临严峻考验，随即做出了扩大内需的战略部署。《国务院关于进一步深化城镇住房制度改革加快住房建设的通知》明确提出要深化城镇住房制度改革，建立和完善多层次城镇住房供应体系，主要房型为经济适用房，针对不同收入家庭提供不同住房供应政策。

> 正是该文件的颁布，使得廉租房一词被正式提出，正式提出要建立廉租房供应体系，向最低收入家庭出租政府或单位提供的廉租房。当时的住房政策为：最低收入家庭租赁由政府或单位提供的廉租房；中低收入家庭购买经济适用房；其他收入高的家庭购买、租赁市场价商品房。

1999年，财政部、国土资源部、建设部发布《已购公有住房和经济适用住房上市出售土地出让金和收益分配管理的若干规定》，职工购买的经济适用房产权归职工个人所有，这一产权得到明确。同年，建设部制定了《城镇廉租住房管理办法》，具体化了对廉租房制度的规定，初步确定了国家层面的廉租房政策框架。

2003年，《国务院关于促进房地产市场持续健康发展的通知》对廉租房和经济适用房制度都进行了调整。关于廉租房制度，建立以市场化为主的住房供应体系得以明确，即中高收入的大部分居民租赁、购置商品房，中低收入人群承租、购买具有住房社会保障性质的经济适用房和廉租房。同年12月，建设部会同有关部门修订并颁布了《城镇最低收入家庭廉租住房管理办法》，廉租房制度基本确立。

2004年，建设部等四部门经国务院同意印发了《经济适用房管理办法》，对新形势下经济适用房加以规范，指导各地经济适用房管理。该办法进一步明确了已购经济适用房上市交易收益分配办法。同年，《城镇最低收入家庭廉租住房管理办法》正式施行，该办法进一步明确了保障标准、保障方式和保障对象，1999年的《城镇廉租住房管理办法》被废止。

> 与原规定相比，《城镇最低收入家庭廉租住房管理办法》有两个进步，一是分配方式由实物配租为主转向租金补贴为主，租金核减、实物配租为辅，有利于建立准入和退出机制；二是资金来源上首次明确了财政预算安排为主，多种渠道筹措的原则。

2005年，国务院办公厅转发建设部等部门《关于做好稳定住房价格工作意见的通知》中提出，省级人民政府对市（区）、县人民政府工作的目标责任制管理要将城镇廉租房制度建设情况纳入进来。该意见还强调了加强经济适用房建设。同年建设部、国家发展改革委颁布《城镇廉租住房租金管理办法》和《城镇最低收入家庭廉租住房申请、审核及退出管理办法》，进一步完善了廉租房政策。

2006年，国务院办公厅转发建设部等部门《关于调整住房供应结构稳定住房价格意见的通知》明确提出进一步完善经济适用房制度。该通知还提出要落实廉租房资金的筹措渠道，城市人民政府要将土地出让净收益的一定比例用于廉租房建设。

2007年，国务院印发《关于解决城市低收入家庭住房困难的若干意见》，廉租房制度的保障范围得到逐步扩大，确定了廉租房保障标准和保障对象，健全廉租房保障方式，多渠道增加廉租房源，确保廉租房保障资金来源。该意见规范了经济适用房的供应对象，确定较为合理的经济适用房标准，严格管理经济适用房上市交易，加强单位集资合作建房管理。同年还分别颁布了《廉租住房保障办法》和《经济适用住房管理办法》，对其进行进一步规范。

2009年，住房和城乡建设部、国家发展改革委以及财政部联合印发了《2009—2011年廉租住房保障规划》，提出争取利用三年时间基本解决747万户城市低收入住房困难家庭的住房问题①，进一步健全了实物配租和租赁补贴相结合的廉租房制度。同年 3 月 11 日，住房和城乡建设部有关负责人在住房和城乡建设部新闻发布会上提出了通过加快公共租赁房的建设来解决"夹心层"的住房难问题。

2010 年，由住房和城乡建设部等七部门联合制定的《关于加快发展公共租赁住房的指导意见》正式对外公布，填补了住房保障体系的空白。住房保障体系中也因此有了正式的公共租赁房制度。

2013 年，住房和城乡建设部、财政部、国家发展改革委发布《关于公共租赁住房和廉租住房并轨运行的通知》，提出从 2014 年起各地廉租住房和公共租赁住房并轨运行，并轨后统称为公共租赁住房。

2019 年 5 月 7 日，住房和城乡建设部、国家发展改革委、财政部、自然资源部发布《关于进一步规范发展公租房的意见》，规定要继续做好城镇中等偏下及以下收入住房困难家庭的保障工作，加大对新就业无房职工、城镇稳定就业外来务工人员的保障力度，加强公租房建设运营管理。

（二）中国住房救助制度特点

1. 住房救助具有层次性

救助对象的复杂性及具体救助方式不同，使住房救助呈现出多层次体系。例如廉租住房制度给予无法维持最低居住水平的社会成员以救助；公租房是对社会"夹心层"的住房保障；经济适用房满足中低收入家庭购买住房需求，政府提供补贴。

2. 住房救助具有针对性

住房救助是针对中低收入家庭，为解决他们的住房问题而设置的。住房救助的对象一般是生活在贫困线以下的弱势群体，并通过严格的资格审查才能享受相关的优惠和补贴。

3. 住房救助具有动态性

救助对象的状况不是一成不变的，其工资、家庭就业人口、个人与家庭的收入都是在逐渐变化的。如果被救助者的经济状况转好，超过救助的标准线，就应及时停止补贴；如果被救助对象的经济状况变得更差，则要增加补助。②

---

① 康耀江，张健铭，文伟. 住房保障制度 [M]. 北京：清华大学出版社，2011.
② 吴鹏森，戴卫东. 社会救助新编 [M]. 上海：复旦大学出版社，2015.

(三)中国住房救助制度内容

1. 廉租房

廉租房是指政府和单位向具有城镇常住居民户口的最低收入家庭提供的、租金相对低廉的保障性住房。①

★ 保障对象。要申请廉租房，必须具备两个基本条件，即"双困"。一是经济收入有困难。保障对象必须是本地城镇收入最低的家庭，衡量标准为是否领取民政部门的困难补助。二是住房存在困难。一般由各地根据人均住房面积确定，具体人均住房面积可以根据实际情况自行确定。

★ 保障方式。主要通过实物配租、租赁补贴和租金减免这三种方式。房屋置换也是一种重要的补充，房屋置换是廉租房管理部门用新建的廉租房，与符合条件的"双困"家庭住的旧公房进行置换，使得低收入家庭能够住上新建的廉租房。

★ 房屋来源。政府出资收购的住房、腾空的公有住房、政府出资建设的廉租房、社会捐赠的住房以及其他渠道筹集的住房。

★ 资金来源。住房公积金增值收益扣除计提贷款风险准备金和管理费用后的全部余额、从土地出让净收益中按照不低于10%的比例安排用于廉租房保障金、市县财政预算安排用于廉租房的保障资金、省级财政预算安排的廉租住房保障补助金、中央预算内投资中安排的补助资金、中央财政安排的廉租房保障专项补助金、社会捐赠的廉租房保障金、其他资金。②

★ 承租程序。首先由市、县人民政府房地产主管部门会同财政、国土资源、民政主管部门制定城镇最低收入家庭廉租房保障对象的条件和标准。条件标准确立后，由申请租用廉租房的居民提出相应的书面申请，经过审核—公示—登记—调查核实—排队轮候—分配住房等程序，最后入住廉租房。

★ 退出机制。《城镇最低收入家庭廉租住房申请、审核及退出管理办法》明确规定了廉租房的退出机制。取消享受廉租房的保障资格的情况为：第一，家庭人均收入连续一年以上超出当地廉租房政策确定的收入标准；第二，家庭人数减少或住房面积增加，人均住房面积超出当地廉租住房政策的住房标准。

2. 公租房

公共租赁房，简称公租房，是指政府面向城镇中低收入住房困难家庭等群体出租

---

① 康耀江，张健铭，文伟. 住房保障制度 [M]. 北京：清华大学出版社，2011.
② 财政部. 廉租住房保障资金管理办法.

的住房，政府提供政策支持，通过限定户型面积和供应对象，用低于市场价或承租者承受得起的价格向困难家庭出租。公租房的产权归政府或公共机构所有而不归个人所有。

★ 保障对象。城市新就业无房职工、中等偏下收入住房困难家庭和在城镇稳定就业的外来务工人员。

★ 保障方式。低价出租的方式给予实物配租，使城市的"夹心层"有房可住。

★ 房屋来源。一是新建房，二是购置新房，三是由政府住房机构购买符合可支付租赁房标准的存量住房。地方政府住房管理机构可以委托建筑商改建旧住房，改造为符合标准的政府租赁住房后，按照预先商定的价格，由政府机构买下，再租给符合条件的低收入家庭。

★ 资金来源。公租房的资金来源与廉租房的资金来源差不多，也包括财政预算资金、公积金增值、土地出让收益10%部分、社会捐赠和其他资金。但公共租赁住房的资金来源相对更广泛一些，更多地利用了社会资金。《关于加快发展公共租赁住房的指导意见》提出，要鼓励金融机构发放公共租赁住房长期贷款，支持有条件的企业通过发行中长期债券等方式筹集资金，专项用于公共廉租住房建设和运营。探索运用风险资金、信托资金和房地产投资信托基金拓展公共租赁住房的融资渠道。

★ 承租程序。首先由直辖市和市、县级人民政府住房保障主管部门根据本地区实际情况确定公租房申请条件和标准，报本级人民政府批准后实施并向社会公布。申请人提出书面申请并提交申请材料，经过审核—公示—登记—排队—轮候—配租—选择公租房等程序，最后入住公租房。

★ 退出机制。2012年颁布了《公共租赁住房管理办法》，该办法明确规定公共租赁住房的退出机制。若承租人存在转租、转借或擅自调换所承租的公共租赁住房、改变所承租的公共租赁住房用途和破坏所承租的公共租赁住房并拒不恢复原状的行为，则勒令其退出公共租赁住房。当承租人租赁期内通过受赠、购买、继承等方式获得其他住房，不再符合公共租赁住房配租条件、租赁期内承租或承购其他保障型住房和提出续租申请但审核不符合续租条件的情况，也要退出公共租赁住房。

3. 经济适用房

经济适用房是指政府通过提供优惠政策，面向城市低收入住房困难家庭供应，具有保障性质的政策性住房。经济适用房必须限定套型面积和销售价格，按照合理标准进行建设。①

★ 保障对象。城市中的中低收入者。申请条件：一是有当地城镇户口或市、县人民政府确定的供应对象；二是无房或现住房面积低于市、县人民政府确定的住房困难家庭住房标准；三是家庭收入符合市、县人民政府划定的收入线标准；四是市、县人民政府规定的其他条件。②

★ 保障方式。经济适用房是以政府低价出售的方式救助中低收入家庭，另外经济适用房也可用作公租房进行低价出租。

★ 房屋来源。现阶段经济适用房的来源主要有三种：一是由政府提供专项土地，通过统一开发、集中组织建设的经济适用房；二是将房地产开发企业拟作为商品房开发的部分普通住房项目调整为经济适用房；三是单位以自建和联建方式建设的，出售给本单位职工的经济适用房。③

★ 购买程序。经济适用房供应对象的家庭收入标准和住房困难标准，由市、县人民政府根据当地商品住房价格、居民家庭可支配收入、居住水平和家庭人口等因素确定，实行动态管理，每年向社会公布一次。申请人向当地住房主管部门提交申请书和申请证明材料，经过初审—公示—复审—备案—轮候配售等环节，最终购得经济适用房。④

★ 出售和转让。经济适用房购房人拥有有限产权，购买经济适用房不满5年不得上市交易，购房人因特殊原因确实需要转让经济适用房的，由政府按照原价并考虑折旧和物价水平等因素进行回购。购买经济适用房满5年，购房人上市转让经济适用住房的，应按照届时同地段普通商品住房与经济适用住房差价的一定比例向政府交纳土地收益等相关价款，具体交纳比例由市、县人民政府确定，政府可优先回购。购房人也可以按照政府所定的标准向政府交纳土地收益等相关价款后，取得完全产权。⑤

（四）中国住房救助制度的未来发展趋势

1. 公共租赁住房将成为住房救助的趋势

★ 首先，国家目前的经济适用房和廉租房制度的运行效率不高。其一，保障对象定位模糊，定价偏高，中低收入家庭并未真正受益。近年来，经济适用房投资建设比例进一步下降，导致了更大的供求缺口。另外，经济适用房建设规格过于豪华导致价位偏高，低收入家庭仍然无力购买，保障效果不明显。其二，廉租住房供给数量不足。其三，对"夹心层"和农民工住房问题关注力度不够。在较长一段时间内，廉租住房和经济适用房

---

① 康耀江，张健铭，文伟. 住房保障制度［M］. 北京：清华大学出版社，2011.
②③④⑤ 根据《经济适用住房管理办法》整理。

导致的"夹心层"会一直存在。另外，农民工还未被纳入廉租房政策体系，这部分群体的住房问题也非常突出。此外，还应关注正在增长的"夹心层"人群，即进城务工人员、新就业人群、新迁移人群等。①

★ 其次，城市化不同阶段发展对公租房提出更多需求。现阶段我国处于城市化高速发展时期，大量劳动力涌入城市，住房问题在短时期内集中爆发。由于房地产的建设周期长，以产权方式保障为主的经济适用房政策短期内无法解决住房短缺问题，不能适应高速增长的"夹心层"人群。② 因此，要确保尽可能让人人都有适当的住房，现阶段应首先主要采取租赁式保障。

2. 由"砖头补贴"向"人头补贴"发展

所谓"砖头补贴"是指按实际占用的房屋进行补贴，"人头补贴"是对住房保障对象进行直接补贴。这两种补贴的适用前提和促进市场消费的作用大不相同，根本区别是政府介入住房市场的角度和政府住房补贴的侧重点不同。

★ "砖头补贴"直接投向房屋生产者，房屋销售行为完成后，生产者的供给行为间接地将补贴传递给消费者。

> 这种补贴模式有其缺陷，它要求政府必须具有严密的投资计划，严格监控市场流通和分配规则。"砖头补贴"实际上是政府对住房市场的直接干预，而政府过多介入住房市场是与住房市场化、商品化的发展目标相悖的。政府要承担巨大的监督成本，才能使住房建设者按照政府规定的标准建房。

★ "人头补贴"是直接作用于需要补贴的人头，全部转化成消费者的福利，能够避免政府对住房市场的直接干预。

> 这种补贴模式的优势在于可以避免在住房建设阶段产生效益流失，或被生产者所占有。政府也可以节省大量的监督资金，提升政府的市场调控效率。居民自置住房的积极性和能力都得到提高，政府的宏观调控效率也可以得到提高。由"砖头补贴"向"人头补贴"的转变，不仅是这两种模式自身的优缺点所决定的，更是由经济社会发展所选择的。③

---

① 张跃松. 住房保障政策——转型期的探索、实践与评价研究 [M]. 北京：中国建筑工业出版社，2014.
② 曾国安，张河水. 城市化中的住房保障需求特点及中国城市住房保障制度与政策设计 [J]. 开发研究，2011 (2).
③ 康耀江，张健铭，文伟. 住房保障制度 [M]. 北京：清华大学出版社，2011.

第五节 灾害救助

一、灾害救助概述

自人类诞生以来，为了生存，与自然灾害进行了艰苦卓绝的斗争。某种程度上说，人类改造客观世界的过程，就是同自然灾害斗争的过程。①

（一）灾害救助的概念

一般来说，灾害指的是导致人类社会产生物质损失和人员伤亡的各种现象的总称，分为自然灾害和人为灾害两种形式。

★ 自然灾害，顾名思义，指的是自然界发展中人为因素所不能控制的自然现象所引起的灾害，例如气象、地质、地貌、水文、生物等所引起的灾害。人为灾害，包括火灾、车祸、爆炸等灾害，这些灾害具有范围广、发生频率高、损失巨大等特点。②

★ 救灾主要指的是灾害正在发生或者是灾害发生后，救助受灾地区和受灾地区的人民群众，保障人民的生命财产安全。救灾的内容主要包括灾害发生时和发生后对灾民的紧急救援、转移、安置，创造生存条件，保障灾区人民恢复正常的生活、生产和社会秩序，帮助他们重新建立家园等。

★ 灾害救助是一个内涵与外延都比较广泛的范畴，主要指的是国家和社会依法向因遭受自然灾害袭击而造成生活贫困以及生存危机的相关社会成员提供一定的基本生活资料（包括衣、食、住、医等）的帮助，以保证相关社会成员可以保障其最低生活水平，还要帮助他们确立自行生存能力的一项基本的社会救助项目，是一项重要的社会保障制度安排。

（二）灾害救助的特点

★ 一是灾害救助的紧急性。遭受灾害的社会成员会在极短的时间内陷入生活困境，严重的还能导致倾家荡产、人员死伤等，甚至可能影响其他地区的和谐稳定。所以灾害一旦发生，必须要尽快将各种救灾的物资或者相关的服务资源运到受灾地区，及时解决受灾群众的生存危机，满足他们的基本生存保障需求，维持相关地区的稳定。

---

① 胡务. 社会救助概论 [M]. 北京：北京大学出版社，2010.
② 王文素. 社会保障 [M]. 北京：北京大学出版社，2010.

★ 二是灾害救助内容的广泛性。灾害救助的内容还是相当广泛的，不仅仅局限于对人的救护，还包括物的转移以及保护；不仅仅局限于对单个受灾群众个体的救助，还包括对灾民组成的社会群体的救助；不仅仅局限于对灾民身体健康的保护，还包括灾民的心理健康。

★ 三是灾害救助手段的多样性。一般来说，灾害救助的手段主要包括物质手段、精神手段和组织手段三种。在具体方式上，既包括现金、实物、服务等救灾方式，也包括在特定条件下的以工代赈的特殊方式等。

★ 四是灾害救助对象的复杂性。在实际的灾害救助过程中，需要考虑到双重复杂性，灾民个体的复杂性以及灾区所在社会的社会关系的复杂性。所以，不论是对灾民的救助还是灾区社会的救助，处理起来都十分复杂且具有挑战性。

★ 五是灾害救助的不确定性。灾害救助的不确定性主要体现在两个方面：一是灾害本身发生的不确定性，灾害发生的时间、地点等是不确定的，导致灾害救助也无法确定救助的时间和地点；二是灾害的损失以及所造成的影响是没有办法确定的。因此，国家既需要将这一项目制度化并有常备不懈的应急机制，也要积累经验，有临灾应变之策；既要有财政专款作为经济后盾，也要有救灾物资储备做物质基础。①

二、中国的灾害救助

（一）中国灾害救助的发展历程

从世界范围来看，中国是一个自然灾害频发的国家。鉴于此，从古代开始的历朝历代就特别重视灾害救助，起着安抚民心、稳定社会、巩固统治的重要作用。在几千年与灾害做斗争的过程中逐渐形成了许多有效的灾害救助管理的相关政策，例如兴修水利、重农贵粟等。同时，也逐渐形成了许多灾害救助的方法，例如调粟、养恤、蠲缓等。

中华人民共和国成立以后，各种自然灾害问题因环境、气候等因素变得十分严峻，党和政府也面临着巨大的压力，灾害的救助成为我国政府的一项重要职责与挑战。随着党和国家政策、方针、路线以及经济社会等的不断变化，我国的救灾政策的发展变化大体上可以分成四个历史时期。

一是新中国成立初期。1949年内务部提出了"节约防灾，生产自救，群众互助，以工代赈"。1950年，董必武在中央生产救灾委员会成立大会上，进行了进一步的总结与补

---

① 赵映诚，王春霞，杨平. 社会福利与社会救助 [M]. 大连：东北财经大学出版社，2015.

充,"生产自救,节约度荒,群众互助,以工代赈,并辅之以必要的救济"。在 1953 年的第二次全民工作会议上又进一步修改为"生产自救,节约度荒,群众互助,辅之以政府必要的救济"。

二是农业合作化时期。由于全国农村完成了社会主义改造,确立了社会主义制度,实现了农村的集体化,农村集体组织具备了一定的组织救援能力。因此,在这一时期,救灾的工作方针修改为"依靠群众,依靠集体,生产自救为主,辅之以国家必要的救济"。最大的变化就是加入了依靠国家集体的内容。

三是改革开放时期。党的十一届三中全会后,我国开始实行改革开放。由于在农村实行了家庭联产承包责任制,因此在 1983 年的第八次全国民政工作会议上确定了新的救灾工作的方针:"依靠群众,依靠集体,生产自救,互助互济,辅之以国家必要的救助和扶持"。这是为了适应新的政策所提出的新的方针,增加了互助扶持以及国家扶持的新内容。

四是 21 世纪的新时期。进入 21 世纪以来,随着党和政府对"以人为本"执政理念的不断重视与深化以及经济社会的不断变化发展,国家的救灾工作方针也不断变化发展,突出强调了政府在救灾工作中的主导地位,修改为"政府主导、分级管理、社会互助、生产自救"。

以上是我国救灾政策的变化和发展,正是在不同时期采用不同的救灾政策,我国的救灾工作取得了巨大成功,并为新时期救灾工作的开展奠定了基础。

2018 年 3 月,根据第十三届全国人民代表大会第一次会议批准的国务院机构改革方案,设立了中华人民共和国应急管理部,掀开了我国灾害救助发展的新时代。

(二)中国灾害救助制度的主要内容

我国的灾害救助制度经过一系列的发展,基本上形成了具有中国特色的比较完善的制度体系。现阶段,我国的灾害救助主要是在《中华人民共和国突发事件应对法》《中华人民共和国防洪法》《中华人民共和国防震减灾法》《中华人民共和国气象法》《自然灾害救助条例》《国家突发公共事件总体应急预案》《国家自然灾害救助应急预案》等一系列法律法规的指导下进行的。其中值得指出的是,2010 年 7 月国务院颁布的《自然灾害救助条例》是第一个自然灾害救助的行政法规,对于我国的灾害救助工作具有重大的指导意义。

1. 中国灾害救助体系简介[①]

一般来看，我国的灾害救助体系主要包括灾害救助的准备工作、应急救助阶段和灾后救助几个阶段。

（1）灾害救助的准备工作。

自然灾害救助应急预案应当包括下列内容：自然灾害救助应急组织指挥体系及其职责；自然灾害救助应急队伍；自然灾害救助应急资金、物资、设备；自然灾害的预警预报和灾情信息的报告、处理；自然灾害救助应急响应的等级和相应措施；灾后应急救助和居民住房恢复重建措施。

此外，还需要做好以下工作：主要包括自然灾害救助应急指挥技术支撑系统，为自然灾害救助工作提供必要的交通、通信等装备；要做好自然灾害救助物资储备规划、储备库规划、储备库建设；利用公园、广场、体育场馆等公共设施，统筹规划设立应急避难场所，并设置明显标志；加强自然灾害救助人员的队伍建设和业务培训，村民委员会、居民委员会和企业事业单位应当设立专职或者兼职的自然灾害信息员。

（2）应急救助阶段。

首先，根据自然灾害预警预报启动预警响应，可以采取以下措施：向社会发布规避自然灾害风险的警告，宣传避险常识和技能，提示公众做好自救互救准备；开放应急避难场所，疏散、转移易受自然灾害危害的人员和财产，情况紧急时，实行有组织的避险转移；加强对易受自然灾害危害的乡村、社区以及公共场所的安全保障；责成民政等部门做好基本生活救助的准备。

其次，自然灾害发生并达到了应急启动预案条件后，要采取以下措施：立即向社会发布政府应对措施和公众防范措施；紧急转移安置受灾人员；紧急调拨、运输自然灾害救助应急资金和物资，及时向受灾人员提供食品、饮用水、衣被、取暖、临时住所、医疗防疫等应急救助，保障受灾人员基本生活；抚慰受灾人员，处理遇难人员善后事宜；组织受灾人员开展自救互救；分析评估灾情趋势和灾区需求，采取相应的自然灾害救助措施；组织自然灾害救助捐赠活动。

（3）灾后救助。

灾害过后，受灾地区人民政府应当在确保安全的前提下，采取就地安置与异地安置、政府安置与自行安置相结合的方式，对受灾人员进行过渡性安置。就地安置应当选择在交通便利、便于恢复生产和生活的地点，并避开可能发生次生自然灾害的区域，尽量不

[①] 根据2010年7月国务院颁布的《自然灾害救助条例》整理。

占用或者少占用耕地。受灾地区人民政府应当鼓励并组织受灾群众自救互救，恢复重建。自然灾害危险消除后，受灾地区人民政府应当统筹研究制定居民住房恢复重建规划和优惠政策，组织重建或者修缮因灾损毁的居民住房，对恢复重建确有困难的家庭予以重点帮扶。居民住房恢复重建应当因地制宜、经济实用，确保房屋建设质量符合防灾减灾要求。

2. 中国灾害救助制度中救灾物资的筹集与管理

在灾害救助制度中，救灾物资是重要的组成部分。救灾物资一方面来源于国家和地区的财政拨款，另一方面来源于包括企业、个人、公益组织以及世界其他国家等社会各界的捐助。

（1）救灾款的使用。

民政部、财政部在1999年下发了《关于进一步加强救灾款使用管理工作的通知》，主要包括以下内容。

①进一步理顺救灾款管理体制。根据分级管理、分级负担的财政体制和依靠群众、依靠集体、生产自救、互助互济、辅之以国家必要的救济和扶持的救灾工作方针，中央和地方各级政府都负有救灾责任，解决灾害带来的困难应主要依靠地方各级政府和灾区广大干部群众通过自力更生、生产自救、互助互济等方式加以解决。

各地财政部门在年初编制预算时，要根据上年灾情和救灾资金需求编制相应的自然灾害救济事业费预算，执行中要根据灾情程度进行调整，不得虚列或列而不支。

当地方遭受特大自然灾害，地方政府通过自身努力确实难以解决时，中央可予以适当补助。各地向中央申请救灾款的报告中必须如实说明灾害损失程度、地方政府已投入和准备投入的救灾资金数额，不得虚报。

②严格掌握救灾款使用原则和使用范围。救灾款必须严格遵循专款专用、重点使用、公开使用的原则。其使用范围一是解决灾民无力克服的衣、食、住、医等生活困难；二是紧急抢救、转移和安置灾民；三是灾民倒房恢复重建；四是加工及储运救灾物资。救灾款发放使用的重点是重灾区和重灾户，特别是保障自救能力较差灾民的基本生活。不得平均分配，不得截留、挪用，不得实行有偿使用，不得提取周转金，不得用于扶贫支出，不得擅自扩大使用范围。

③认真做好清理整顿救灾扶贫周转金的工作。不得从救灾款中提取救灾扶贫周转金，不许直接或间接用救灾款设置和发放周转金。对借机侵吞国家资产或者因渎职造成国有资产流失的，要依法追究有关单位和个人的责任。对已经形成呆账或者确实回收难度较大的借款，经当地民政、财政部门核准后可采取保留债权逐步回收的办法解决。

④建立健全救灾款使用情况报告制度。要严格执行救灾款的使用报告制度。

(2) 救灾物资捐赠。

在物资捐赠方面，我国政府为了规范救灾捐赠活动，加强救灾捐赠款物的管理，保护捐赠人、救灾捐赠受赠人和灾区受益人的合法权益，根据《中华人民共和国公益事业捐赠法》和《国家自然灾害救助应急预案》，于2008年制定了《灾害捐赠管理办法》。

应急管理部成立

2018年3月，根据第十三届全国人民代表大会第一次会议批准的国务院机构改革方案，中华人民共和国应急管理部设立。

为防范化解重特大安全风险，健全公共安全体系，整合优化应急力量和资源，推动形成统一指挥、专常兼备、反应灵敏、上下联动、平战结合的中国特色应急管理体制，将国家安全生产监督管理总局的职责，国务院办公厅的应急管理职责，公安部的消防管理职责，民政部的救灾职责，国土资源部的地质灾害防治、水利部的水旱灾害防治、农业部的草原防火、国家林业局的森林防火相关职责，中国地震局的震灾应急救援职责以及国家防汛抗旱总指挥部、国家减灾委员会、国务院抗震救灾指挥部、国家森林防火指挥部的职责整合，组建应急管理部，作为国务院组成部门。

主要职责是，组织编制国家应急总体预案和规划，指导各地区各部门应对突发事件工作，推动应急预案体系建设和预案演练。建立灾情报告系统并统一发布灾情，统筹应急力量建设和物资储备并在救灾时统一调度，组织灾害救助体系建设，指导安全生产类、自然灾害类应急救援，承担国家应对特别重大灾害指挥部工作。指导火灾、水旱灾害、地质灾害等防治。负责安全生产综合监督管理和工矿商贸行业安全生产监督管理等。公安消防部队、武警森林部队转制后，与安全生产等应急救援队伍一并作为综合性常备应急骨干力量，由应急管理部管理，实行专门管理和政策保障，采取符合其自身特点的职务职级序列和管理办法，提高职业荣誉感，保持有生力量和战斗力。应急管理部要处理好防灾和救灾的关系，明确与相关部门和地方各自职责分工，建立协调配合机制。

中国地震局、国家煤矿安全监察局由应急管理部管理。

不再保留国家安全生产监督管理总局。

(资料来源：新华网. 中共中央印发《深化党和国家机构改革方案》.)

第六节 临时救助

我国绝大多数生活困难的群众在社会救助体系的建立与完善的基础上得到了及时、有效的救助与保障。尽管如此，我国社会救助体系仍然存在一些短板，主要体现在一些遭遇特殊情况（主要包括突发性、急迫性、临时性生活困难）的群众的救助问题缺乏相应的制度安排与救助。基于此，迫切需要建立临时救助制度，发挥其救急救难的作用，保障城乡困难群众的基本生活和兜住民生发展底线。

一、临时救助的概念与发展

（一）临时救助的概念

2014年出台的《关于全面建立临时救助制度的通知》对临时救助的定义为，国家对遭遇突发事件、意外伤害、重大疾病或其他特殊原因导致基本生活陷入困境，其他社会救助制度暂时无法覆盖或救助之后基本生活暂时仍有严重困难的家庭或个人给予的应急性、过渡性的救助。可以发现，临时救助的主体是国家，对象是基本生活陷入困境或者基本生活仍有困难的家庭或个人，只是一种应急性、过渡性救助，而不是长期性救助。

民政部《2018年民政事业发展统计公报》显示，2018年，共实施临时救助1 108.0万人次，其中救助非本地户籍对象9.4万人次。全年支出临时救助资金130.6亿元，平均救助水平1 178.8元/人次。

（二）临时救助的发展

2007年，民政部开始部署临时救助的试点和探索工作。在民政部的指导下，各地积极结合自身实际情况进入初步发展阶段。

截至2013年，我国26个市制定完善了临时救助政策，为全国建立临时救助制度奠定了基础。

2014年2月21日国务院发布了《社会救助暂行办法》并于5月1日起开始实施。其中，对临时救助的范围、申请等相关事项做出指导性的规定，但是并没有详细规定相关事项。

同年的9月，国务院常务会议决定在全国范围内建立临时救助制度。2014年10月，根据《社会救助暂行办法》的规定，国务院印发了《关于全面建立临时救助制度的通知》

(以下简称《通知》)。自此,临时救助制度正式在中国全面建立。

> 《通知》指出,建立临时救助制度是填补社会救助体系空白、提升社会救助综合效益、确保社会救助安全网网底不破的必然要求,对于全面深化改革、促进社会公平正义、全面建成小康社会具有重要意义。临时救助制度要以解决城乡群众突发性、紧迫性、临时性基本生活困难问题为目标,通过完善政策措施,健全工作机制,强化责任落实,鼓励社会参与,增强救助时效,补短板、扫"盲区",编实织密困难群众基本生活安全网,切实保障困难群众基本生活权益。《通知》进一步阐述了临时救助建立的重要意义和目标任务,为今后临时救助制度的发展指明方向与定位。

2017年7月,国务院常务会议上再次强调临时救助的重要性,部署深入实施临时救助制度,明确要求民政部牵头做好临时救助工作。

2018年1月,民政部联合财政部印发了《关于进一步加强和改进临时救助工作的意见》,对2014年《关于全面建立临时救助制度的通知》做了进一步的修改与完善,从而为新时代临时救助指明了新的发展和完善方向,提供了基本的遵循原则。

二、临时救助的内容

现阶段,我国临时救助制度的运行和发展主要是以《社会救助暂行办法》《关于全面建立临时救助制度的通知》以及《关于进一步加强和改进临时救助工作的意见》等作为执行依据和标准。但是,有关临时救助的比较详细的规定还是以《关于全面建立临时救助制度的通知》为标准。基于此,在介绍临时救助制度的具体内容时还是将其作为主要梳理对象。

(一)临时救助的对象范围和类别

1. 根据人员情况,救助对象可以分为家庭对象和个人对象

家庭对象。因火灾、交通事故等意外事件,家庭成员突发重大疾病等原因,导致基本生活暂时出现严重困难的家庭;因生活必需支出突然增加超出家庭承受能力,导致基本生活暂时出现严重困难的最低生活保障家庭;遭遇其他特殊困难的家庭。

个人对象。因遭遇火灾、交通事故、突发重大疾病或其他特殊困难,暂时无法得到家庭支持,导致基本生活陷入困境的个人。其中,符合生活无着的流浪、乞讨人员救助条件的,由县级人民政府按有关规定提供临时食宿、急病救治、协助返回等救助。

因自然灾害、事故灾难、公共卫生、社会安全等突发公共事件，需要开展紧急转移安置和基本生活救助，以及属于疾病应急救助范围的，按照有关规定执行。

县级以上地方人民政府应当根据当地实际，制定具体的临时救助对象认定办法，规定意外事件、突发重大疾病、生活必需支出突然增加以及其他特殊困难的类型和范围。

2. 根据困难情形，临时救助对象可分为急难型救助对象和支出型救助对象

急难型救助对象主要包括因火灾、交通事故等意外事件，家庭成员突发重大疾病及遭遇其他特殊困难等原因，导致基本生活暂时出现严重困难、需要立即采取救助措施的家庭和个人；对急难型救助对象，要进一步明确意外事件、突发重大疾病以及其他特殊困难的类型、范围和程度。

支出型救助对象主要包括因教育、医疗等生活必需支出突然增加超出家庭承受能力，导致基本生活一定时期内出现严重困难的家庭，原则上其家庭人均可支配收入应低于当地上年度人均可支配收入，且家庭财产状况符合当地有关规定。对支出型救助对象，要进一步明确生活必需支出的范围和救助对象财产状况认定标准。各地要结合本地实际，制定和完善临时救助对象认定的具体办法。

（二）临时救助的申请受理

1. 依申请受理

凡认为符合救助条件的城乡居民家庭或个人均可以向所在地乡镇人民政府（街道办事处）提出临时救助申请；受申请人委托，村（居）民委员会或其他单位、个人可以代为提出临时救助申请。对于具有本地户籍、持有当地居住证的，由当地乡镇人民政府（街道办事处）受理；对于上述情形以外的，当地乡镇人民政府（街道办事处）应当协助其向县级人民政府设立的救助管理机构（即救助管理站、未成年人救助保护中心等）申请救助；当地县级人民政府没有设立救助管理机构的，乡镇人民政府（街道办事处）应当协助其向县级人民政府民政部门申请救助。申请临时救助，应按规定提交相关证明材料，无正当理由，乡镇人民政府（街道办事处）不得拒绝受理；因情况紧急无法在申请时提供相关证明材料的，乡镇人民政府（街道办事处）可先行受理。

2. 主动发现受理

乡镇人民政府（街道办事处）、村（居）民委员会要及时核实辖区居民遭遇突发事件、意外事故、罹患重病等特殊情况，帮助有困难的家庭或个人提出救助申请。公安、城管等部门在执法中发现身处困境的未成年人、精神病人等无民事行为能力人或限制民事行为能力人，以及失去主动求助能力的危重病人等，应主动采取必要措施，帮助其脱离困境。乡镇人民政府（街道办事处）或县级人民政府民政部门、救助管理机构在发现或接到有关部门、社会组织、公民个人报告救助线索后，应主动核查情况，对于其中符合临时救助条件的，应协助其申请救助并受理。

（三）临时救助的审核审批

1. 一般程序

乡镇人民政府（街道办事处）应当在村（居）民委员会协助下，对临时救助申请人的家庭经济状况、人口状况、遭遇困难类型等逐一调查，视情况组织民主评议，提出审核意见，并在申请人所居住的村（居）民委员会张榜公示后，报县级人民政府民政部门审批。

对申请临时救助的非本地户籍居民，户籍所在地县级人民政府民政部门应配合做好有关审核工作。县级人民政府民政部门根据乡镇人民政府（街道办事处）提交的审核意见做出审批决定。救助金额较小的，县级人民政府民政部门可以委托乡镇人民政府（街道办事处）审批，但应报县级人民政府民政部门备案。对符合条件的，应及时予以批准；不符合条件不予批准，并书面向申请人说明理由。

申请人以同一事由重复申请临时救助，无正当理由的，不予救助。对于不持有当地居住证的非本地户籍人员，县级人民政府民政部门、救助管理机构可以按生活无着人员救助管理有关规定审核审批，提供救助。

2. 紧急程序

对于情况紧急、需立即采取措施以防止造成无法挽回的损失或无法改变的严重后果的，乡镇人民政府（街道办事处）、县级人民政府民政部门应先行救助。紧急情况解除之后，应按规定补齐审核审批手续。

此外，要针对不同的救助类型，优化规范临时救助审核审批程序。对于急难型临时救助，要注重提高救助时效性，进一步简化审核审批程序，积极开展先行救助，乡镇人民政府（街道办事处）、县级人民政府民政部门可根据救助对象急难情形，简化申请人家庭经济状况核对、民主评议和公示等环节，直接予以救助，并在急难情况缓解后，登记救助对象、救助事由、救助金额等信息，补齐经办人员签字、盖章手续。对于支出型临时救助，要严格执行申请、受理、审核、审批程序，规范各个环节工作要求。

对申请对象中的最低生活保障家庭及其成员、特困人员，重点核实其生活必需支出情况。要全面落实县级人民政府民政部门委托乡镇人民政府（街道办事处）开展临时救助审批的规定，合理设定并逐步提高乡镇（街道）临时救助金审批额度。

（四）临时救助的救助方式

发放临时救助金。各地要全面推行临时救助金社会化发放，按照财政国库管理制度将临时救助金直接支付到救助对象个人账户，确保救助金足额、及时发放到位。必要时，可直接发放现金。

发放实物。根据临时救助标准和救助对象基本生活需要，可采取发放衣物、食品、饮用水，提供临时住所等方式予以救助。对于采取实物发放形式的，除紧急情况外，要严格按照政府采购制度的有关规定执行。

★ 提供转介服务。对给予临时救助金、实物救助后，仍不能解决临时救助对象困难的，可分情况提供转介服务。对符合最低生活保障或医疗、教育、住房、就业等专项救助条件的，要协助其申请。对需要公益慈善组织和社会工作服务机构等通过慈善项目、发动社会募捐、提供专业服务、志愿服务等形式给予帮扶的，要及时转介。

各地要根据救助对象实际情况，综合运用发放临时救助金、发放实物和提供转介服务等多种救助方式，发挥临时救助应急、过渡、衔接、补充的制度作用，不断提升救助效益。要充分运用好转介服务，使临时救助与相关制度、政府救助与慈善救助、物质帮扶与救助服务密切衔接，形成救助合力，增强救助效能。对于急难型救助对象，可采取一次审批、分阶段救助的方式，提高救助精准度；可通过直接发放现金或实物的方式，提高救助时效性。

（五）临时救助的救助标准

各地要立足当地经济社会发展水平，依据分类分档原则制定临时救助标准。根据救助对象不同的困难情形，确定救助类型；同一类型救助对象根据不同的困难程度，确定救助档次，构建科学合理的临时救助标准体系。临时救助标准可与当地最低生活保障标准挂钩，根据救助对象的家庭人口、困难类型、困难程度和困难持续时间等因素，分类细化救助标准。对重大生活困难者，临时救助标准可采取一事一议方式，根据具体情形分类分档设定，适当提高救助额度。省级民政、财政部门要加强对临时救助标准制定的指导和统筹，推动形成相对统一的区域临时救助标准。

三、临时救助发展困境

（一）制度设计方面与专项救助制度存在交叉

在制度设计方面，临时救助覆盖了因灾害、教育、医疗等陷入生存窘境的家庭和个人。而在我国社会救助制度中，已有成型的专项制度如灾害救助、教育救助、医疗救助等为社会成员提供专项的帮扶。因而，临时救助制度在设计方面与已有的发展较为成熟的专项救助制度存在交叉，存在着浪费救助资源的困境。①

（二）相关法律政策尚未完备

临时救助制度建立时间尚短，未能建立完备的法律政策。目前，我国尚未出台具体的针对社会救助制度的法律②，更无法在短时间内推进临时救助相关法律的制定颁行。现行有关临时救助制度的法律均是被归纳至社会救助制度的相关法律法规中，缺乏高层次的立法。

（三）临时救助责任主体单一，缺乏对社会资源的调动③

目前我国临时救助工作的责任主体为政府。在制度运行过程中，政府背负了巨大的行政压力和财政压力。在临时救助资金的筹集方面，多为政府直接财政拨款，较少有来自社会的资金融入。在临时救助的服务供给方面，多为政府工作人员的工作分配，较少有来自社会组织抑或是志愿者团队提供的服务支持。筹资渠道单一、服务供给渠道单一等都在很大程度上限制了临时救助制度的发展。

四、临时救助未来展望

（一）明确制度体系，避免制度重叠浪费社会资源

明晰各个救助体系的职责与功能，进行清晰的划分，并对有联系的救助体系构建有效的衔接机制，以避免浪费行政资源。如对于医疗救助的厘定而言，临时救助体系就可以从疾病费用的紧急补助方面提供扶持，而医疗救助则是要从受助者的预防、补偿、长期扶助等多方面提供扶持。明确制度体系，清晰地划分临时救助体系与专项救助体系的目标群体、帮扶模式、制度功能的差异，有助于避免制度重叠浪费福利资源，以促进临时救助体系的可持续发展。

（二）完备临时救助相关政策法律体系

出台专门的《临时救助法》，对救助对象、救助标准、救助内容、救助资金、救助管

---

① 张浩淼. 我国临时救助制度建设及其思考 [J]. 社会保障研究，2014，19（1）.
② 林闽钢. 论我国社会救助立法的定位、框架和重点 [J]. 社会科学辑刊，2019（4）.
③ 梁土坤. 时代变迁中的临时救助制度：实践效果与未来方向 [J]. 西北人口，2016，37（2）.

理、救助监督等多方面进行政策法律上的规制，能够在很大程度上保障临时救助制度的功能性发挥。提升临时救助的立法层次，能够通过法律法规为临时救助体系的运行提供制度性保障，相关政府工作人员在提供救助时能够有法可依。

（三）充分调动社会资源，促进临时救助主体多元化发展

第一，应该充分明确政府在临时救助体系中的制度功能。政府应该承担起统摄各个主体间协调发展的作用，应该为临时救助制度的运行提供充足的资金以备使用，应该为临时救助体系提供完备的制度保障机制，以推进临时救助体系的合法化运行。

第二，应充分调动社会资源，促进临时救助体系的创新化发展。社会力量的介入将会打破传统的、制度化的运营模式，能够为我国临时救助体系的发展提供众多新思路。促进临时救助主体的多元化发展，不仅能够减轻政府的行政压力，更能为推进临时救助体系的可持续发展做出巨大贡献。①

---

① 章晓懿. "救急难"托底保障的机制构建与地方实践 [J]. 中国民政, 2017 (16).

第十章 社会福利

第一节 妇女儿童社会福利

妇女儿童社会福利这一概念一般与老年人社会福利、残疾人社会福利等并列，和社会福利概念相联系，作为其中的一个领域或一个内容存在。

什么是妇女儿童社会福利，学界的定义有广义和狭义之分，国际上通常采用妇女儿童社会福利广义的概念，即专指国家和社会通过社会化的福利津贴和有关福利设施，满足妇女儿童的生活服务需要，并促使其生活质量不断得到改善的一种社会政策。[①] 狭义的妇女儿童社会福利则是国家和社会为满足妇女、未成年人的特殊需要和维护其特殊利益而提供的照顾和福利服务，是妇女社会福利和未成年人社会福利的总称。[②] 本文所述的妇女儿童社会福利是指妇女儿童社会救助和狭义的妇女儿童社会福利。

一、世界妇女儿童社会福利历史沿革

（一）妇女儿童社会福利的产生

工业革命的开展使得越来越多的妇女涌入劳动力市场，女工的保护、孕产期的生活保障，儿童的养育及未成年人的保护问题不可避免地摆到政府和雇主面前。1802 年，英国政府颁布《学徒健康道德法案》，对劳动时间、工作条件、工作强度、工伤事故及滥用童工问题做出规定。

1839 年普鲁士颁布《普鲁士儿童保护法》，该法规定禁止工矿企业雇用 10 岁以下儿童，16 岁以下未成年人工作时间每日不超过 10 小时。1883 年，英国政府又通过了《工厂法》，主要规定了女工和未成年人的工作上限。

在工人维护权益的斗争下，1911 年，意大利政府率先把产妇纳入社会保险范围内，规定生育也享受疾病保险。

1912 年，瑞典颁布《劳工福利法》，规定禁止雇佣 13 岁以下的儿童。

1918 年，英国通过《妇女儿童福利法案》，妇女儿童保障第一次以专项法规的形式得

---

① 陈银娥，潘胜文. 社会福利 [M]. 北京：中国人民大学出版社，2009.
② 凌文豪. 社会保障概论 [M]. 郑州：河南大学出版社，2013.

以规范,妇女儿童福利的内容得到拓宽。根据这一法令及以后的一些法令,英国建立起了全国性的母婴保健制度。国际组织的积极推动也促使妇女儿童福利的产生。

1919 年,国际劳工组织通过了《生育保护公约》(第 3 号公约),并在以后的几十年里发布了一系列有关保护母亲、禁止妇女从事夜班、男女就业机会均等的保护条例,推动了各国妇女儿童福利事业的发展。

(二)妇女儿童社会福利的发展

总的来说,西方国家妇女儿童福利制度的发展大体经过三个阶段:20 世纪初至 20 世纪 40 年代初具规模,20 世纪 40 年代末到 20 世纪 60 年代长足发展,20 世纪 70 年代以来调整完善。①

1. 20 世纪初至 20 世纪 40 年代初具规模阶段

在这期间,世界上主要资本主义国家先后建立妇女儿童社会福利制度,并取得了一定的成果。1912 年,澳大利亚设立产妇津贴,到 20 世纪 40 年代又增加了家庭津贴、青年津贴、寡妇抚恤金等福利项目。1924 年,瑞典政府颁布《儿童福利法》,规定了儿童福利的相关事宜。1933 年,日本通过了《防止虐待儿童法》,1937 年又颁布了《母子保护法》,对妇女儿童保护进行立法。

2. 20 世纪 40 年代末至 20 世纪 60 年代长足发展阶段

第二次世界大战结束后妇女儿童福利得到了快速发展,主要资本主义国家物质财富大大增加,具有为妇女儿童提供更多福利的经济基础。

1945 年,英国颁布《家庭补贴法》,规定除第一个孩子外,其他孩子每周补贴 25 便士,后来逐步提高到 1.5 英镑。

1946 年联合国妇女地位委员会和联合国儿童基金会成立,大大促进了妇女儿童福利事业的发展。同年,瑞典开始实施中小学生免费午餐计划。

1947 年,日本政府正式颁布《儿童福利法》,该法消除了过去仅对贫困者施以救济的理念,开始将增进全体儿童的身心健康作为目标。1948 年,瑞典也开始实行普遍儿童福利制度。

1952 年,国际劳工组织通过《生育保护公约修正案》和《生育保护建议书》,联合国发表《妇女政治权利公约》,体现了国际组织给予妇女儿童福利高度重视。

1953 年,世界工联维也纳会议提出争取社会保障的完备纲领,大会指出真正的社会

---

① 孙光德,董克用. 社会保障概论 [M]. 北京:中国人民大学出版社,2000.

保险必须将生育保险包含在内。

1955年，瑞典开始实行针对所有妇女公民的与收入相联系的产妇补贴。

1959年，联合国发布《儿童权利宣言》，以联合国名义在世界范围内倡导维护儿童权益，增加儿童福利。美国国会于1964年通过《经济机会法》，主要目的是推动消减贫穷计划，其中儿童学前教育的辅导是该计划的重要措施之一，体现了对儿童教育福利的重视。

（三）20世纪70年代以来的调整完善阶段

20世纪石油危机过后，西方国家经济增长的黄金时期结束，经济停滞与通货膨胀并存的局面出现，西方福利国家开始对福利政策进行调整完善。如法国1995年控制家庭补助支出、削减子女教育补贴、单亲家庭供养子女补贴、抚养孤儿补贴等；美国1996年降低了用于家庭、妇女及儿童救济的各种补贴。

这一阶段，国际组织也为妇女儿童福利的发展做了大量推动工作。联合国妇女地位委员会自1975年至1995年召开了四次世界妇女大会并通过相应的文件。2000年又召开妇女问题特别联大，对第三次和第四次通过的文件执行情况进行审评，为提升妇女儿童地位及妇女儿童福利事业的发展助力。

联合国通过的一系列公约对妇女儿童权利的保护起到了积极作用，1979年，联合国通过《消除对妇女一切形式歧视公约》，1989年又通过了《儿童权利公约》。联合国儿童基金会成立以来，曾多次召开儿童发展问题专题会议。1990年9月召开的最高级别的世界儿童问题首脑会议和2002年5月召开的儿童问题特别联大是令世界瞩目的两次大会。两次会议都将各国首脑及高级别政府官员聚集于联合国总部，要求各国家首脑庄严承诺，对儿童的生存、权利、保护和发展给予高度优先，将保证每个儿童享有更美好的未来作为最崇高的使命。

现在，妇女儿童成为全球人类发展的重要组成部分，国际社会普遍给予越来越多的重视。妇女儿童福利也成为与老年人福利、残疾人福利等并列的重要发展领域。

二、世界妇女儿童社会福利介绍

（一）妇女福利

1. 妇女就业社会福利

世界各国都制定了相关法律、法规保障妇女同男子享有相同的就业机会的权利，享有相同的自主择业的权利，妇女能够平等地参与经济生活。

★ 通过立法保障妇女享有与男性同等就业的权利和机会，并通过就业政策鼓励企业雇用女工，比如雇用女工达到规定数量的企业可享受税收优惠的待遇等。禁止任何企业以性别为由拒绝录用妇女或者提高对妇女的标准。

★ 通过立法保障就业期间妇女与男职工享有同等待遇，同工同酬，拥有同等的晋升机会和培训机会。

★ 通过立法对女职工实行特殊劳动保护，保障女职工在生产工作中的安全和健康。

> 合理安排女职工工作和工种，为保护妇女的身体健康，根据妇女生理和心理特点禁止让女职工从事矿山、井下、高温、低温和冷水等高难度工作。在女职工经期，用人单位不得安排女职工在高空、低温、冷水等地方工作。

★ 通过立法禁止以结婚、生育、哺乳和抚养子女为由辞退女职工或者单方面解除劳动合同。

★ 通过政策倾斜提高女性受教育程度，并定期举办各种就业培训活动，帮助妇女在就业市场上能够拥有与男性平等竞争的实力。

2. 妇女健康和保护

由于妇女生理特征的特殊性，部分国家还为妇女提供特别的健康保健，为生育妇女提供免费或更优惠的健康服务。很多国家和地区都设有诸如妇女活动中心、咨询服务中心、妇女用品专卖店等福利场所，甚至一些国家还专门设立妇女庇护所，为受虐或者遭受特殊困难的妇女提供帮助。

此外，有些国家还设立父母育儿假，以使父母有更多时间陪伴和养育孩子。目前，大多数发达国家都设立了父母育儿假期。

（二）儿童福利

1. 儿童普遍社会福利

儿童普遍社会福利即所有儿童都能够享受的福利。

★ 对儿童的养育。对儿童的养育主要涉及家庭保护、儿童的营养及儿童的居住环境。

在家庭保护方面，国家通过立法对父母或其他监护人进行约束，不得虐待、遗弃未成年人。

在儿童营养方面，国家开展的工作有推动优质儿童食品的研制、开发和生产，推广母乳喂养，宣传和普及儿童营养知识等。

在儿童居住环境方面,政府在改善居住条件的同时加强对儿童居住环境相关知识的普及,提高托儿所、幼儿园建设的质量,普及儿童生活环境的相关知识。

★ 儿童的教育事业。各国对教育的重视程度都非常高,当前世界上几乎所有国家都普遍建立了免费的义务教育制度,各国的义务教育时间不一,但都在9年以上。有些国家的儿童还免费享有课本、文具盒、在校午餐,甚至有些离校远的儿童还享受上学免费接送服务。

★ 儿童卫生保健。儿童卫生保健包括,妇婴保健,通过多方多形式的努力降低婴儿死亡率;卫生部门对儿童实行预防接种制度,积极防治儿童常见病,并兴办专门的儿童医院或在全科医院中设置儿科;学校卫生工作,通过身体缺陷的锻炼矫治、健康检查、健康教育、传染病的预防等方法促进儿童健康成长。

★ 儿童的娱乐。政府投资或社会资助修建儿童场所,普及儿童娱乐知识,推广有益有趣的儿童游乐形式;政府直接指导和带领儿童娱乐活动,以引导孩子在娱乐中学习;举行竞赛性的活动吸引儿童参与,如专门为儿童设计的电视节目、玩具以及游乐园等。

★ 儿童权益的保护。这主要体现在两方面,一是要保护他们的合法权益,如生命权、被抚养权、优先救济权等;二是要保护儿童健康成长,对危害儿童健康的行为予以严厉打击。

2. 特殊儿童社会福利

特殊儿童即残疾儿童或被遗弃的儿童。他们除了享受正常儿童同等福利外,还应在国家、社会的帮助下得到特殊的照顾和保护。

★ 对孤儿及被遗弃儿童的救助。针对这类儿童,国家主要手段有儿童福利院、家庭辅助、家庭寄养和收养等。有的国家还专门为此立法。

★ 对残疾儿童的康复和教育。对残疾儿童进行康复治疗,采取必要的医疗手段,辅之以身体训练,最大限度予以矫正。创办特殊学校,使残疾儿童接受正常教育,适应主流社会,扩大儿童的接触面,帮助残疾儿童建立信心。

(三)世界妇女儿童社会福利未来的挑战

1. 各国妇女儿童福利水平发展不均衡

世界妇女儿童福利发展的历史表明,妇女儿童福利水平的影响因素是多方面的,其中,最重要的因素是经济发展水平。经济发展水平的高低直接影响妇女儿童福利的水平高低。妇女儿童福利所依赖的人口比率(成年生产人口与儿童依赖人口的比率)是另一个重要因素。

⏱ 20世纪80年代的统计数据显示,发达国家中,每100名成年人约需要照顾41位儿童,而发展中国家则是100名成年人要照顾71个儿童。[1]

2. 妇女儿童不断扩大的需求要求各国提出新政策

一般来说,妇女儿童的福利需求包括生理、心理、精神、情感和社会几个方面。随着社会的不断发展,女性地位不断提高,她们更加看重精神层面的需求,以实现自身的全面保障。因此,需求的不断扩大需要政府做出政策性回应。

三、中国妇女儿童社会福利

(一)中国妇女儿童社会福利历史沿革

1. 中国妇女社会福利思想萌芽

早在19世纪末20世纪初,我国就出现了妇女儿童福利思想。"戊戌变法"时期,第一所中国人自己创办的女子学校"经正女学"在上海开学;中国近代第一家女子报刊《女学报》创刊,宣传妇女解放、男女平等、婚姻自主等思想。1903年,金天翮的《女界钟》呼吁女权革命,恢复妇女应得到的入学、出入自由、交友、掌握财产、营业、参政和婚姻自主等7项权利。

1925年第一家卫生事务所在北平成立,提供社区卫生、食品营养、妇幼保健和公共卫生服务等。

20世纪二三十年代民国政府还兴办各类儿童福利组织、学校、育婴堂、孤儿院等保证儿童福利。但由于当时的中国战争不断,经济实力薄弱,妇女儿童福利水平普遍很低。[2]

中国共产党成立以后妇女儿童福利开始形成一些政策性文件。1921年,中国劳动组织书记部拟定的《劳动法案大纲》、1930年中央苏区颁发的《劳动暂行法》、抗日战争时期陕甘宁边区制定的《陕甘宁边区劳动保护条例》、晋绥边区发布的《关于改善工人生活办法草案》、解放战争时期先期解放的东北地区发布的《战时劳动法》《东北公营企业战时暂行劳动保险条例》等,都对妇女儿童福利做出了相关规定,但以上规定的实施情况并不理想,有些仅停留在文字上,有些只在解放区执行,并未形成真正的国家制度。[3]

---

[1][3] 陈银娥,潘胜文. 社会福利[M]. 北京:中国人民大学出版社,2009.
[2] 胡务. 社会福利概论[M]. 成都:西南财经大学出版社,2008.

2. 中国妇女儿童社会福利的建立

我国妇女儿童社会福利真正建立时间是在新中国成立之后，妇女就业保障、生育保险、儿童福利等制度相继建立。从新中国成立到 20 世纪 60 年代初，我国妇女儿童社会福利制度初步形成。与生育保险建立的标志相同，1951 年，《劳动保险条例》的颁布也预示着我国妇女儿童福利开始制度化。

★ 妇女权益保障。1949 年第一届中国人民政治协商会议颁布的《共同纲领》第 6 条规定，中华人民共和国废除束缚妇女的封建制度；妇女在经济的、政治的、文化教育的、家庭的、社会的、生活的各方面均有与男子平等的权利；男女平等的原则也被写入宪法。政府采取一系列具体措施来保障妇女有与男子平等的就业机会，实行同工同酬。

★ 女工劳动保护。我国对劳动妇女的保护开始于 20 世纪 50 年代。1956 年《中华人民共和国女工保护条例（草案）》起草完成，新中国女工劳动保护制度正式形成。同年 3 月，国家建设委员会和卫生部颁发《工业企业设计卫生标准》。1956 年国务院还公布了《工厂安全卫生规程》，规定工厂应根据需要设置更衣室、女工卫生室等生产辅助设施。1960 年 7 月，中共中央批转劳动部、全国总工会、全国妇联党组《关于女工劳动保护工作的报告》，女工劳动保护制度由此开始系统实施。

★ 儿童福利。新中国成立后，党和国家高度重视儿童福利、公共卫生和妇幼保健问题，初步确立了以学校卫生、公共卫生和妇幼保健工作为主体的儿童健康照顾体系框架，儿童健康照顾第一次作为独立的工作领域而存在。

🕐 《劳动保险条例》规定，工人与职工未满 16 岁的子女患病时，应该由指定诊所、医院免费治疗，手术费、普通药费由企业行政方面或雇主负担。

1955 年，财政部、卫生部、国务院人事局联合发布的《关于国家机关工作人员子女医疗问题的规定》中提出，可采取"统筹医疗"或"本人自理、补助困难"两种办法解决机关工作人员子女医疗问题。

🕐 政府在这一时期的儿童卫生福利措施主要有：预防接种、计划免疫；广泛开展新法接生，以喂养、防病和卫生习惯培养为主的育儿运动；大力建立儿童医疗机构，改善儿童就医条件等。

关于儿童教育事业，1949 年中央人民政府教育部成立，在初等教育司设立幼儿教育处。

《劳动保险条例》第五十一条规定，企业的女职工有 4 周岁以内的子女 20 人以上，工会基层委员会应与企业行政方面或资方协商，单独或联合其他企业设置托儿所，一切费用由企业行政方面或资方负担。

1951 年，《政务院关于改革学制的决定》明确规定：实施幼儿教育的组织为幼儿园，幼儿园收 3 足岁至 7 足岁的幼儿，幼儿园应在有条件的城市中首先设立，然后逐步推广。

1956 年，教育部、卫生部、内务部颁发《关于托儿所幼儿园几个问题的联合通知》，要求积极发展托儿所，并对托儿所、经费来源、幼儿园领导问题、保教人员培训做了具体的规定。

关于特殊儿童的照顾，民政部承担起了这项责任，保障他们的生活权益。从 1949 年起，人民政府接管了原来由旧社团举办的育婴堂、孤儿院、救济院等机构，取缔宗教组织、非政府组织、社会团体和个人开办的儿童福利机构，积极创办新的儿童福利院和社会福利院。从 1958 年起，我国对社会福利机构进行调整，儿童福利服务机构统称为儿童福利院，收容"无依无靠、无家可归、无生活来源"的孤儿、弃婴和残疾儿童。由国家调拨专门经费，配备工作人员和生活、教育、卫生设备，使残疾儿童得到照顾和治疗，孤儿、弃婴得到保育保教。

3. 中国妇女儿童福利的发展

从新中国成立到 20 世纪 60 年代初，我国妇女儿童社会福利初步形成。自 1977 年开始，政府着手发展完善妇女儿童社会福利。

1979 年 10 月，中共中央、国务院转发《全国托幼工作会议纪要》，对各级党委和政府提出明确要求，解决儿童入托难问题，进一步推动了托幼事业。1979 年，为配合计划生育政策的推行，规定为独生子女提供保健津贴。

具体规定是，凡领取独生子女证的职工，可以享受独生子女保健补贴，标准为每月 10 元，从出生之日至满 14 周岁，由父亲或母亲单位按月发放。

1986 年 4 月，第六届全国人民代表大会第四次会议通过《中华人民共和国义务教育法》，规定国家实行九年制义务教育，凡年满 6 周岁的儿童，不分性别、民族、种族，应当入学接受规定年限的义务教育。1986 年 5 月 30 日，《女职工保健工作暂行规定》印发试行，对女职工月经期、怀孕期、哺乳期、更年期、婚前、产后等阶段的保健做了详细规定。该规定除在国营、集体企业实施外，还适用于中外合资企业、外商独资企业、乡镇企业和个体联办企业。

1988年6月，国务院又颁布了《女职工劳动保护规定》，这是包括女职工就业权、劳动保护、生育保障等诸多方面的综合性法规，适用于我国境内一切国家机关、人民团体和企事业单位的女职工。同时，该规定还将产假由56天延长到90天，产假期间工资照发或领取生育津贴。

1994年，我国颁布实施《中华人民共和国妇女权益保障法》，后又颁布《中华人民共和国母婴保健法》，妇女儿童权益得到了法律保障。在福利机构建设方面，启动实施了《"十一五"流浪未成年人救助保护体系建设规划》《"十一五"儿童福利机构建设规划》暨"儿童福利机构建设蓝天计划"等，引起社会重视并取得一定成效。

2004年5月，民政部启动了《残疾孤儿手术康复明天计划》，该计划决定，从福利彩票公益金和社会捐款中拿出部分资金，用三年时间为全国各社会福利机构中有手术适应症的孤残儿童实施手术康复。该计划实施后已使3.5万余名残疾孤儿得到治疗，并建立起了长效机制。

到2007年年底，全国儿童福利院达269个，床位3.3万张，收养儿童2.9万人，各类收养机构共收养儿童8万余人。[①] 孤儿救助事业也在国家和社会的共同努力下取得突破性发展。2008年，民政部等15部门出台了《关于加强孤儿救助工作的意见》，这是新中国成立以来首个综合性的儿童福利制度。

在妇女儿童保护方面，2002年9月18日国务院第63次常务会议通过《禁止使用童工规定》，宗旨是保护未成年人的身心健康，促进义务教育制度的实施，维护未成年人的合法权益。2015年12月27日第十二届全国人民代表大会常务委员会第十八次会议通过《中华人民共和国反家庭暴力法》，宗旨是预防和制止家庭暴力，保护家庭成员的合法权益，维护平等、和睦、文明的家庭关系，促进家庭和谐、社会稳定。

在儿童保护方面，立法力度不断加大。2012年3月，修正后的《中华人民共和国刑事诉讼法》，增设未成年人刑事案件诉讼程序作为专门一章，未成年人的诉讼权利和他们合法权益得到更加有效的保障。

2015年8月，颁布《刑法修正案（九）》，收买被拐卖的妇女儿童、性侵幼女、虐待儿童等行为的处罚力度大大增加。2015年12月颁布了《中华人民共和国反家庭暴力法》，儿童家庭暴力的预防、处理和惩处等有了法律依据。

2016年2月，颁布了《中华人民共和国民法总则》，未成年人民事权利和义务的规范及保障在其中多个条款涉及。立法层面的不断发展，使得儿童保护的法律体系得以完善，

---

① 资料来源：2007年民政事业发展统计公报。

我国儿童福利制度的法制化进程进一步加快。①

（二）中国妇女儿童社会福利的特点

1. 妇女儿童福利水平存在明显差异

这种差异主要体现在城乡之间、地区之间。沿海发达地区实际福利水平要远远高于内地落后地区，城市实际福利水平要大大高于农村地区。

2. 福利社会化程度不高

改革开放以来，妇女儿童福利经费仍主要由政府财政负担。虽然在妇女儿童福利方面资金来源渠道得到逐步拓展，但力量仍较为薄弱。据不完全统计，我国妇女儿童福利费用的85%以上仍由政府财政拨款。②

3. 法律体系尚不完备

关于妇女儿童福利的立法，我国自改革开放以来已经取得了可喜可贺的成绩，妇女儿童社会福利通过立法手段走上了制度化的道路，但不可否认，现有法律存在着笼统而缺乏相应的细化单行法规的问题。

（三）中国妇女儿童社会福利的内容

1. 中国妇女社会福利的内容

（1）妇女劳动保护。

国家通过法律、法规、政策、教育培训等多种方式建立了妇女就业保障体系。我国宪法明确规定，妇女享有与男子平等的劳动权利，同工同酬的权利和休息的权利，获得安全和卫生保障以及特殊劳动保护的权利。凡适合妇女从事的职业，任何单位不得以性别为由拒绝招收女性劳动力或提高对女性的录用标准；不得在女工孕期、产期、哺乳期降低其基本工资或解除劳动关系；在晋升、晋级、评定专业技术职务以及配房和享受福利待遇等方面不得歧视妇女。③

（2）妇女的生育福利。

这主要体现在产假、生育津贴和生育医疗服务中。2012年新修订的《女职工劳动保护特别规定》第七条规定，女职工生育享受98天产假，其中产前可以休假15天，难产的增加15天，生育多胞胎的每多生育一个婴儿增加15天。女职工怀孕未满4个月流产的，

---

① 杨无意. 我国儿童福利事业发展的成效、问题与对策［J］. 中国民政，2019（10）.
② 陈银娥，潘胜文. 社会福利［M］. 北京：中国人民大学出版社，2009.
③ 中华人民共和国宪法.

享受15天产假，怀孕满4个月流产的享受42天产假。晚育产假由各省、自治区、直辖市根据本省计划生育条例规定。

生育医疗服务。我国女职工生育期间的医疗费用给予一定程度的报销，包括女职工门诊产前检查、分娩手术费、接生费、生育并发症、计划生育手术（包括男职工本人）等发生的医疗费用。具体报销标准根据本地生育保险政策执行。

2. 中国儿童社会福利的内容

（1）儿童医疗保健。

凡城市0~7岁，农村0~12岁的儿童均定期享受儿童基础免疫。国家按规定程序免费提供脊髓灰质炎、卡介苗、白喉和破伤风混合疫苗、百日咳、流行性脑炎疫苗等，由当地儿童保健所或医疗单位负责接种。近年来有些地区已经增加了乙肝疫苗、水痘疫苗的接种，并推出麻疹、风疹、腮腺炎联合疫苗，儿童保健水平得到很大提高。

（2）儿童免费教育。

年满6周岁的儿童要接受义务教育是我国义务教育法的明确规定。学校由国家和社会投资建设，学费主要由国家负担。国家设立助学金、奖学金，社会各界也通过捐款方式帮助贫困儿童就学。

（3）儿童福利设施。

国家直接投资或企业自筹资金建立妇幼保健站（所）、妈妈休息室、托儿所、幼儿园、哺乳室、儿童福利院等。

（4）儿童保护。

我国儿童保护对象主要是困境儿童，国家通过立法手段，对处于困境的残疾儿童、孤儿、被遗弃儿童给予救助。设立儿童福利院、建立特殊教育学校等帮助困境儿童。针对儿童保护还设有专门的法律《未成年人保护法》，以法律手段强制保障儿童的生命权、被抚养权等。

（四）中国妇女儿童社会福利未来发展趋势

中国妇女儿童社会福利未来发展主要聚焦于两点：第一，更加注重儿童的健康；第二，更加注重女性的权利。

《中国儿童发展纲要（2011—2020年）》在儿童福利领域确定了8个目标：扩大儿童福利范围，推动儿童福利由补缺型向适度普惠型转变；保障儿童享有基本医疗卫生服务，提高儿童基本医疗保障覆盖率和保障水平，为贫困和大病儿童提供医疗救助；基本满足流动和留守儿童基本公共服务需求；满足孤儿生活、教育、医疗和公平就业等基本需求，提高孤儿家庭寄养率和收养率；提高0~6岁残疾儿童抢救性康复率等。

《中国妇女发展纲要（2011—2020年）》提出的妇女社会保障目标：城乡生育保障制度进一步完善，生育保险覆盖所有用人单位，妇女生育保障水平稳步提高；基本医疗保险制度覆盖城乡妇女，医疗保障水平稳步提高；妇女养老保障覆盖面逐步扩大等。

该纲要明确了妇女在经济、法律、环境等领域的发展，具有前瞻性的一点是，在未来10年，妇女将在"参与决策与管理"领域拥有更多的发展机会。对此，《中国妇女发展纲要（2011—2020年）》提出了8个目标，其中特别提到县级以上地方政府领导班子中必须有1名以上女干部，并随行政级别数量逐步增加。

第二节 老年人福利

据统计，2017年全球60岁以上人口约9.62亿，占全球人口的13%，且每年以3%左右的速度增长[1]，老年人口数量大、增长速度快，人口老龄化形势不容小觑。在此背景下，世界各国纷纷寻找对策以应对人口老龄化问题，而老年人福利，作为社会保障的重要补充，受到世界各国的重视，加快老年人福利建设已然成为世界各国的共识。

一、世界老年人福利

所谓老年人福利，是以老年人为对象，国家和社会为了安定老年人生活、维护老年人健康、充实老年人精神文化生活而采取的政策措施和提供的设施和服务[2]。福利提供旨在满足老年人的多层次需要，保障老年人的晚年生活质量。

（一）世界老龄化理论发展

老龄化，自被发现并上升为一项被国际社会广泛关注的社会问题后，经由不同学者、不同机构的多样化阐释，形成现今社会对老龄化的观点，影响着老年人福利制度的设计。

老龄化最初是从医学角度对步入老年期的人的划分，即步入老年期的人可根据其健

---

[1] UNITED NATIONS, 2017. World Population Prospects: The 2017 Revision, Key Findings and Advance Tables [R]. Working Paper No. ESA/P/WP/248.

[2] 郑功成. 社会保障学 [M]. 北京：中国劳动社会保障出版社，2005.

康状况被划分为"正常老龄化"(Normal Ageing)与"受损的老龄化"(Impaired Ageing)①。这一阶段,老年人作为单向度的生物层面上的人而存在,其社会意义并未被重视。而后随着社会的不断发展,老龄化问题开始受到工业国家的关注,对老年人的单向度自然科学的研究开始发生转向,社会学家、地理学家等介入对老年学、老龄化的研究。1961年,伊莱恩·卡明(Elaine Cumming)和威廉·亨利(William E. Henry)提出脱离理论②,认为老化是一个充满脱离的过程,老年期是一个不可避免的角色、关系等的退出时期。该理论虽然为老龄化的描述增添社会学色彩,但对老龄化仍然秉承着消极的态度,仍未脱离单向度认知阶段。

1968年,活动理论出现,强调老年人的幸福和满足取决于老年人如何影响他们周围的事件以及他们对他人有用的程度,以老年人为中心的、关注老年人与周边事物及环境的互动作用的研究开始出现。老龄化认知开始转向积极层面。

在此之后,国际上提出健康老龄化、生产性老龄化、积极老龄化、成功老龄化等理念,对既有老龄化社会建设进行指导。

其中,健康老龄化最初由世界卫生组织于1990年提出,后被进一步发展。该理念强调从整体上促进老年人的健康,使老年人在体力、才能、社会、感情、脑力和精神等方面平衡发展③。生产性老龄化则是从老年人的社会参与出发,认为老年人仍然能够在劳动力市场之中有自己的一席之地,缓解部分劳动力短缺的情况,同时,"生产性"也可表现在照顾子辈孙辈的活动之中。成功老龄化在最初提出之时是为区分老年人之间的实质性差异,将"正常老龄化"又划分为平常老龄化与成功老龄化④,其内涵与健康老龄化有一定重叠。积极老龄化则将健康、参与和保障融为一体,强调老年人社会参与的重要性和必要性。

从最初的生理、消极意义上的老龄化到当下对老龄化的不同主张,虽然角度各有侧重,表述各不相同,但可以发现老年人的形象、社会对老龄化的认知愈加丰满。从最初的"脱嵌"发展为"嵌入式"老年人意象⑤,老年人从生理上单一维度的形象,逐步发展成生理、社会、参与等多维度的形象。变化中的形象与既有社会制度互动,影响着老年人社会福利制度的选择。

---

①④ ROWE J W, KAHN R L, 1987. Human Aging: Usual and Successful [J]. Science, 237 (4811).
② [美]霍曼, 基亚克. 社会老年学——多学科展望 [M]. 冯韵文, 屠敏珠, 译. 北京: 社会科学文献出版社, 1992.
③ 林卡, 吕浩然. 四种老龄化理念及其政策蕴意 [J]. 浙江大学学报(人文社会科学版), 2016, 46 (4).
⑤ 贾玉娇. 中国养老服务体系建设中的突出问题与解决思路 [J]. 求索, 2017 (10).

(二)世界老年人福利需求

需求,是老年人福利供给无法回避的问题,只有在厘清老年人福利需求的基础上,才能够更好地进行老年人福利供给。

纵向来看,老年人需求是自身表达与社会规制的结果,世界各国对老年人需求的认识是从片面到多样,从扁平到立体的。古希腊时期以及我国古代,老年人作为知识的传授者而存在,受到尊崇且掌握经验,"长者文化"决定了老年人在当时社会中的地位。而后军事社会来临打破了这一文化,崇尚武力、力量,老年人受到歧视,甚至部分国家将达到一定年龄的老年人背上山顶,任其自生自灭。这一阶段,对老年人尊崇的情况不再,其最基本的生理需求也可能被忽略。20世纪初,人口老龄化问题逐渐被国家、医院、科学家等发现,并开始寻求解决办法。这一阶段,老年人的生理需求再次被重视,并开始发展老年病学等学科。20世纪40年代,《贝弗里奇报告》中指出老年期面临的贫困问题,老年人的经济需求突出,但这一时期,老年人的福利需求仍表现为单一维度的生理上的需求。20世纪后半叶,随着如上文所述的健康老龄化、积极老龄化、地理老龄化等老龄化表述内容的丰富,老年人福利需求开始打破生理层面的局限,增添更多社会性元素。精神慰藉、积极参与生活被加入老年人的福利需求之中。

将视线聚焦于现阶段老年人福利需求,可发现老年人群的福利需求受其生命历程的影响,表现出一定的差异性,但总体来看需求在类别上具有一定的同质性,可将其划分为经济需求、健康需求、照护需求、精神需求。

就经济需求而言,莫莉·奥珊斯基(Mollie Orshansky,美国贫困指标的开发者)指出,"钱也许不是一切,但它的重要性远远超过任何被排在第二位的东西"[①]。现代社会收入对于维持人们的正常生活至关重要,而人在进入老年期后,由于从原有的生产领域退出,会面临收入丧失但生活开支仍在继续的局面。因此,为保障老年人的生活质量,需要为老年人提供相应的经济保障,如老年津贴、养老保险等。

在健康需求方面,从生理功能上来看,人在步入老年期后,面临着健康丧失的情形。随着年龄的增长,人们的身体素质、肌肉-骨骼系统、呼吸系统、心血管系统、神经系统等都会发生一系列变化,主要表现为功能上减弱。这种功能上的减弱,将会在老年期达到顶峰,导致老年人抵御疾病的能力不断下降,患病的概率增加,"病苦老龄化"显著。健康状况深深影响着老年人的生活质量,老年人需要得到有效的保障。

---

① [美]詹姆斯·H. 舒尔茨. 老龄化经济学(第7版)[M]. 裴晓梅等,译. 北京:社会科学文献出版社,2010.

在照护需求方面,由于生理机能衰退,老年人的自我照料能力会随着年龄的增加而不断下降。老年期的人们将会按次序经历完全自理阶段、工具性日常生活活动能力(IADL)缺损阶段、日常生活能力(ADL)缺损阶段和临终特别护理阶段。在不同阶段,随着老年人自我照料能力下降,照护需求开始出现,并呈现从无到有、从少到多、逐渐递增的趋势。

> 工具性日常生活活动能力是指老年人能够完成基本的社会性活动所需的能力,包括家务劳动(诸如洗衣、做饭)、购物、管理财物、打电话、乘坐交通工具、服药等活动,老年人完成该类活动的能力受损不会直接危及他们的生命,但是对周围环境的参与和控制能力降低,从而导致生活质量下降。日常生活能力是指老年人能够完成满足日常生活需要的必要活动的能力,包括进食、梳妆、洗漱、洗澡、如厕、穿衣等。这里的"必要活动"是指人们维持生存及适应环境而每天必须反复进行的、最基本的、最具有共性的活动。

在精神需求方面,由于退出生产领域,相较于其他年龄段的人们,老年人的闲暇时间更多,为减少孤独感与社会角色转换带来的失落感,需要在感情、娱乐、文化、社交、价值上得到更多的回应,进而充实自己。可具体描述为,在感情上获得家庭成员的回应;在娱乐方面发展自己的兴趣爱好;在文化上学习新的知识;在社交上拥有志同道合的朋友;在价值上积极参与社会,追求老有所为。

(三)老年人福利的主要内容

福利的供给离不开需求。与老年人的福利需求相呼应,老年人福利的主要内容涉及经济收入维持、医疗保健、照护服务、教育与休闲四大方面。

★ 经济收入维持。老年人从生产领域退出后,他们不再是生产者,而仅仅是消费者,因此,经济收入水平也会随之下降。为防止老年人陷入贫困,保障老年人的生活质量,国家为无劳动能力、无生活来源、无赡养人和扶养人,或者其赡养人和扶养人确无赡养或扶养能力的老人提供必需的以现金形式支付的津贴和补助①,在资金方面对老年人进行保障。

★ 医疗保健。作为实现健康老龄化的必要手段,医疗保健是老年人福利的一项重要内容,主要涉及医疗费用补助与医疗保健服务提供两方面。其中,医疗费用补助主要是

---

① 秦立建. 社会保障学——理论·制度·实践 [M]. 北京:高等教育出版社, 2016.

为中低收入老年人提供医疗费用补助和重病住院看护费补助。虽然许多国家已经实施全民医疗保险，但中低收入老年人往往在自行负担医疗费用和患重病请专人看护等方面仍有经济障碍，因此需要提供额外补助。[①] 而医疗保健服务则是指由国家、社区、单位、医院等举办的定期为老年人体检和慢病管理以及老年人健康知识讲座等，旨在通过积极预防从源头上控制老年人疾病的发生，做到早发现、早治疗，维持老年人的身体健康，减少医疗费用的增加。

★ 照护服务。随着失能老年人与罹患慢性病老年人比例的增加，老年人的照护需求凸显，照护服务已经成为老年人社会福利建设的重点。2000年，世界卫生组织发布《建立老年人长期照顾政策的国际共识》，呼吁世界各国建立长期照护制度，为老年人提供照护服务，确保老年人的独立、参与、照顾、自我充实和尊严。目前，世界各国均已陆续建立了老年人长期照护制度，我国也通过不断探索，建立了以居家为基础、社区为依托、机构为补充的社会养老服务体系，并不断更新服务内容，保障老年人的生活质量。

★ 教育与休闲。此项福利内容的设计旨在对老年人的精神需求做出回应。在娱乐方面，通过举办文体活动，为老年人提供休闲、文体、康乐等活动，帮助其发展兴趣爱好；在求知方面，通过创建老年大学，提供多样化的课程，拓宽老年人的视野，丰富其知识储备；在价值方面，通过鼓励老年人参与活动，将其再次嵌入到社区这个机体之中，为社区与社会的发展做出贡献，实现老有所为。

二、中国老年人福利

随着中国老龄化程度越来越高，养老服务亟待提升，要求老年人社会福利积极发挥应有的作用。我国自1999年步入老龄化社会以来，老年人人口规模不断扩大。截至2018年年末，全国60周岁以上老年人口达24 949万人，约占总人口的17.9%，其中65周岁以上的老年人16 658万人，占总人口的11.9%，人口老龄化已然成为贯穿我国21世纪的基本国情（见图10-1）。

（一）中国老年人福利发展沿革

在几千年的农耕社会中，老年人的养老与家庭息息相关。由于自然经济链条的封闭性，家庭成了生产生活的基本单位，人与家庭紧密相连。在这种情况下，老人若想要保证自己的老年生活，就必须要依靠子女，依赖家庭。

---

① 林闽刚等. 现代社会保障通论［M］. 北京：中国社会科学出版社，2014.

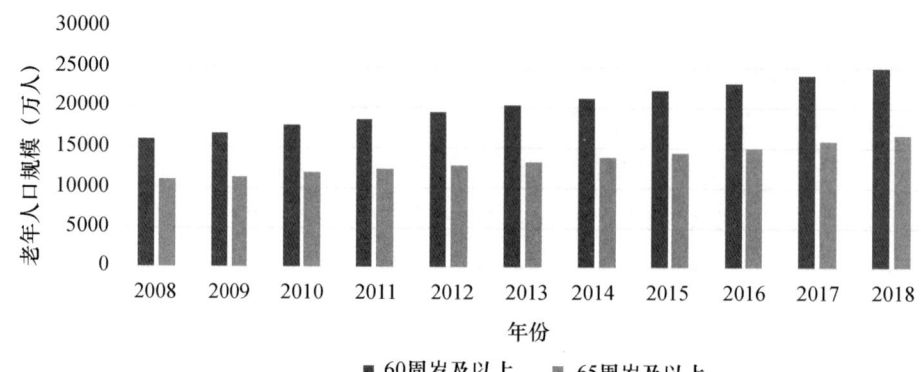

图 10-1 中国 2008—2018 年老年人口规模

资料来源：国家统计局. 中华人民共和国 2008—2018 年国民经济和社会发展计公报.

新中国成立后，老年福利制度发生变化。在计划经济时期，由于城乡老年人福利供给主体、供给内容的不同，老年人福利呈现城乡二元分割的局面。对城市老年人而言，他们可享受的社会福利可概括为由退休前原单位提供的职业福利与专门针对"三无"老人的政府收养性福利，而农村老年人的社会福利则主要覆盖的是"五保户"。总的说来，这一时期老年人福利仍处于缓慢发展的阶段。

直到 20 世纪 80 年代，伴随着单位式福利供给制的解体与家庭养老能力的弱化，让社会力量介入老年人福利供给的呼声越来越高，政府开始意识到原有的由国家和集体包办的老年人社会福利难以满足老年人的需求，老年福利事业进入转型时期。1984 年，民政部在福建漳州举办的经验交流会上明确提出了"社会福利社会办"[1]，开启了我国老年人福利的社会化之路。

1986 年，民政部指出福利事业要变单一的国家负担为国家、集体、个人三方共同负担，由"救济型"变为"福利型"、由"供养型"变为"供养与康复相结合型"，明确了我国社会福利事业发展的方向。

1996 年《中华人民共和国老年人权益保障法》通过，为老年人特别是处在特殊困境下的老年人实现"老有所养、老有所医、老有所乐、老有所学、老有所为"提供了法律保障。老年人福利进入快速发展的阶段。

2000 年以来，面对中国社会不断加深的老龄化趋势，老年人福利制度布局愈加清晰。政府多次发文对老年人福利服务进行调整，推动居家、社区、机构养老服务发展。

2001 年，民政部在全国范围内推行"社区老年福利服务星光计划"，推动社区老年福

---

[1] 林闽钢，梁誉. 我国社会福利 70 年发展历程与总体趋势 [J]. 行政管理改革，2019（7）.

利服务设施建设。

2008年,全国老龄委、民政部等10部门联合印发了《关于全面推进居家养老服务工作的意见》,就制订居家养老服务发展规划、加大政府投入力度、贯彻落实支持居家养老服务的优惠政策、建立和完善社区居家养老服务网络、加强专业化与志愿者相结合的居家养老服务队伍建设、积极培育和发展居家养老服务组织、建立居家养老服务管理体制以及合理配置资源、整合资源提出了明确要求。

2013年9月,国务院印发《关于加快发展养老服务业的若干意见》,鼓励养老服务业持续健康发展,保障老年人权益,同时拉动消费,扩大就业。

2019年4月,国务院办公厅发布《关于推进养老服务发展的意见》,针对养老服务市场发展不平衡不充分的现状,对养老服务工作进行部署,旨在满足老年人的多样化需求,提升老年人及其子女的获得感、幸福感与安全感。

总体来看,经过多年发展,我国的老年人福利内容已经从维持基本生存到提高生活质量和提供优质服务并重,从吃饱穿暖向基本生活保障、权益保障、精神保障全方位发展,老年福利服务的手段也从单纯的物资保障和托养服务向专业化的护理照顾、全方位的居家服务发展[①]。

(二)中国老年人福利的内容

★ 经济收入维持。我国各地探索建立了高龄津贴制度,为符合一定年龄标准的老年人按月发放一定费用,以期提高老年生活质量、在社会中倡导敬老尊老的风气。截至2017年5月,已有31个省份做到了制度全覆盖。此外,我国还建立了养老服务补贴制度,为高龄、独居、空巢、失能和低收入老年人提供标准不一的定期补助。

★ 社会服务。我国现已将推动健康老龄化、发展养老服务业提上重要议事日程。民政部、国家卫健委、全国人大内务司法委员会等相关部门印发了一系列推动养老服务建设等方面的文件,致力于构建以居家为基础,社区为依托,机构为补充,医养相结合的社会养老服务体系。

2012年7月,民政部印发《关于鼓励和引导民间资本进入养老服务领域的实施意见》,鼓励和引导民间资本进入养老服务领域,以实现养老服务投资主体多元化,缓解养老服务上的供需矛盾。

2014年8月,财政部、发展改革委、民政部、全国老龄办等联合下发《关于做好政

---

① 国家应对老龄化战略研究总课题组. 国家应对人口老龄化战略研究子课题总报告集[M]. 北京:华龄出版社,2014.

府购买养老服务工作的通知》，要求用政府购买服务的形式，满足老年人的基本养老服务需求。

2015年9月，民政部等联合下发《关于进一步加强新形势下老年人体育工作的意见》，推动老年体育事业的发展，丰富老年人的晚年生活。国务院办公厅2015年11月转发卫生计生委等部门《关于推进医疗卫生与养老服务相结合指导意见》，要求推进医养融合，以适应老年人健康养老服务需求。

★ 医疗保健。为帮助老年人解除病痛疾苦、提高生命质量，2009年我国就已将老年人健康管理纳入《国家基本公共卫生服务规范》，规定每年对辖区内65岁以上的常住居民提供1次老年人健康管理服务。2019年，国家出台《关于建立完善老年健康服务体系的指导意见》，指出要以满足老年人健康服务需求为导向，大力发展老年健康事业，着力构建包括健康教育、预防保健、疾病诊治、康复护理、长期照护、安宁疗护的综合连续、覆盖城乡的老年健康服务体系，努力提高老年人健康水平，实现健康老龄化，建设健康中国。

★ 教育与休闲。目前，我国开始探索老年人的教育体制机制，各地已创建老年大学，为老年人提供多样化的课程，丰富其知识储备。在休闲娱乐方面，我国老年人可免费乘坐城市公交和地铁，优先购买火车票、长途汽车票、飞机票，享受公园、园林、旅游景点等的参观门票减免优惠。此外，单位或社区设有老年人活动站、老年中心等一些专门的老年人休闲娱乐活动场所，为老年人提供文化、教育、娱乐、体育活动设施，并实行免费或优惠服务。

（三）中国老年人福利改革展望

虽然近年来我国老年人社会福利事业发展较快，实现了向福利内容多层次、供给主体多元化的转型，但仍需清楚地认识到，现阶段我国的社会福利仍存在城乡发展不均、覆盖面不够、供给需求失衡、服务质量不高的问题。且随着人口老龄化进程的不断加快，老年人的需求将愈加趋向多元化与复杂化，社会福利体系将面临更大的压力。如何继续完善社会福利体系并确保老年人的生活质量，成为下一步福利改革的重点。

基于此，下一步，必须针对存在的问题，在总结既有制度建设经验的基础上，积极借鉴国外先进经验和做法，立足实践，探索建立与我国经济社会发展水平相适应的老年人社会福利体系。总体说来，未来需要立足于让老年人共享社会文明发展成果这一理念，以老年人需求为导向，厘清各福利供给主体责任，建设适度普惠型的老年人社会福利事业，缩小城乡之间、不同人群之间的福利待遇差距，研究制定政府为特殊困难老年人群购买服务的相关政策。进一步完善老年人优待办法，积极为老年人提供各种形式的照顾和优先、优待服务，逐步提高老年人的社会福利水平。扩大发放高龄老年人生活补贴和家庭经济困难的老年人养老服务补贴。培育老年人自我养老能力，鼓励老年人口继续就业和参与社会。

第三节　残疾人福利

残疾是人类社会不可避免的社会现象。由于先天或后天的原因，残疾人在生存和发展中面临着各种各样的障碍，他们在资源获取上弱于其他人，成为人类社会发展的代价承担者。在激烈的现代社会竞争中，如何保障残疾人的生活，改善其生活质量，保证残疾人共享人类社会的改革发展成果，促进残疾人融入社会，已然成为现代社会残疾人福利体系建设应当考虑的问题。

一、世界残疾人福利

所谓残疾人福利，是指为实现残疾人的"平等、参与、共享"，由国家和社会制定社会政策，为全体残疾人在年老、疾病、缺乏劳动能力及退休、失业、失学等情况下提供基本的物质帮助，并根据社会的经济、文化发展水平，给予残疾人相应的康复、医疗、教育、劳动就业、文化生活、社会环境等方面的权益保障。[1]

（一）世界残疾人福利的发展历程

总的来看，残疾人福利，从无到有，走过了从医疗模式到社会模式的变迁之路[2]。

在进入工业社会前，战争、自然灾害、疾病、近亲婚姻等是导致残疾人产生的主要原因。受到当时科学知识发展水平的限制，残疾人的产生多被用宿命论来解释。他们被建构成为"不祥之人"，妖魔化现象严重[3]。受此消极观念影响，这一时期，残疾人福利几近于无。

★ 随着科学技术的发展与人权意识的觉醒，宿命论下的残疾人福利观念被打破，医疗模式被建构。具体说来，医疗模式是传统残疾观主导下的一种残疾人社会福利模式。传统残疾观认为，残疾是一种损伤，是由个人的原因造成的。对社会来说，残疾人是

---

[1] 郑功成. 社会保障学 [M]. 北京：中国劳动社会保障出版社，2005.
[2] 梁德友，周沛. 中国特色残疾人事业发展的三个向度 [J]. 河南社会科学，2015，23（1）.
[3] 贾玉娇. 走向全纳：残疾人无障碍理念的新发展 [J]. 吉林大学社会科学学报，2012，52（5）.

"废人",是社会的"累赘和附属物",需要社会的救济才能够生存。在此观念主导下,为使残疾人自身得到康复,残疾人医疗救助得到发展。这一阶段,社会已认识到应当对残疾人负有一定的保障责任,大力开展残疾康复和治疗,力图通过院内康复、机构化治疗等方式提高和改善残疾人的生活质量。

此后,随着人类社会对残疾人问题认识的不断深入,人们逐渐认识到对残疾人实施的"封闭式""庇护式"康复和供养人为地割裂了残疾人与社会的关系,不利于残疾人积极社会关系的建立。同时,医疗模式过于聚焦残疾人个体,忽略了残疾人嵌入社会系统与空间的属性,并不能真正全面地解决残疾人问题,由此残疾人福利模式开始发生转向。

★20世纪50年代以来,社会型的现代残疾观出现。这一时期,在残疾人福利方面,西方出现了一系列与残疾人教育和服务相关的新模式,如"去机构化""回归社会"以及"社区融合"等模式,这些模式被统称为社会模式。

社会模式立足于现代残疾观,将残疾人与其所处的社会环境紧密联系。强调"人"是残疾人的第一属性,"残疾"是第二属性,认为残疾人的活动受限和参与限制是自身机能、结构损伤和环境障碍交互作用的结果。根据这一模式,社会对残疾人提供的福利不仅仅是医疗康复,还应在消除环境障碍和提高生活能力、工作能力、社会参与能力等方面保证残疾人平等权利的实现。社会模式的开展,形成了残疾人回归社会的思潮和运动,使越来越多的残疾人离开封闭的、与主流社会隔离的、寄宿制的社会福利或康复机构,重返正常的社区环境接受相关的支持与服务。①

梳理历史可发现,随着社会对残疾人的认知不断丰满,残疾人福利制度从最初的消极走向积极,从单一的生存维持走向社会融入。

正如联合国《残疾人权利公约》中所描述,"残疾人包括肢体、精神、智力或感官有长期损伤的人,这些损伤与各种障碍相互作用,可能阻碍残疾人在与他人平等的基础上充分和切实地参与社会"。

世界残疾人社会福利建设正朝向使残疾人更好地融入社会而不断努力。

（二）世界残疾人福利的基本内容

纵观世界各国的残疾人福利,虽在内容上存在着一定的差异,但总体来看,基本内容均是针对残疾人各项需求而设立,具有一定的相似性。具体说来,基本内容主要包括

---

① 梁德友,周沛. 中国特色残疾人事业发展的三个向度[J]. 河南社会科学,2015,23(1).

残疾人的生活保障、残疾的康复与预防、残疾人教育、残疾人就业、文体娱乐和无障碍环境①。

★ 残疾人的生活保障。残疾人在肢体、精神、智力等方面的损伤，会与外界环境中的各种障碍相互作用，对残疾人融入社会造成阻碍，进而导致残疾人在总体上获取生活必需品的能力不足，易造成生活上的贫困。为应对此种现状，需要国家为残疾人提供维持其基本生活的费用，使其免于生活上的危机。

★ 残疾的康复和预防。康复是帮助残疾人恢复或补偿功能、提高生存质量、增强社会参与能力的重要途径。在专业人员的指导和有关工作人员、志愿工作者及亲属的帮助下，残疾人进行功能、自理能力和劳动技能的训练②，最大限度地恢复自己的生理与社会能力。而残疾人预防，则是在了解致残原因的基础上，利用现有的卫生医疗技术，积极采取各种有效措施、途径，防止、控制或延迟残疾的发生。

★ 残疾人教育。教育是提升残疾人自身能力的一项重要手段，也是促进残疾人发展的前提。目前，世界各国都已经意识到残疾人有平等接受教育的权利，有必要建立适合各个年龄段的残疾人教育体系，由此特殊教育产生。

★ 残疾人就业。劳动就业是残疾人全面参与社会生活的关键。③ 该项福利是从帮助残疾人自立与残疾人未来发展角度出发，采取各种措施保障残疾人有机会在开放、具有包容性和对残疾人不构成障碍的劳动力市场和工作环境中，为谋生自由选择或接受工作的权利。④

★ 残疾人文体娱乐。早期的残疾人福利，一般比较注重残疾人物质生活方面需要的满足。随着残疾人福利的不断发展，开始注重残疾人的精神生活，残疾人文化体育活动开始活跃。目前，许多国家都已经将残疾人文化体育的发展视为本国经济发展水平与文明程度的标志，并予以高度重视。

★ 无障碍环境。无障碍环境的建设不仅仅只是为残疾人带来便利，在更大的意义上它还彰显了对残疾人的人文关怀。2006年12月13日联合国大会通过了《残疾人权利公约》，第九条明确提出无障碍环境的建设，"为了使残疾人能够独立生活和充分参与生活的各个方面，缔约国应当采取适当措施，确保残疾人在与其他人平等的基础上，无障碍地进出物质环境，使用交通工具，利用信息和通信，包括信息及通信技术和系统，以及

---

① 陈银娥. 社会福利（第二版）[M]. 北京：中国人民大学出版社，2009.
② 张奇林. 社会救助与社会福利[M]. 北京：人民出版社，2012.
③ 邓朴方. 人道主义的呼唤（第一辑）[M]. 北京：华夏出版社，2006.
④ 秦立建. 社会保障学——理论·制度·实践[M]. 北京：高等教育出版社，2016.

享用在城市和农村地区向公众开放或提供的其他设施和服务。"这就要求世界各国行动起来，进行物质环境、信息和交流无障碍的建设，以便于残疾人更好地融入社会。

二、中国残疾人福利

新中国成立以来，我国对残疾人福利事业予以高度重视。随着国民经济的快速发展，各级政府的财政投入不断加大，培育的社会民间组织越来越多，国内外慈善组织和个人慈善捐款不断增多，有关残疾人福利的相关法律法规不断完善，残疾人生存的环境不断改善，我国残疾人福利事业得到了长足的发展。

（一）中国残疾人福利发展沿革

★ 早在新中国成立之前，残疾人福利思想就已萌芽。考察诸子百家的治国安民思想即可发现"问疾""宽疾""养疾"等福利观念；在封建政治统治过程中亦可发现设立盲人学校、收养残疾人等具体实践；在近代，受西方宗教思想、新文化运动等的影响，在传教士、进步人士等社会各阶层的推动下，残疾人事业的建设开始向前推进。①

★ 新中国成立后，我国残疾人福利事业发展慢慢起步。新中国成立初期，残疾人福利多针对革命伤残军人，内务部颁布了《革命残废军人优待抚恤暂行条例》等文件，对伤残军人进行保障。20世纪50年代，我国政府开始关注残疾人的生活，陆续建立了一些盲、聋、哑学校以及社会福利机构和福利企业，残疾人普遍得到收养和救济，并获得了基本的生活权利和政治权利。而后"文化大革命"期间，残疾人福利制度遭到破坏，发展停滞，直到改革开放，我国的残疾人福利才又得到了快速发展。1982年宪法首次规定，"国家和社会帮助安排盲、聋、哑和其他有残疾的公民的劳动、生活和教育"，残疾人福利受到重视。

★ 1988年是中国残疾人福利事业发展的重要时间节点。1988年3月，中国残疾人联合会成立，拉开了残疾人福利事业快速发展的帷幕。在这一时期，人道主义思想得以确立。在重视程度方面，国家已然认识到残疾人福利制度建设是社会主义建设过程中不可缺少的一环，开始将残疾人事业纳入国家发展规划。此后，残疾人的康复、教育、社会保障等事业得到发展，残疾人状况逐步得到改善。1990年，《中华人民共和国残疾人保障法》颁布，规定"残疾人在政治、经济、文化、社会和家庭生活等方面享有同其他公民平等的权利"，自此中国残疾人社会福利朝向法制化发展。

---

① 邱观建，于娣. 理念、实践、道路：中国残疾人事业发展的四十年［J］. 残疾人研究，2018（3）.

★ 2008年3月，《中共中央 国务院关于促进残疾人事业发展的意见》颁布，我国残疾人福利开始进入全面发展阶段。这一阶段，党和政府明确提出残疾人事业发展要围绕"残疾人小康"这一目标，将"两个体系"建设纳入经济和社会发展全局，使残疾人的生活、医疗、康复、教育、就业等基本需求得到制度性保障。同年9月，联合国《残疾人权利公约》在我国落地生效。为履行落实《残疾人权利公约》所规定的责任和义务，充分实现残疾人的一切人权和基本自由，中国政府在立法、行政等多方面采取了有效措施。此后，《残疾人权利公约》各项宗旨和原则在我国得到了充分体现和具体落实，广大残疾人权利意识的觉醒受到有力推动，全社会尊重保障残疾人权利的认识不断提升。

★ 十八大以来，在全面建设小康社会的背景下，残疾人福利建设又进入了发展的新阶段。这一时期，残疾人事业被进一步纳入"五位一体"总体布局和"四个全面"战略布局[1]，残疾人教育、就业、康复等福利内容继续发展。2015年，国务院《关于加快推进残疾人小康进程的意见》发布，针对部分残疾人尚未脱贫的问题，对残疾人基本民生保障、促进就业增收、提升基本公共服务水平等方面提出意见，推动残疾人福利发展。2016年，习近平总书记指出"全面建成小康社会，残疾人一个也不能少"，为残疾人更好地共享社会发展成果提出新要求。2017年，国务院发布《残疾预防和残疾人康复条例》，指出"残疾预防工作应当覆盖全人群和全生命周期"，残疾预防和残疾人康复事业向前推进。

总体来看，我国残疾人福利事业从无到有，在量和质上较之前都有很大突破。残疾人福利事业开始由救济型向福利型转变，由封闭型向开放型转变，由官办逐渐向社会化转变，由补缺型逐渐向普惠型转变，社会福利的性质逐步强化。

（二）中国残疾人福利的主要内容

★ 残疾人康复。我国残疾人康复福利服务既包括残疾的治疗，也包括残疾的预防。1988年10月，我国建成了第一个现代化综合性的残疾人康复研究机构——中国康复研究中心，国家正式将残疾人康复工作纳入发展规划。[2] 经过近30年的发展我国已初步形成了多层次的残疾人康复体系，其服务内容涵盖功能技能训练、辅助器具适配、心理辅导、康复转介、残疾预防等。

🕐 截至2018年年底，全国已有残疾人康复机构9 036个，康复机构在岗人员达25万人（含专业技术人员17.6万人），1 074.7万残疾儿童及持证残疾人得

---

[1] 邱观建，于娣. 理念、实践、道路：中国残疾人事业发展的四十年［J］. 残疾人研究，2018（3）.
[2] 郑功成. 中国残疾人事业发展报告（2017）［M］. 北京：人民出版社，2017.

到基本康复服务。①

★ 残疾人教育。我国现已建立了针对残疾人的学前教育、义务教育、高中教育、职业教育、高等教育和成人教育体系。党和国家高度重视发展特殊教育，2010年，《国家中长期教育改革和发展规划纲要（2010—2020年）》中针对特殊教育独立设章，对完善特殊教育体系、健全特殊教育保障机制提出要求。2012年，党的十八大明确提出要"支持特殊教育"。2014年1月，国务院办公厅转发教育部等七部门编制的《特殊教育提升计划（2014—2016年）》，要求进一步提升特殊教育普及水平，全面推进全纳教育，以使每一个残疾孩子都能接受合适的教育，推进教育公平。总体来看，我国的残疾人受教育权利得到了更好的保障，残疾人教育形式、水平在逐步提高。

★ 残疾人就业。我国高度重视残疾人就业问题，积极制定残疾人就业政策，包括《残疾人保障法》《残疾人就业条例》《残疾人就业保障金暂行规定》《关于对残疾人员个体开业给予免征营业税照顾的通知》《关于促进残疾人就业税收优惠政策的通知》。经过多年的努力，我国现已形成了集中与分散相结合、优惠政策和扶持保护措施相结合的方式，多渠道、多层次、多形式安排残疾人就业。

★ 我国政府大力发展慈善公益事业，建立残疾人乘坐城市公共交通、游览公园、利用公共文化设施等优待办法和服务保障措施。利用彩票公益金支持残疾人事业，鼓励社会捐赠，促进残疾人慈善公益事业健康发展。

★ 残疾人文体娱乐。改革开放以来，特别是中国残疾人联合会成立以来，我国残疾人文化、体育生活发展迅速。2008年中共中央、国务院《关于促进残疾人事业发展的意见》中，就繁荣残疾人文化体育事业提出"发展残疾人特殊艺术""开展残疾人群众性体育健身活动""开展残疾人体育科研和体育教育"等意见。

★ 无障碍设施建设。早在20世纪80年代，我国就已开始对无障碍环境建设的探索，1990年颁布的《中华人民共和国残疾人保障法》也对无障碍环境建设予以阐述。2012年，我国首部专门无障碍环境建设法规《无障碍环境建设条例》出台，指出有无障碍环境是残疾人的权利，并强调了无障碍环境不仅保障残疾人的社会生活参与权，同时惠及全体社会成员。

（三）中国残疾人福利未来发展趋势

虽然近年来我国残疾人福利事业发展较快，受益对象不断扩大，社会福利服务水平

---

① 中国残疾人联合会. 2018年残疾人事业发展统计公报.

逐步提升，但从整体上来看，仍然没有完成由传统人道主义理念向社会权利理念的转型，残疾人社会权利整体上还处于浅度配置和轻度配置的阶段。残疾人社会保障和公共服务的供给水平整体偏低，福利保障项目少，在基本生活、康复教育与就业等方面还面临着许多困难，尚未能公平地共享到改革开放的成果。

基于此，未来我国仍将继续深化残疾人福利事业改革，以保障残疾人的权利为理念，树立积极性残障福利政策的思维，加快推进我国残疾人福利体系建设。在福利内容上，注重发展残疾人教育、康复、就业、救助、文体娱乐等福利，加大力度推进无障碍环境的建设，让残疾人与其他人一样便捷平等地参与到社会活动中来。在理念转变上，将残疾人视为正常的人，借助残疾人就业政策引导与社会环境建设，让残疾人走出家门，帮助残疾人正常化融入社会。

第十一章 补充保障

第一节 企业年金与职业年金

企业年金是指在政府强制实施的基本养老保险制度之外,企业在国家政策的指导下,根据自身经济实力和经济状况建立的,旨在为吸引和留住雇员长期为企业服务和提高劳动生产率,向本企业职工提供一定程度退休收入保障的员工福利制度。[①] 企业年金又被称为职业年金,是一种补充养老保险。

一、世界企业年金制度

(一)世界企业年金制度的发展历程

虽然企业年金是养老保险的一种补充制度安排,但是从两者建立的时间来看,企业年金比养老保险建立的时间要早,可以追溯到雇主为雇员提供的一种养老保障安排。

★ 雏形。在1776年美国建国之初,美国政府就为所有在独立战争中受伤的伤残军人提供了一定数额的生活费用,又在1780年为所有参加过美国独立战争的士兵增加了养老津贴的发放数额。在此之后,英国等国家的政府公共服务人员从作为雇主的政府那里获得了相应的年金报酬。这期间建立和实行的保障计划只是一种非正式、自发的保障安排,是企业年金的雏形。

★ 发展。第二次世界大战之后到20世纪70年代中期,企业年金进入了重建和发展完善的时期。在这一时期,美国、法国、荷兰、丹麦等大多数工业化国家在建立和不断完善养老保障体系的同时,也在纷纷重建和发展完善企业年金计划,目的是为了弥补基本养老保险制度安排的不足。

20世纪50年代以来,世界范围内的企业年金计划覆盖的范围、享受人数等迅速增加,进入了新的发展时期。

★ 改革。20世纪70年代中期到20世纪80年代中后期,企业年金进入调整和改革时期。面对世界范围内主要工业化国家建立多支柱养老保障的制度安排背景,西方主要工

[①] 曹信邦. 社会保障学 [M]. 北京:科学出版社,2007.

业化国家也对本国的企业年金计划进行了相应的调整和改革，来适应本国特定的社会保障模式体系。

> 例如，荷兰、丹麦等国为适应其高福利的社会保障水平，建立了旨在提供较高水平的退休收入保险的普遍保障模式下的企业补充养老保障计划；美国提供一定程度的补充退休收入保险，被称为收入关联模式下的企业补充养老保险计划。

20世纪80年代中后期以来，企业年金进入了一个新的发展时期。世界上越来越多的国家认识到，未来的社会保障制度已经不能仅仅通过提高缴费率或重新调整补助条件来维系，技术性调整不再充分奏效，而必须在制度体系及其基本结构方面进行根本性变革。[1]"私有化""市场化"等成为各国福利制度新的改革方向，企业年金成为这种改革浪潮的政策工具之一。许多国家通过税收优惠的形式，将一部分养老保险的保障负担转移给私人机构，大力发展企业年金制度。基于此，企业年金制度进入了新的发展阶段。

企业年金制度作为现阶段养老保障制度建设的重要补充之一，在养老保障制度的建设和完善、企业凝聚力的增强方面以及资本市场的发展方面发挥着重要作用。

（二）世界企业年金制度介绍

企业年金制度并不是国家法定的制度建设，而是在各个国家相关政策的引导下，由企业这个建设主体自主建立并依法实施。因此，各个国家的模式不尽相同。

★ 根据建立主体划分。一般可划分为由单个企业创建的企业年金和由一个行业范围内的多家企业创建的企业年金。英国和美国等国家比较盛行的是单个企业创建企业年金。法国、荷兰等国家为了减少单个企业经济效益对雇员企业年金保险待遇水平的影响，保障待遇的稳定性，采取联合同一行业中的多家企业来设立企业年金制度。

★ 根据资金来源划分。一般划分为个人缴费的企业年金和个人不缴费的企业年金。个人缴费通常是由企业和员工个人共同缴费，一般是按照双方事先约定好的比例进行缴费。与之相反的是，个人不缴费是不需要个人自己缴费的，全部都由企业来缴费。

★ 根据决定因素划分。企业年金根据其决定性因素可以划分为强制性企业年金、自愿性企业年金以及通过集体谈判来决定的企业年金。在这三种方式中，自愿性企业年金是主流的建立和运行方式，大多数国家采用的是这种。强制性企业年金虽然不是主流模

---

[1] 赵曼. 社会保障学（第三版）[M]. 北京：高等教育出版社，2018.

式，但是仍有包括法国、瑞士、荷兰等国家采取。在这些国家中，企业年金制度是通过国家立法的方式强制要求企业举办，员工个人是不允许退出的。只有瑞典等极少数的国家是通过集体谈判来确立是否建立企业年金制度。

★ 根据筹资方式划分。企业年金制度可以划分为现收现付制和积累制两种不同的制度安排。大多数国家还是选择积累制，在企业和员工所缴费的参保人账户下进行长期积累。只有少数国家比如法国选择现收现付模式，由当期企业和员工所缴金额来负担当期退休人员的退休金，不进行长期的账户积累。

★ 根据缴费类型划分。企业年金制度又可以分为待遇确定型（DB）、缴费确定型（DC）以及混合模式等。待遇确定型或者混合模式是部分国家在少数情况下才选择的制度安排，绝大多数还是采取缴费确定型。从具体实践来看，每个国家根据不同情况也会采取不同的制度安排。以美国为例，虽然属于缴费确定型的 401（K）计划在其国内得到迅速发展，但是待遇确定型制度安排下的年金资产与其相差不大，两者平分秋色，没有严格的区分与界定。

二、中国企业年金制度

（一）中国企业年金制度的历史沿革

1. 企业年金

我国企业年金制度发轫于 20 世纪 90 年代初。1990 年福建莆田建立了企业补充养老保险。一年后，一些地区包括福建、四川、广西等地开始逐步试行企业补充养老保险。我国政府在 1991 年出台的《国务院关于企业职工养老保险制度改革的决定》中首次提出提倡、鼓励全国范围内的企业实行补充养老保险。

1995 年，劳动部在其印发的《关于建立企业补充养老保险制度的意见》中初步明确了企业补充养老保险的相关制度框架和相关政策。同年，国务院颁发《关于深化企业职工养老保险制度改革的通知》，对建立企业补充养老保险和个人储蓄性养老保险做出明确规定。

2000 年国务院颁发的《关于完善城镇职工社会保障体系试点的通知》，将补充养老保险正式规范为企业年金，正式提出了企业年金的概念。同时，规定我国企业年金实行市场化管理和运营。该文件不仅掀开了企业年金发展的新篇章，而且是政府对我国养老保障制度的重新定位。

自此以后，为了加快我国企业年金制度的发展，相关主管部门密集出台了一系列规章制度。2004 年 1 月，劳动和社会保障部发布了《企业年金试行办法》；2 月，劳动和社会保障部、中国银行业监督管理委员会、中国证券监督管理委员会、中国保险管理监督委员会四部门联合发布了《企业年金基金管理试行办法》。这两部规章制度的出台和实施对企业年金的建立、运行及管理等方面做出了规范。同年12月31日，劳动和社会保障部又发布了《企业年金基金管理机构资格认定暂行办法》，并于2005年3月1日起开始实施。该规章对企业年金基金管理机构资格认定的程序、标准等方面进行了规范。至此，我国的企业年金有了一套比较系统的规章体系，其建立、运行、管理和认定都有了可以依据的规范，可以说为打开企业年金发展的崭新局面做好了制度上的铺垫。[①]

2011年5月开始实施的《企业年金基金管理办法》代替了2004年的《企业年金基金管理试行办法》，对企业年金基金的受托管理、账户管理、托管等方面进行了具体的规范。2013年12月财政部联合人力资源社会保障部、国家税务总局发布了《关于企业年金、职业年金个人所得税有关问题的通知》，对包括年金缴费、运营收益、年金领取等涉及个人所得税的方面进行了进一步的规范与确认。

为了进一步促进和规范企业年金的发展，人力资源社会保障部在2017年12月公布了新的《企业年金办法》，并于2018年2月开始实施。其中，对企业年金的订立、变更、终止、基金的筹集、账户管理、待遇以及管理监督等方面做出了进一步修改和明确。《企业年金办法》是对2004年发布的《企业年金试行办法》的进一步完善，对于应对我国人口老龄化和建设多层次的社会保障体系具有积极的作用，也是完善企业年金制度的内在发展要求。

2. 职业年金

与西方不同的是，我国的职业年金是机关事业单位及其工作人员在参加机关事业单位基本养老保险的基础上所建立的补充养老保险制度。[②] 以前我国机关事业单位的养老保险资金都是由国家提供，与企业实行不同标准的保障。为了促进我国养老保险制度并轨，建设统一的养老保险制度，机关事业单位也开始建构多支柱养老保险模式。职业年金成为机关事业单位多层次养老保险体系的重要制度建设之一。

2008年3月，国务院发布的《事业单位工作人员养老保险制度改革试点方案》中首次提出了建立机关事业单位职业年金。同时，也提出了建立社会统筹和个人账户相结合的基本养老保险制度。因此，我国职业年金制度的建立与发展与我国机关事业单位养老保险制度改革密切相关。

2014年召开的党的十八届三中全会指出，将"改革机关事业单位养老保险制度"作为全年政府工作的重点内容，具体改革措施是建立机关事业单位基本养老保险制度和职

---

① 曹信邦. 社会保障学 [M]. 北京：科学出版社，2007.
② 许琳. 社会保障学（第三版）[M]. 北京：清华大学出版社，2018.

业年金，从而将职业年金制度提到了建设日程。在各地做了许多有益的尝试与探索和遵循党中央和国务院的安排的基础上，国务院于2015年1月14日印发了《关于机关事业单位工作人员养老保险制度改革的决定》，要求机关事业单位在参加了基本养老保险的基础上，要为其工作人员建立职业年金。3个月后，国务院又印发了《机关事业单位职业年金办法》，要求从2014年10月1日起在全国范围内推行机关事业单位职业年金制度。自此以后，全国范围内的机关事业单位的职业年金制度开始确立，我国养老保险制度改革也进入了新的时期。

综上可以发现，我国企业年金和职业年金的建立与发展是伴随着我国养老保险改革而不断发展与完善的，是在针对职工的补充养老保险即企业年金的建立与发展的经验基础上，才开始着手建立针对机关事业单位的职业年金制度。因此，我国的年金制度还有很大的发展与完善潜力，任重道远。

（二）中国企业年金与职业年金现行制度内容

我国现行企业年金制度是在2018年2月开始实施的《企业年金办法》的基础上运行和发展。

1. 企业年金的覆盖范围

我国企业年金制度的覆盖范围是城镇各类企业及其职工、社会组织及其专职工作人员、机关事业单位编制外工作人员。但是，在订立企业年金计划前，也需要满足一定的条件。企业和职工建立企业年金应当依法参加基本养老保险制度并履行相应的缴费义务，企业也必须具有相应的经济负担能力。

2. 企业年金方案的订立、修改和终止

★ 首先是企业年金方案的订立。由于企业年金是在企业自愿的基础上建立，因此不具有强制性。一般来说，是由企业和职工双方秉持集体协商的理念订立企业年金计划，然后需要提交职工代表大会或者全体职工讨论通过，通过后需要提交企业所在地人力资源社会保障行政部门[①]。所在部门收到企业提交的企业年金计划后，需要在15日内进行审核。如果15日后无任何异议，即可生效。

★ 其次是企业年金方案的修改。对企业年金进行修改也需要企业和职工双方在国家相关法律法规的基础上，经过彼此协商后提交职工代表大会或者全体职工讨论。在职工

---

① 需要指出的是，中央所属企业的企业年金方案报送人力资源社会保障部；跨省企业的企业年金方案报送其总部所在地省级人民政府人力资源社会保障行政部门；省内跨地区企业的企业年金方案报送其总部所在地设区的市级以上人民政府人力资源社会保障行政部门。

代表大会或者全体职工同意后，重新报送当地人力资源社会保障行政部门。

★ 最后是企业年金方案的中止。一是企业因依法解散、被依法撤销或者被依法宣告破产等原因，致使企业年金方案无法履行的；二是因不可抗力等原因致使企业年金方案无法履行的；三是企业年金方案约定的其他终止条件出现的。在这三种情况出现后，在上报当地人力资源社会保障行政部门后企业年金计划可以中止。

3. 企业职业年金的筹集

企业年金实行企业和职工双方共同负担的筹资机制。企业年金基金由三部分组成，一是企业缴费，二是职工个人缴费，三是企业年金的投资运营收益。在筹资规模方面，对于企业来说，企业缴费每年不超过本企业职工工资总额的8%；对于个人来说，没有明确的限制，但是企业和职工个人缴费合计不超过本企业职工工资总额的12%。具体所需费用，秉持双方自愿协商的原则，由企业和职工一方协商确定。职工个人缴费由企业从职工个人工资中代扣代缴。

> 如果企业出现经营亏损、重组并购等特殊情况导致当期不能继续缴费，需要与职工一方进行协商，可以中止缴费。一旦不能缴费的情况消失后，企业和职工双方需要恢复缴费，同时要根据本企业的实际运营情况按照中止缴费时的企业年金计划方案来补缴。但是补缴的数额和年限也是有规定的，不能超过实际中止缴费的数额和年限。

职业年金实行双方共同负担的筹资机制，由企业和职工共同负担。职业年金由单位缴费、个人缴费、职业年金投资运营收益以及国家规定的其他收入组成。职业年金的筹资规模比较固定，要求单位缴纳职业年金费用的比例为本单位工资总额的8%，个人缴费比例为本人缴费工资的4%，由单位代扣。单位和个人缴费基数与机关事业单位工作人员基本养老保险缴费基数一致。同时，国家可以根据经济社会发展情况来适时调整缴费比例。

4. 企业职业年金的账户管理

需要明确的是，不论是企业缴费还是职工个人所缴费用都要计入职工个人企业年金的个人账户中。同时，企业应合理确定本单位当期缴费计入职工企业年金个人账户的最高额与平均额的差距。企业当期缴费计入职工企业年金个人账户的最高额与平均额不得超过5倍。

职工个人企业年金个人账户中个人缴费及其收益是属于职工个人的。但是企业有两种选择方案，一是企业可以与职工一方约定其自始归属于职工个人；二是可以约定随着职工在本企业工作年限的增加逐步归属于职工个人，完全归属于职工个人的期限最长不超过 8 年。

职业年金基金采用个人账户方式管理。个人缴费实行实账积累。对财政全额供款的单位，单位缴费根据单位提供的信息采取记账方式，每年按照国家统一公布的记账利率计算利息，工作人员退休前，本人职业年金账户的累计储存额由同级财政拨付资金计实；对非财政全额供款的单位，单位缴费实行实账积累。实账积累形成的职业年金基金，实行市场化投资运营，按实际收益计息。

此外，不论机关事业单位的职业年金还是非机关事业单位的企业年金，出现工作变动时都可以随着工作变动而转移。机关事业单位的职业年金可以与企业年金接轨，方便人员流动，例如机关事业单位人员"下海"是可以与企业年金衔接的。

5. 年金的待遇给付

★ 企业年金的领取。第一，职工在达到国家规定的退休年龄或者完全丧失劳动能力时，可以从本人企业年金个人账户中按月、分次或者一次性领取企业年金，也可以将本人企业年金个人账户资金全部或者部分购买商业养老保险产品，依据保险合同领取待遇并享受相应的继承权。第二，出国（境）定居人员的企业年金个人账户资金，可以根据本人要求一次性支付给本人。第三，职工或者退休人员死亡后，其企业年金个人账户余额可以继承。

★ 职业年金的领取。第一，工作人员在达到国家规定的退休条件并依法办理退休手续后，由本人选择按月领取职业年金，可一次性用于购买商业养老保险产品，依据保险契约领取待遇并享受相应的继承权；可选择按照本人退休时对应的计发月数计发职业年金月待遇标准，发完为止，同时职业年金个人账户余额享有继承权。本人选择任一领取方式后不再更改。第二，出国（境）定居人员的职业年金个人账户资金，可根据本人要求一次性支付给本人。第三，工作人员在职期间死亡的，其职业年金个人账户余额可以继承。

（三）中国企业年金制度的未来发展趋势

1. 当前企业年金制度存在的主要问题

经过十多年的发展，我国企业年金已经基本确立了国家政策支持、企业自主建立、市场运营管理、政府监管的制度框架和运行规则，企业年金正式成为中国多层次养老保险体系的重要组成部分。[①] 但是，仍然存在一些问题，主要包括以下几个方面。

★ 不均衡发展现象显著。一方面，已经建立企业年金制度的企业都是一些利润较高和垄断性的大型国有企业、金融机构以及利润比较好的私营企业。尽管政府针对实力较弱的中小企业出台了一些优惠和激励政策，但是中小企业参与企业年金的积极性却没有较大程度的提升。另一方面，一般是发达地区建立企业年金制度的企业较多，东部沿海地区和中西部内陆地区差异比较明显。

★ 税收优惠政策不稳定。税收优惠制度是企业年金制度发展的重要推动力。虽然国家已经注意到税收优惠政策对企业年金发展的重要性，但是在具体的政策设计和实践过程中，仍存在一些问题，如税收优惠的政策层次比较低，相关的配套措施不到位，税收优惠政策变动太过频繁，不同部门对其执行标准不统一等。

★ 政府部门监管不力。由于处于制度建设初期并存在一定风险，需要政府相关部门加强引导与监督，但是相关部门缺乏经验，对企业年金监管不力，出现了一些领域争着管理、部分领域无人监管的现象。重复监管、监督能力不足等都是政府部门监管不力的重要表现。

2. 中国企业年金制度的未来发展路径

★ 加强相关立法建设。由于长期受到传统社会文化的影响，养儿防老以及政府包办一切的观念深入人心，要在短时间内改变人们的观念以及形成政府、企业和个人三方养老的观念还存在一定的难度，可能会在一定程度上影响我国企业年金的发展。加强相关的立法建设，加大宣传力度，可以改变人们的观念。通过法律意志来逐步影响人们的理念和做法，提高企业年金的地位。此外，还可以在一定程度上改变不均衡发展的问题。

★ 加大税收优惠政策。国外的企业年金计划发展比较成熟，一些国家对企业年金计划的税收优惠集中在三个阶段：缴费阶段、投资阶段以及给付阶段。与国外相比，我国企业年金的税收优惠政策力度还不够。为了加强我国企业年金的发展，必须出台相应的政策，加大企业年金的税收优惠力度。同时，要完善相关税收配套措施，对缴费阶段、投资阶段以及给付阶段的税收优惠给予明确与完善，相关政府部门的执行标准也必须统一，达成共识。

★ 建立完善的监督管理体制。优化企业年金市场的监管，是企业和个人放心参加企业年金计划和该计划发展壮大的必要条件。企业年金的运行涉及多个部门，必须明确彼此之间的分工与职责，避免出现监管空白和监管交叉的情况。同时，各政府职能部门之

---

① 许琳. 社会保障学（第三版）[M]. 北京：清华大学出版社，2018.

间需要加强沟通与交流，建立密切的合作机制，促进各个部门之间的信息共享，从而更好地理顺监督管理机制。此外，培养专业人才以及建立第三方监管机制也是破解监管能力不足的重要手段和方式。

第二节 慈 善

一、西方慈善事业发展

慈善事业是社会传达人文关怀、平等博爱观念的一项非正式保障制度。西方慈善事业最初起源于基督教的博爱与救赎精神，以个人、教会对穷人的救济为主。随着社会生产力的急剧发展和工业社会的蓬勃发展，传统的慈善救济模式已不能满足现代消费主义所创造的大规模贫困现象，至此，慈善组织逐渐兴起并开始成为西方现代社会的主流慈善事业发展形态。

（一）西方慈善事业发展历程

1. 源于宗教精神的传统慈善

基督教作为西方社会发展的潜在精神力量，无论是对世界宗教文化发展抑或是于西方文化社会发展的重要性都不言而喻。自古以来，基督教就有一种契约观，个人对正义、和平和集体福祉负有不可推诿的责任。①

> 第一代基督教的领导者圣保罗（St. Paulus）告诫基督徒"并不分犹太人、希腊人、自主的、为奴的，或男或女，因为你们在基督耶稣里都成为一了"。显然，基督教的博爱超越了民族、肤色、阶层、性别、文化和国家的界限，带有浓厚的普世主义色彩。② 此外，基督教的罪恶与救赎精神也在很大程度上影响了西方慈善事业的发展。

基督教所信奉的"信恶论"为西方社会成员形塑了一种"需要赎罪"的心态。社会成员需要通过行善事以化解自身的罪恶。这种通过利他主义进而达到利己主义的救赎精神构成了西方早期慈善事业的发展理念。源于宗教精神的传统慈善以个人、教会为主体，

---

① 孟令君. 中国慈善工作概论［M］. 北京：北京大学出版社，2008.
② ［美］马修·比索普等. 慈善资本主义［M］. 丁开杰等，译. 北京：社会科学文献出版社，1996.

描绘了西方社会早期慈善事业的救济色彩。

2. 以慈善组织救济为主的现代慈善

随着生产力的不断发展,以个人、教会为主体的传统慈善逐渐因规模小、救济缺乏专业化而走向发展的瓶颈。工业革命的愈演愈烈制造出大规模消费主义引导的贫困,而传统慈善也在这种情况下开始向具有组织性、效率性的现代慈善转型。

1597 年,英国制定了《慈善用途法》(The English Statute of Charitable Use of 1597),并于 1601 年进行了修订。① 自此,慈善具有了施行的正当性与合法性。以十八九世纪的工业革命为契机,西方社会建立起巴纳多儿童救济院等久负盛名的慈善组织。

1884 年,英国人博纳特在伦敦创建了世界上第一个社区公社汤恩比馆,用以纪念为大学生睦邻运动献身的志愿者汤恩比。此后,慈善不再仅是源自宗教精神的一种利他主义行动,更多地转向了对一种贫困现象、对一种社会问题的组织化、科学化的解决方案。慈善事业的主体也由传统的个人、教会转向了专业化的慈善组织。

3. 主体多元化发展下的当代慈善

第二次世界大战之后,慈善作为一种社会性力量前所未有地登上了历史前台,发生了传统向当代的转向。② 随着经济全球化与政治民主化愈演愈烈,西方社会在实现经济社会迅速发展的同时,也不得不面对由此产生的一系列社会问题。面对新的发展机遇与挑战,西方社会慈善事业开始探索发展出了一条新的转型之路。慈善组织的建设与发展开始引入现代企业管理模式,尝试通过现代企业的管理模式解决愈发复杂化、多元化的问题。慈善事业发展至今,已经逐渐成为政府救助、企业运作、慈善组织合作、社会志愿者提供服务、私人自愿加入的一种多元主体共同合作治理的服务工作。随着西方经济社会的不断变革与发展,慈善事业也与之契合地走向了转型与创新之路。当代慈善事业如何在时代的浪潮中繁荣发展,还有待多元主体的共同推进与治理。

(二)世界慈善事业介绍

由于世界各国历史沿革,文化导向、经济发展、政治格局等各方面均存在差异,慈善事业的发展也呈现出纷杂的模式。为此,以下选取了最具代表性的三个国家所形成的慈善事业发展模式进行介绍,即自由导向型的美国慈善管理模式,干预型的英国慈善管理模式,政府主导型的新加坡慈善管理模式。

---

① 孟令君. 中国慈善工作概论 [M]. 北京:北京大学出版社,2008.
② 林闽钢等. 现代社会保障通论 [M]. 北京:中国社会科学出版社,2014.

1. 自由导向型的美国慈善管理模式

慈善事业的发展在美国呈现出了自由发展、民间主导型的特点。民间主导的慈善模式以其个性化的服务在美国慈善事业发展进程中展现出了强烈的比较优势，引领了美国慈善事业的繁荣发展。自主导向型的慈善管理模式不仅仅包含了社会中个体的自愿捐赠，还包括了蓬勃发展的慈善公益组织。

> 美国现有180万个免税的非营利机构，其中慈善组织为101万个。[①] 美国的慈善公益组织管理较为自由松散，不必注册即可运营管理，且还可以享受免税的优惠，因而发展极为自由、迅速。美国的慈善组织服务人员范围非常广，包括残疾人、穷人、老人，服务内容包括提供教育机会和医疗卫生服务等。此外，公认的现代慈善理念奠基人之一的安德鲁·卡耐基创建了卡耐基基金会。

基金会的相继确立不仅为美国慈善事业的发展提供了稳定的经济来源，更在一定程度上缩小了贫富差距，促进社会公平。自由导向型的美国慈善事业独树一帜，为世界慈善事业的发展做出了巨大贡献。

2. 干预型的英国慈善管理模式

慈善事业的发展在英国呈现出政府与民间组织相互合作的特点。英国慈善事业发展历史悠久，自1601年《慈善用途法》颁行以来，政府鼓励并支持民间慈善组织发展的模式得以确立。[②] 此后，政府于1872年颁行了《慈善受托人社团法》，1993年制定了新的《慈善法》等法律法规，对民间慈善事业的发展进行了规制。在此基础上，英国慈善公益组织还可以接受来自政府的资助以及经过税收减免后的社会捐赠。在英国政府与民间慈善组织的共同推动下，英国慈善事业逐渐在教育、医疗、贫困等方面发挥出了巨大的作用。干预型的英国慈善管理模式体现出了浓厚的国家干预色彩，逐渐发展成为世界慈善事业历史中不可或缺的一部分。

3. 政府主导型的新加坡慈善管理模式

慈善事业在新加坡的发展呈现出了政府强势主导并严格管理的特点。"强势且高效"是新加坡政府在慈善事业管理运作中所遵循的宗旨。新加坡政府制定了严格的政策法规制度规制慈善组织对捐款的使用，以避免滥用、盗用善款的现象。对企业慈善行为免税资格以及慈善组织的运营监管，新加坡政府也进行了严格的限制与规定。在新加坡政府

[①] 施吕奎. 北京慈善事业运营管理模式 [M]. 北京：中国经济出版社，2008.
[②] 孟令君. 中国慈善工作概论 [M]. 北京：北京大学出版社，2008.

的强势引导下，慈善事业为社会中的弱势群体提供了强有力的保障，编织出了抵御多样化社会风险的安全网。政府主导型的新加坡慈善管理模式勾勒出现代慈善事业发展进程中的科学高效色彩，为现代世界慈善事业的发展做出了巨大贡献。

（三）世界慈善事业发展的未来挑战

第一，世界慈善事业发展进程中慈善组织的公信力亟待提升。慈善事业的发展是建构在人与人之间关怀的基础上的，因而能否通过信任这一纽带加深捐赠人与慈善组织的联系就显得尤为重要。提升慈善事业运行的透明度，让捐赠人能够更加直观地感受到他们的努力带给社会弱势群体的帮助，能够在很大程度上增加其捐赠的积极性。慈善组织的公信力建设决定了能够为慈善资金的供给方捐赠的意愿与积极性，担负着维护人类心灵净土的重要责任。

第二，世界慈善事业的发展进程中慈善发展模式的战略性亟待提升。目前西方慈善事业的发展模式缺乏战略性，慈善服务的供给维度尚未能契合弱势群体愈发多元化的保障需求，捐赠人的善举大多是出于一时兴起，而非有计划的、具有战略性的救助。因而，需要提升慈善发展模式的战略性以不断增强慈善事业发展的科学性与效率性。

二、中国慈善事业发展

我国慈善事业发展历史悠远，慈善思想文化源远流长。区别于西方社会以宗教、市场为主体引导的慈善事业发展，我国慈善事业自其产生之日起就体现了国家对社会成员的关怀与爱护。在自然灾害泛滥的古代社会，朝代的更迭并未能阻碍慈善事业的发展与进步。宗族、佛教、政府、官吏与社会在我国古代慈善事业的发展中均做出了巨大的贡献。1949年新中国成立以来，经济腾飞与社会发展也在很大程度上促进了慈善事业的飞速发展。慈善事业不再仅仅是由政府主导的一项救济事业，而是逐渐发展成为整个社会都参与其中，共同为之做出贡献的一项具有人文关怀的事业。下面将分别对中国古代及当代慈善事业的发展历程进行梳理，并探寻嵌入在慈善事业发展历史中的慈善观念与文化。

（一）中国慈善事业发展

1. 宗教自发型慈善事业的发展

基督教在西方社会慈善事业的发展进程中占据了不可撼动的地位。反观我国慈善事业的发展进程，自唐朝佛教繁荣兴盛以来，慈善事业开始逐渐受到佛教的慈悲情怀影响甚至是支配。佛教所倡导的慈悲为怀、轮回转世思想深深影响了社会成员的价值观与行为。众多佛教徒在佛教福田与慈悲思想的鼓励和影响下，通过"邑""义""社"等佛教民间组织，集结资金与人力，在赈灾济贫、看病行医、凿井修桥铺路等慈善事业方面做出了巨大贡献。①

从南北朝到两宋时期，佛教的力量开始不断发展壮大，已经有了足够的实力开办慈善机构，自主实施慈善救济活动。②佛教所倡导的慈善理念区别于宗族所推行的慈善理念，具有一种舍己为人的奉献精神以及惠及天下人的普世价值。佛教引导的慈善事业发展至今，虽然无法在慈善事业的发展中占据主导地位，但其无疑发展成为一项自发的、具有人文关怀的补充性慈善事业。

2. 政府救济型慈善事业的发展

1949 年新中国成立以来，慈善事业经历了被限制、整顿、改造、排斥，再到复苏，直至今日繁荣发展的历程。虽然我国当代慈善事业发展起步较晚，但由于社会主义制度的优越性，我国慈善事业正在走向一条具有中国特色的发展之路。

2001 年，第九届全国人民代表大会第四次会议批准《国民经济和社会发展第十个五年计划纲要》，其中提出要"发展慈善事业，加强对捐助资金使用的监管"，首次明确地将"发展慈善事业"写入了国民经济与社会发展计划。此后，在政府的积极引导下，众多慈善机构相继建立，各类慈善活动不断得到推行。

2016 年 3 月 21 日，第十二届全国人民代表大会第四次会议通过了《中华人民共和国慈善法》，从法律上进一步规制了我国慈善事业的发展，为我国慈善事业的发展开启了新纪元。在几千年的慈善文化积淀下，我国当代慈善事业正在政府的引导下走向不断创新、不断发展的繁荣之路。

3. 多元主体合作共治下慈善事业的发展

改革开放以来，我国经济社会的迅速腾飞为民间慈善事业的开展提供了坚实的经济基础。经济社会的迅速腾飞在为国民生活带来保障的同时，也为社会成员增添了愈发多样化的社会风险。为了帮助弱势群体脱离生存困境，政府开始意识到发掘民间力量的重要性。在此背景下，中国少年儿童发展基金会、中国青少年发展基金会、中华慈善总会等相继诞生。③ 20 世纪 90 年代以来，我国志愿者事业的发展逐渐步入正轨。1990 年 6 月，中国第一个志愿者义务工作团体——深圳市青少年义务工作者联合会成立，标志着

---

① 张奇林等. 中国慈善事业发展研究［M］. 北京：人民出版社，2014.
② 安树彬，赵润琦. 当代慈善学［M］. 西安：陕西人民出版社，2017.
③ 郑功成等. 当代中国慈善事业［M］. 北京：人民出版社，2010.

我国志愿者活动组织的正式成立。① 此后，我国的慈善组织与志愿者队伍等非营利组织快速发展，极大地丰富了我国慈善事业的内容。

（二）中国慈善事业制度内容

中国慈善事业的制度内容主要包括慈善组织的建设、慈善募集、慈善救助、慈善项目管理、慈善的商业运作、慈善队伍建设、慈善文化的建设、慈善财税政策、慈善事业的监管、慈善法律制度等方面的内容。

1. 慈善组织

慈善组织作为慈善事业筹集与捐赠的组织基础和实施载体，在慈善事业的发展进程中具有非常重要的作用。

《中华人民共和国慈善法》对慈善组织的定义是："本法所称慈善组织，是指依法成立、符合本法规定，以面向社会开展慈善活动为宗旨的非营利性组织。慈善组织可以采取基金会、社会团体、社会服务机构等组织形式。"

基金会的宗旨是为慈善事业的发展提供有力的资金资助，以推动社会福利、文化教育等公益事业的发展。《社会团体登记管理条例》将社会团体定义为："公民自愿组成，为实现会员共同意愿，按照其章程开展活动的非营利性社会组织。"社会团体作为非制度性的、非正式的组织，为我国慈善事业的发展贡献了民间的活力。社会服务机构以人的需求为导向，能够更好地契合我国社会成员多元化的福利需求。

2. 慈善募捐与捐赠

慈善募捐与捐赠均是社会向慈善事业供给经济财富的重要途径。慈善的募捐与捐赠遵循着无偿原则、自愿原则、公开透明原则。慈善募捐一般通过一对一筹款、在公共场所设置募捐箱、网络众筹等方式进行慈善资金的募集。慈善捐赠一般通过企业捐赠、个人捐赠、福利彩票等方式进行慈善资金的募集。慈善事业的发展推进了以社会为主导的第三次分配的深化。而慈善募捐与慈善捐赠构成了第三次分配中的从社会中征集资金的这一重要环节。

3. 慈善服务

《中华人民共和国慈善法》中将慈善服务定义为："慈善组织和其他组织以及个人基于慈善目的，向社会或者他人提供的志愿无偿服务以及其他非营利服务。"慈善服务的开展应该遵循着尊重受益人、志愿者隐私及人格尊严的原则。慈善服务一般包括为受益人

---

① 郑功成等. 当代中国慈善事业 [M]. 北京：人民出版社，2010.

提供教育培训、开展医疗康复等服务。慈善服务还包含一个重要群体，即志愿者团队。志愿者作为慈善服务的实施者，代表社会个体为慈善事业提供人力资源，为其可持续发展做出了巨大贡献。慈善服务区别于直接对受助人群进行的货币救助，其为受助人群提供了多维度的帮助，契合了多元社会风险下的多样化保障需求。

4. 慈善监督管理

慈善资金承载了社会成员满满的爱心与人文关怀，承载了众多弱势群体家庭的期盼与等待，对慈善事业进行管理与监督具有十分重要的意义。对慈善事业的管理包含收支预测、资助计划、内部控制、跟踪核算、财务分析、全面考核六个方面，以及对慈善资金筹集、分配、使用和核算的过程进行管理[1]。对慈善事业的监督主要包含政府对慈善工作的监管、社会力量对慈善工作的监管、慈善组织内部对慈善工作的监管。慈善监督管理有助于我国慈善事业的科学、高效发展，对促进我国慈善事业可持续发展具有十分重要的意义。

（三）中国慈善事业未来发展趋势

2017年10月党的十九大报告指出了中国发展新的历史方位——中国特色社会主义进入了新时代。新时代下我国社会矛盾已经转化为人民日益增长的美好生活需要和不平衡不充分的发展之间的矛盾。因而，结合我国社会成员愈发多元化的需求，探寻新时代下我国慈善事业的转型之路具有十分重要的意义。

第一，以传统文化同社会主义核心价值体系为指引，培育社会成员的慈善意识。我国慈善事业发展历史悠久。几千年的慈善文化缔造了社会成员间紧密的伦理关系。"仁爱大同"等观念早已融入我国慈善事业的发展历史，并无时无刻不影响着社会成员的生活与行为。在全球化发展迅猛的今天，发扬传统文化的当代价值，培育社会成员的慈善意识就显得尤为重要。新时代下也应不断发展社会主义核心价值观，以不断塑造慈善事业发展进程中最纯粹的慈善动机以及最有尊严的受益者形象。

第二，加强慈善组织监督管理，提升慈善组织公信力。慈善事业为捐赠人描绘了其所想要看到的道德愿景。慈善组织是捐赠人传递爱心，传递人文关怀的重要载体，对其加强监督管理显得尤为重要。只有不断加强慈善组织发展的透明度，才能构建慈善事业在社会中发展的合法性基础，提升慈善组织的公信力，为社会中弱势群体提供更为优质、高效的服务。

---

[1] 孟令君. 中国慈善工作概论 [M]. 北京：北京大学出版社, 2008.

第三，健全政策法律，为慈善事业发展提供制度保障。政策法律是慈善事业发展的制度保障。慈善事业发展不仅需要严明的政策法律以保障并不断完善社会道德体系，更需要政策法律的规制以避免慈善组织内部的腐败现象。政策法律可规制慈善组织的准入条件，慈善资金的收支情况、使用情况，慈善服务的供给形式等，为慈善事业的发展提供稳定的制度保障。

第四，创新慈善事业发展模式，制订慈善事业发展的战略性计划。信息时代的到来逐渐改变了人们的生活方式。经济社会的迅速发展在极大丰富了社会成员生活内容的同时，也增添了多样化的社会风险。现代社会是讲求科学与效率的，旧有的慈善事业发展模式在时代的浪潮中面临着转型，而创新则成为慈善事业发展需要遵循的原则。只有制订出慈善事业发展的战略性规划，才能不断提高慈善事业发展的科学性与效率性，才能在新时代下为全体社会成员追寻美好生活愿景做出巨大贡献。